H. C. G. (Hermann Carl George) Brandt

A German reader for beginners

Deutsches lesebuch für anfänger. With notes and vocabulary

H. C. G. (Hermann Carl George) Brandt

A German reader for beginners
Deutsches lesebuch für anfänger. With notes and vocabulary

ISBN/EAN: 9783742859013

Manufactured in Europe, USA, Canada, Australia, Japa

Cover: Foto ©Paul-Georg Meister /pixelio.de

Manufactured and distributed by brebook publishing software (www.brebook.com)

H. C. G. (Hermann Carl George) Brandt

A German reader for beginners

A GERMAN READER

FOR BEGINNERS

Deutsches Lesebuch für Anfänger

WITH NOTES AND VOCABULARY

BY

H. C. G. BRANDT

HAMILTON COLLEGE, CLINTON, N. Y.

Boston

ALLYN AND BACON

1892

PREFACE.

THE aim of this book is to present interesting reading material for a first year's work in German or for a half year's work, according to the number of recitations per week. The reading material has been strictly graded as to difficulty and carefully selected as to vocabulary and style.

The Notes and the Vocabulary have been strictly adapted to the wants of beginners. Special attention has been drawn in the Vocabulary and in the first sections of the text to the accent, a subject too generally neglected in the instruction of beginners. There are references in the Notes to the grammars of Whitney, Joynes, and of the author, so that the book can be used in connection with any of these. The references to Whitney and Joynes have been added by Mr. James O. Griffin of Cornell University.

In the Vocabulary the cognate words have been indicated by the type. There has been a lively discussion of late in the English "Journal of Education" as to whether the attention paid to cognates is of advantage to the scholar. I am convinced that it is, even to the beginner. Unconsciously two words of similar form and similar meaning, or of similar form and quite different meaning are associated with each other and fixed in the memory together. Of course only a study of Grimm's Law will reveal the less apparent relationship of English, German, Latin, and Greek words. But since it is difficult to draw a clear line between transparent and more hidden cognates, I have intended to indicate all of them. Omissions must be charged to ignorance or to carelessness. In a well-known vocabulary I have found 75 either unmarked or wrongly marked cognates as far as the letter *R* with the aid of Skeat's, Murray's, Kluge's, Grimm's, and Heyne's dictionaries and by the strict application of the formulas of Grimm's Law. Weigand's dictionary is by this time antiquated in its etymologies.

The introductory remarks in the Notes to each extract upon its style, vocabulary, and author may not be unwelcome even to the instructor.

The text of the poems will, I hope, be found trustworthy. In the mouths of the people and in the migration of the old favorites from Reader to Reader many corruptions have crept in. See for instance the note upon the "Watch on the Rhine," page 286. I have compared the text with that of the standard edition of each author.

I wish to thank Professors Hewett and White of Cornell University for valuable hints, both in the selection of the material and in the arrangement of the whole book.

H. C. G. B.

CLINTON, N. Y., SEPTEMBER, 1889.

PREFACE TO THE THIRD EDITION.

I am indebted to Professors L. Bevier of Rutgers College and O. B. Super of Dickinson College for corrections and suggestions, which I have gladly embodied in this revised edition.

H. C. G. B.

CLINTON, N. Y., NOVEMBER, 1891.

TABLE OF CONTENTS.

(Inhaltsverzeichnis.)

		Pages
I. Leichte Prosa		1–31
Die Fahrt der Argonauten	Niebuhr	1
Geschichten vom Herkules	Niebuhr	10
Die Namen Gottes	Krummacher	14
Dornröschen	Grimm	15
Hans im Glück	Grimm	19
Der standhafte Zinnsoldat	Andersen	25
II. Leichte Gedichte		32–47
Einkehr	Uhland	32
Lorelei	Heine	33
Es war ein alter König	Heine	34
Abendlied	H. v. Fallersleben	34
Wanderers Nachtlied	Goethe	35
Erlkönig	Goethe	35
Drei Paare und Einer	Rückert	36
Erinnerung	Goethe	37
Wohlthun	Claudius	37
Sehnsucht	Heine	37
Der Ring	Anastasius Grün	37
Barbarossa	Rückert	39
Das zerbrochene Ringlein	Eichendorff	39
Des Knaben Berglied	Uhland	40
Ein Lied hinterm Ofen zu singen	Claudius	41
Tragische Geschichte	Chamisso	42
Das Grab	Salis	43

TABLE OF CONTENTS.

		PAGES
Aus alten Märchen winkt es	Heine	44
Gott grüße dich	Sturm	44
Du bist wie eine Blume	Heine	45
Mignon	Goethe	45
Der Sänger	Goethe	46

III. Sagen und Erzählungen 48–122

Siegfried	Grube	48
Lohengrin	Richter	57
Die drei Spinnerinnen	Grimm	65
Kaiser Otto mit dem Barte	Richter	68
Zwei Feuerreiter	Auerbach	80
Nach hundert Jahren	Hackländer	87
Der Ameisler	Erler	94
Der verschlafene Geburtstag	Freytag	108

IV. Lieder und Balladen 123–161

Die Grenadiere	Heine	123
Auf der Überfahrt	Uhland	124
Der weiße Hirsch	Uhland	125
Das Schloß am Meer	Uhland	126
Des Sängers Fluch	Uhland	127
Das Schloß Boncourt	Chamisso	129
Der reichste Fürst	Kerner	131
Der Fischer	Goethe	132
O lieb', so lang du lieben kannst	Freiligrath	133
Die Trompete von Vionville	Freiligrath	134
Die letzten Zehn vom vierten Regiment	Mosen	136
Die nächtliche Heerschau	Zedlitz	137
Andreas Hofer	Mosen	139
Der Zigeunerbube im Norden	Geibel	140
Krokodilromanze	Geibel	141
Rheinsage	Geibel	142
Hoffnung	Geibel	142
Der Handschuh	Schiller	144

TABLE OF CONTENTS.

		Pages
Auf der Wanderung	H. v. Fallersleben	146
Vor Rauch's Büste der Königin Luise	Körner	147
Das Gewitter	Schwab	148
Das Mädchen aus der Fremde	Schiller	149
Der schwarze Tod	Lingg	150
Des Deutschen Vaterland	Arndt	152
Die Wacht am Rhein	Schneckenburger	153
Hans Euler	Seidl	155
Der Kaiser und der Abt	Bürger	156
V. Ein Lustspiel.—Versalzen	Benedix	162–182
VI. Historische Prosa		183–232
Hermann der Befreier Deutschlands	Dielitz	183
Karl der Große	Dielitz	189
Die Hohenstaufen	Grube	197
Die deutschen Befreiungskriege	Lüttringhaus u. Grube	208
Kaiser Friedrich III.	(Author?)	220
Notes		233
Vocabulary		299

I.

Leichte Prosa.

1. Die Fahrt der Argonau'ten.

Es war ein König in Griechenland, der hieß A'thamas und seine Frau hieß Ne'phela: die hatten zwei Kinder, einen Sohn und eine Tochter, die waren sehr gut und hatten sich sehr lieb. Der Sohn hieß Phrixus und die Tochter Helle. Der Vater aber war böse, und verstieß' seine Frau, die Mutter der guten Kinder, und hei'ratete eine andere Frau, die hieß Ino und war sehr böse. Die behan'delte die armen Kinder sehr schlecht, und gab ihnen schlecht zu essen und schlechte Kleider, und schlug sie, obgleich sie gut waren, weil sie nach ihrer Mutter weinten. Sie war eine sehr böse Stiefmutter. Zuletzt wollte sie den Knaben Phrixus opfern. Als er aber zum Altar' gebracht war, brachte der Gott Hermes einen schönen, großen Widder, der hatte Wolle von Gold und konnte auf den Wolken laufen. Auf diesen Widder mit dem goldnen Vlies setzte Hermes Phrixus und auch seine Schwester Helle, und sagte ihnen, sie sollten nach dem Lande Kolchis durch die Luft gehen.

Der Widder aber wußte den Weg. Die Kinder mußten sich mit ei'ner Hand am Horn fest'halten, und den andern Arm schlugen sie eines um des andern Leib: aber Helle ließ den Bruder los,

und fiel herunter in die See. Phrixus weinte sehr, weil seine
gute Schwester tot war, ritt aber immer fort und kam nach Kolchis.
Da opferte er den Widder, und das goldene Vlies nagelte er an
einen Eichbaum.

5 Nachher war in Thessa'lien ein anderer König, der hieß Pe'lias.
Der hatte einen Bruder, welcher Äson hieß, und dieser einen Sohn,
der hieß Jason. Jason war jung und ein tapfrer Ritter: er
wohnte bei seinem Vater außer der Stadt.

Nun war dem König Pe'lias gesagt worden, ein Mann, der
10 mit ei'nem Schuh zu ihm käme, würde ihm das Königreich
nehmen. Da geschah es, daß der König Pe'lias ein Gastmahl
gab, und Jason dazu ein'laden ließ. Jason mußte durch einen
Bach gehen, um zur Stadt zu kommen, denn es war keine
Brücke über den Bach. Es war die Nacht ein starkes Gewitter
15 gewesen und hatte sehr stark geregnet; der Bach war voll
Wasser und floß stark, wie zu Alba'no, als der starke Regen war.
Da gingen die Bänder an seinem einen Schuhe los, und er verlor ihn im Wasser und kam mit ei'nem Schuh in des Königs
Haus. Als König Pe'lias das sah, erschrak er, und sagte an
20 Jason, er solle aus dem Lande gehen, und nicht wieder zurück-
kommen, wenn er ihm nicht das goldne Vlies brächte.

Jason war nicht bange, und ließ alle tapfren Ritter bitten, mit
ihm zu gehen. Denn um das Vlies zu bekommen, mußte man mit
bösen Tieren und bösen Menschen kämpfen.

25 Jason baute sich ein großes Schiff für sich und seine Gesellen.
Dabei half ihm die Göttin Miner'va, die ihn lieb hatte, und
schenkte ihm einen Baum zum Mast: wenn Jason den' fragte, so
sagte er ihm, was er thun sollte.

Das Schiff hieß Argo, und die auf dem Schiffe gingen, nennt
30 man die Argonau'ten. Unter den Argonau'ten war auch Herkules

Die Argonauten.

und zwei Brüder, die hatten Flügel und konnten durch die Luft fliegen, und ein Held, der hieß Pollux: der schlug alle zu Boden, die mit ihm auf die Faust kämpften.

Da kamen sie mit dem Schiffe nach einem Lande, dessen König hieß A'mykus, und wenn Fremde nach seinem Lande kamen, so mußten sie mit ihm kämpfen, und er war sehr stark und schlug alle tot. Pollux aber schlug ihn zu Boden und schlug ihn tot, denn er war sehr böse.

Dar'nach kamen die Argonau'ten mit ihrem Schiffe Argo nach einer Stadt Salmydes'sa, dort wohnte ein König mit Namen Phi'neus. Der hatte Jupiter böse gemacht, und Jupiter, um ihn zu strafen, machte ihn blind, und wenn er sich zu Tisch setzen wollte, um zu essen, so kamen abscheu'liche große Vögel, die man Harpy'en nannte. Diese Harpy'en hatten eine Haut von Eisen wie ein Panzer, und wenn die Leute des blinden Phi'neus nach ihnen schossen oder hieben, so konnten sie sie nicht verwunden. Die Harpy'en hatten auch große, scharfe, eiserne Krallen, womit sie die Leute zerrissen, die sie weg'jagen wollten. Wenn nun das Essen auf'getragen war, so kamen sie und schleppten es weg, und wenn sie nicht alles weg'tragen konnten, so beschmutzten sie die Schüsseln und den Tisch. Da nun der arme Phi'neus niemals or'dentlich essen konnte, so verhun'gerte er beina'he. Als die Helden zu ihm kamen, erzählte er ihnen sein Un'glück, und weinte sehr, und bat sie, ihm doch zu helfen. Die Helden setzten sich mit ihm zu Tisch, und als das Essen herein'gebracht ward, so kamen auch die Harpy'en herein'geflogen. Jason und seine Gefährten zogen ihre Schwerter und hieben nach ihnen, das half aber nichts.

Die beiden Söhne des Bo'reas, Zetus und Ka'lais, welche Flügel hatten, schwangen sich in die Luft, da wurden die Harpy'en bange und flogen weg, und die beiden Helden flogen hinter ihnen her. Die Harpy'en wurden zuletzt müde und ganz angst, und fielen in die See und ertranken. Da kamen Zetus und Kalais zurück, und nun hatte der arme Phineus Ruhe und konnte essen.

5 Als der Wind günstig war, gingen die Helden wieder auf ihr Schiff Argo, um nach Kolchis zu segeln, und als sie von Phineus Abschied nahmen, umarm'te er sie, und küßte sie, und dankte ihnen noch viel'mals dafür, daß sie ihm aus seiner großen Not geholfen hatten, und zum Dank gab er ihnen einen guten Rat. Auf der großen See, über die sie segeln mußten, schwammen zwei große Felsen, wie die Eisberge in der See schwimmen, wo gar kein Sommer ist, sondern immer Winter. Die Felsen waren hoch wie Monte Cavo, und wenn sie aneinan'der stießen, so schlugen sie alles in Stücke, was dazwischen war; wenn Fische im Wasser schwammen, so schlugen sie sie tot, und wenn Vögel durch die Luft flogen, wenn die Felsen zusam'menschlugen, so schlugen sie sie tot; und wenn ein Schiff durch'segeln wollte, so fuhren sie aneinan'der, wenn das Schiff in der Mitte war, und schlugen es in kleine Stücke, und alle Menschen, die darauf waren, tot. Die Felsen hatte Ju'piter in die See gesetzt, damit kein Schiff nach Kolchis kommen sollte. Nun wußte aber Phi'neus, daß die Felsen immer weit auseinan'der fuhren, wenn sie zusam'mengeschlagen hatten und sie fuhren immer zusammen, wenn ein Fisch durch'schwimmen, oder ein Vogel durch'fliegen, oder ein Schiff durch'fahren wollte.

25 Des'wegen gab er den Argonauten einen klugen Rat, und sie thaten, was er ihnen riet.

Als die Argonau'ten glücklich durch die Symplega'den gekommen waren, liefen sie endlich in den Fluß Pha'sis ein, der durch Kolchis fließt. Einige blieben auf dem Schiff, Jason aber und Pollux und viele andere Helden gingen in die Stadt, wo der König

Die Argonauten.

wohnte. Der König hieß Äe'tes, und hatte eine Tochter, die hieß Mede'a.

Jason sagte dem König Äe'tes, daß Pe'lias sie geschickt habe, um das goldene Vlies zu bringen, und bat ihn, daß er es ihm geben wollte. Äe'tes wollte das Vlies nicht verlieren, und konnte es auch Jason nicht ab'schlagen, denn es war bestimmt', daß er es her'geben müsse, wenn einer aus Griechenland käme und es ver= lang'te. Er sagte also Jason, er solle es haben, aber er müsse zuvor die e'hernen Stiere vor einen Pflug spannen und ein großes Stück Feld um'pflügen, und dann die Zähne des Drachen säen. Die e'hernen Stiere hatte Vulkan' gemacht, sie gingen und be= wegten sich und lebten wie wirkliche Stiere, aber sie bliesen Feuer aus der Nase und dem Maul, und waren noch viel böser und stärker als wirkliche Stiere. Des'wegen hatten sie einen Stall, von großen Steinen und Eisen gebaut, und waren darin mit starken eisernen Ketten an'gebunden.

Und wenn nun die Drachenzähne unter die Erde kamen, wie Korn unter die Erde kommt, wenn es gesäet wird, so wuchsen ei'serne Männer aus der Erde heraus, mit Lanzen und Schwertern, die den'jenigen, der sie gesäet hatte, um'brachten. Also wollte der König, daß die Stiere Jason töten sollten, und wenn die Stiere ihn nicht töteten, so dachte er, daß es die eisernen Männer thun würden.

Die Tochter des Königs, Mede'a, sah Jason bei ihrem Vater und gewann ihn lieb und es that ihr leid, daß Jason um'kommen sollte. Sie konnte Zaubersäfte kochen, und setzte sich auf einen Wagen, der mit flie'genden Schlangen bespannt war, und so flog sie durch die Luft, und sam'melte Kräuter auf vielen Bergen und in Thälern, an den Ufern von Bächen, und aus allen diesen Kräutern drückte sie den Saft aus und berei'tete ihn, und dann ging sie zu Jason, ohne daß ihr Vater es wußte, und brachte ihm den Saft und sagte ihm, daß er damit sein Gesicht und seine Hände und Arme und Beine reiben sollte, und auch seine Rüstung, seinen Schild, sein Schwert und Lanze. Dadurch ward er einen ganzen Tag lang noch viel stärker als alle die anderen Hero'en, und das Feuer verbrannte ihn nicht, und Eisen verwundete ihn nicht und hieb nicht durch seinen Schild und seine Rüstung; sein Schwert aber und seine Lanze hieb und stach durch Eisen, als ob es Butter wäre.

Da ward denn ein Tag bestimmt, an dem Jason die Stiere an'spannen und die Zähne säen sollte; und früh am Morgen, ehe die Sonne aufging, kam der König Äe'tes mit seiner Tochter und seinen Mini'stern, Generä'len, Kammerherren und Hofleuten, und setzte sich auf seinen Thron bei dem Platz, wo Jason pflügen sollte, und die andern setzten sich auf Bänke wie im Corso bei dem Pferderennen, und alle Leute aus der Stadt kamen heraus, um zu sehen, wie es gehen würde, und die Jungen klet'terten auf die Bäume, um besser sehen zu können.

Jason rieb sich und seine Waffen mit dem Saft, wie Mede'a ihm gesagt hatte, und kam auf den Platz. Der Stall, worin die Stiere ein'gesperrt waren, stand an dem Platze. Da ward die Thüre auf'geschlossen und Jason ging mutig hinein, und war gar nicht bange. Er machte die Stiere los von der Kette, und faßte jeden mit ei'ner Hand bei einem Horn und zog sie heraus. Die Stiere brüllten ganz entsetz'lich, und dabei fuhr ihnen das Feuer aus dem Maul und aus der Nase heraus, und so viel Rauch, als wenn ein Haus brennt, oder als wenn der Vesu'vius Feuer speit. Da freute sich der böse König Äe'tes; die aber gut waren unten den Zuschauern und sahen, daß Jason so schön und tapfer war, die wurden betrübt und fürchteten, daß er sterben würde; denn sie wußten nicht, daß Mede'a ihm helfe. Jason drückte beide Stiere mit dem

Die Argonauten.

Kopfe zur Erde; da schlugen sie mit den Hinterfüßen, und Jason drückte so stark, daß sie auf die Kniee fielen.

Der Pflug, an den sie gespannt werden sollten, war ganz von Eisen; den brachte Pollux herbei, und warf ihnen das Joch auf den Nacken und eine Kette um die Hörner: Jason hielt sie mit dem Maul und der Nase fest auf die Erde gedrückt, so daß sie nicht blasen konnten. Als Pollux fertig war und die Stiere an'gespannt waren, sprang er geschwind weg, und Jason faßte nun die Kette in die eine Hand und den Sterz des Pfluges in die andere, und ließ die Hörner los; die Stiere sprangen auf und wollten weg'rennen, aber Jason hielt die Kette so fest, daß sie ganz langsam gehen und or'dentlich pflügen mußten. Als sie an'gespannt waren, ging die Sonne auf, und als es Mittag war, hatte Jason das ganze Stück Feld um'gepflügt. Da nahm er den Stieren das Joch ab, und ließ sie los; die Stiere waren so bange, daß sie weg'liefen wie eine Katze, die Schläge bekommen hat, und so liefen sie, ohne sich um'zusehen, auf die Berge. Da würden sie die Wälder in Brand gesteckt haben, wenn nicht Vulkan' gekommen wäre und sie ein'gefangen und weg'gebracht hätte.

Als Jason mit dem Pflügen fertig war, ging er zum König Äe'tes und sagte, daß er ihm nun die Zähne geben sollte. Die Drachen und Schlangen haben das ganze Maul voll kleiner Zähne, und Äe'tes gab an Jason einen e'hernen Helm ganz voll Zähne. Jason nahm sie mit der Hand heraus, ging auf dem Felde hin und her, und warf sie nach allen Seiten; und dann nahm er einen großen Spieß, und schlug die Schollen, die großen Stücke Erde, klein und machte die Erde eben, wie der Gärtner thut, wenn er gesäet hat. Und darauf ging er weg, und legte sich hin, um aus'zuruhen, bis es Abend wurde, denn er war sehr müde.

Gegen Sonnenun'tergang kam er wieder auf das Feld, und da

wuchsen allenthalben die eisernen Männer heraus. Einige waren bis an die Füße herausgewachsen, andere bis an die Kniee, andere bis an die Hüften, andere bis unter die Schultern; von einigen sah man nur den Helm und die Stirn: sonst steckten sie noch ganz in der Erde; wie in den Gemälden der Log'gien bei der Schöpfung der Tiere nichts als der Kopf vom Pferde über der Erde zu sehen ist. Die, welche die Arme schon aus der Erde hatten und bewegen konnten, schüt'telten die Spieße und hieben mit den Schwertern. Einige machten auch schon die Füße los, und wollten auf Jason zu kommen.

Da that Jason, was seine Freundin Mede'a ihm gesagt hatte, er nahm einen großen Stein und warf ihn auf das Feld mitten unter sie. Als die eisernen Männer den sahen, sprangen sie geschwind hin, um ihn zu nehmen. Ich denke, daß es ein schöner, großer Mar'morstein gewesen ist. Darüber fingen sie an unter einander zu zanken, weil jeder ihn haben wollte, und auf einander zu stechen und zu hauen, und sowie einer die Füße aus der Erde los'gekriegt hatte, lief er auch hin, und so schlugen sie sich unter sich tot: Jason aber ging auf dem Felde herum, und hieb denen die Köpfe ab, die heraus'wuchsen. So kamen die eisernen Männer alle um, und der König Ae'tes war ganz rasend; Mede'a aber, und die Helden und alle Zu'schauer freuten sich sehr.

Am folgenden Morgen ging Jason zum König Ae'tes und verlangte, daß er ihm nun das Vlies geben sollte: der König gab es ihm aber nicht, und sagte, daß er wie'derkommen sollte. Er wollte aber Jason ermorden lassen. Mede'a sagte das an Jason und sagte ihm auch, daß er sich das Vlies selbst holen müsse, sonst bekäme er es nicht. Das Vlies war an eine Eiche genagelt, und am Fuße der Eiche lag ein Drache, der nie schlief und alle Menschen fraß, die das Vlies an'rühren wollten, außer dem König

Die Argonauten.

Äe'tes, und der Drache war unsterb'lich; also konnte Medea dem Jason nicht helfen, daß er ihn tot'schlüge. Der Drache aß gern süße Kuchen, und Mede'a gab Jason Kuchen mit Honig; da hatte sie einen Saft hinein'gethan, wovon der Drache ein'schlafen mußte. Jason kam mit den Kuchen und warf sie ihm hin; der dumme Drache fraß alle und schlief gleich ein. Jason stieg über ihn weg, und zog die Nägel, womit das Vlies an'genagelt war, mit einer Zange aus, und nahm das Vlies vom Baum herab, schlug seinen Mantel darüber und trug es auf das Schiff. Mede'a kam auch, und ward Jasons Frau und ging mit ihm nach Griechenland.

Äe'tes dachte, die Argonau'ten würden mit der Argo wieder ebenso zurück'fahren, wie sie gekommen waren, und schickte viele Schiffe aus, um sie an'zugreifen: aber sie gingen einen andern Weg, und fuhren den großen Fluß Ister hinauf. Dann trugen die Helden die Argo in den Oce'anus, der um die ganze Erde fließt, und setzten das Schiff in den, und so fuhren sie außen um die Erde herum, und so kamen sie nach Jolkos: die Kolcher aber warteten immer bei den Symplega'den, die nun fest'standen, und da die Argo gar nicht kam, kehrten sie nach Hause zurück und der König Äe'tes war erschreck'lich böse. Denn er hatte das Vlies verloren und die ehernen Stiere und die Drachenzähne, und seine Tochter war auch weg, und hatte all ihren Schmuck mit'genommen, und alle Leute lachten ihn aus.

Als Mede'a mit Jason in Thessa'lien an'gekommen war, machte sie den alten Äson wieder jung, so daß seine weißen Haare wieder schwarz wurden und alle seine Zähne wie'derkamen, und er stark ward wie ein junger Mann, und nun noch viele Jahre lebte: den Pelias machte sie tot, und Äson ward wieder König an seiner Statt.

Niebuhr's Griechische Heroen-Geschichten.

2. Geschichten vom Herkules.

Herkules war der Sohn des Ju'piter und der Alkme'na; Amphi'tryo war der Mann der Alkme'na, und König von Thebä in Griechenland. Amphi'tryo war des Herkules Stiefvater, aber er hatte ihn lieb, als wenn er sein eigner Sohn gewesen wäre. Amphi'tryo und Alkme'na hatten einen Sohn, der hieß J'phikles: also war er des Herkules Stiefbruder.

Herkules und J'phikles lagen nicht in einer Wiege, sondern in einem großen, ehernen Schild: in diesem hatte die Mutter ihnen ihr Bett gemacht, und wenn sie schlafen sollten, so wurden sie in dem Schilde gewiegt. Herkules schrie niemals. Als er klein war, hieß er nicht Herkules, sondern Alkä'us oder Alki'des.

Juno war seiner Mutter Alkme'na feind und wollte Herkules töten lassen. Es war Mit'ternacht, und Amphi'tryo und Alkme'na schliefen, und die beiden Knaben schliefen auch in dem Schilde, welcher neben dem Bett der Mutter stand. Da krochen zwei große Schlangen durch ein Loch unter der Thüre in das Schlafzimmer hinein, und krochen nach dem Schilde hin. Die Augen der Schlangen leuchteten wie Feuer, so daß das ganze Schlafzimmer hell ward, als wenn ein großes Feuer darin an'gezündet wäre. Sie hoben ihre Köpfe auf an der Seite, wo Herkules lag, und wollten in den Schild hinein'kriechen und ihn beißen. Darüber bewegte sich der Schild, und J'phikles wachte auf und fing an entsetz'lich zu schreien, weil er bange ward. Alkme'na erwachte auch von seinem Geschrei, sah das Licht in der Stube und weckte ihren Mann Amphi'tryo, und der sprang geschwind auf und nahm sein Schwert, welches an einem Nagel hinter dem Bett hing.

Als Herkules die Schlangen sah, ward er gar nicht bange, und schrie nicht, sondern lachte, und griff mit jeder Hand eine Schlange um die Kehle und drückte ganz fest. Nun konnten sie ihn nicht beißen; sie wanden sich um ihn herum mit ihren Schwänzen: Herkules hielt aber so fest, daß sie starben. Wie sie tot waren, leuchteten ihre Augen nicht mehr, und als Amphi′tryo hin′kam, war es schon wieder ganz dunkel. Da rief er die Diener, daß sie Licht herein′bringen sollten, und als das Licht kam, zeigte Herkules die beiden toten Schlangen, und lachte sehr vergnügt.

Herkules war schon als Kind sehr groß, und aß viel Braten und Brot, aber gar keine Leckerei′en. Er lernte lesen und schreiben, und reiten und mit der Bige und Quadri′ge fahren, und mit dem Bogen schießen und mit dem Wurfspieß nach dem Ziel werfen, und ringen und mit dem Cestus kämpfen.

Es war ein guter Centaur, der hieß Chiron, der lehrte ihn die Sterne kennen, und die Kräuter und Gewächse, und erzählte ihm davon, und von den Tieren; das hörte Herkules sehr gern, und lernte alles sehr gut. Er war sehr gut, nur hatte er ei′nen Fehler, daß er rasend ward, wenn er böse wurde, und dann that er Böses, und weinte nachher sehr über das, was er gethan hatte, aber es war zu spät und er konnte es nicht wieder gut machen. Alkme′na und Amphi′tryo hatten ihn nicht dafür gestraft, als er klein war. Er hatte einen Lehrmeister, der hieß Li′nus, der lehrte ihn die Guitar′re spielen, und da Herkules un′aufmerksam war, schlug Linus ihn, und darüber ward Herkules so böse, daß er die Guitarre nahm und Linus damit auf den Kopf schlug, daß er starb.

Da wollte ihn Amphi′tryo nicht länger im Hause behalten, und schickte ihn zu seinen Rin′derherden auf den Berg Kithä′ron. Dieser Berg ist nicht weit von The′bä, und war ganz mit Wald bewachsen, da gingen die Rinder auf die Weide. Im Walde wohnte ein großer, sehr böser Löwe, der viele Rinder und viele Hirten und andere Menschen zerris′sen hatte; den schlug Herkules mit einer eisernen Keule tot. Darauf erlaubte ihm Amphi'tryo, daß er wieder nach The'bä und in sein Haus zurück kommen durfte.

Die Theba'ner mußten alle Jahre hundert Ochsen dem König der Mi'nyer geben; das gefiel Herkules nicht, daß seine Stadt zins=
5 pflichtig sein sollte, und als der König der Mi'nyer Herolde schickte, um die Ochsen zu fordern, schnitt Herkules ihnen Nase und Ohren ab und jagte sie fort. Da zog der König Ergi'nus mit einem großen Heer gegen Thebä. Der König von Thebä hieß Kre'on, der war feig und hatte kein Herz, gegen den Feind zu gehen, und
10 deswegen hatte er auch die Schatzung bezahlt: er machte Herkules zum Feldherrn, und darüber waren die Theba'ner sehr vergnügt und hatten nun großen Mut, in den Krieg zu gehen und Minerva schenkte Herkules eine Rüstung, Merku'rius schenkte ihm ein Schwert und Apollo einen Bogen und Pfeile, und der Panzer, den Minerva
15 ihm schenkte, war von Gold. Herkules und die Theba'ner siegten über die Feinde und töteten den König Ergi'nus, und die Mi'nyer, deren Stadt Orcho'menus hieß, mußten nun den Theba'nern alle Jahre zweihundert Ochsen geben. Kreon aber gab Herkules seine Tochter Me'gara zur Frau, die gebar ihm drei Kinder, und
20 Herkules lebte einige Jahre vergnügt zu Thebä. Aber Juno machte ihn krank, daß er rasend ward und glaubte, daß seine Kin= der Raubtiere wären; da nahm er seinen Bogen und schoß sie tot. Und als er das gethan hatte, sah er, daß es seine Kinder waren, und konnte sich nicht trösten und lief aus der Stadt in die
25 Wälder.

Wenn die Alten nicht wußten, was sie thun sollten, so gingen sie zu den Ora'keln und fragten Apollo um Rat. Die Ora'kel waren Tempel, wo ein Priester oder eine Priesterin saß, die fragte man, und an die sagte Apollo, was sie ant'worten sollten. Wenn ein
30 König Krieg an'fangen wollte, so schickte er an ein Ora'kel, und

Herkules.

wenn Apollo ihm sagen ließ, daß er geschlagen werden würde, so ließ er den Krieg bleiben.

Das beste Orakel war zu Delphi, da saß eine Priesterin im Tempel auf einem Dreifuß, und ant'wortete allen denen, die hinkamen: wenn sie dem Orakel gehorsam waren, und es ihnen gut ging, so schenkten sie goldene oder silberne oder e'herne schöne Sachen an den Tempel, der ganz voll von Geschenken war. Die Priesterin hieß die Py'thia, und Delphi liegt in Griechenland am Fuß des Berges Parnas'sus.

Der arme Herkules kam nach Delphi, und ging in den Tempel und fragte die Py'thia, was er thun sollte, weil er so traurig war, weil er seine Kinder getötet hatte. Die Py'thia sagte ihm, er solle nach der Stadt Ti'ryns gehen und dem König Eurystheus dienen, und geduldig alles thun, was er ihm befehlen würde. Sie sagte ihm, daß Eurystheus ihm zwölf Kämpfe befehlen werde, die so gefährlich wären, daß er dabei um'kommen könnte. Wenn er aber Mut hätte und geduldig wäre, so würden die Götter ihm helfen, und wenn er die zwölf Kämpfe überstan'den hätte, so würde er wieder vergnügt sein und nach seinem Tode ein Gott werden.

Der König Eurystheus war böse und schlecht, und hatte keinen Mut, und that nichts Gutes und haßte die, welche schöne und gute Dinge thun konnten. Herkules ging geduldig hin nach Ti'ryns, und trat vor den König Eurystheus und sagte ihm, daß Apollo ihm durch die Pythia befohlen habe, ihm zu dienen, und daß er alles thun wolle, was er ihm befehlen würde.

Niebuhr's Griechische Heroen-Geschichten.

3. Die Namen Gottes.

Als Alexander, Philippus' Sohn, zu Babylon war, ließ er aus jeglichem Lande und Volke, die er überwun'den hatte, einen Priester kommen und versam'melte sie allesamt' in seinem Palast'. Darauf setzte er sich auf seinen Thron und fragte sie — es war ihrer aber eine große Zahl — und er sprach: „Wohlan', saget mir, erkennet und verehret ihr ein höchstes, unsichtbares Wesen?" — Da verneigten sich die Priester all'zumal und sprachen: „Ja, Herr König!"

Und der König fragte weiter: „Mit welchem Namen nennet ihr dasselbe?" — Darauf antwortete der Priester aus Indien: „Wir nennen es Brama, das heißt das Große!" Der Priester aus Persien: „Wir nennen es Ormus, d. h. das Urlicht!" Der Priester aus Judäa: „Jeho'vah Abona'i, den Herrn, der da ist, war, und sein wird." — Und so hatte ein jeglicher Priester ein eigenes Wort und einen besonderen Namen, womit er das höchste Wesen benannte.

Da ergrimmte der König in seinem Herzen und sprach: „Ihr habt nur ei'nen Herrscher und König. So sollt ihr auch fortan nur ei'nen Gott haben. Zeus ist sein Name."

Da wurden die Priester sehr betrübt ob der Rede des Königs und sprachen: „Mit dem Worte, das wir genannt haben, nennet ihn unser Volk von Jugend auf. Wie sollen wir das ändern?" —

Der König aber zürnte noch mehr. Da trat ein alter Weiser mit grauem Haupte hervor, ein Bramin, der ihn nach Babylon begleitet hatte, dieser hub an und sprach: „Der König, mein Herr, erlaube, daß ich zu den Versammelten reden möge!"

Darauf wandte er sich zu den Priestern und fragte: „Leuchtet auch bei euch allen das himmlische Gestirn des Tages, die Quelle des irdischen Lichts?"

Die Priester verneigten sich allesamt' und sprachen: „Ja!" —
Da fragte der Bramin sie, einen nach dem andern: „Wie nennt ihr dasselbe?" Und ein jeglicher nannte ein anderes Wort und eigenen Namen seines Landes und Volkes. Da sprach der Bramin zu dem Könige: „Sollen sie nicht das Gestirn des Tages mit gleichem Worte benennen? Helios ist sein Name."
Bei diesen Worten war der König voll Scham und sprach: „Lasset sie einen jeglichen sein eigenes Wort gebrauchen. Ich sehe wohl, daß das Bild und Zeichen noch nicht das Wesen ist."

F. A. Krummacher's Parabeln.

4. Dornröschen.

Vor Zeiten war ein König und eine Königin, die sprachen jeden Tag: „Ach, wenn wir doch ein Kind hätten!" Da trug sich zu, als die Königin einmal im Bade saß, daß ein Frosch aus dem Wasser ans Land kroch und zu ihr sprach: „Dein Wunsch wird erfüllt werden; ehe ein Jahr vergeht', wirst du eine Tochter haben." Was der Frosch gesagt hatte, das geschah, und das Mädchen war so schön, daß der König vor Freude sich nicht zu lassen wußte und ein großes Fest an'stellte. Er ladete nicht bloß seine Verwand'te, Freunde und Bekannte, sondern auch die weisen Frauen dazu ein, damit' sie dem Kind hold und gewogen wären. Es waren ihrer dreizehn in seinem Reiche; weil er aber nur zwölf goldene Teller hatte, von welchen sie essen sollten, so mußte eine von ihnen daheim bleiben.

Das Fest ward mit aller Pracht gefei'ert, und als es zu Ende war, beschenkten die weisen Frauen das Kind mit ihren Wundergaben: die eine mit Tugend, die andere mit Schönheit, die dritte mit Reichtum, und so mit allem, was auf der Welt zu wünschen ist.

Als elfe ihre Sprüche eben gethan hatten, trat plötzlich die dreizehnte herein. Sie wollte sich dafür rächen, daß sie nicht ein'geladen war, und ohne jemand zu grüßen oder nur an'zusehen, rief sie mit lauter Stimme: „Die Königstochter soll sich in ihrem funfzehnten Jahr an einer Spindel stechen und tot hin'fallen." Und ohne ein Wort zu sprechen, kehrte sie sich um und verließ den Saal. Alle waren erschrocken, da trat die zwölfte hervor, die ihren Wunsch noch übrig hatte, und weil sie den bösen Spruch nicht auf'heben, sondern nur ihn mildern konnte, so sagte sie: „Es soll aber kein Tod sein, sondern ein hun'dertjähriger, tiefer Schlaf, in welchen die Königstochter fällt."

Der König, der sein liebes Kind vor dem Unglück gern bewahren wollte, ließ den Befehl aus'gehen, daß alle Spindeln im ganzen Königreiche sollten verbrannt werden. An dem Mädchen aber wurden die Gaben der weisen Frauen sämtlich erfüllt, denn es war so schön, sittsam, freundlich und an'ständig, daß es jedermann, der es an'sah, lieb haben mußte.

Es geschah, daß an dem Tage, wo es gerade funfzehn Jahr alt ward, der König und die Königin nicht zu Haus waren, und das Mädchen ganz allein im Schloß zurück'blieb. Da ging es aller Orten herum, besah Stuben und Kammern, wie es Lust hatte, und kam endlich auch an einen alten Turm. Es stieg die Wen'deltreppe hinauf und gelangte zu einer kleinen Thüre. In dem Schloß steckte ein verrosteter Schlüssel, und als es um'drehte, sprang die Thüre auf, und saß da in einem kleinen Stübchen eine alte Frau mit einer Spindel und spann emsig ihren Flachs. „Guten Tag, du altes Mütterchen," sprach die Königstochter, „was machst du da?" „Ich spinne," sagte die Alte und nickte mit dem Kopf. „Was ist das für ein Ding, das so lustig herum'springt?" sprach das Mädchen, nahm die Spindel und wollte auch spinnen. Kaum hatte sie aber die Spindel an'gerührt, so ging der Zauberspruch in Erfüllung, und sie stach sich damit in den Finger.

In dem Au'genblick aber, wo sie den Stich empfand', fiel sie auf das Bett nieder, das da stand, und lag in einem tiefen Schlaf. Und dieser Schlaf verbrei'tete sich über das ganze Schloß: der König und die Königin, die eben heim'gekommen waren und in den Saal getreten waren, fingen an ein'zuschlafen, und der ganze Hofstaat mit ihnen. Da schliefen auch die Pferde im Stall, die Hunde im Hofe, die Tauben auf dem Dache, die Fliegen an der Wand, ja, das Feuer, das auf dem Herde flackerte, ward still und schlief ein, und der Braten hörte auf zu brutzeln, und der Koch, der den Küchenjungen, weil er etwas versehen hatte, in den Haaren ziehen wollte, ließ ihn los und schlief. Und der Wind legte sich, und auf den Bäumen vor dem Schloß regte sich kein Blättchen mehr.

Rings um das Schloß aber begann eine Dornenhecke zu wachsen, die jedes Jahr höher ward und endlich das ganze Schloß umzog und darüber hinaus wuchs, daß gar nichts mehr davon zu sehen war, selbst nicht die Fahne auf dem Dach. Es ging aber die Sage in dem Land von dem schönen schlafenden Dornröschen, denn so ward die Königstochter genannt, also daß von Zeit zu Zeit Königssöhne kamen und durch die Hecke in das Schloß dringen wollten. Es war ihnen aber nicht möglich, denn die Dornen, als hätten sie Hände, hielten fest zusammen, und die Jünglinge blieben darin hängen, konnten sich nicht wieder los'machen und starben eines jäm'merlichen Todes.

Nach langen, langen Jahren kam wieder einmal ein Königssohn in das Land und hörte, wie ein alter Mann von der Dornenhecke erzählte, es sollte ein Schloß dahin'ter stehen, in welchem eine wunderschöne Königstochter, Dornröschen genannt, schon seit hundert Jahren schliefe, und mit ihr der König und die Königin und der ganze Hofstaat. Er wußte auch von seinem Großvater, daß schon viele Königssöhne gekommen wären und versucht hätten, durch die Dornenhecke zu bringen, aber sie wären darin hängen geblieben und eines traurigen Todes gestorben. Da sprach der Jüngling: „Ich fürchte mich nicht, ich will hinaus und das schöne Dornröschen sehen." Der gute Alte mochte ihm ab'raten, wie er wollte, er hörte nicht auf seine Worte.

Nun waren aber gerade die hundert Jahre verflossen, und der Tag war gekommen, wo Dornröschen wieder erwachen sollte. Als der Königssohn sich der Dornenhecke näherte, waren es lauter große, schöne Blumen; die thaten sich von selbst auseinander und ließen ihn un'beschädigt hindurch, und hinter ihm thaten sie sich wieder als eine Hecke zusammen. Im Schloßhof sah er die Pferde und scheckigen Jagdhunde liegen und schlafen, auf dem Dache saßen die Tauben und hatten das Köpfchen unter den Flügel gesteckt. Und als er ins Haus kam, schliefen die Fliegen an der Wand, der Koch in der Küche hielt noch die Hand, als wollte er den Jungen an=packen, und die Magd saß vor dem schwarzen Huhn, das sollte gerupft werden. Da ging er weiter und sah im Saale den ganzen Hofstaat liegen und schlafen, und oben bei dem Throne lag der König und die Königin. Da ging er noch weiter, und alles war so still, daß einer seinen Atem hören konnte, und endlich kam er zu dem Turm und öffnete die Thüre zu der kleinen Stube, in welcher Dornröschen schlief. Da lag es und war so schön, daß er die Augen nicht ab'wenden konnte, und er bückte sich und gab ihm einen Kuß.

Wie er es mit dem Kuß berührt hatte, schlug Dornröschen die Augen auf, erwachte und blickte ihn ganz freundlich an. Da gingen sie zusammen herab, und der König erwachte und die Königin und der ganze Hofstaat, und sahen einander mit großen Augen an.

Und die Pferde im Hof standen auf und rüt'telten sich: die Jagd=
hunde sprangen und we'belten: die Tauben auf dem Dache zogen
das Köpfchen unterm Flügel hervor, sahen umher und flogen ins
Feld: die Fliegen an den Wänden krochen weiter: das Feuer in
der Küche erhob sich, flackerte und kochte das Essen: der Braten
fing wieder an zu bruzeln: und der Koch gab dem Jungen eine
Ohrfeige, daß er schrie: und die Magd rupfte das Huhn fertig.
Und da wurde die Hochzeit des Königssohns mit dem Dornröschen
in aller Pracht gefeiert, und sie lebten vergnügt bis an ihr Ende.

Grimm's Kinder= und Hausmärchen.

5. Hans im Glück.

Hans hatte sieben Jahre bei seinem Herrn gedient, da sprach er
zu ihm: „Herr, meine Zeit ist herum, nun wollte ich gerne wieder
heim zu meiner Mutter, gebt mir meinen Lohn." Der Herr ant=
wortete: „Du hast mir treu und ehrlich gedient, wie der Dienst
war, so soll der Lohn sein," und gab ihm ein Stück Gold, das so
groß als Hansens Kopf war. Hans zog sein Tüchlein aus der
Tasche, wickelte den Klumpen hinein, setzte ihn auf die Schulter
und machte sich auf den Weg nach Haus.

Wie er so dahin ging und immer ein Bein vor das andere setzte,
kam ihm ein Reiter in die Augen, der frisch und fröhlich auf einem
muntern Pferd vorbei trabte. „Ach," sprach Hans ganz laut, „was
ist das Reiten ein schönes Ding! Da sitzt einer wie auf einem
Stuhl, stößt sich an keinen Stein, spart die Schuh' und kommt
fort, er weiß nicht wie." Der Reiter, der das gehört hatte, hielt
an und rief: „Ei, Hans, warum läufst du auch zu Fuß?" „Ich
muß ja wohl," antwortete er, „da habe ich einen Klumpen heim
zu tragen. Es ist zwar Gold, aber ich kann den Kopf dabei nicht

grab' halten; auch drückt mir's auf die Schulter." „Weißt du
was," sagte der Reiter, „wir wollen tauschen, ich gebe dir mein
Pferd, und du gibst mir deinen Klumpen." „Von Herzen gern,"
sprach Hans, „aber ich sage euch, ihr müßt euch damit schleppen."
5 Der Reiter stieg ab, nahm das Gold und half dem Hans hinauf,
gab ihm die Zügel fest in die Hände und sprach: „Wenn's nun
recht geschwind soll gehen, so mußt du mit der Zunge schnalzen
und 'hopp,' 'hopp' rufen."

Hans war seelenfroh, als er auf dem Pferde saß und so
10 frank und frei dahin ritt. Über ein Weilchen fiel's ihm ein, es
sollte noch schneller gehen, und fing an mit der Zunge zu
schnalzen und 'hopp,' 'hopp' zu rufen. Das Pferd setzte sich in
starken Trab, und ehe sich's Hans versah, war er ab'geworfen
und lag in einem Graben, der die Äcker von der Landstraße
15 trennte. Das Pferd wäre auch durch'gegangen, wenn es nicht
ein Bauer auf'gehalten hätte, der des Weges kam und eine
Kuh vor sich her trieb. Hans suchte seine Glieder zusammen
und machte sich wieder auf die Beine.

Er war aber verdrießlich und sprach zu dem Bauer: „Es ist
20 ein schlechter Spaß, das Reiten, zumal, wenn man auf so eine
Mähre gerät wie diese, die stößt und einen herab'wirft, daß
man den Hals brechen kann. Ich setze mich nun und nimmer=
mehr wieder auf. Da lob' ich mir eure Kuh, da kann einer mit
Gemäch'lichkeit hinterher'gehen und hat obendrein' seine Milch,
25 Butter und Käse jeden Tag gewiß. Was gäb' ich darum,
wenn ich so eine Kuh hätte!" „Nun," sprach der Bauer, „ge=
schieht euch so ein großer Gefallen, so will ich euch wohl die
Kuh für das Pferd vertau'schen." Hans willigte mit tausend
Freuden ein. Der Bauer schwang sich aufs Pferd und ritt
30 eilig davon.

Hans im Glück.

Hans trieb seine Kuh ruhig vor sich her und bedachte den glücklichen Handel. „Hab' ich nur ein Stück Brot, und daran wird mir's doch nicht fehlen, so kann ich, so oft mir's beliebt, Butter und Käse dazu essen. Hab' ich Durst, so melke ich meine Kuh und trinke Milch. Herz, was verlangst' du mehr?" Als er zu einem Wirtshaus kam, machte er Halt, aß in der großen Freude alles, was er bei sich hatte, sein Mittags- und Abendbrot, rein auf und ließ sich für seine letzten paar Heller ein halbes Glas Bier ein'schenken. Dann trieb er seine Kuh weiter, immer nach dem Dorfe seiner Mutter zu. Die Hitze ward drückender, je näher der Mittag kam, und Hans befand sich in einer Heide, die wohl noch eine Stunde dauerte. Da ward es ihm ganz heiß, so daß ihm vor Durst die Zunge am Gaumen klebte. „Dem Ding ist zu helfen," dachte Hans, „jetzt will ich meine Kuh melken und mich an der Milch laben." Er band sie an einen dürren Baum, und da er keinen Eimer hatte, so stellte er seine Ledermütze unter; aber wie er sich auch bemühte, es kam kein Tropfen Milch zum Vorschein. Und weil er sich un'geschickt dabei an'stellte, so gab ihm das un'geduldige Tier endlich mit einem der Hinterfüße einen solchen Schlag vor den Kopf, daß er zu Boden tau'melte und eine Zeit lang sich gar nicht besinnen konnte, wo er war.

Glücklicherwei'se kam gerade ein Metzger des Weges, der auf einem Schub'karren ein junges Schwein liegen hatte. „Was sind das für Streiche!" rief er und half dem guten Hans auf. Hans erzählte, was vor'gefallen war. Der Metzger reichte ihm seine Flasche und sprach: „Da trink einmal' und erholt euch. Die Kuh will wohl keine Milch geben, das ist ein altes Tier, das höchstens noch zum Ziehen taugt oder zum Schlachten." „Ei, ei," sprach Hans und strich sich die Haare über den Kopf,

„wer hätte das gedacht! Es ist freilich gut, wenn man so ein Tier ins Haus ab'schlachten kann. Was gibt's für Fleisch! Aber ich mache mir aus dem Kuhfleisch nicht viel, es ist mir nicht saftig genug. Ja, wer so ein junges Schwein hätte! das schmeckt anders, dabei noch die Würste." „Hört, Hans," sprach da der Metzger, „euch zu Liebe will ich tauschen und will euch das Schwein für die Kuh lassen." „Gott lohn' euch eure Freundschaft," sprach Hans, übergab' ihm die Kuh, ließ sich das Schweinchen vom Karren los'machen und den Strick, woran es gebunden war, in die Hand geben.

Hans zog weiter und überdach'te, wie ihm doch alles nach Wunsch ginge; begeg'nete ihm ja eine Verdrieß'lichkeit, so würde sie doch gleich wieder gut gemacht. Es gesellte sich danach ein Bursche zu ihm, der trug eine schöne weiße Gans unter dem Arm. Sie boten einander die Zeit, und Hans fing an von seinem Glück zu erzählen, und wie er immer so vor= teilhaft getauscht hätte. Der Bursch erzählte ihm, daß er die Gans zu einem Kind'tauffchmaus brächte. „Hebt einmal'," fuhr er fort und packte sie bei den Flügeln, „wie schwer sie ist, die ist aber acht Wochen lang genudelt worden. Wer in den Braten beißt, muß sich das Fett von beiden Seiten ab'wischen." „Ja," sprach Hans und wog sie mit der einen Hand, „die hat ihr Gewicht, aber mein Schwein ist auch keine Sau." Indessen sah sich der Bursch nach allen Seiten ganz bedenk'lich um, schüttelte auch wohl mit dem Kopf. „Hört," fing er darauf an, „mit eurem Schweine mag's nicht ganz richtig sein. In dem Dorfe, durch das ich gekommen bin, ist eben dem Schulzen eins aus dem Stalle gestohlen worden. Ich fürchte, ich fürchte, ihr habt's da in der Hand. Sie haben Leute aus'= geschickt, und es wäre ein schlimmer Handel, wenn sie euch mit

Hans im Glück.

dem Schwein erwischt'en. Das Geringste ist, daß ihr ins fin=
stere Loch gesteckt werdet." Dem guten Hans ward bang. „Ach
Gott," sprach er, „helft mir aus der Not, ihr wißt hier herum
bessern Bescheid, nehmt mein Schwein da und laßt mir eure
Gans." „Ich muß schon etwas aufs Spiel setzen," ant'wortete
der Bursche, „aber ich will doch nicht schuld sein, daß ihr ins
Unglück geratet."

Er nahm also das Seil in die Hand und trieb das Schwein
schnell auf einen Seitenweg fort. Der gute Hans aber ging,
seiner Sorgen entledigt, mit der Gans unter dem Arme der
Heimat zu. „Wenn ich's recht überle'ge," sprach er mit sich
selbst, „habe ich noch Vorteil bei dem Tausche: erstlich den
guten Braten, hernach die Menge von Fett, die heraus'träufeln
wird, das gibt Gän'sefettbrot auf ein Vierteljahr': und endlich
die schönen weißen Federn, die laß' ich mir in mein Kopfkissen
stopfen, und darauf will ich wohl un'gewiegt ein'schlafen. Was
wird meine Mutter eine Freude haben!"

Als er durch das letzte Dorf gekommen war, da stand ein
Sche'renschleifer mit seinem Karren. Sein Rad schnurrte, und
er sang dazu:

„Ich schleife die Schere und drehe geschwind,
Und hänge mein Mäntelchen nach dem Wind."

Hans blieb stehen und sah ihm zu. Endlich redete er ihn an
und sprach: „Euch geht's wohl, weil ihr so lustig bei eurem
Schleifen seid." „Ja," ant'wortete der Scherenschleifer, „das
Handwerk hat einen güldenen Boden. Ein rechter Schleifer ist
ein Mann, der, so oft er in die Tasche greift, auch Geld darin
findet. Aber wo habt ihr die schöne Gans gekauft?" „Die
hab' ich nicht gekauft, sondern für mein Schwein ein'getauscht."

„Und das Schwein?" „Das hab' ich für eine Kuh gekriegt." „Und die Kuh?" „Die hab' ich für ein Pferd bekommen." „Und das Pferd?" „Dafür hab' ich einen Klumpen Gold, so groß als mein Kopf, gegeben." „Und das Gold?" „Ei, das war mein Lohn für sieben Jahre Dienst." „Ihr habt euch jederzeit zu helfen gewußt," sprach der Schleifer. „Könnt ihr's nun dahin bringen, daß ihr das Geld in der Tasche springen hört, wenn ihr aufsteht, so habt ihr euer Glück gemacht."

„Wie soll ich das anfangen?" sprach Hans. „Ihr müßt ein Schleifer werden, wie ich; dazu gehört eigentlich nichts, als ein Wetzstein, das andere findet sich schon von selbst. Da hab' ich einen, der ist zwar ein wenig schabhaft, dafür sollt ihr mir aber auch weiter nichts als eure Gans geben; wollt ihr das?" „Wie könnt ihr noch fragen?" antwortete Hans, „ich werde ja zum glücklichsten Menschen auf Erden; habe ich Geld, so oft ich in die Tasche greife, was brauche ich da länger zu sorgen," reichte ihm die Gans hin und nahm den Wetzstein in Empfang. „Nun," sprach der Schleifer und hob einen gewöhnlichen schweren Feldstein, der neben ihm lag, auf, „da habt ihr noch einen tüchtigen Stein dazu, auf dem sich's gut schlagen läßt und ihr eure alten Nägel gerade klopfen könnt. Nehmt hin und hebt ihn ordentlich auf."

Hans lud den Stein auf und ging mit vergnügtem Herzen weiter. Seine Augen leuchteten vor Freude. „Ich muß in einer Glückshaut geboren sein," rief er aus, „alles, was ich wünsche, trifft mir ein, wie einem Sonntagskind." Indessen, weil er seit Tagesanbruch auf den Beinen gewesen war, begann er müde zu werden. Auch plagte ihn der Hunger, da er allen Vorrat auf einmal, in der Freude über die erhandelte

Hans im Glück.

Kuh, aufgezehrt hatte. Er konnte endlich nur mit Mühe weiter gehen und mußte jeden Augenblick Halt machen; dabei drückten ihn die Steine ganz erbärmlich. Da konnte er sich des Gedankens nicht erwehren, wie gut es wäre, wenn er sie gerade jetzt nicht zu tragen brauchte.
Wie eine Schnecke kam er zu einem Feldbrunnen geschlichen, wollte da ruhen und sich mit einem frischen Trunk laben. Damit er aber die Steine im Niedersitzen nicht beschädigte, legte er sie bedächtig neben sich auf den Rand des Brunnens. Darauf setzte er sich nieder und wollte sich zum Trinken bücken. Da versah er's, stieß ein klein wenig an, und beide Steine plumpten hinab. Hans, als er sie mit seinen Augen in die Tiefe hatte versinken sehen, sprang vor Freuden auf, kniete dann nieder und dankte Gott mit Thränen in den Augen, daß er ihm auch diese Gnade noch erwiesen und ihn auf eine so gute Art, und ohne daß er sich einen Vorwurf zu machen brauchte, von den schweren Steinen befreit hätte, die ihm allein noch hinderlich gewesen waren. „So glücklich wie ich," rief er aus, „gibt es keinen Menschen unter der Sonne." Mit leichtem Herzen und frei von aller Last sprang er nun fort, bis er daheim bei seiner Mutter war.

Grimm's Kinder- und Hausmärchen.

---

6. Der standhafte Zinnsoldat.

Es waren einmal fünfundzwanzig Zinnsoldaten, die alle Brüder waren, da man sie aus einem und demselben alten Zinnlöffel gegossen hatte. Das Gewehr hielten sie im Arm, das Gesicht vorwärts gegen den Feind gerichtet; rot und blau, kurzum, herrlich war die Uniform. Das allererste, was sie in dieser Welt hörten, als der Deckel von der Schachtel, in welcher sie lagen, ab'genommen wurde, war das Wort: „Zinn'soldaten!" Das rief ein kleiner Knabe und klatschte vor Wonne in die Hände. Er hatte sie zu seinem Geburts'tage bekommen und stellte sie nun auf den Tisch in Schlachtordnung auf. Der eine Soldat glich dem andern auf das genaueste, nur ein einziger war etwas verschieden: er hatte nur ein' Bein, denn da er zuletzt gegossen worden, hatte das Zinn nicht mehr aus'gereicht; doch stand er auf seinem ei'nen Beine eben so fest wie die andern auf ihren bei'den, und gerade er sollte sich durch sein denkwürdiges Schicksal besonders aus'zeichnen.

Auf dem Tische, wo sie aufgestellt wurden, stand noch viel anderes Spielzeug; aber dasjenige, welches am meisten die Aufmerksamkeit auf sich zog, war ein hübsches Schloß von Papier'. Durch die kleinen Fenster konnte man in'wendig in die Säle hinein'schauen. Vor demselben standen kleine Bäume, ringsum ein Stück Spiegelglas, welches einen See vor'stellen sollte. Schwäne von Wachs schwammen auf demselben und spiegelten sich darin. Das war wohl alles niedlich, aber das niedlichste blieb doch ein kleines Mädchen, welches mitten in dem offenen Schloß'porta'le stand. Es war ebenfalls aus Papier' aus'geschnitten, hatte aber ein seidenes Kleid an und ein kleines, schmales, blaues Band über den Schultern; mitten auf diesem saß ein funkelnder Stern, so groß wie ihr ganzes Gesicht. Das kleine Mädchen streckte ihre beiden Arme an'mutig in die Höhe, denn sie war eine Tänzerin, und dann erhob sie das eine Bein so hoch, daß es der Zinnsoldat gar nicht entdecken konnte und dachte, daß sie, wie er, nur ein' Bein hätte.

„Die paßte für mich als Frau!" dachte er, „aber sie ist zu

Der standhafte Zinnsoldat.

vor'nehm für mich, sie wohnt in einem Schlosse, und ich habe nur eine Schachtel, die ich mit vierundzwanzig teilen muß, das ist keine Wohnung für sie. Doch will ich zusehen, ob ich keine Bekanntschaft machen kann!" Dann legte er sich der Länge nach hinter eine Schnupftabaksdose, die auf dem Tische stand. Von hier konnte er die kleine feine Dame, die nicht müde wurde, auf ei'nem Beine zu stehen, ohne das Gleich'gewicht zu verlieren, genau beob'achten.

Als es Abend wurde, legte man die übrigen Zinnsoldaten in ihre Schachtel und die Leute im Hause gingen zu Bette. Nun begann das Spielzeug zu spielen, bald „Heut' kommt Besuch," bald „Räuber und Stadtsoldaten" oder „Versteck." Die Zinnsoldaten rasselten in ihrer Schachtel, weil sie gerne mit dabei gewesen wären; sie vermochten aber den Deckel nicht aufzuheben. Der Nußknacker schlug Pur'zelbäume und der Griffel fuhr lustig über die Tafel hin. Es entstand ein Lärm, daß der Kana'rienvogel auf'wachte und seinen Gesang mit hinein'schmetterte, aber nur in Versen. Die beiden einzigen, welche sich nicht von der Stelle bewegten, waren der Zinnsoldat und die kleine Tänzerin. Sie stand kerzengera'de auf der Zehenspitze und hatte beide Arme erhoben; er war auf seinem ei'nen Beine eben so standhaft, nicht einen Au'genblick wandte er seine Augen von ihr ab.

Jetzt schlug es Mitternacht und klatsch! sprang der Deckel von der Schnupftabaksdose, aber nicht etwa Schnupftabak war darin, nein, sondern ein kleiner schwarzer Ko'bold; das war ein Kunststück.

„Zinnsoldat!" sagte der Kobold, „du wirst dir noch die Augen aus'sehen!"

Aber der Zinnsoldat that, als ob er es nicht hörte.

„Ja, warte nur bis morgen!" sagte der Kobold.

Als es nun Morgen ward und die Kinder auf standen, wurde der Zinnsoldat in das offene Fenster gestellt, und war es nun der Kobold oder ein Zugwind, gleichviel: plötzlich flog das Fenster auf und der Soldat fiel aus dem dritten Stockwerke häuptlings hinunter. Das war ein schrecklicher Sturz, er streckte sein eines Bein gerade in die Luft und blieb auf dem Helme, das Bajonett nach unten, zwischen den Pflastersteinen stecken.

Die Dienstmagd und der kleine Knabe liefen sogleich hinunter, um ihn zu suchen; aber obgleich sie beinahe auf ihn getreten hätten, konnten sie ihn doch nicht erblicken. Hätte der Zinnsoldat gerufen: „Hier bin ich!" so würden sie ihn gewiß gefunden haben, da er aber in Uniform war, hielt er es nicht für passend, so laut zu schreien.

Nun begann es zu regnen; Tropfen folgte auf Tropfen, bis es ein tüchtiger Platzregen wurde; als er vorüber war, kamen zwei Straßenjungen dorthin.

„Sieh, sieh!" sagte der eine, „da liegt ein Zinnsoldat, der muß hinaus und segeln!"

Nun machten sie ein Boot aus Zeitungspapier, setzten den Zinnsoldaten mitten hinein und ließen ihn den Rinnstein hinuntersegeln. Beide Knaben liefen nebenher und klatschten in die Hände. Hilf Himmel, was für Wellen erhoben sich in dem Rinnstein und welch reißender Strom war da! Ja, es mußte der Regen stromweise herniedergerauscht sein. Das Papierboot schwankte auf und nieder und bisweilen drehte es sich im Kreise, daß den Zinnsoldaten ein Schauer überlief. Trotzdem blieb er standhaft, verfärbte sich nicht, sah nur vorwärts und behielt das Gewehr im Arm.

Der standhafte Zinnsoldat.

Plötzlich trieb das Boot unter eine lange Rinnsteinbrücke; hier herrschte eine gleiche Finsternis wie in seiner Schachtel.

„Wo mag ich jetzt nur hinkommen?" dachte er. „Ja, ja, das ist des Kobolds Schuld! Ach, säße doch das kleine Mädchen hier im Boote, dann könnte es getrost noch ein'mal so finster sein!"

In diesem Augenblicke erschien eine große Wasserratte, welche unter der Rinnsteinbrücke ihre Wohnung hatte.

„Hast du einen Paß?" fragte die Ratte. „Her mit dem Passe!"

Aber der Zinnsoldat schwieg still und hielt sein Gewehr nur noch fester. Das Boot fuhr weiter und die Ratte hinterher. Hu! wie sie mit den Zähnen knirschte und den Spänen und dem Stroh zu'rief: „Haltet ihn auf, haltet ihn auf! Er hat keinen Zoll bezahlt, er hat seinen Paß nicht vor'gezeigt!"

Aber die Strömung wurde stärker und stärker; der Zinnsoldat konnte, schon ehe er das Ende des Brettes erreichte, den hellen Tag erblicken, aber er hörte zugleich einen brausenden Ton, der auch eines tapferen Mannes Herz erschrecken konnte. Denkt euch! der Rinnstein stürzte am Ende der Brücke gerade in einen großen Kanal' hinab, was ihm gleiche Gefahr bringen mußte als uns einen großen Wasserfall hinun'terzufahren.

Er war jetzt schon so nahe dabei, daß er nicht mehr an= zuhalten vermochte. Das Boot fuhr hinab'; der arme Zinn= soldat hielt sich, so gut es gehen wollte, auf'recht. Niemand sollte ihm nach'sagen können, daß er auch nur mit den Augen geblinkt hätte. Das Boot drehte sich drei, vier Mal um sich selbst und füllte sich dabei bis zum Rande mit Wasser, es mußte sinken. Der Zinnsoldat stand bis zum Halse im Wasser, und tiefer und tiefer sank das Boot. Mehr und mehr löste sich das Papier' auf; jetzt ging das Wasser schon über des Solda'ten Haupt, — da dachte er an die kleine, niedliche Tänzerin, die er nie mehr erblicken sollte; und es klang vor des Zinnsoldaten Ohren:

„Morgenrot, Morgenrot,
Leuchtest mir zum frühen Tod!"

Nun zerriß' das Papier und der Zinnsoldat fiel hindurch, wurde aber in demselben Augenblicke von einem großen Fische verschlungen.

Nein, wie finster war es da brinnen; da war es noch schlimmer als unter der Rinnsteinbrücke und vor allen Dingen sogar eng. Gleichwohl war der Zinnsoldat standhaft und lag, so lang er war, mit dem Gewehre im Arme.

Der Fisch fuhr umher und machte die entsetzlichsten Bewegungen; endlich wurde es ganz still, und wie ein Blitzstrahl fuhr es durch ihn hin. Dann drang ein heller Lichtglanz hinein und jemand rief laut: „Der Zinnsoldat!" Der Fisch war gefangen worden, auf den Markt gebracht, verkauft und in die Küche hinauf'gekommen, wo ihn die Magd mit einem großen Messer auf'schnitt. Sie faßte den Soldaten mitten um den Leib und trug ihn in die Stube hinein, wo sämtliche einen so merk'würdigen Mann sehen wollten, der im Magen eines Fisches umher'gereist war; der Zinnsoldat war jedoch darauf gar nicht stolz. Man stellte ihn auf den Tisch und da — nein, wie wunderlich kann es doch in der Welt zu'gehen, befand sich der Zinnsoldat in der nämlichen Stube, in der er vorher gewesen war; er sah die nämlichen Kinder und das nämliche Spielzeug stand auf dem Tische: das herrliche Schloß mit der niedlichen kleinen Tänzerin. Sie hielt sich immer noch auf dem einen Beine und hatte das andere hoch in der Luft, sie war ebenfalls stand-

Der standhafte Zinnsoldat.

haft. Das rührte den Zinnsoldaten so, daß er beinahe Zinn geweint hätte, aber das schickte sich nicht. Er sah sie und sie sah ihn an, aber sie sagten einander nichts.

Plötzlich ergriff der eine der kleinen Knaben den Zinnsoldaten und warf ihn gerade in den Ofen, obwohl er gar keinen Grund dazu hatte. Sicherlich trug der Kobold in der Dose die Schuld daran.

Der Zinnsoldat stand ganz beleuchtet da und fühlte eine erschreckliche Hitze; ob sie aber die Folge des wirklichen Feuers oder seiner übergroßen Liebesglut war, das konnte er nicht unterscheiden. Alle Farbe war von ihm gewichen; ob dies auf der Reise geschehen oder ob es von seinem tiefen Grame herrührte, wußte niemand zu sagen. Er sah das kleine Mädchen an und dies sah ihn an. Er fühlte, daß er schmölze, aber noch stand er standhaft mit dem Gewehre im Arm. Da ging eine Thür auf, der Wind ergriff die Tänzerin und sie flog wie eine Sylphide ebenfalls gerade in den Kachelofen zum Zinnsoldaten hin, loderte in hellen Flammen auf und war verschwunden. Da schmolz der Zinnsoldat zu einem Klumpen zusammen, und als die Magd am nächsten Tage die Asche herausnahm, fand sie ihn als ein kleines Zinnherz. Von der Tänzerin war dagegen nur der Stern übrig und der war kohlschwarz gebrannt.

Andersen's Märchen.

II.
Leichte Gedichte.

1. Einkehr.

Bei einem Wirte wundermild,
    Da war ich jüngst zu Gaste;
Ein goldner Apfel war sein Schild
    An einem langen Aste.

Es war der gute Apfelbaum
    Bei dem ich eingekehret;
Mit süßer Kost und frischem Schaum
    Hat er mich wohl genähret.

Es kamen in sein grünes Haus
    Viel leichtbeschwingte Gäste;
Sie sprangen frei und hielten Schmaus
    Und sangen auf das beste.

Ich fand ein Bett zu süßer Ruh'
    Auf weichen, grünen Matten;
Der Wirt, er deckte selbst mich zu
    Mit seinem kühlen Schatten.

Nun fragt' ich nach der Schuldigkeit,
    Da schüttelt' er den Wipfel;
Gesegnet sei er allezeit,
    Von der Wurzel bis zum Gipfel.

Uhland.

2. Lorelei.

Ich weiß nicht, was soll es bedeuten,
   Daß ich so traurig bin;
Ein Märchen aus alten Zeiten,
   Das kommt mir nicht aus dem Sinn.

Die Luft ist kühl, und es dunkelt,
   Und ruhig fließt der Rhein;
Der Gipfel des Berges funkelt
   Im Abendsonnenschein.

Die schönste Jungfrau sitzet
   Dort oben wunderbar;
Ihr goldnes Geschmeide blitzet,
   Sie kämmt ihr goldenes Haar.

Sie kämmt es mit goldenem Kamme,
   Und singt ein Lied dabei;
Das hat eine wundersame
   Gewaltige Melodei.

Den Schiffer im kleinen Schiffe
   Ergreift es mit wildem Weh;
Er sieht nicht die Felsenriffe,
   Er schaut nur hinauf in die Höh'.

Ich glaube, die Wellen verschlingen
   Am Ende Schiffer und Kahn;
Und das hat mit ihrem Singen
   Die Lorelei gethan.

                                          Heine.

3. Es war ein alter König.

Es war ein alter König,
Sein Herz war schwer, sein Haupt war grau;
Der arme, alte König,
Er nahm eine junge Frau.

Es war ein schöner Page,
Blond war sein Haupt, leicht war sein Sinn;
Er trug die seid'ne Schleppe
Der jungen Königin.

Kennst du das alte Liebchen?
Es klingt so süß, es klingt so trüb!
Sie mußten beide sterben,
Sie hatten sich gar zu lieb.

Heine.

---

4. Abendlied.

Abend wird es wieder!
Über Wald und Feld
Säuselt Frieden nieder,
Und es ruht die Welt.

Nur der Bach ergießet
Sich vom Felsen dort,
Und er brauft und fließet
Immer, immer fort;

Und kein Abend bringet
Frieden ihm und Ruh',
Keine Glocke klinget
Ihm ein Rastlied zu.

So in deinem Streben
Bist, mein Herz, auch du;
Gott nur kann dir geben
Wahre Abendruh'.

Hoffmann v. Fallersleben.

5. Wanderers Nachtlied.

Über allen Gipfeln
Ist Ruh,
In allen Wipfeln
Spürest du
Kaum einen Hauch;
Die Vögelein schweigen im Walde.
Warte nur, balde
Ruhest du auch.

Goethe.

6. Erlkönig.

Wer reitet so spät durch Nacht und Wind?
Es ist der Vater mit seinem Kind;
Er hat den Knaben wohl in dem Arm,
Er faßt ihn sicher, er hält ihn warm.

Mein Sohn, was birgst du so bang dein Gesicht? —
Siehst, Vater, du den Erlkönig nicht?
Den Erlenkönig mit Kron' und Schweif? —
Mein Sohn, es ist ein Nebelstreif. —

„Du liebes Kind, komm, geh' mit mir,
„Gar schöne Spiele spiel' ich mit dir;
„Manch bunte Blumen sind an dem Strand;
„Meine Mutter hat manch gülden Gewand."

Mein Vater, mein Vater, und hörest du nicht,
Was Erlenkönig mir leise verspricht? —
Sei ruhig, bleibe ruhig, mein Kind;
In dürren Blättern säuselt der Wind. —

„Willst, feiner Knabe, du mit mir gehn?
„Meine Töchter sollen dich warten schön;
„Meine Töchter führen den nächtlichen Reihn,
„Und wiegen und tanzen und singen dich ein."

Mein Vater, mein Vater, und siehst du nicht dort
Erlkönigs Töchter am düstern Ort? —
Mein Sohn, mein Sohn, ich seh' es genau;
Es scheinen die alten Weiden so grau. —

5 „Ich liebe dich, mich reizt deine schöne Gestalt;
„Und bist du nicht willig, so brauch' ich Gewalt."
Mein Vater, mein Vater, jetzt faßt er mich an!
Erlkönig hat mir ein Leids gethan! —

Dem Vater grauset's, er reitet geschwind,
10 Er hält in Armen das ächzende Kind,
Erreicht den Hof mit Mühe und Not;
In seinen Armen das Kind war tot.

Goethe.

7. Drei Paare und Einer.

Du hast zwei Ohren und einen Mund;
    Willst du's beklagen?
15 Gar vieles sollst du hören und
    Wenig drauf sagen.

Du hast zwei Augen und einen Mund;
    Mach' dir's zu eigen!
Gar manches sollst du sehen und
20   Manches verschweigen.

Du hast zwei Hände und einen Mund;
    Lern' es ermessen!
Zweie sind da zur Arbeit und
    Einer zum Essen.

Rückert.

8. Erinnerung.

Willst du immer weiter schweifen?
Sieh, das Gute liegt so nah.
Lerne nur das Glück ergreifen,
Denn das Glück ist immer da.

Goethe.

---

9. Wohlthun.

Wohlthaten, still und rein gegeben,
Sind Tote, die im Grabe leben,
Sind Blumen, die im Sturm bestehn,
Sind Sternlein, die nicht untergehn.

Claudius.

---

10. Sehnsucht.

Ein Fichtenbaum steht einsam
Im Norden auf kahler Höh'.
Ihn schläfert; mit weißer Decke
Umhüllen ihn Eis und Schnee.

Er träumt von einer Palme,
Die fern in Morgenland
Einsam und schweigend trauert
Auf brennender Felsenwand.

Heine.

---

11. Der Ring.

Ich saß auf einem Berge,
Gar fern dem Heimatland,
Tief unter mir Hügelreihen,
Thalgründe, Saatenland.

In stillen Träumen zog ich
Den Ring vom Finger ab,
Den sie, ein Pfand der Liebe,
Beim Lebewohl mir gab.

Ich hielt ihn vor das Auge,
Wie man ein Fernrohr hält,
Und guckte durch das Reifchen
Hernieder auf die Welt.

Ei, lustiggrüne Berge
Und gold'nes Saatgefild,
Zu solchem schönen Rahmen
Fürwahr ein schönes Bild!

Hier schmucke Häuschen schimmernd
Am grünen Bergeshang;
Dort Sicheln und Sensen blitzend
Die reiche Flut entlang!

Und weiterhin die Eb'ne,
Die stolz der Strom durchzieht;
Und fern die blauen Berge,
Grenzwächter von Granit,

Und Städte mit blanken Kuppeln,
Und frisches Wäldergrün,
Und Wolken, die zur Ferne,
Wie meine Sehnsucht, zieh'n.

Die Erde und den Himmel,
Die Menschen und ihr Land,
Dies alles hielt als Rahmen
Mein gold'ner Reif umspannt!

O schönes Bild, zu sehen
Vom Ring der Lieb' umspannt,
Die Erde und den Himmel,
Die Menschen und ihr Land.
Anastasius Grün.

12. Barbarossa.

Der alte Barbarossa,
Der Kaiser Friederich,
Im unterird'schen Schlosse
Hält er verzaubert sich.

Er ist niemals gestorben,
Er lebt darin noch jetzt;
Er hat im Schloß verborgen
Zum Schlaf sich hingesetzt.

Er hat hinabgenommen
Des Reiches Herrlichkeit,
Und wird einst wiederkommen
Mit ihr zu seiner Zeit.

Der Stuhl ist elfenbeinern,
Darauf der Kaiser sitzt:
Der Tisch ist marmelsteinern,
Worauf sein Haupt er stützt.

Sein Bart ist nicht von Flachse,
Er ist von Feuersglut,
Ist durch den Tisch gewachsen,
Worauf sein Kinn ausruht.

Er nickt als wie im Traume,
Sein Aug' halb offen zwinkt;
Und je nach langem Raume
Er einem Knaben winkt.

Er spricht im Schlaf zum Knaben:
Geh hin vor's Schloß, o Zwerg,
Und sieh, ob noch die Raben
Herfliegen um den Berg.

Und wenn die alten Raben
Noch fliegen immerdar,
So muß ich auch noch schlafen
Bezaubert hundert Jahr.
Rückert.

13. Das zerbrochene Ringlein.

In einem kühlen Grunde
Da geht ein Mühlenrad,
Mein' Liebste ist verschwunden,
Die dort gewohnet hat.

Sie hat mir Treu' versprochen
Gab mir ein'n Ring dabei,
Sie hat die Treu' gebrochen,
Mein Ringlein sprang entzwei.

Ich möcht' als Spielmann reisen
Weit in die Welt hinaus,
Und singen meine Weisen,
Und gehn von Haus zu Haus.

Ich möcht' als Reiter fliegen
Wohl in die blut'ge Schlacht,
Um stille Feuer liegen
Im Feld bei dunkler Nacht.

Hör' ich das Mühlrad gehen,
Ich weiß nicht, was ich will;
Ich möcht' am liebsten sterben,
Da wär's auf einmal still!

Eichendorff.

14. Des Knaben Berglied.

Ich bin vom Berg der Hirtenknab,
Seh' auf die Schlösser all herab;
Die Sonne strahlt am ersten hier,
Am längsten weilet sie bei mir;
   Ich bin der Knab vom Berge!

Hier ist des Stromes Mutterhaus,
Ich trink' ihn frisch vom Stein heraus;
Er braust vom Fels in wildem Lauf,
Ich fang' ihn mit den Armen auf;
   Ich bin der Knab vom Berge!

Des Knaben Berglied.

Der Berg, der ist mein Eigentum,
Da zieh'n die Stürme rings herum;
Und heulen sie von Nord und Süd,
So überschallt sie doch mein Lied:
   Ich bin der Knab vom Berge!

Sind Blitz und Donner unter mir,
So steh' ich hoch im Blauen hier;
Ich kenne sie und rufe zu:
Laßt meines Vaters Haus in Ruh'!
   Ich bin der Knab vom Berge!

Und wann die Sturmglock' einst erschallt,
Manch Feuer auf den Bergen wallt,
Dann steig' ich nieder, tret' in's Glied,
Und schwing' mein Schwert und sing' mein Lied:
   Ich bin der Knab vom Berge!

Uhland.

15. Ein Lied, hinterm Ofen zu singen.

Der Winter ist ein rechter Mann,
  Kernfest und auf die Dauer;
Sein Fleisch fühlt sich wie Eisen an
  Und scheut nicht Süß noch Sauer.

Er zieht sein Hemd im Freien an,
  Und läßt's vorher nicht wärmen;
Und spottet über Fluß im Zahn
  Und Kolik in Gedärmen.

Aus Blumen und aus Vogelsang
  Weiß er sich nichts zu machen.

Haßt warmen Drang und warmen Klang
  Und alle warmen Sachen.

Doch wenn die Füchse bellen sehr,
  Wenn's Holz im Ofen knittert,
Und um den Ofen Knecht und Herr
  Die Hände reibt und zittert;

Wenn Stein und Bein vor Frost zerbricht
  Und Teich und Seen krachen;
Das klingt ihm gut, das haßt er nicht,
  Dann will er sich tot lachen.

Sein Schloß von Eis liegt ganz hinaus
  Beim Nordpol an dem Strande;
Doch hat er auch ein Sommerhaus
  Im lieben Schweizerlande.

Da ist er denn bald dort, bald hier,
  Gut Regiment zu führen.
Und wenn er durchzieht, stehen wir
  Und sehn ihn an und frieren.
                              Claudius.

16. Tragische Geschichte.

'S war einer, dem's zu Herzen ging,
Daß ihm der Zopf so hinten hing,
  Er wollt' es anders haben.

So denkt er denn: „Wie fang' ich's an?
Ich dreh' mich um, so ist's gethan" —
  Der Zopf, der hängt ihm hinten.

Tragische Geschichte.

Da hat er flink sich umgedreht,
Und wie es stund, es annoch steht —
Der Zopf, der hängt ihm hinten.

Da dreht er schnell sich anders 'rum,
's wird aber noch nicht besser drum —
Der Zopf, der hängt ihm hinten.

Er dreht sich links, er dreht sich rechts,
Es thut nichts Gut's, es thut nichts Schlecht's —
Der Zopf, der hängt ihm hinten.

Er dreht sich wie ein Kreisel fort,
Es hilft zu nichts; in einem Wort —
Der Zopf, der hängt ihm hinten.

Und seht, er dreht sich immer noch
Und denkt: „Es hilft am Ende doch" —
Der Zopf, der hängt ihm hinten.

Chamisso.

17. Das Grab.

Das Grab ist tief und stille,
Und schauderhaft sein Rand;
Es deckt mit schwarzer Hülle
Ein unbekanntes Land.

Das Lied der Nachtigallen
Tönt nicht in seinem Schoß;
Der Freundschaft Rosen fallen
Nur auf des Hügels Moos.

Verlass'ne Bräute ringen
Umsonst die Hände wund;
Der Waise Klagen bringen
Nicht in der Tiefe Grund.

Doch sonst an keinem Orte
Wohnt die ersehnte Ruh';
Nur durch die dunkle Pforte
Geht man der Heimat zu.

Das arme Herz, hienieden
Von manchem Sturm bewegt,
Erlangt den wahren Frieden
Nur, wo es nicht mehr schlägt.

Salis.

18. Aus alten Märchen winkt es.

Aus alten Märchen winkt es
Hervor mit weißer Hand,
Da singt es und da klingt es
Von einem Zauberland,

Wo große Blumen schmachten
Im goldnen Abendlicht,
Und zärtlich sich betrachten
Mit bräutlichem Gesicht; —

Wo alle Bäume sprechen,
Und singen, wie ein Chor,
Und laute Quellen brechen
Wie Tanzmusik hervor;

Und Liebesweisen tönen,
Wie du sie nie gehört,
Bis wundersüßes Sehnen
Dich wundersüß bethört!

Ach könnt' ich dorthin kommen,
Und dort mein Herz erfreun,
Und aller Qual entnommen,
Und frei und selig sein!

Ach! jenes Land der Wonne,
Das seh' ich oft im Traum;
Doch kommt die Morgensonne,
Zerfließt's wie eitel Schaum.

Heine.

19. Gott grüße dich!

Gott grüße dich! kein anderer Gruß
Gleicht dem an Innigkeit,
Gott grüße dich! kein anderer Gruß
Paßt so zu aller Zeit.

Mignon.

Gott grüße dich! wenn dieser Gruß
So recht vom Herzen geht,
Gilt bei dem lieben Gott der Gruß
So viel wie ein Gebet.

Sturm.

20. Du bist wie eine Blume.

Du bist wie eine Blume
So hold und schön und rein;
Ich schau' dich an, und Wehmut
Schleicht mir ins Herz hinein.

Mir ist, als ob ich die Hände
Aufs Haupt dir legen sollt',
Betend, daß Gott dich erhalte
So rein und schön und hold.

Heine.

21. Mignon.

Kennst du das Land, wo die Citronen blühn,
Im dunkeln Laub die Gold-Orangen glühn,
Ein sanfter Wind vom blauen Himmel weht,
Die Myrte still und hoch der Lorbeer steht,
Kennst du es wohl?
        Dahin! dahin
Möcht' ich mit dir, o mein Geliebter, ziehn!

Kennst du das Haus? Auf Säulen ruht sein Dach,
Es glänzt der Saal, es schimmert das Gemach,
Und Marmorbilder stehn und sehn mich an:
Was hat man dir, du armes Kind, gethan?
Kennst du es wohl?
        Dahin! dahin
Möcht' ich mit dir, o mein Beschützer, ziehn.

Kennst du den Berg und seinen Wolkensteg?
Das Maultier sucht im Nebel seinen Weg;
In Höhlen wohnt der Drachen alte Brut;
Es stürzt der Fels und über ihn die Flut.
5 Kennst du ihn wohl?
     Dahin! dahin
Geht unser Weg! o Vater, laß uns ziehn!

---

22. Der Sänger.

 Was hör' ich draußen vor dem Thor,
  Was auf der Brücke schallen?
10 Laß den Gesang vor unserm Ohr
  Im Saale wiederhallen!
 Der König sprach's, der Page lief;
 Der Knabe kam, der König rief:
  Laßt mir herein den Alten!

15 Gegrüßet seid mir, edle Herrn,
  Gegrüßt ihr, schöne Damen!
 Welch reicher Himmel! Stern bei Stern!
  Wer kennet ihre Namen?
 Im Saal voll Pracht und Herrlichkeit
20 Schließt, Augen, euch; hier ist nicht Zeit,
  Sich staunend zu ergetzen.

 Der Sänger drückt' die Augen ein,
  Und schlug in vollen Tönen;
 Die Ritter schauten mutig drein,
25   Und in den Schoß die Schönen.

Der Sänger.

Der König, dem das Lied gefiel,
Ließ, ihn zu ehren für sein Spiel,
  Eine goldne Kette holen.

Die goldne Kette gib mir nicht,
  Die Kette gib den Rittern,
Vor deren kühnem Angesicht
  Der Feinde Lanzen splittern;
Gib sie dem Kanzler, den du hast,
Und laß ihn noch die goldne Last
  Zu andern Lasten tragen.

Ich singe, wie der Vogel singt,
  Der in den Zweigen wohnet;
Das Lied, das aus der Kehle bringt,
  Ist Lohn, der reichlich lohnet.
Doch darf ich bitten, bitt' ich eins:
Laß mir den besten Becher Weins
  In purem Golde reichen.

Er setzt' ihn an, er trank ihn aus:
  O Trank voll süßer Labe!
O wohl dem hochbeglückten Haus,
  Wo das ist kleine Gabe!
Ergeht's euch wohl, so denkt an mich,
Und danket Gott so warm, als ich
  Für diesen Trunk euch danke.

Goethe.

III.
Sagen und Erzählungen.

1. Siegfried.

Fern über der See hatte eine Königin ihren Sitz, die hatte nirgends ihresgleichen; sie war überaus schön und von sehr großer Kraft. Sie schoß den Speer, warf ihn weit hin und sprang dann hinterdrein', und auch im Ringen zeigte sie hohe Meister=
schaft. Wer ihre Liebe begehrte, der mußte ihr ohne Zaudern diese Spiele abgewinnen; gebrach's ihm nur in ei'nem Wettkampf, so hatte er sein Haupt verloren. Davon gelangte die Kunde auch zu den Burgunden.

Da sprach der Burgun'benkönig Gunther: „Ich will an die See hin zu Brunhilden, wie es mir auch ergehen mag; ich will um ihre Minne mein Leben wagen, ja ich will es verlieren, sie werde denn mein Weib. Willst du mir um die Minnigliche werben helfen, edler Siegfried? Thu es, ich bitte dich darum; und wenn ich das liebliche Weib gewinne, will ich auch wieder beinetwillen Ehre und Leben wagen." Darauf antwortete Siegfried, Sieg=
munds Sohn: „Giebst du mir deine Schwester, die schöne Kriem=
hilde, so will ich es thun und begehre weiter keines Lohnes für meine Arbeit." — „Das gelobe ich, Siegfried," sprach Gunther;

„wenn die schöne Brunhilde in mein Land kommt, will ich dir meine Schwester Kriemhilde zum Weibe geben." Das gelobten sich die beiden hohen Recken mit Eiden. Nun rüsteten sich die kühnen Männer mit wenig erlesenen Rittern zu der Fahrt. Siegfried nahm heimlich seine Tarnkappe mit sich, die er einst den Zwergen abgewonnen hatte, und welche ihren Träger unsichtbar machte. Die Diener trugen die goldfarbenen Schilde der Helden ans Ufer, brachten ihr Gewand und führten auch die Rosse herzu. Da standen an den Fenstern die lieblichen Kinder und weinten sehr; aber ein frischer Wind blähte die Segel des Schiffes, und die stolzen Heergesellen stiegen wohlgemut ein und saßen auf dem Rheine. „Wer will Schiffmeister sein?" rief König Gunther. Alsbald ergriff Siegfried eine Ruderstange und schob kräftig vom Gestade; der König Gunther nahm selbst ein Ruder, und so huben sich die Ritter vom Lande. Sie führten reiche Speise mit sich, dazu auch guten Wein, den besten, den man am Rheine finden konnte. Ihre Rosse standen ruhig, das Schiff ging sanft dahin und auf dem ganzen Wege widerfuhr' ihnen kein Leid.

Am zwölften Morgen hatten die Winde sie vor den Isenstein gebracht, wo Brunhilde herrschte. Sechsundachtzig Türme sahen sie aus dem Lande ragen, vor ihnen standen drei große Paläste; sie traten in einen wohlgebauten Saal von eblem Marmorstein, in welchem Brunhilde mit ihrer Dienerschaft wohnte. Die Burg war weit aufgethan; Brunhildens Mannen liefen ihnen entgegen, empfingen die Gäste im Lande ihrer Königin, führten ihre Rosse hinweg und nahmen auch ihre Waffen in Empfang. Als nun die Königin Siegfrieden sah, sprach sie züchtig zu dem Gaste: „Seid willkom'men, Herr Siegfried, allhier in diesem Lande. Was bedeutet eure Reise? Das möcht' ich gern wissen." Siegfried antwortete: „Hier ist Gunther, ein König reich und hehr,

der keinen Wunsch weiter kennet, wofern er deine Hand gewonnen hätte. Um deinetwillen bin ich mit ihm hierher gefahren; wäre es nicht mein Herr, ich hätte es nimmer gethan." Sie sprach: „Nun wohl, wenn er vermeint, die Spiele, die ich ihm zu'erteilen
5 werde, zu bestehen, so werde ich sein Weib; gewinne aber ich, so geht es euch allen ans Leben. Den Stein soll er werfen und danach springen, sodann soll er mir den Speer schießen und endlich mit mir ringen. Seid nicht zu jach! Ihr könnt hier Ehre und Leben verlieren; darum bedenkt euch wohl!" — Siegfried der
10 Schnelle trat zum König und munterte ihn auf, gutes Mutes zu sein; er wolle ihn schon behüten. Da sprach der König Gunther: „Hohe Königin! Teilet mir zu, was ihr gebietet; und wäre es auch noch mehr. Ich will mein Haupt verlieren, so ihr nicht mein Weib werdet!"

15 Als die Königin seine Rede vernahm, hieß sie die Spiele beschleunigen. Ihre Diener brachten ihr das Kriegsgewand, einen Panzer von rotem Golde und einen guten Schild. Derweilen war auch Siegfried, der starke Mann, zum Schiffe gegangen, ohne daß es jemand wußte; dort schlüpfte er in seine Tarnkappe,
20 und niemand sah ihn nun. Als er zurückkam, standen viele Recken um die Königin, die ihre hohen Spiele ordnete. Heimlich ging Siegfried umher, und niemand erkannte ihn. Jetzt trug man der Frau einen schweren und großen, starken und gewaltigen Speer herbei, der an der Spitze schrecklich schnitt. Da sprach Hagens
25 Schwestersohn, der kühne Ortwin: „Mich reuet die Reise an diesen Hof von Herzen. Sollen uns in diesem Lande die Weiber zu Grunde richten? Hätte nur mein Oheim Hagen die Waffe in seiner Hand und auch ich die meine, so möchten wohl alle Brunhildensmannen mit ihrem Übermute sanfter auftreten." — „Ja
30 hätten wir unser Kriegsgewand," sprach Hagen, „so würde auch

der Übermut der schönen Frau gesänftigt!" Diese Worte hörte Brunhilde. „Bringet ihm die Waffen," sprach sie mit spöttischem Lächeln. Da freute sich Ortwin und sprach: „Gunther ist unbezwungen, da wir die Waffen haben."

Brunhildens Stärke schien überaus gewaltig. Man trug ihr in den Kreis einen runden Stein, der war so groß, daß ihn kaum zwölf der Recken tragen konnten. An ihren weißen Armen streifte sie die Ärmel empor; faßte den Schild mit der Linken und schwang den Speer mit der Rechten. Da ging es in den Streit. Den Fremden bangte vor Brunhildens Zorn, und wäre nicht Siegfried zu Hilfe gekommen, so hätte Gunther sein Leben eingebüßt. Siegfried eilte herzu und rührte an Gunthers Hand. Die List machte dem Könige große Sorge; doch jener flüsterte ihm zu: Den Schild gieb in meine Hand, daß ich ihn trage, und nun mache du die Gebärde, das Werk will ich bestehen. Da Gunther nun seinen Freund erkannte, war es ihm lieb. Jetzt warf die herrliche Maid gar kräftiglich auf den großen und breiten Schild, den Siegelindens Sohn an seiner Hand trug, so daß Feuer vom Stahle sprang, als wenn es der Wind wehte. Die Schneide des starken Speeres durchbrach' völlig den Schild, daß man das Feuer aus dem Panzerringe lohen sah; die beiden kräftigen Männer strauchelten. Dem kühnen Siegfried sprang das Blut aus dem Munde; aber bald sprang der gute Held wieder auf, nahm den Speer, welcher durch den Schild gedrungen war, und warf ihn mit starker Hand wieder zurück. Das Feuer stob aus den Ringen; so mit starker Kraft hatte Siegmunds Sohn den Speer geschleudert. Auch Brunhilde konnte sich mit aller Kraft nicht aufrecht erhalten, aber sogleich sprang sie wieder auf die Füße. „Edler Ritter Gunther," rief sie, „habt Dank für diesen Schuß!" Sie meinte, der König habe es mit seiner Kraft gethan. Da trat sie zornigen Mutes an den Stein heran, faßte ihn mit kräftiger Hand, und zwölf Klafter weit flog die schwere Last. Die herrliche Jungfrau sprang hinterdrein' und mit ei'nem Sprunge stand sie wieder bei dem Steine. Nun ging der schnelle Siegfried hin, wo der Stein lag; Gunther wiegte ihn in der Hand, aber Siegfried warf ihn noch weiter. Da zeigte die kühne Maid dem König Gunther ihrer Stärke Meisterschaft und warf ihn nieder, daß ihm das Haupt dröhnte. Mit ihrer Linken hielt sie seine Hände so fest umschlos'sen, daß ihm das Blut durch die Nägel drang, mit ihrer Rechten aber griff sie nach ihrem Gürtel von starker Borte, ihn damit zu binden. Da kam der reiche König in große Not. Aber Siegfried, der seinen Fall nicht hatte hindern können, riß jetzt den Danie'derliegenden wie'derum empor und setzte ungesehen der starken Jungfrau so zu, daß ihr die Glieder krachten. Nun bekannte sie sich besiegt. Siegfried aber zog ihr einen goldenen Fingerring von den Händen und nahm ihr den Gürtel, ohne daß sie es inne ward. Vielleicht that er das aus Übermut; später, als er mit seiner Kriemhilde 'gen Niederlande zog, gab er ihr beides, was ihm hernach sehr leid werden sollte.

Die Königin rief nun ihre Hofleute herzu und sprach: „Kommet näher, ihr, meine Verwandten und Mannen, ihr sollt nun alle dem Könige Gunther un'terthan werden!" Da legten die Tapferen ihre Waffen aus der Hand und beugten sich vor Gunther, dem reichen König von Burgundenland; denn sie wähnten, er habe mit seiner Kraft die Spiele gewonnen.

Siegfried der Starke trug weislich seine Tarnkappe wieder fort und trat dann in den Saal, wo die Ritter und Frauen versammelt waren. „Wohl mir um der Kunde willen," sprach er, „daß euer Stolz besiegt ist, und daß jemand lebt, der euer Meister

Siegfried.

geworden! Nun sollt ihr uns von hinnen folgen an die lieblichen Ufer des Rheins, edle Maid!"

Die beiden Königinnen Kriemhilde und Brunhilde saßen einst zusammen, gedachten der früheren Tage und stritten über den Vorrang ihrer Männer. Und als sie zur Kirche gingen, wollte Brunhilde den Vortritt haben. Darüber erhob sich neuer Streit. Erzürnt sprach nun Kriemhilde: „Wie mag doch Gunther größer sein als Siegfried, welcher der stolzen Brunhilde den Ring und Gürtel genommen hat!" Da erschrak Brunhilde und grimme Rachsucht kam in ihr Herz gegen Siegfried, der sie überwun'den.

Während Brunhilde voll von Schmerz und bitterem Haß in ihrem Gemache verweilte, trat der grimmige Held Hagen zu ihr ein und fragte nach der Ursache ihres Kummers. Dem öffnete die Königin ihr Herz, und Hagen schwur ihr, den edeln Siegfried zu verderben. Gunther und Hagen boten ihre Kriegsmannen auf, als ob es gegen den Feind gehen sollte, und auch Siegfried rüstete sich zur Heerfahrt. Da kam auch der grimme Hagen zu Kriemhilden, um Abschied zu nehmen. „O schütze ihn," sprach arglos Siegfrieds schönes Weib: „zwar ist sein Leib im Blute des Drachen gebadet und unverwund'bar, doch zwischen die Schulterblätter fiel ihm ein Lindenblatt, und diese Stelle ist verwundbar. O schütze sie, wenn ein Speer den Helden bedroht!" — „Nun wohl!" sagte der tückische Mann, „aber damit ich die Stelle wohl im Auge behalte, so nähet mir doch, königliche Frau, ein Zeichen auf sein Gewand." Und voll zärtlicher Liebe nähet Kriemhilde selber das blutige Todeszeichen.

Tags darauf beginnt der Kriegszug, und Hagen reitet nahe heran an Siegfried, um zu sehen, ob die Gattin in ihrer blinden, grenzenlosen Liebe arglos genug gewesen sei, das Zeichen einzusetzen. Siegfried trägt es wirklich und nun ist die Heerfahrt nicht weiter nötig; Hagen hat aus den Händen Kriemhildens das, was er will, und mehr noch als das, was er erwarten konnte. Die Gefolgsmannschaft wird, statt in den Krieg, zu einer großen Jagd entboten; noch einmal eilt Siegfried zu seinem trauten Weib, und sie umarmt ihn zum letzten Mal. Bange Ahnungen beängstigen ihre Seele, wie damals, als sie in ihrer Jungfrauenblüte von dem Adler träumte, der den Edelfalken zerriß. Jetzt hatte sie zwei Berge auf Siegfried fallen und ihn unter den Trümmern verschwinden sehen. „O bleibe zurück von dieser Jagd," so bittet sie den Mann, „es drohet dir Verderben!" Doch Siegfried tröstet sie. „Wer soll mir feind sein," spricht er, „da ich allen Gutes erwiesen habe?" Was sie fürchtet und wen sie fürchtet, das weiß sie nicht, aber mit schwerem Herzen spricht sie das Abschiedswort: „Daß du von mir gehest, thut mir inniglich wehe!"

Die Jagd ist vollendet, und Siegfried hat das meiste Wild erlegt. Die Jäger sind aber durstig geworden ob der Hitze, doch ist weder Wein vorhanden noch der Rheinstrom in der Nähe, um aus dem Flusse die ersehnte Labung zu schöpfen. Doch Hagen weiß nahe im Walde einen Brunnen; dahin, so rät er, könne man ziehen. Der König Gunther mit allen seinen Mannen bricht auf, dem Borne zu. Schon zeigt sich die breite Linde, an deren Wurzel der kühle Quell entspringt, da beginnt Hagen: „Man hat viel gerühmt, daß dem Manne der Kriemhilde niemand im schnellen Lauf folgen könne. Möchte er uns doch solches sehen lassen!" — „Wohlan!" entgegnete Siegfried, „laßt uns zur Wette laufen nach dem Brunnen, ich werde mein Jagdgewand, auch Speer und Schild behalten; ihr aber könnt eure Kleider ablegen!" — Es geschieht, der Wettlauf beginnt; gleich wilden Panthern springen Hagen und Gunther durch den Klee, aber Siegfried ist weit voraus und zuerst zur Stelle. Ruhig legt er nun Schwert, Bogen und Köcher ab, lehnt den Speer an die Linde und setzt den Schild neben den Brunnen. Doch er will nicht früher trinken als der König, und wartet. Diese ehr'erbietige Scheu sollte er mit dem Tode bezahlen. Gunther kommt heran und trinkt; nach ihm beugt sich auch Siegfried zum Brunnen nieder. Da springt Hagen herzu, trägt schnell die Waffen des Helden abseits', aber den Speer behält er in der mörderischen Faust, und als Siegfried noch die letzten Züge des frischen Wassers einschlürft, bohrt der grimme Hagen Siegfrieds eigene Lanze in den Rücken des starken Helden, dort wo das Kreuz die verwundbare Stelle bezeichnet. Das rote Herzblut des herrlichen Siegfried spritzt auf Hagens Gewand. Wütend springt der Todwunde auf von dem Brunnen; zwischen den Schulterblättern ragt die lange Speerstange aus dem Leibe hervor. Er greift nach Schild und Schwert, aber das Schwert ist fort, nur der Schild geblieben, weil er dem Helden allzu nahe lag. So faßt er den Schild und stürzt damit auf Hagen los. Grimmig schlägt er auf den Mörder, daß die Edelsteine aus dem Rande des Schildes herausspringen; er schlägt so furchtbar, daß Hagen zu Boden stürzt und der Schild zerbricht. Der Wald hallt wieder von den Schlägen, die von der Hand des sterbenden Helden auf das Haupt des Mörders fallen. Da erbleicht aber seine lichte Farbe, die Stärke des Heldenleibes zerrinnt, der Tod hat ihn gezeichnet. Kriemhildens Gatte fällt dahin in die Blumen, und in breiten Strömen stürzt das Herzblut aus der Todeswunde.

Siegfried ist tot. Da heben die Herren den Leichnam des Helden, alter Sitte und Ehre gemäß, auf einen goldroten Schild und tragen ihn gen Worms an den Rhein. Manche reden davon, daß man sagen solle, Räuber hätten ihn erschlagen, um den Schandfleck des Verwandtenmordes zu verhehlen. „Ich will" —

ruft Hagen — "ihn selbst nach Worms bringen; was kümmert es mich, wenn Kriemhilde erfährt, daß ich ihn erschlagen habe. Sie hat Brunhilden so schwer gekränkt, nun mag sie weinen, so viel sie will!"

Und der entsetzliche Hagen läßt noch in der Nacht den Toten vor die Thür des Hauses legen, in dem Kriemhilde wohnte. "Wenn sie dann morgen früh" — sprach er — "in die Messe gehen will, wird sie den Schatz schon finden." Und des andern Morgens bereitet sich Kriemhilde zur Kirche zu gehen; ein Kämmerer geht ihr voran und sieht den Leichnam. "Frau," sagt er, "da liegt vor der Thür ein erschlagener Ritter!" Ein lauter Schrei des Entsetzens ist Kriemhildens Antwort: sie weiß, wer da erschlagen liegt, ohne daß man es ihr gesagt hat. Als sie nun den Erschlagenen sieht, vom Blute übergossen und die edeln Züge starr vom Todeskampfe, da ruft sie: "Du bist ermordet, dein Schild ist nicht zerhauen. Wehe dem Mörder!"

Siegfrieds Mannen und der greise Vater Siegmund werden geweckt; lauter Jammer erfüllt weit und breit die Höfe und Säle, und die treuen Mannen scharen sich zur Rache zusammen. Kriemhilde aber wehrt mit aller Macht und spricht: "Noch ist es nicht Zeit zur Rache, aber sie wird kommen!" Als der Tote auf der Bahre liegt, kommt der König mit seinen Leuten; auch Hagen tritt herzu. Kriemhilde aber wartet des Bahrgerichts — einer Volkssitte und eines Volksglaubens, der noch heute nicht ganz erstorben ist. Wenn der Mörder dem Gemordeten nahe tritt oder gar dessen Leichnam berührt, so öffnen sich die Wunden und das Blut fließt von neuem. Und siehe, da König Gunther der trauernden Witwe eben einreden will, der Held sei von Raubmördern erschlagen, da tritt Hagen heran, und die Wunden fließen. "Ich kenne den Mörder schon," ruft die arme Kriemhilde, "und Gott wird die Frevelthat rächen!" Der Leichnam wird eingesargt und zu Grabe getragen; Kriemhilde folgte mit unend'lichem Jammer und ringt bis zum Tode. Noch ein'mal begehrt sie das schöne Haupt des Geliebten zu sehen, und der köstliche Sarg, aus Gold und Silber geschmiedet, wird aufgebrochen. Da führt man sie herbei, und mit ihrer weißen Hand hebt sie noch einmal das Heldenhaupt empor und drückt einen Kuß auf die bleichen Lippen.

A. W. Grube.

2. Lohengrin.

Es war ein Herzog von Brabant und Limburg. Als der starb, hinterließ' er sein Land und alles, was er hatte, seiner einzigen Tochter, Elsa genannt. Damit diese aber nicht ohne Beschützer sei, hatte er vor seinem Tode denjenigen seiner Mannen, den er für den mächtigsten und getreuesten hielt, Friedrich von Tel'ramund, zu sich kommen lassen und zu ihm gesprochen: „Lieber Friedrich, ich habe nie eine Untreue an dir befunden; nun bitte ich, daß du solche Treue auch nach meinem Tode beweisest und ein treuer Verwalter meines Landes, ein treuer Beschützer meiner Tochter seist." Friedrich von Telramund versprach es seinem Herrn und ruhig schied dieser aus der Welt. Friedrich bewies aber später nicht die Treue, die er versprochen. Er ward übermütig, erhob sein Auge zu seiner Fürstin und drang in sie, daß sie ihn zum Gemahl' nehmen sollte. Sie aber sprach: „Ihr waret meines Vaters Dienstmann, wie wollt ihr die Hand einer Fürstin besitzen?"

Er ließ sich trotzdem nicht ab'halten, sondern drang nur um so ungestümer in die Fürstin und als diese eben so entschieden bei ihrer Weigerung verblieb, verklagte er sie sogar bei dem Kaiser

Heinrich dem Vogler und log, daß sie ihm die Ehe versprochen hätte, nun aber ihr Wort nicht halten wollte.

Da sprach der Kaiser zu Recht, die Fürstin sollte Friedrich von Telramund zum Manne nehmen oder einen Kämpfer stellen, der im Zweikampfe mit Friedrich beweise, daß sie diesem die Ehe nicht versprochen habe. Die Fürstin bat alle ihre Mannen, für ihre Ehre sich zum Kampfe mit Telramund bereit finden zu lassen, aber keiner wollte es wagen. Sie fürchteten alle Friedrichs große Kraft.

Da weinte die Fürstin in ihrer großen Not. Sie warf sich betend am Altar nieder und zum Zeichen ihrer Bedrängnis läutete sie ein goldenes Glöckchen, das sie einst einem verwundeten Falken abgenommen hatte. Der Klang drang fernhin durch die Wolken; wie Donner war er anzuhören. Er drang bis nach Mont'salvatsch, der Burg, wo fromme Ritter dem heiligen Gral dienten. An dem Klange merkten die Ritter, daß jemand in großer Bedrängnis war. Sie gingen alle vor den Gral, um zu erfahren, was es sei. Da fanden sie an ihm geschrieben von der Not der Herzogin von Brabant.

Alsbald entstand ein Wettstreit unter den Rittern, wer der Befreier der Herzogin sein sollte. Jeder hätte gern in ihrem Dienste sein Schwert gezogen. Noch stritten sie. Da erschien an dem Gral eine neue Schrift; der Name Lohengrin, des Sohnes Parzivals, stand daran geschrieben und die Helden erkannten daran, daß er zu Elsas Retter erkoren war. Sie beneideten ihn zwar um das Abenteuer, das seiner wartete, aber sie halfen ihm willig, als er sich wappnete und zum Zuge rüstete. Ein Knappe führte ihm auch ein Roß vor, das war so schnell, daß es mit den Füßen kaum die Erde zu berühren, vielmehr in den Lüften zu fliegen schien.

Lohengrin nahm Abschied von dem König Artus, von Vater und Mutter und von den Freunden. Schon griff er nach dem Zaume des Rosses, schon wollte er seinen Fuß in den Steigbügel setzen, — da erschien an dem Gestade ein schneeweißer Schwan, der ein Schifflein hinter sich zog. Sein Erscheinen hielt Lohengrin für eine Weisung des Himmels. Darum sprach er: „Nun führet das Roß wieder in den Stall. Ich will mit diesem Vogel fahren, wohin er mich führt." Damit stieg er in das Schiff. Man wollte ihm Speise in dasselbe tragen; er aber lehnte es ab und sprach: „Der mich von hinnen ruft, wird mich nicht ungepflegt lassen." Dann schwamm der Schwan von dannen mit dem Schifflein.

Fünf Tage schon war Lohengrin auf dem Meere und noch hatte er nichts gegessen. Da fing der Schwan mit seinem Schnabel ein Fischlein und verschlang es. Lohengrin sah es und sprach: „Du issest allein und doch bin ich dein Gefährte. Du solltest wohl die Speise mit mir teilen." Noch einmal tauchte da der Schwan den Kopf unter und als er wieder hervor kam, hielt er eine Oblate im Schnabel, die er dem Fürsten reichte. Darnach entschlief Lohengrin auf seinem Schilde, während das Schifflein gefahrlos auf den Wellen dahin glitt.

Unterdessen lebte Elsa von Brabant in großer Sorge. Ihr Kapellan aber tröstete sie und sprach: „Seid wohlgemut, teure Fürstin. So wahr Gott lebt, er wird euch nicht in den Händen der Ungerechten lassen, sondern euch einen Kämpfer senden, der eure Ehre rette."

Die der Fürstin gesetzte Frist, binnen welcher sie einen Kämpfer gegen Friedrich von Telramund stellen sollte, war aber fast verstrichen. Da entbot sie alle ihre Mannen aus Brabant und Limburg zu einer Landsprache nach Antwerpen. Sie kamen und die Fürstin erzählte ihnen ihre Not. Noch standen sie alle stumm und unbeweglich, keiner hatte Lust, den Kampf mit dem starken Friedrich zu wagen — da sah man auf den Wellen des Flusses einen Schwan daher'schwimmen, der ein Schifflein nach sich zog, in welchem ein herrlicher Ritter schlafend lag. Als der Kapellan' das sah, sprach er zu seiner Herrin: „Nun merket, teure Herrin, ob euch Gott nicht einen Retter schicken will."

Der Schwan war unterdessen an das Ufer heran'gekommen und das Volk, als es den herrlichen Ritter erblickte, rief laut: „Ein Wunder, ein Wunder!" Von diesem Rufen erwachte Lohengrin, denn er war der schlafende Ritter. Er richtete sich auf und stieg ans Land, der Schwan aber zog wieder von bannen.

Lohengrin ward herrlich empfan'gen. Speise und Trank und gutes Gemach bot man ihm alsbald. Als ihm aber die Fürstin die Bedrängnis erzählte, in der sie war, erbot er sich, ihr Kämpfer gegen Friedrich von Telramund zu sein. Auch gefiel ihm die Fürstin so wohl, daß er wohl wünschte, sie möchte sein Weib werden, Elsa aber konnte den herrlichen Ritter gar nicht genug an'schauen und ihr Herz ward von herzlicher Liebe zu ihm ent= zündet.

Dem Grafen Friedrich ward angesagt, daß sich ein Kämpfer für die Herzogin Elsa gefunden habe. Er wunderte sich wohl darüber und zumal über dessen sonderbare Ankunft, aber er fürchtete sich nicht, sondern verließ sich auf seinen starken Arm. Da der Kampf in des Kaisers Beisein stattfinden sollte, so ward den Freunden und Un'terthanen der Herzogin angesagt, daß sie sich zu einem Zuge an des Kaisers Hoflager bereit machen sollten. Bereitwillig kamen sie alle herbei, selbst der König Gotthard, der Herzogin mütterlicher Ahn, kam aus England, um dem Kampfe bei'zuwohnen. Der Zug machte sich auf den Weg, aber auch unterwegs kamen immer noch neue Scharen hinzu. In Saarbrücken endlich waren alle beisammen und von da zogen sie auf einen Anger zwischen Oppenheim und Mainz.

Der Kaiser aber hielt sich zu dieser Zeit in Frankfurt auf. Es ward ihm angesagt, daß die Fürstin mit ihren Mannen gekommen sei und einen Kämpfer mitbringe, der ihre Ehre im Kampfe erweisen wolle. Da versprach der Kaiser, nach Mainz zu kommen; dort sollte der Kampf statt'finden. Unterdessen war auch Friedrich von Telramund angekommen und als der Kaiser erschien, ward der Tag des Kampfes festgesetzt, auch nach dem Willen der Kämpfer bestimmt, daß der Kampf zu Roß und mit dem Speere stattfinden sollte. Als der Tag des Kampfes erschien, hörten die beiden Helden am Morgen eine Messe; dann zogen sie von vielem Volke begleitet zum Kampfplatze. Sie ritten in die Schranken, die Zuschauer aber nahmen auf dem Gestühle Platz, das ringsum hergerichtet war.

Der Kampf begann. Mit neuen, starken Speeren rannten die Kämpfer gegen einander an und so kräftig waren ihre Stöße, daß die Rosse davon hoch emporbäumten und die Speere zerbrachen. Da warfen sie die Trümmer der Speere weg, und griffen nach den Schwertern. Starke Schläge schlugen beide und mancher Nagel fiel aus den Helmen auf den Sand. Es schien, als wären beide Kämpfer gleich stark; lange konnte keiner dem andern einen Vorteil abgewinnen und ängstlich harrten die Zuschauer des Ausgangs. Endlich schlug Lohengrin mit solcher Gewalt durch Friedrichs Helm, daß seinem Gegner das Gesicht verging. Da bat Friedrich um Frieden und Lohengrin gewährte ihm denselben, indem er sprach: „Es wäre mir keine Ehre, wenn ich euch jetzt, da ihr betäubt seid, erschlagen wollte."

Bald aber begann der Kampf von neuem. Friedrich kam in

demselben von dem starken Lohengrin so sehr in Not, daß er sich
ihm ergab und gestand, daß Fürstin Elsa ihm nie die Ehe ver=
sprochen hatte.

Als darauf Gericht gehalten ward über den Lügner, war
5 mancher eble Herr, der für ihn bat. „Er ist ein edler Held,"
sprachen viele, „und hätte er diese Lüge nicht gesagt, so wäre
kein Makel an ihm." Der Kaiser aber wollte nichts von Gnade
hören; er verur'teilte den Grafen, der auch sofort enthaup'tet
wurde. Mancher beklagte ihn, dem sein jugendliches, rosiges
10 Antlitz Mitleid eingeflößt hatte.

Elsa erwählte nun mit der Zustimmung ihrer Fürsten den
Helden Lohengrin, den sie vom ersten Anblick an lieb gewonnen
hatte, zu ihrem Gemahl. Sie traten beide mit einander in den
Ring und der Kaiser gab sie vor allen Anwesenden zusammen.
15 Doch hatte Lohengrin vorher noch eine Bedingung gestellt: Elsa
sollte nie fragen, woher er gekommen sei. Werde sie das halten,
so werde er immerdar bei ihr bleiben dürfen; thue sie aber die
verbotene Frage, so müsse er sich von ihr scheiden. Elsa ver=
sprach, was er verlangte, und so wurden die beiden ein glück=
20 liches Paar und kehrten voll Freuden, geleitet von ihren Unter=
thanen, nach Brabant zurück.

Lohengrin nahm seine Lande von dem Kaiser zu Lehn und
herrschte gewaltig und weise in denselben. Auch that er dem
25 Kaiser gute Dienste in dem Kriege, den dieser gegen die Hunnen
zu führen hatte. Mit seinem Weibe aber lebte er in ungestörtem
Glücke.

Einst waren Lohengrin und sein Weib mit vielen anderen
Fürsten und Herren an den Hof des Kaisers geladen, um die
30 Vermählung der kaiserlichen Tochter mit dem Herzog von Loth=

Lohengrin.

ringen mitzufeiern. Große Pracht war da zu schauen und kein Tag verging, ohne daß die Ritter in Kampfspielen sich übten. Bei einem solchen Kampfspiele war es, daß Lohengrin in kurzer Frist vier seiner Gegner in den Sand streckte. Der Kaiser lobte ihn dafür und die Kaiserin, die mit den übrigen Frauen den Kämpfen zuschaute, nahm davon Veranlassung, Lohengrin gegen die Frauen zu loben und an die Heldenthaten zu erinnern, die er im Kriege gegen die Hunnen gethan hatte.

Dieses Lob verdroß aber die Herzogin von Cleve und neidisch sprach sie: „Lohengrin mag ein kühner Held sein und der Christenheit zur Zierde gereichen. Nur schade, daß man nicht weiß, von wannen er gekommen ist. Fast möchte man glauben, er sei nicht von ablichem Geschlechte und das sei die Ursache der Verheimlichung seiner Abkunft." Solches sagte sie aber, weil sie Lohengrin nicht vergessen konnte, wie er einst im Turnier ihren Gemahl vom Rosse gestoßen hatte, daß er zur Erde fiel und den rechten Arm brach.

Diese Rede ging der Herzogin von Brabant durchs Herz und eine lichte Röte schoß ihr darüber ins Angesicht. Die Kaiserin aber verwies der Herzogin von Cleve ihr ungeziemendes Reden und tröstete Lohengrins Weib. Elsa konnte aber den ganzen Tag die Rede der Herzogin nicht aus dem Gedächtnis bringen. Sie war traurig, und als am Abend Lohengrin in ihr Zimmer kam, fand er sie weinend. Er fragte sie: „Lieb, was fehlet dir?" Sie schwieg und weinte nun um so mehr, denn sie wußte wohl, daß ihr der Held verboten hatte, nach seiner Herkunft zu fragen.

So ging es drei Tage. Länger vermochte die Herzogin ihren geheimen Kummer nicht zu tragen und auf Lohengrins erneute Bitte, ihm zu sagen, was ihr fehle, erzählte sie ihm, wie die Herzogin von Cleve ihr weh gethan habe, und dann that sie die verhängnisvolle Frage. Lohengrin erschrak, denn er wußte, daß er sich nun von seinem Weibe scheiden mußte. Er vertröstete sie aber bis auf ihre Heimkehr: da wollte er ihr sagen, woher er sei. Damit war Elsa zufrieden.

5 Darauf bat der Held die anwesenden Herren, ihn nach Antwerpen zu begleiten. Sie erklärten sich dazu bereit und selbst der Kaiser zog mit. Als man in Antwerpen angekommen war, versammelte er alle seine Gäste um sich und sprach zu ihnen: „Ihr wißt, daß ich mir ausbedungen hatte, mein Weib sollte mich nie 10 nach meiner Herkunft fragen, denn wenn sie eine solche Frage thäte, müßte ich von ihr scheiden. Nun hat sie leider doch die Frage gethan und so will ich denn vor euch allen antworten. Ich bin wohl aus eblem Geschlechte. Parzival, der dem Gral dient, ist mein Vater und von dem heiligen Gral selbst bin ich aus= 15 gesandt, der bedrängten Herzogin von Brabant zu Hilfe."

Darauf bat er die Herren, sich in Treuen seines Weibes anzunehmen, das er jetzt verlassen müßte, und auch für seine beiden Söhnlein zu sorgen. Er ließ sich die Kinder bringen, herzte und küßte sie und gab den Umstehenden sein Schwert und sein Horn, 20 damit sie es sorgsam bewahrten, bis seine Söhne herangewachsen wären. Seinem Weibe aber, das in sprachlosem Schmerze und fast ohne Bewußtsein alles gehört und mit angesehen hatte, gab er ein Ringlein, das er einst von seiner Mutter zum Andenken erhalten hatte.

25 Siehe, da kam der Schwan wieder herbeigeschwommen, der vor Jahren den Helden gebracht hatte, und hinter sich zog er wieder das Schifflein. Als die Fürstin ihn sah, schien ihr die Besinnung erst wieder zu kommen. Sie hing sich an den Hals des Helden und laut weinend rief sie: „Bleibt hier, viel lieber 30 Herr! Macht mich nicht so elend, daß ich mein Leben lang um

euch weinen müßte." Lohengrin aber machte sich sanft von ihr los und stieg in das Schiff. Sofort schwamm der Schwan von bannen. Einen Gruß noch rief der Held der Geliebten zu; diese aber sank ohnmächtig den Frauen in die Arme. Der Kaiser und die übrigen Herren nahmen sich der verwaisten Söhne an. Johann und Lohengrin hießen sie und wurden Helden, die ihres Vaters würdig waren. Die Herzogin aber klagte und weinte ihr übriges Leben lang um den geliebten Gemahl, der nimmer wiederkehrte.

Albert Richter.

3. Die drei Spinnerinnen.

Es war ein Mädchen faul und wollte nicht spinnen, und die Mutter mochte sagen, was sie wollte, sie konnte es nicht dazu bringen. Endlich übernahm' die Mutter einmal Zorn und Ungeduld, daß sie ihm Schläge gab, worüber es laut zu weinen anfing. Nun fuhr gerade die Königin vorbei, und als sie das Weinen hörte, ließ sie anhalten, trat in das Haus und fragte die Mutter, warum sie ihre Tochter schlüge, daß man draußen auf der Straße das Weinen hörte. Da schämte sich die Frau, daß sie die Faulheit ihrer Tochter offenba'ren sollte, und sprach: „Ich kann sie nicht vom Spinnen abbringen, sie will immer und ewig spinnen, und ich bin arm und kann den Flachs nicht herbei'schaffen." Da ant'wortete die Königin: „Ich höre nichts lieber als Spinnen, und bin nicht vergnügter, als wenn die Räder schnurren: gebt mir eure Tochter mit ins Schloß, ich habe Flachs genug; da soll sie spinnen, so viel sie Lust hat." Die Mutter war's von Herzen gern zufrieden, und die Königin nahm das Mädchen mit.

Als sie ins Schloß gekommen waren, führte sie es hinauf zu

drei Kammern, die lagen von unten bis oben voll vom schön=
sten Flachs. „Nun spinn mir diesen Flachs," sprach sie, „und
wenn du es fertig bringst, so sollst du meinen ältesten Sohn
zum Gemahl haben; bist du gleich arm, so acht' ich nicht
darauf, dein unverdrossener Fleiß ist Ausstattung genug. Das
Mädchen erschrak innerlich, denn es konnte den Flachs nicht
spinnen, und wär's dreihundert Jahr alt geworden und hätte
jeden Tag vom Morgen bis Abend dabei gesessen. Als es nun
allein war, fing es an zu weinen und saß so drei Tage, ohne
die Hand zu rühren. Am dritten Tage kam die Königin, und
als sie sah, daß noch nichts gesponnen war, verwunderte sie
sich; aber das Mädchen entschul'bigte sich damit, daß es vor
großer Betrübnis über die Entfernung aus seiner Mutter Hause
noch nicht hätte anfangen können. Das ließ sich die Königin ge=
fallen, sagte aber beim Weggehen: „Morgen mußt du mir an=
fangen zu arbeiten."

Als nun das Mädchen wieder allein war, wußte es sich nicht
mehr zu raten und zu helfen und trat in seiner Betrübnis vor
das Fenster. Da sah es drei Weiber her'kommen, davon hatte
die erste einen breiten Platschfuß, die zweite hatte eine so große
Unterlippe, daß sie über das Kinn herun'terhing, und die dritte
hatte einen breiten Daumen. Als sie vor dem Fenster waren,
blieben sie stehen, schauten hinauf und fragten das Mädchen,
was ihm fehlte. Es klagte ihnen seine Not; da trugen sie ihm
ihre Hilfe an und sprachen: „Willst du uns zur Hochzeit ein=
laden, dich unser nicht schämen, und uns deine Basen heißen,
auch an deinen Tisch setzen, so wollen wir dir den Flachs weg
spinnen und das in kurzer Zeit." — „Von Herzen gern," ant=
wortete es, „kommt nur herein und fangt gleich die Arbeit an."
Da ließ es die drei seltsamen Weiber herein und machte in der

Die drei Spinnerinnen.

erſten Kammer eine Lücke, wo ſie ſich hin'ſetzten und ihr Spin=
nen an'huben. Die eine zog den Faden und trat das Rad;
die andere netzte den Faden; die dritte drehte ihn und ſchlug
mit dem Finger auf den Tiſch, und ſo oft ſie ſchlug, fiel eine
Zahl Garn zur Erde und war aufs feinſte geſponnen. Vor
der Königin verbarg ſie die drei Spinnerinnen, und zeigte ihr,
ſo oft ſie kam, die Menge des geſponnenen Garns, daß dieſe
des Lobes kein Ende fand. Als die erſte Kammer leer war,
ging's an die zweite, endlich an die dritte, und die war auch
bald zu Ende. Nun nahmen die drei Weiber Abſchied und
ſagten zum Mädchen: „Vergiß nicht, was du uns verſprochen
haſt — es wird dein Glück ſein.“

Als das Mädchen der Königin die leeren Kammern und den
großen Haufen Garn zeigte, richtete ſie die Hochzeit aus, und
der Bräutigam freute ſich, daß er eine ſo geſchickte und fleißige
Frau bekäme, und lobte ſie gewaltig. „Ich habe drei Baſen,“
ſprach das Mädchen; „da ſie mir viel Gutes gethan haben, ſo
wollte ich ſie nicht gern in meinem Glück vergeſſen; erlaubt
mir doch, daß ich ſie zu der Hochzeit einlade, und daß ſie mit
an dem Tiſch ſitzen.“ Die Königin und der Bräutigam gaben
gern ihre Einwilligung. Als nun das Feſt an'hub, traten die
drei Jungfern in wunderlicher Tracht herein, und die Braut
ſprach: „Seid willkom'men, liebe Baſen.“ — „Ach,“ ſagte der
Bräutigam, „wie kommſt du zu der garſtigen Freundſchaft?“
Darauf ging er zu der einen mit dem breiten Platſchfuß und
fragte: „Wovon habt ihr einen ſolchen breiten Fuß?“ — „Vom
Treten,“ antwortete ſie, „vom Treten.“ Da ging er zur
Zweiten und ſprach: „Wovon habt ihr nur die herun'terhän=
gende Lippe?“ — „Vom Lecken,“ antwortete ſie, „vom Lecken.“
Da fragte er die Dritte: „Wovon habt ihr den breiten

Daumen?" — „Vom Fadendrehen," antwortete sie, „vom Fadendrehen." Da erschrak der Königssohn und sprach: „So soll mir nun und nimmermehr meine schöne Braut ein Spinnrad anrühren!" Damit war sie das böse Flachsspinnen los.

Grimm's Märchen.

4. Kaiser Otto mit dem Barte.

Es war einst ein Kaiser, der hieß Otto. Weit reichte seine Herrschaft und viele reiche, mächtige Herren waren ihm unterthan. Sein Ansehen war das eines gewaltigen Helden. Stark war sein Wuchs, sein Haar war rötlich, und namentlich zierte ihn ein schöner, stattlicher Bart, auf dessen Pflege er auch viel Sorgfalt verwendete. Wenn er bei diesem Barte etwas schwur, so hielt er es auch gewiß. Es war aber nicht geraten, ihn zum Zorne zu reizen, denn wenn ihn jemand beleidigte, so mußte es der mit harter Strafe entgelten, und nicht selten ließ der jähzornige Kaiser diejenigen, die etwas gegen ihn unternommen hatten, mit dem Tode bestrafen. Hatte er einem, der sich gegen ihn vergangen, seine Huld und Gnade entzogen, so war es schwer, dieselbe wieder zu gewinnen; hatte aber des Kaisers Mund gegen einen den Schwur gethan: „Bei meinem Bart! das sollst du büßen," so ging es sicher an das Leben. Das hatte schon mancher seiner Helden erfahren.

Nun war es einst zur Osterzeit, da veranstaltete der Kaiser in seiner schönen Feste Babenberg ein prächtiges Fest. Von allen Gegenden strömten die Geladenen herbei. Da kamen von den Klöstern hochangesehene Äbte und Bischöfe und in hellen Scharen eilten die Grafen, Herren und Dienstmannen herbei, die den Kaiser als ihren Landesherrn verehrten.

Kaiser Otto mit dem Barte.

Während man am ersten Feiertage in der Kirche war, die Messe zu hören, wurden in dem Saale des Kaisers die Tische bereitet für die Gäste. Brot ward aufgelegt und köstliche Trinkgefäße wurden auf die Tische gestellt, damit der Kaiser, sobald er aus der Messe käme, sogleich mit seinen Gästen sich zum Imbiß niedersetzen könnte.

Nun war auch ein Knabe an dem Hofe, der war von hoher Geburt und so holden Antlitzes, daß ihn anzusehen eine Wonne war. Auch von Herzen war er lieb und gut; darum lobten ihn mit Recht alle, die ihn sahen. Sein Vater war der gewaltige Herzog von Schwaben und alles, was dieser besaß, sollte der Knabe einst erben. Dieser liebliche Knabe ging während jener Vorbereitungen in dem Saale umher, blieb aber endlich an einem Tische stehen, legte seine Hände darauf und betrachtete die schönen Trinkgefäße. Endlich that er auch, was Kinder oft thun, wenn das Essen zu lange auf sich warten läßt, er griff nach einem der kleinen Brote, die auf dem Tische lagen, brach ein Stück ab und begann zu essen.

Des Kaisers Truchseß war, den Stab in der Hand haltend und die Diener beaufsichtigend, ebenfalls im Saale auf und ab geschritten und hatte gesehen, was der Knabe that. Nun war er aber ein zorniger, heftiger Mann, den auch kleine Dinge arg verdrießen konnten; deshalb lief er voll Grimm auf den Knaben los und schlug ihn mit dem Stabe, den er in der Hand trug, auf das Haupt, daß Scheitel und Haar von rotem Blute naß wurden. Vor Schreck fiel der Knabe nieder, und an der Erde sitzend weinte er bitterlich.

Was der Truchseß gethan, hatte auch ein ebler Ritter, Herr Heinrich von Kempten, mit angesehen. Der war ein tapferer, mutiger Mann und war mit dem Knaben aus Schwabenland

an des Kaisers Hof gekommen, weil er sein Zuchtmeister war.
Da er den Knaben lieb hatte und ihn immer nur mit Freund=
lichkeit zog, so that ihm der unbarmherzige Schlag des Truchsessen
fast mehr weh als dem Knaben. Er wollte darum auch die
Sache nicht ungerügt hingehen lassen, sondern ging mit zorniger
Miene auf den Truchsessen los und sprach zu ihm: „War dieser
Knabenstreich so harter Züchtigung wert, daß ihr euer ritterliches
Betragen so ganz außer Augen laßt und euch selbst zur Schande
ein Fürstenkind mit dem Stabe blutig schlagt? Fürstenkinder
zu schlagen ist ja doch wohl nicht die Aufgabe, die ihr mit eurem
Amte übernom'men habt?"

„Laßt euch darum unbekümmert," erwiederte trotzig der Truch=
seß; meines Amtes ist, Unschicklichkeiten zu wehren und jeden zu
schlagen, der sich an diesem Hofe gegen feine Zucht und Sitte
vergeht. Darum laßt nur euer Reden. Ich fürchte mich vor
euch so wenig, wie der Habicht vor einem Huhn, und schließlich:
was geht's euch denn an, wenn ich den jungen Herzog schlug?"

„Was mich's angeht," antwortete ihm der Ritter Heinrich,
„das sollst du zeitig genug erfahren und zeitig genug sollst du
bereuen, daß du einen Fürsten schlugst. Ich will aber nicht
noch mehr Worte verlieren, sondern will dir, der du wenig an
den Hof eines Kaisers taugst, für immer die Lust benehmen,
Fürstenkindern Beulen zu schlagen. Wie das Blut des Kna=
ben, das dein ungeschlachter Sinn vergossen hat, so soll auch
dein Blut den Saal färben." Bei diesen Worten schlug er
den Truchsessen auf das Haupt, daß der Schädel wie ein Ei
zerbrach und wie ein Topf in Scherben ging. Der Truchseß
drehte sich um und um wie ein Kreisel und fiel dann tot und
ohne auch nur noch zu zucken auf den Estrich nieder. Nun
floß, wie es der Ritter gesagt, sein Blut in den Saal; unter

Kaiser Otto mit dem Barte.

den Leuten aber, die in dem Saale waren, entstand großes Getümmel ob solcher That.

Unterdessen war auch der Kaiser aus der Messe zurück'gekommen. Als er in den Saal trat und das Blut sah, mit dem der Estrich befleckt war, fragte er: „Was ist hier geschehen? und wer hat mir meinen Saal mit Blut verun'reint?" Da erzählte ihm sein Ingesinde, daß es das Blut seines Truchsessen sei, der erschlagen liege. Darob geriet der Kaiser in großen Zorn und fragte, wer ihm dieses Leid angethan habe. Alle zugleich antworteten: „Heinrich von Kempten hat es gethan." Der Kaiser aber sprach: „Hat der uns unsern Diener erschlagen, so wäre besser, er wäre nie von Schwabenland an unsern Hof gekommen. So schickt hin und bringt ihn vor mein Antlitz, daß ich ihn frage, warum er mir solchen Schaden zugefügt hat."

Als der Ritter kam, sah er wohl schon an des Kaisers Gesicht, daß nicht viel Freundliches zu erwarten stand. Der Kaiser aber fuhr ihn an: „Wie habt ihr so getobt, daß mein Truchseß, den ich um seiner Treue willen so hoch'schätzte, von euch erschlagen liegt? Damit habt ihr meine Ungnade in reichem Maße auf euch geladen und nun sollt ihr auch meine kaiserliche Gewalt empfinden. Ihr habt meinen Hof geschändet und mein Ansehen verachtet; das soll an euch gerächt werden."

„Herr," erwiederte Ritter Heinrich unverzagt, „laßt mich Gnade finden und entzieht mir eure Huld nicht, ehe ihr mich gehört habt. Erlaubt mir, daß ich euch den Hergang erst erzähle und dann entscheidet, ob ich schuldig bin oder nicht. Habe ich mit Recht eure Ungnade verdient, so lasset mich den Tod erleiden. Vermag ich aber zu beweisen, daß ich ohne

Schuld bin, so lasset mich Gnade finden, daß mir nichts
Übles geschehe. Um Christi willen, dessen Auferstehung wir
an diesem Ostertage feiern, gönnet mir, daß ich mir eure Huld
wieder erwerbe. Wollt ihr mich nur erzählen lassen, so wird
eure Einsicht nicht gestatten, daß dieses heilige Fest mir Armen
Not und Schande bringt, daß all die werten Herren, die hier
versammelt sind, mit Abscheu auf mich blicken müßten. Es
war ja nie eine Schuld so groß, daß nicht Vergebung für sie
möglich gewesen wäre. So lasset auch mich das Heil erwerben, daß ich nicht sterben muß."

Der Kaiser erwiederte jedoch mit zornigen Geberden und aus
grimmigem Herzen: „Die Schmerzen des Todes, die mein
Truchseß von euch leiden mußte, fühle auch ich so tief, sie
haben mich in so großen Kummer versetzt, daß ich niemals
Willens sein werde, Gnade zu teil werden zu lassen. Meine
kaiserliche Huld muß euch immerbar entzogen bleiben und bei
meinem Barte schwöre ich, daß ihr des Truchsessen Tod mit
eurem Leben büßen sollt."

Der werte Ritter Heinrich wußte gar wohl, was dieser
Schwur in des Kaisers Munde zu bedeuten hatte; er wußte,
daß es ihm nun sicher an das Leben ging. Bei seinem Barte
hatte ja der Kaiser noch nie geschworen, ohne das auch zu
erfüllen, was er geschworen hatte. Darum mußte der Ritter
nun selbst darauf denken, wie er sich sein Leben fristen könnte.
„Wenn ich nun durchaus sterben soll," sprach er bei sich selbst,
„so will ich wenigstens nicht sterben, ohne mich gewehrt und
für mein Leben gekämpft zu haben."

Mit raschem Entschlusse sprang er auf den Kaiser los, ergriff ihn bei dem Barte und zog ihn über den Tisch. Fisch
und Fleisch und was man sonst aufgetragen hatte, fiel da zu

Kaiser Otto mit dem Barte.

Boden, Schüsseln und Trinkgefäße rollten unter einander. So kräftig zog der Ritter an dem Barte, daß manches Haar desselben ausgerauft ward. Solcher Schimpf war dem Kaiser noch nicht geschehen. Die Krone fiel ihm von dem Haupte und rollte auf dem Estrich hin, und ehe der Kaiser sich noch recht besinnen konnte, lag er selbst am Boden. Sobald der Ritter Heinrich den Kaiser unter sich gebracht hatte, zog er ein scharf gewetztes Messer hervor, setzte es dem Kaiser an die Kehle und dann den Kaiser würgend sprach er: „Nun laßt mich Bürgen und Sicherheit empfangen, daß ihr mein Leben mir nicht nehmen wollt, sonst ist es um euer Leben geschehen. Den Eid, den ihr geschworen habt, nehmt zurück, wenn euch euer eigenes Leben lieb ist, wenn ihr hier gesund wieder aufstehen wollt."

So sprechend lag er auf dem Kaiser, der teils vor Schrecken, teils, weil ihn der Ritter gar zu heftig würgte, nicht einmal antworten konnte. Die Fürsten und Herren, die dabei saßen, sprangen alle auf, stürzten herbei und hätten den Kaiser, der schon halb wie ein Toter unter dem Ritter lag, gern von seinem Dränger erlöst. Heinrich aber rief ihnen zu: „Sobald mich einer von euch anrührt, stoße ich dem Kaiser das Messer in den Hals. Dann aber will ich den in Not bringen, der mich zuerst angegriffen hat. Soll ich mein Leben nun einmal verlieren, so soll es wenigstens nicht geschehen, bevor ich mit dem Wirt abgerechnet habe. Mit diesem Messer will ich ihn seiner Krone verlustig machen, dann aber will ich auch mit den Gästen Rechnung halten und mancher Tropfen Blutes soll vergossen werden, bevor ich untergehe. Nun denn, wer sterben will, der komme heran und greife mich an."

Verdutzt sahen die Herren einander an und wichen ein paar Schritte zurück. Auch winkte ihnen der Kaiser, so gut er es

in seiner schlimmen Lage konnte, daß sie zurückgehen möchten. Darauf sprach Heinrich wieder zu dem Kaiser: „Laßt mich nicht länger hier liegen. Wenn euch euer Leben lieb ist, so versprecht mir das meine. Wollt ihr mich gesund von hinnen
5 ziehen lassen, so soll euch kein Haar mehr gekrümmt werden. Wollt ihr das aber nicht, so ist euer letztes Stündlein gekommen." Da hob der Kaiser seinen Finger in die Höhe und gelobte bei seinen kaiserlichen Ehren, daß er den Ritter gesund von bannen ziehen lassen wollte.

10 Alsbald ließ Heinrich die Hand aus des Kaisers Barte los und sprang auf. Auch der Kaiser stand auf und ging zu seinem prächtig geschmückten Stuhle. Auf den setzte er sich, strich Haar und Bart sich wieder zurecht und sprach dann zu dem Ritter: „Ich habe euch Sicherheit gegeben und versprochen, Leib und
15 Leben euch unverderbt zu lassen. Nun ziehet eure Straße, daß ihr mein Antlitz auf ewig vermeidet und euch nie wieder vor meinen Augen sehen laßt. Ich habe wohl eingesehen, daß ich euch unter meinem Ingesinde nicht gebrauchen kann. Ihr habt mir allzuviel des Leides und des Schimpfes angethan. Wer
20 heute meinen Bart ansieht, wie er von euch zerzaust ist, der wird glauben, daß ich eurer Gegenwart gern entbehren mag. Es soll mir wohl auch nicht so leicht wieder ein Scherer von eurer Art über meinen Bart geraten, denn euer Schermesser ist gar zu grob und kann den Königen Haut und Haar abschnei=
25 den. Darum eilt euch und verlaßt meinen Hof noch in dieser Stunde."

Der Ritter that, wie ihm der Kaiser geheißen. Er verabschiedete sich von seinen Freunden und von des Kaisers Mannen und kehrte dann wieder nach Schwaben zurück. Dort besaß er
30 reiche Äcker, Wiesen und Felder, die er von dem Stifte Kempten

Kaiſer Otto mit dem Barte.

zu Lehn trug, und im Genuſſe der Einkünfte, die ſie ihm brachten, ſo wie der Ehren, deren er verdien'termaßen teilhaftig war, lebte er ein ſtilles und zurückgezogenes, aber frohes und vergnügliches Leben.

Zehn Jahre nach dieſer Geſchichte begab es ſich, daß der Kaiſer Otto jen'ſeits der Alpen einen großen Krieg zu führen hatte. Da lag er ſchon lange Zeit vor einer feſten Stadt und obgleich er ſie bereits zu wiederhol'ten Malen mit ſeinem Heere berannt und der Steine und Pfeile viele gegen ſie geſchleudert hatte, war es ihm doch nicht gelungen, ſich in ihren Beſitz zu ſetzen. Dazu waren ihm ſeiner Helden an Krankheiten und in Kämpfen ſo viele geſtorben, daß er mit dem kleinen Häuflein, das ihm geblieben war, faſt nichts mehr unternehmen konnte. Darum ſandte er Boten nach Deutſchland und ließ an allen Enden verkünden, daß alle, die von dem Reiche etwas zu Lehen trügen, ihm alsbald zu Hilfe kommen ſollten. Alle Fürſten und Herren, die ihm zu Dienſt verpflichtet waren, ſollten nach Apulien kommen und ihm ſtreiten helfen, auch alle ihre Mannen mit ſich bringen. Wer aber nicht kommen wollte, der ſollte ſeines Lehns verluſtig gehen.

Dieſe Botſchaft gelangte auch zu dem Abte von Kempten, der Ritter Heinrichs Lehnsherr war. Als der die Nachricht des Boten an'gehört hatte, machte er ſich alsbald zur Reiſe bereit. Auch ſandte er zu allen ſeinen Dienſtmannen, daß ſie mit ihm dem Kaiſer zu Hilfe zögen. Den Ritter Heinrich aber ließ er zunächſt zu ſich kommen und zu ihm ſprach er: „Ihr habt wohl vernommen, daß der Kaiſer um Kriegsleute hierher nach Deutſchland geſandt hat. Auch ich bin der Fürſten einer, die ihm zu Hilfe über das Gebirge eilen ſollen. Dazu bedarf ich nun euer und meiner Dienstleute, euer aber vor allen Dingen. Darum rüstet euch auf die Fahrt, die mir und euch geboten ist und säumet nicht, damit der Aufbruch bald erfolgen kann.

„Ach, Herr, was saget ihr!" rief da Ritter Heinrich. „Ihr wisset ja, daß ich nicht vor des Kaisers Angesicht kommen darf und daß ich seine Huld für immer verwirkt habe. Darum entlaßt mich dieser Fahrt. Ich möchte nicht wagen, des Kaisers Ungnade von neuem herauszufordern. Ich habe aber zwei Söhne, Herr, die will ich mit euch ziehen lassen. Für mich einzelnen mögt ihr diese beiden nehmen. Unter eurer Führung werden sie mir mit Kampfesehren geschmückt wieder heimkehren.

„Nein," sprach der Abt, „das wäre ein schlimmer Tausch für mich. Ihr seid mir allein mehr wert, als die beiden Jünglinge zusammen, darum will ich euer nicht entbehren. Ihr seid im Streite der Stärkste und im Rate der Klügste, auf keinen mag ich mich auf dieser Fahrt so verlassen, wie auf euch. So zögert also nicht länger, sondern macht euch bereit. Wäre es aber, daß ihr durchaus widerstrebet, den Dienst zu leisten, den ihr schuldig seid, so soll euch alles genommen werden, was ihr von mir zu Lehn habt, dann sollen die Güter einem gegeben werden, der sie mit treuem Dienst verdienen will."

Als Ritter Heinrich inne ward, daß der Abt durchaus auf seiner Mitreise bestand, zögerte er nicht länger und sprach: „Wohlan, so will ich mit euch ziehn, was mir auch auf dieser Reise widerfahren mag. Ehe ich die Lehen aus meiner Hand lasse und mich so um meine Ehre bringe, reite ich mit euch, wohin ihr wollt und wäre es in den Tod. Überall soll zu rechter Zeit euch meine Hilfe bereit sein und in eurem Dienste will ich gern dulden, was der Kaiser in seinem Zorne etwa Übles über mich verhängen wird."

Kaiser Otto mit dem Barte.

So machte sich Heinrich mit dem Abte auf die Fahrt und schon unterwegs bewies er durch manche kühne, unerschrockene That und durch manchen guten Rat, wie sehr sein Lehnsherr Recht gehabt hatte, wenn er auf ihn bei dieser Fahrt nicht verzichten wollte.

Endlich kamen sie vor die Stadt, die der Kaiser mit seinem Heere belagerte. Heinrich von Kempten barg sich vor dem Angesicht des Kaisers, weil er noch immer seinen Zorn fürchtete. Er schlug sein Zelt ein Stück abseit' des Heeres auf und vermied auf alle Weise, in des Kaisers Gesellschaft zu kommen.

Einst hatte er sich in seinem Zelte ein Bad bereiten lassen, um sich nach den An'strengungen des Tages zu stärken. Die Wanne hatte man dazu aus einem nahe gelegenen Dorfe herbeigeschafft. In der Wanne sitzend und sich der Stärke seiner Glieder freuend, sah er aus der belagerten Stadt etliche Bürger herausreiten und bald darauf erblickte er auch den Kaiser, der den Bürgern entgegen ritt. Die Bürger hatten nämlich den Kaiser um diese Zusammenkunft gebeten, wie sie sagten, um mit ihm wegen der Übergabe der Stadt zu unterhan'deln. In Wahrheit aber hatten sie es gethan, um mit trügerischer List und Falschheit den Kaiser in eine Falle zu locken und ihn zu erschlagen.

Ohne Arges zu ahnen, ritt der Kaiser waffenlos den Bürgern entgegen, während eine zu seinem Überfall bestimmte Schar versteckt im Hintergrunde lauerte. Als den Verrätern der rechte Augenblick gekommen zu sein schien, brachen sie hervor und brachten mit ihren Waffen den Kaiser in die größte Not.

Heinrich von Kempten sah das alles von seinem Bade aus mit an, und als er merkte, daß das Leben des Kaisers in der

ernstlichsten Gefahr war, sprang er ohne Bedenken aus dem
Bade, lief zu der Wand, an der sein Schild hing, riß diesen
herunter, ergriff auch sein starkes Schwert und eilte dann,
ohne Kleid und Harnisch anzulegen, bloß und nackt dem Kaiser
zu Hilfe. Mit kräftigen Schlägen seines Schwertes befreite er
den Kaiser von dem ihn umbrän'genden Haufen der Verräter
und wehrte sich selbst gegen die Angriffe dieser. Viele der
Feinde wurden da von ihm erschlagen, viele der Glieder beraubt
und reich war das Feld mit dem Blute der Feinde gedüngt.
Was aber von den Feinden noch am Leben war, das floh gar
bald bestürzt von dannen.

Die Feinde waren besiegt und entflohen, der Kaiser befreit.
Aber ehe der Kaiser noch Zeit hatte, seinen sonderbaren Retter
genauer zu betrachten, war dieser bereits verschwunden, so schnell
wie er gekommen war und er saß bereits wieder in seinem
Bade und wusch sich die Spuren des Kampfes von seinem
Leibe, als der Kaiser eilig zu seinem Heere zurück ritt und
unterwegs sich fragte, wer doch wohl der unbekannte Retter gewesen sein möchte. In seinem Zelte setzte sich der Kaiser auf
seinen Stuhl und zu den Helden, die auf die Nachricht von
der Gefahr, in der der Kaiser gewesen war, herbei'eilten und
ihn umstan'den, sprach er: „Seht, ihr Herren, wie nahe es
war, daß ich verraten wurde. Wäre mir nicht ein ritterlicher
Held zu Hilfe gekommen, so läge ich jetzt erschlagen. Nun
wüßte ich aber gern, wer der Nackende gewesen ist, der so zu
rechter Zeit mit seinem Arm mir nahe war. Nie habe ich
einen kühneren und unerschrockeneren Ritter gesehen, als den,
dem ich heute mein Leben verdanke und gern möchte ich ihm
mit reichem Gute seine That lohnen. Ist nun einer unter euch,
der ihn kennt, so bringe er ihn vor meine Augen, daß er den

Lohn empfange, den er verdient hat. Ich bin ihm von ganzem Herzen hold, denn nirgend lebt ein besserer Ritter als er."

Nun waren wohl etliche unter den Helden, die wußten, daß Heinrich von Kempten es gewesen war, der den Kaiser von seinen Feinden errettet hatte, sie sprachen aber zu dem Kaiser: „Wir kennen den Helden wohl, der euer Leben euch bewahrt hat; doch steht es leider so um ihn, daß er sich eure Ungnade zugezogen hat und von eurem Angesichte verbannt ist. Würde ihm nun das Glück zu teil, daß er eure Gnade wieder gewinnen sollte, so wollten wir ihn gern vor euch bringen."

Da sprach der Kaiser: „Und hätte er meinen Vater erschlagen, so wollte ich ihm doch meine Huld nicht länger entziehen. Bei meiner Treu und meinen kaiserlichen Ehren! der Ritter soll wieder zu Gnaden angenommen sein." Nun nannten ihm die Herren den Ritter Heinrich von Kempten als seinen Lebensretter. Der Kaiser war erstaunt, zu hören, daß dieser bei dem Heere sei. Er sprach aber: „Ich hätte mir's denken können, daß kein anderer, als er, so kühn gewesen sein könnte. Nackend mir zu Hilfe zu eilen und mich aus einer Schar umdrän'gender Feinde heraus'zuhauen, das war ein Stück, wie man es von dem erwarten kann, der einst so verwegen war, einen Kaiser am Barte über den Tisch zu ziehen. Dazu gehört der frische, fröhliche Mut des Heinrich von Kempten. Nun soll er aber auch immer meiner Gnade sicher sein und nicht zum Schaden soll ihm seine kühne That gereichen. Doch — ein wenig erschrecken will ich ihn und wenigstens der Empfang soll nicht gar zu freundlich sein."

Als der Ritter Heinrich vor den Kaiser gebracht ward, stellte dieser sich über die Maßen zornig und fuhr den Ritter an: „Wie durftet ihr wagen, hierher zu kommen und mir unter die Augen zu gehen? Habt ihr vergessen, warum ich euch von meinem Angesicht verbannte und jede Rückkehr euch verbot? Seid ihr nicht der, der mir bereinst den Bart zerzauft? Daß ihr doch nun hierher gekommen seid, das zeigt euern hoffährtigen Sinn und wie ihr noch immer euern Übermut nicht bändigen könnt."

„Gnade, Herr!" sprach der Ritter, „ich kam nicht aus freiem Willen hierher, darum bitte ich, daß ihr mich das nicht entgelten laßt. Mein Herr, der Abt von Kempten, hat mich gezwungen, mit ihm hierher zu gehen, denn er drohte mir, alle meine Lehen mir zu nehmen, wenn ich ihm nicht auf diesem Kriegszuge folgte. Bei meiner Seelen Seligkeit, ich rede die Wahrheit."

Da konnte sich der Kaiser nicht länger verstellen. Er begann zu lachen und sprach: „Ihr seid ein aus'erwählter Held, und an eurem Hiersein seid ihr auch unschuldig, wie ich höre. So wisset nur, daß ihr von mir euch keines Zornes und keines Hasses mehr zu versehen habt. Seid mir vielmehr viel tau'sendmal willkom'men, edler Held, der ihr mir heute das Leben gerettet habt, denn ohne eure Hilfe läg'ich heute tot." Bei diesen Worten sprang er von seinem Stuhle auf den Ritter zu und küßte ihm Mund und Augen. Eine volle Sühne und ein rechter Friede ward da zwischen ihnen gemacht und die vorher getrennt und Feinde gewesen waren, die waren nun gute Freunde. Seinem Lebensretter aber schenkte der Kaiser ein reiches Lehn, das ihm jährlich zweihundert Mark eintrug.
Albert Richter.

5. Zwei Feuerreiter.

Die Glocken klangen im Thüringer Land, sie verkündeten Trauer. Einer der edelsten und tapfersten deutschen Männer, Karl August von Sachsen-Weimar, war nach zwei und fünfzigjähriger Regierung gestorben.

Zwei Feuerreiter.

Es war am Sonntag Mittag Mitte Juni des Jahres 1828; die Glocken hatten ausgeklungen und ein großer Teil der Bewohner des Dorfes Vogelsberg saß in der Schenke. Man plauderte allerlei: vom Tode des Herzogs, von der Heu'ernte und vom Krieg der Russen gegen die Türken. „Da kommt der alte Luzner!" hieß es plötzlich. „Ja, dem muß es hart angehen, daß unser Herzog gestorben ist. Man sagt ja, sein Vermögen rührt vom Herzog her."

Der alte Luzner, ein schlanker Mann, wohl siebzig Jahre alt, aber noch fest und auf'recht gehend, in die graue Müllertracht gekleidet, trat in der That in die Schenke. Er bestellte sich einen Krug Bier und als er den Geldbeutel heraus that und bezahlte, nahm er auch ein gehenkeltes Thalerstück heraus und sagte: „Das ist von ihm, das hat er mir selber gegeben mit dem andern, und es hat mir viel Segen gebracht. Meine selige Frau hat das Geldstück vierzig Jahre lang an ihrer Grana'tenschnur getragen. Schaut, so hat er damals ausgesehen."

„So kommt keiner mehr auf die Welt," fuhr der Müller fort. „Tolle Streiche hat er genug gemacht, er und sein Freund da" — er deutete hierbei auf die in der Stube hängenden Bilder von Karl August und Goethe, — „ja, damals ist man viel lustiger gewesen als heutigen Tages. Unser Herzog ist lustig gewesen, er hat aber auch geholfen, wo Not an Mann gegangen, und Kraft hat er gehabt für drei, das heißt in jungen Jahren. Er hätte jeden von euch im Ringen mit der linken Hand niedergeworfen, und wie wir mit einander gearbeitet haben, das war eine Kraft, die Mauern einreißt; ja, die Menschen werden immer schwächer. Aber ich hätte noch ganz was anderes zu erzählen."

„Ja, erzählt. Wie ist denn das gewesen? Man hört immer nur so davon munkeln. Ja, erzählt, daß man's auch einmal or'dentlich weiß." So drängten alle, und der Müller nickte und sagte: „Aber ihr müßt still sein und mir nicht so ins Gesicht hinein'rauchen. Freilich er hat auch gern geraucht, und seine Pfeife und seine Hunde hat er immer bei sich gehabt."

„Fanget von vorn an."

„Gut. Also es war am 3. März Anno 1779. Ich war in der Nacht allein in unserer Mühle. Ich bin damals Mühlknappe bei dem Müller Heyde gewesen. Ich gehe also auf und ab, schütte aus und ein. Es rast der Wind, daß man meint, er nimmt die ganze Mühle mit sich fort. Ich sehe zum obern Fenster hinaus, ich weiß nicht warum. Himmel! was ist das? Es brennt im Dorf! Ich springe schnell hinunter, stelle das Mühlrad und wecke den Meister, die Frau und die Kinder, und eile ins Dorf.

Ich bin einer der ersten auf dem Platz, ich wecke den Schultheiß und den Schmied — der Spritzenmeister ist — und den Küster, daß er Sturm läutet. Das Sturmläuten hat aber nicht viel genützt. Der Wind reißt den Glocken das Wort vom Munde weg, und man hört kaum im Dorf was davon, geschweige in den Nachbardörfern. Da sagt der Schultheiß: „Es müssen gleich Feuerreiter nach allen Dörfern im ganzen Umkreis. Du, Luzner, geh' heim, nimm dein Pferd heraus und reit', was du reiten kannst, nach Großneuhausen."

Ich sag': „Wir sollten doch zuerst noch unter uns Ordnung herstellen und uns selber helfen, ehe wir nach anderen rufen."
Da sagt der Schultheiß: „Still! Kein Wort mehr. Du weißt, was darauf steht, wenn du nicht augenblick'lich folgst."

Ich folge, und im gestreckten Galopp' reite ich davon, durch den Wald hinauf nach Großneuhausen. Wie ich nun durch das Dorf reite, und durch die stillen Gassen rufe: „Feuerjo! Feuerjo! Hilfe!" da stehen mir selbst die Haare zu Berg, wie wenn ich

Zwei Feuerreiter.

selber all den Schreck spürte von den Menschen, die ich jetzt auf=
wecke. Ich muß ein ganzes Dorf in Aufruhr bringen, und ich
hab' geschrieen, ich bin acht Tage lang heiser gewesen.

Die Großneuhäuser sind rasch auf dem Fleck, die Spritze ist
bald heraus, und ich reite der Spritze voraus heim'wärts. Wie
wir aus dem Wald kommen, da droben auf dem Berg, da ist
es jetzt so hell, man hätte eine Nadel auf dem Boden finden
können. Das halbe Dorf steht in Flammen, und die Flamme
frißt immer weiter hinein bis zur Kirche. Daheim hat alles den
Kopf verloren, die Leute rennen einander um und helfen doch
nicht; die Kinder schreien, die Weiber heulen, die Männer fluchen.
Ich gebe mir alle Mühe, Ordnung herzustellen, es gelingt mir
auf eine kurze Weile; die Spritzen schnaufen, das Wasser zischt
und es ist alles still. Dann heißt es aber bald: „Du junger
Bursch, was willst du? Stell' dich in die Reihe, du bist nicht
mehr als ein anderer." Ich hab' mir mein Lebtag nicht ein=
geredet, daß ich was Besonderes sei; aber wenn niemand da ist,
der Ordnung machen kann oder mag, da muß es unterneh'men,
wer da sieht, wo es fehlt.

Es sind Spritzen genug da, aber sie werden nicht or'dentlich
bedient. Wir stellen Ketten bis an den Bach, und da heißt es
plötzlich wieder: hier braucht man keine Spritze, da und da ist
sie nötiger. Die Spritzen fahren hin und her, die Ketten
werden zerrissen und sind nicht so schnell wieder bei einander.
Ich schreie, was ich kann, da gießt mir einer — ich sehe nicht,
wer es ist — einen vollen Eimer über den Kopf, und alles lacht
mitten im Elend. Aber das ist mir zu gute gekommen, ihr
werdet's schon hören.

Da! Schaut auf! Dort vom Kaiserberg herunter kommen zwei
Reiter im gestreckten Galopp; der auf dem Braunen mit den

Hunden daneben, das ist der Herzog, und der auf dem Schimmel, das ist sein Herzbruder, den er sich aus Frankfurt geholt. „Der Herzog kommt! Der Herzog ist da!" heißt's auf ein'mal, und war schon vorher keine rechte Thätigkeit, so hörte jetzt
5 vol'lends alles auf. Sie schauen alle nach dem Herzog, wie wenn der allein helfen könnte; jetzt hat keiner mehr was zu thun.

Jetzt also, da kommt der Herzog und sein Freund. Sie reiten ganz nahe heran, der andere steigt vom Schimmel und der Herzog bleibt noch eine Weile oben sitzen und hält still eine Hand
10 in die Höhe. Er ist gescheit, er merkt, wo der Wind herkommt, und dreht sein Pferd, da versteht man ihn, denn man hat vor dem Wind sein eigen Wort kaum gehört; und jetzt ruft der Herzog — er hat eine mächtige Stimme — daß man Fassung behalten und den Anordnungen unweigerlich Folge leisten soll.
15 Jetzt steigt er ab und der Geheim'rat macht Ordnung; und er hat eine Stimme und ein Wesen und ein Auge, daß jeder ihm gehorchen muß, und damals war er noch schön, bildschön, und er hat auch selber mitgeholfen und sich in die Kette gestellt. Aber das nutzt jetzt nichts mehr, es ist zu spät!

20 Ganz nahe bei der Kirche brennt schon eine Scheune, und die Glocke vom Turm klagt, wie wenn sie sagen wollte: „Helfet doch, bald brennt auch mein Haus, und ich muß stumm werden." Da ruft der Herzog, er hat schnell und richtig gesehen, wie's hier steht: „Ihr Männer, ihr werdet doch euer Gotteshaus nicht
25 verbrennen lassen? Reißt die Scheune ein und rettet die Kirche."
— „Man kann dem Feuer nicht zu nahe kommen, das ist lebensgefährlich." — „Und vielleicht ist die Scheune noch zu retten."
— „Und sie fällt schon von selber ein." So heißt es hin und her. Der Herzog stampft auf den Boden und ruft: „Reißt ein,
30 sonst ist verloren, was noch zu retten ist. Reißt ein!"

Zwei Feuerreiter.

Aber alles bleibt stumm und starr. Da ruft der Herzog wieder und faßt einen Feuerhaken, und hebt ihn hoch: „Wer folgt mir und legt mit Hand an?"

„Ich," sag' ich. Und von dem Augenblick an hab' ich nichts mehr gespürt von der Kälte, die mir am Leib herunter rieselt; ich fasse mit an und ich rufe: „Lasset mich vorn'hin stehen, Durchlaucht, Herr Herzog; sie haben mich mit Wasser übergossen, ich brenne nicht so leicht."

Wir legen also den Feuerhaken an und ziehen mit aller Macht, und wie ich nach der Vorderwand sehe, da schwindelt mir's; die Scheune schwankt vor und zurück, mir ist's, wie wenn sich die ganze Welt dreht, mir wird ganz taumelig. Ich sehe gar nicht mehr hin und reiße aus aller Kraft, und krach! da fallen die brennenden Balken herunter, und ich meine, ich läge im Feuer. Sehen kann ich nichts vor Rauch und Feuer, und es brennt mir die Augbrauen ab und meinen Bart. Ich bin nicht verbrannt, und der Herzog auch nicht, aber trocken bin ich gewesen, plötzlich, wie aus dem Backofen heraus. Wir legen noch'mals an und es gelingt uns. Und jetzt — ja, so ist's, wenn ei'ner voran'gegangen ist, da kommen sie nach — jetzt kommen auch die anderen und helfen uns; sie schämen sich doch, daß sie den Herzog so für sich arbeiten lassen, aber der tritt nicht aus und geht nicht vom Fleck, bis die Scheune nieder ist. Das Feuer bekommt einen anderen Weg und wird niedergehalten; die Kirche ist gerettet. Da fragt mich der Herzog: „Wie heißt du?" — „Luzner." — „Und du bist?" — „Mühlknappe." — „Komm mit in die Kirche."

Ich gehe mit dem Herzog. Der Hund, der uns gefolgt ist, legt sich auf ein Wort des Herzogs nieder. Wir treten ein. Der Herzog geht voran bis an den Altar. Ich folge ihm.

Dort steht er eine Weile still, dann greift er in die Tasche, holt eine Börse heraus, leert sie auf den Altar' und sagt: „Luzner, nimm das." Ich lasse mir das natür'lich nicht zweimal sagen. Ich nehme das Geld, stecke es ein, der Herzog nicht. Es waren gerade 75 Thaler. Das Geld ist doppelt gesegnet, durch die Hand und durch den Altar. Ich habe alles ausgegeben bis auf das eine Stück. Damals habe ich kein Wort reden können. Ich habe dem Herzog nur die Hand dargereicht, und er hat mir die Hand gedrückt. Er mag auch müde gewesen sein von dem Ritt und von der Arbeit. Er setzt sich still in eine Kirchenbank, legt die Hände über einander und schlummert ein. Von draußen beginnt's zu tagen, und ich sehe, wie der Herzog die Augen schließt.

Damals war's Brauch, und es sollte heut noch sein, daß man nach einem Brand die Ab'dankung hält. Die Kirche wird voll von Weibern und Kindern, und vom Empor' herunter braust es plötzlich mit mächtigem Orgelklang: „Nun danket alle Gott!" Die ganze Gemeinde singt mit, und der Herzog schlägt die Augen auf. Er greift an den Kopf und merkt, daß er noch den Hut auf hat; er zieht ihn ab und so steht er da, bis der Gesang vorüber ist.

Wir gehen jetzt alle aus der Kirche, die Sonne steht hoch am Berg, der ganze Himmel ist eine rote Pracht, und ich habe dem Herzog ins Gesicht gesehen, das im Morgenrot glänzt, und neben ihm steht sein Freund, und der Herzog sagt: „Wo warst du?"

„Ich will's dir auf dem Heimweg erzählen," sagt der Freund; sie haben einander geduzt wie Brüder.

Da ist der Schmied vorgetreten und sagt: „Durchlaucht, der Herr — er hat nicht gewußt, daß er Goethe heißt — hat die

Zwei Feuerreiter.

Kette bis zum Bach geordnet und selber mitgeschöpft, und alles so gut und streng gemacht, daß wir ihm tausendmal Dank sagen müssen."

Die Pferde wurden herbeigeführt und die zwei Feuerreiter steigen auf. Ja, das sind andere Feuerreiter als unsereins. Die beiden reiten davon in den jungen Tag hinein, in das Morgenrot.

Jetzt ist der Herzog tot. Ja, ja, die Sonne geht auf und geht unter, und Brandstätten werden wieder neu bebaut, und es sterben Menschen, von denen man hätte glauben mögen, der Tod könne gar keine Gewalt über sie haben, und es kommen neue Menschen und die Welt fängt immer von vorn an."

Der alte Bauer, der die letzten Worte fast nur vor sich hin murmelnd gesprochen hatte, schwieg jetzt, und auch im Zuhörer= kreise war eine Weile Stille.

Es war während der Erzählung Abend geworden. Wieder= um ertönten die Trauerglocken, und unter ihrem Klange ging der alte Luzner heim nach seiner Mühle.

B. Auerbach.

6. Nach hundert Jahren.

In der Nähe einer großen Stadt in Spanien war ein altes, prächtiges Schloß mitten in einem See gelegen, ein mächtiges, viereckiges Gebäude mit großen Türmen an den Ecken. Die Herrschaft, der es gehörte, schien sich nicht mehr darum zu be= kümmern, und lange, lange Jahre hindurch hatte keiner von ihnen mehr einen Fuß gesetzt nach Castillo de Monterey.

Vor Jahren war ein Hochzeitsfest in dem alten Schlosse, und die einzige, junge und schöne Tochter des Hauses wurde mit

Sagen und Erzählungen.

einem Manne vermählt, den sie unaussprechlich liebte. In dem großen Saale wurde geräuschvoll bankettiert', zahlreiche Gäste waren geladen. Musik' ertönte, Gläser klangen, Trinksprüche wurden ausgebracht, und bei dem wachsenden Lärmen der aus=
5 gelassensten Fröhlichkeit verließ die junge Braut ihren Platz und verschwand aus dem Saal, ohne daß ihr Fortgehen gerade be= sonders bemerkt worden wäre. Draußen im Gange war ihre hohe, weiße Gestalt bemerkt worden, wie sie ihn langsam hin= abschritt, gegen einen der Ecktürme des Schlosses zu, wo sich
10 eine kleine Hauskapelle befand, die selten benutzt wurde, und wohin sie sich wahrscheinlich zu stillem Gebet zurück'ziehen wollte.

Drinnen im Saale lärmende Musik'; immerfort klangen die Gläser, ein' heitrer Trinkspruch jagte den andern; Stunden ver= gingen, die Braut kehrte nicht zurück. Da sich ihr Gemahl,
15 dem dieses lange Ausbleiben endlich auf'fiel, fragend an die Mutter seiner jungen Gattin wandte, so verließ diese den Saal, um nach ihrer Tochter zu sehen, die sie in ihrem Zimmer zu finden hoffte.

Als die Mutter ihre Tochter nicht in deren Zimmer fand,
20 als diese nun in allen Räumen, wo sie auch immer hätte sein können, vergeblich gesucht wurde, als die Diener in den Gängen versicherten, sie hätten die weiße Gestalt nach der und der Rich= tung gehen sehen, von wo sie nicht mehr zurückgekommen, da wurde natür'lich dort hinaus alles aufs genaueste untersucht
25 zuerst von der Mutter in Begleitung zahlreicher Dienerschaft, und hierauf von allen Hochzeitsgästen, den trostlosen, fast ver= zweifelnden Bräutigam an der Spitze.

A'bermals und wiederholt' ward nun das ganze Schloß durch= sucht', besonders der Teil, wohin man sie hatte gehen sehen.
30 Dort befand sich in einem der Ecktürme die alte Hauskapelle,

Nach hundert Jahren.

die aber seit langen, langen Jahren nie mehr benutzt worden war. Ein zahlreicher Menschenstrom drang jetzt hinein und durchsucht'e auch hier vergeblich jeden Winkel; in der Ecke stand ein geräumiger Beichtstuhl, sonst nichts, was zum Verstecke hätte dienen können. Unbefriedigt verließ man die Kapel'le wieder, ohne deshalb die Nachforschungen zu unterbre'chen. Diese wurden vielmehr Tag und Nacht von einem Teile der Gäste fortgesetzt, während ein andrer Teil die Umge'bung des Schlosses, eben so fruchtlos als unnütz, durchstreift'e — die unglückliche Braut war und blieb verschwunden.

Fast hundert Jahre vergingen, ehe sich etwas zu'trug, was man als Fortsetzung jener traurigen Begebenheit ansehen konnte. Der Verwalter des Schlosses hatte Kinder, drei Buben und zwei Mädchen, zu denen oft noch andere Gespielen aus der Nachbarschaft kamen, und dann ging es lärmend genug her in den oben Gängen des alten Schlosses. Der älteste der Knaben des Verwalters war da'mals zwölf Jahre alt, und recht lebhaft und ausgelassen. Er war ein phantasie'reicher Erfinder aller möglichen wilden Streiche, die er mit den übrigen Buben aus'führte, und war dabei der Liebling seiner Eltern. Eine eigene Stärke besaß er darin, sich oben im Schlosse im langen Gange zu verstecken, was er gern that, und alle aufforderte ihn zu suchen; doch war jedes Bemühen, ihn zu finden, beständig vergebens. Sein Versteck blieb allen ein Geheimnis; nur eine große, schwarze Katze, die ihm wie ein Hund auf Schritt und Tritt folgte, begleitete ihn nach seinen Schlupflöchern.

An einem Sonntag Nachmittag hatten die Kinder auch wieder Versteckens gespielt, und Juan' eben so wenig gefunden wie früher; sie gaben sich auch keine rechte Mühe, da sie wußten, wie vergeblich diese aufgewendet war, und scharten sich lieber in der Küche um das lodernde Herdfeuer, Juan' erwartend. Aber er kam nicht. Stunde um Stunde verrann, und Juan kam nicht zurück.

5 „Das ist doch sonderbar," sagte die besorgte Mutter, „wo das Kind heute bleibt;" und endlich stand der Vater verdrießlich auf und sagte: „Kommt, ich will euch suchen helfen, — wir werden ihn gewiß finden — wo ging er hin, als er sich versteckte?"

„Es war oben in dem langen Gange," riefen ein paar Dutzend 10 Stimmen durcheinan'der, wo er von uns lief und uns auf= forderte, ihn zu suchen."

„Und wohin wandte er sich?"

„Nach dem Eckturm, wo sich die alte Kapel'le befindet."

Der Vater schüttelte mit dem Kopfe, indem er sagte: „Das 15 kommt von den ewigen Kinderei'en; ich habe den Buben so oft ausgefragt, wo er sich eigentlich verstecke — wenn ihm da oben nur kein Unfall widerfah'ren ist! Ich scheue die Gegend bei der alten Kapelle, ohne zu wissen warum."

Man suchte den ganzen Tag, man rief Juans Namen durch 20 alle Teile des Schlosses, man holte einen Schlosser und ließ oben die Zimmer aufbrechen, um auch da nach ihm zu schauen, man fand nichts; man setzte diese Nachforschungen unter dem Jammer der Eltern die ganze Nacht fort — vergebens!

Am andern Morgen wurden wiederholt alle Räume des Schlos= 25 ses, alle Gewölbe und Keller durchsucht' — ohne Erfolg — und ermüdet davon, sowie abgespannt von Kummer und Thränen, zog man sich gegen Abend in die große Küche zurück, wo jetzt der Glöcner des benachbarten Dorfes, ein uralter Mann, um= ständlich jene schaudervolle Geschichte noch'mals berichtete, von 30 dem unterbro'chenen Hochzeitsfeste und der verschwundenen Braut.

Nach hundert Jahren.

Da mit ei'nem Male öffnete sich geräuschlos die Thür der Küche, und herein schlich die große, schwarze Katze des Hauses, die man den ganzen Tag über nicht gesehen hatte. Mit einem gellenden Schrei sprang die Mutter des verlorenen Knaben auf sie zu, denn die Katze trug um ihren Hals Juans dunkelrote Halsbinde. So scheu das Tier auch gewöhnlich gegen alle Bewohner des Hauses war, so that es doch außeror'dentlich zuthunlich gegen die Frau, ließ sich von ihr auf den Schoß nehmen, schien gern zu leiden, daß die arme Mutter sie streichelte und küßte, und als deren heiße Thränen auf sie herabfielen, schaute die Katze fast verständig zu ihr empor'.

Es war als sicher anzunehmen, daß sich der Knabe in irgend einem Verstecke befand, wo ihm kein Ausweg möglich war, wohin aber die Katze auf ihren eignen Pfaden hatte schleichen können. Diese Pfade mußten aufgefunden werden, um zu Juan zu gelangen. Man löste die Halsbinde ab, fütterte das Tier reichlich, und darauf band ihr die Mutter ein Stückchen Brod mit einer Schnur um den Hals. Als der Vater, so wie auch die Kinder, bereit waren zu folgen, öffnete man die Küchenthür, und ließ die Katze hinaus. Es war, als wüßte das kluge Tier um was es sich handle, denn ziemlich langsam, so daß die ihr Folgenden gut Schritt mit ihr halten konnten, lief sie durch den untern Gang, am Ende desselben durch eine offen stehende kleine Pforte gegen den See hinab, der das Schloß umgab. Nun wandte sie sich vor dem Thore rechts und kletterte an dem Felsen herum, auf dem einer der dicken Türme stand, und gerade derselbe, in dem sich im ersten Stocke die alte Schloßkapelle befand. In diesem Felsen befanden sich Spalten, die aber nicht groß genug waren, um auch nur die kleinste Gestalt eines Kindes durchzulassen.

In eine dieser Spalten verlor sich die Katze, worauf der Vater eilig auf die Öffnung zustürzte, um den Namen seines Sohnes zu rufen. Es erfolgte keine Antwort, und schon bemächtigte sich neue Angst aller, als die Katze zurückkehrte, ohne das Brot am Halse, doch trug sie diesmal an dem Schnürchen einen der Messingknöpfe von der Jacke des Knaben. Laut jubelnd wurde dieses Zeichen begrüßt und nun sogleich an die schwierige Arbeit gegangen, die Spalte so weit zu erweitern, daß ein Mann durch'bringen konnte. Endlich gegen Morgen gelang es dem Vater, sich nach unsäglichen Anstrengungen durch die Felsenspalte zu zwängen, die sich glücklicher Weise nach innen zu erweiterte, aber hier so abschüssig und glatt wurde, daß man sich nur mittels eines Seiles herablassen konnte.

Welches Entzücken, als der Vater jetzt auf wiederholte Rufe eine wenn auch schwache Antwort erhielt! Bald hatte er auch glücklich den Boden eines ziemlich tiefen Gewölbes erreicht und hielt Juan in seinen Armen, der ihm laut weinend in die Arme gefallen war, um alsbann kraftlos zusammenzubrechen.

Es kostete noch einige Mühe, ihn hinaufzubringen. Dafür ging es dann auch im Triumph' nach dem Schlosse zurück. Dann wurde er gleich ins Bett gelegt, was sehr notwendig war, denn es war bei Juan ein Fieber im Anzug, das noch am selben Tage aufs heftigste ausbrach. In demselben phantasier'te er von allerlei schrecklichen Dingen: wie er hinuntergestürzt sei, tief, tief hinunter, und lange bewußtlos gelegen, wie er endlich wieder zu sich gekommen und umhergetappt, um zu erfahren wo er sei, und wie er alsbann gefunden, daß er sich nicht allein befinde, sondern daß neben ihm auf einem Stein eine schöne Dame sitze, in einem seidenen Kleibe, aber mit einem Knochengesichte.

Es fand sich alles so, wie Juan gesagt hatte, sobald er wieder

Nach hundert Jahren.

so gesund war, daß er Kraft genug hatte, um seine Eltern in den obern Korridor und an die fest verschlossene Kapellenthür zu führen. Diese war in verschiedene Felder eingeteilt, welche durch dicke kupferne Nägel, so wie oben und unten durch handgroße Muscheln von gleichem Metall' abgegrenzt und verziert waren. Der Knabe drückte auf eine der Muscheln, und sogleich öffnete sich eines der Felder, daß man bequem hindurchgehen und in die mit Staub erfüllte Kapelle treten konnte. Dies war sein Versteck, das er einmal zufällig entdeckt hatte, und wo ihn natürlich die andern Kinder nicht auffinden konnten.

Als der Knabe zum ersten Mal die Kapelle wieder betrat, blieb er schaudernd am Eingang stehen, und zeigte mit der Hand auf den Altar' am andern Ende, von dem einst eine prachtvoll gestickte, jetzt aber zerfetzte Sammetdecke herabhing, wobei er sagte: „Da war es!" Lange war er nicht zu bewegen, vor- wärts zu schreiten, und wollte auch niemand erlauben, sich dem Altar zu nähern, und erzählte dabei, oft habe er sich hier in der Kapelle versteckt, sich aber dann meistens in der Nähe der Thür gehalten. Das letzte Mal jedoch, sei er aus Neugierde nach dem Altar gegangen und habe die Decke betrachten wollen, an der sich vorn, wie auch jetzt noch, etwas matt Glänzendes zeigte. Dieses matt Glänzende war ein Handgriff, der in früheren Zeiten durch die Sammtumhüllung bedeckt war, jetzt aber durch ein zerfressenes Loch aus derselben hervorsah. Kaum habe er diesen Handgriff angefaßt, vielleicht auch daran gezogen, als der Boden unter seinen Füßen gewichen, und er hinabgestürzt sei.

Und so war es vor hundert Jahren wahrscheinlich auch jener verschwundenen Braut ergangen! Sie hatte fern vom Gewühle der Gäste vor dem Altar gekniet und hatte, sich erhebend, jenen Handgriff angefaßt.

Man fand alles genau wie Juan es beschrieben; die Fallthür öffnete sich, wenn man an der bezeichneten Stelle zog, und als man mit Leitern von oben in das Gewölbe hinabstieg, fand man dort die schauerlichen Überreste jener unglücklichen Braut.

Hackländer.

7. Der Ameisler.

Eine entzückende Frische herrschte im Walde. Zwischen den Zweigen hüpften Meisen auf und nieder und schmetterten ihr Leib'liedchen hinaus in die Lüfte. Auf einem vorspringenden Aste hatte sich bequem ein Fink niedergelassen und pfiff in aller Gemütsruhe ein Stückchen, das einzige, welches der arme Schalk in seinem Repertoir führt. Von der Ferne tönte das monotone „Tschah, tschah" einiger Eichelhäher herüber, und aus der Tiefe des Waldes klang die Axt des rührigen Holzschlägers. — Welch ein Genuß war es für mich, durch diese wundervolle Landschaft zu wandern, nachdem ich vor kaum zwei Stunden die drückende Atmosphäre eines Eisenbahnwaggons verlassen. Es war ein schmaler Pfad, auf dem ich in rosigster Stimmung dahinschlenderte. Der Fahrweg hätte mich zwar schneller zu meinem Ziele geführt, aber selbstverständlich hatte ich an einem so herrlichen Sommertage den längeren Marsch durch einen der schönsten Wälder der Runde vorgezogen.

Heller Schein fiel durch die Bäume. Ich mußte mich einer Lichtung nähern. In der That erreichte ich auch nach wenigen Schritten schon einen freien Platz, der sich im Herzen des Waldes wie eine Insel ausnahm. Nahe am Rande der Lichtung kniete ein Mann und füllte emsig einen Sack. War es Erde, die er hier schöpfte, und wozu sollte sie bienen?

Der Ameisler.

Ich trat näher. Was der Mann einheimste, war der eigentümliche Bau der Wald'ameise, aus Pflanzenteilen und Fichtennadeln mit vielem Geschicke aufgeführt. All dies wurde in ein Drahtsieb geschöpft, durch welches die A'meisen und deren weiße Puppen in den Sack fielen. "Gute Ausbeute?" fragte ich mit freundlichem Gruße. Der A'meisler blickte auf und rückte etwas seinen verwitterten Filz. "Es geht an, Herr," sagte er dann, "'s ist niemand in der Gegend, der mir ins Geschäft pfuschen möchte."

"So — man hat also irgend ein Vor'urteil dagegen?" — "Hm ja. Die Arbeit bringt's so mit sich," meinte der Ameisler und ließ die Blicke über sein verkommenes Äußere gleiten. Er trug ein braunes, beschmutztes und zerrissenes Gewand, ging barfuß und hatte in die wirren Haare einen zerknitterten Hut von zweifelhafter Farbe gedrückt. Zwischen den Zähnen hielt er einen Pfeifenstummel, dessen phantastischen rohen Kopf er sich selbst geschnitzt haben mochte. Der alte Stummel mußte wohl das liebste Stück sein, das er sein eigen nannte. Selbst wenn er sprach, gab er ihn nicht aus dem Munde.

Ich hatte noch nie einen Ameisler, diese in den Alpen so charakteristische Volksfigur, bei seiner Arbeit gesehen, und ließ mich deshalb auf einem Baumstumpfe nieder. "Ihr werdet wenig Merkwürdiges sehen," sagte der Ameisler und schüttelte noch einigemal hastig das Sieb. "Meine Arbeit ist einfach genug." Er breitete ein Linnentuch aus, befestigte dessen vier Enden an Pflöcke und umgab' dasselbe mit Fichtenzweigen. Dann nahm er den Sack und schüttete seinen Inhalt auf dasselbe aus. Sofort faßten die kleinen regsamen Tierchen ihre Puppen und suchten sie unter den schützenden Zweigen zu bergen. Da fuhr der Ameisler mit einem rauhen Lappen darüber hin, die Ameisen blieben daran hängen und die Puppen lagen wohlgesondert auf dem Tuche.

„Meine Ernte ist für heute gemacht," sagte er und barg die Ausbeute im Sacke.

„Und ihr verdient mit eurem Geschäfte genug für euren Unterhalt?" — „Es reicht aus. Die Händler zahlen die Ware und das, was ich zu meinem Leben bedarf — " Er vollendete den Satz nicht, dafür aber glitt ein trübes Lächeln über sein Antlitz. Während seiner Arbeit war ihm die Pfeife ausgegangen, und er zog einen verschlossenen Tabaksbeutel hervor. Er war leer. Ich merkte wohl, wie dies den Ameisler unangenehm berührte. Nach angestrengter Arbeit hatte er sich gewiß auf diesen bescheidenen Genuß gefreut. Doch dem Manne war zu helfen. Obgleich selbst kein Raucher, führe ich doch auf meinen Bergpartien stets einige Päckchen Tabak mit mir. Sie sind ein Talisman, der mir in mancher Sennhütte schon, wo sich selbst klingende Münze als wirkungslos erwiesen, seine überraschende Zauberkraft bewährt hatte. Kein Älpler vermag derselben zu widerstehen. Ein solches Päckchen suchte ich hervor und reichte es geöffnet dem Ameisler.

„Hier nehmt, seht zu, ob euch der Tabak mundet."

Was hatte ich gethan? Der Mann stand vor mir wie vom Blitze gerührt, seine Augen starr auf mich gerichtet. Ein Zittern durchlief seinen Körper. „Herr..." stieß er heraus. Doch vor Erregung vermochte er nicht weiter zu sprechen.

„Nehmt doch, ich biete es euch freudigen Herzens." Da fuhr es eigentümlich über sein Antlitz. Ich glaubte in seinen Augen einen feuchten Schimmer zu entdecken. Seine Brust hob und senkte sich, und unwillkürlich streckte er die Hand nach dem Päckchen aus. „Herr," preßte er mühsam hervor, „Herr, verzeiht mir, aber es sind volle zwölf Jahre, seitdem mir ein Mensch etwas angeboten."

„Ihr flieht die Menschen?" fragte ich betroffen.

„Oder sie mich — es kommt auf dasselbe heraus."

Die Worte klangen recht bitter in seinem Munde. Ich richtete einen forschenden Blick auf ihn. Er hatte seine Augen zu Boden geschlagen. „Sie haben recht," fuhr er mehr mit sich selbst sprechend fort, „es ist auch eine Schande, mit einem Zuchthäusler zu verkehren."

Er hielt inne. Er glaubte wohl, daß ich ihm entgegnen, ihn von mir weisen werde. Er harrte vergebens. Von seiner Eröffnung war ich zwar überrascht, aber ich schwieg.

„Freilich, ob einer nach Verdienst hineingekommen, ob er auch wirklich ein schlechter Mensch sei, danach fragen sie nicht. Er hat die Zwangsjacke getragen, und das ist genug — 's muß ein Verworfener sein."

„Ihr habt dies wohl an euch selbst erfahren?" fragte ich gespannt.

„Ich? Ihr glaubt, Herr? Ha, ha, ha!" Er lachte grell erzwungen auf. Es dauerte aber nur einen Augenblick, dies unnatürliche Lachen. Dann veränderte sich plötzlich sein Wesen. „Verzeiht, Herr," sagte er überraschend ruhig, „es ist verjährter Schmutz. Ich wollte nimmer darin wühlen. Aber ihr war't gut mit mir, ihr sollt keine falsche Meinung von mir haben. So hört mich an. Dann mögt ihr mich verachten, wenn ihr könnt." Er packte seinen Apparat zusammen, warf den Sack über die Schultern und schickte sich zum Gehen an.

„Mein Ziel ist S . . .," sagte ich, „habt ihr denselben Weg?" „Denselben, Herr, ihr mögt gehen, wohin ihr wollt. Ich bin überall oder besser nirgends zu Hause."

Wir schritten vorwärts und betraten wieder den herrlichen Wald. Seine Schönheiten aber ließen mich jetzt kalt. Mich fesselte der rätselhafte Mann, der an meiner Seite, die Augen starr auf den moosigen Boden geheftet, dahinging.

„Ihr wolltet mir ja eure Geschichte erzählen, Ameisler," knüpfte ich das Gespräch wieder an.

„Ich wollte es, ja. Jetzt freilich reut es mich beinahe wieder. Aber ich hab' es euch versprochen, und euch möchte ich auch mein Wort halten. Ihr seid besser als die anderen."

Er schlug Feuer und drückte dann den Zündschwamm in den Pfeifenstummel, den er mit meinem Tabak gefüllt hatte.

„Gelt," sagte er dann, nachdem er einige dichte Rauchwolken mit Wohlbehagen hinausgeblasen hatte, „man möchte es mir jetzt auch nimmer ansehen, daß ich reicher Bauernkind sei? Na freilich, die Zeit kann aus dem Menschen noch was machen. Er hat nicht recht gehabt, mein Vater selig, wenn er vor schier dreißig Jahren oft gesagt hat, daß aus mir wildem Buben mein Lebtag nichts werden würd'. — Ich hab' es nur zu weit gebracht...

„Da war mein Bruder Xaver ein anderer. Das gerade Gegenteil von mir. Während ich draußen den ganzen Tag durch den Wald streifte, ist er still zu Hause über den Büchern gesessen, die er, noch vom Großvater her verstaubt, auf dem Boden gefunden. In der Christenlehre hat er den ersten Platz bekommen, ein so fleißiger Bub' war dem Pfarrer seit Jahren nicht untergekommen. Und ich — na ich war ein Thunichtgut, der jeden Tag seine Tracht Prügel zum Frühstück und Vesperbrot verdient hätte. Ich hab' sie auch oft genug erhalten, aber sie sind mir nicht schlecht bekommen, ich bin ein Bursche geworden, wie nicht leicht ein zweiter in der

Der Ameisler.

Gegend war, und ich denk' eine Zeitlang, wo es keine Kirmes gab, bei der ich nicht der Raufbold war. Es wäre nicht gut gewesen, wenn das so lange noch fortgegangen wär', aber es hat bald ein End' genommen, freilich ein End', das ich lieber mit irgend einem ehrlichen Messerstich beim Dorfwirt vertauscht hätt'.

„Das kam aber so.

„Seht ihr, Herr, zwischen den beiden Lärchen durch die alte halbzerfallene Hütte dort drüben? Vor zwölf Jahren hat sie noch ein alter Häusler bewohnt. Daß dort nicht der Reichtum zu Tische saß, versteht sich von selbst. Dafür aber wirt'schaftete die Marie', des Häuslers Tochter, ein bildhübsches Mädel, darin, daß sich die Engel im Himmel freuen mußten, wenn sie es mit ansahen. Was Wunder auch, daß ich öfters, wenn ich den Berg hinaufstieg, ein paar Worte mit dem Mädel über den Zaun sprach und ihr auf dem Heimwege einen Strauß ins Mieder steckte?

„So ging's den Sommer durch. Als aber der Winter sich rauh und kalt anmeldete und ich nichts mehr auf den Bergen zu suchen hatte, da trieb's mich doch hinaus und ich konnte keinen Tag vorüberlassen, an dem ich nicht zur Marie auf Heimgarten gegangen wär'.

„Der alte Häusler sah's, aber es war ein braver Mann. Er wußte, daß ich ein wilder Bursche sei, für schlecht hielt er mich nicht. Er täuschte sich auch nicht. Offen und ehrlich sprach ich mit meinem Vater. Den Sturm hättet ihr aber mit ansehen sollen, Herr. Der Alte war ein Starrkopf, ich sein Sohn. Was hatte ich in meiner Liebe daran gedacht, daß die Marie eines armen Häuslers Kind sei! Sechs volle Wochen saß ich mit dem Vater an keinem Tische mehr. Desto treuer hielt's aber jetzt der Xaver bei ihm aus. Er hatte recht, der gute Bruder, für ihn waren prächtige Aussichten — hatte ich ja zwischen Marie und meinem Erbteil zu wählen.

„Da schien ihm der Himmel selbst einen Strich durch die Rechnung zu machen. Es kam der gefürchtete Lostag. Ich hatte mich im vorigen Jahre freigespielt. Heuer traf's den Xaver. Er that einen unglücklichen Griff. Wenn er keinen Ersatzmann stellte, mußte er in wenigen Tagen zum Militär einrücken.

„Der Vater war tröstlos. Hatte doch nur der Xaver sein Herz ausgefüllt. An einen Ersatzmann war jetzt schwer zu denken. Lag es doch gerade wie ein gefährliches Gewitter in der Luft. Jeden Tag konnte die Nachricht vom Ausbruche eines Krieges eintreffen. Da blitzte mir ein Gedanke durch den Sinn. Ich brachte es über mich, zu dem Alten zu treten.

„Hört, sagte ich zu ihm, gebt mir und der Marie euer Jawort, und ich stelle mich für den Xaver. — Drei Tage später trug ich unseres Kaisers grünen Waffenrock."

Der Ameisler hielt etwas inne und starrte hinaus in die Gegend.

„Es ist ein schönes Fleckchen Erde, mein Vaterland," fuhr er dann fort, „und ich hab' es stets gern gehabt. Mein Großvater hat dafür sein Blut vergossen, er blieb Anno neun für seinen Kaiser im Kampfe gegen die Welschen. Der brave Mann hätt' es sich auch nicht träumen lassen, daß ein Enkel seinen unbefleckten Namen mit Schmach bedecken und in einer Festung, als feiger Verräter an seinem Fürsten eingekerkert, den Tag seiner Geburt verfluchen würde.

„Und wißt ihr, Herr, wer mich dorthin gebracht hat? Ein elender Schurke, ein Auswurf der Menschheit, den die Erde verschlingen und Gott verdammen sollte. Wahrlich, ich war nicht

Der Ameisler.

schlecht, aber man hat mich mit Gewalt dazu gemacht, und der, der sich dessen rühmen darf, ist kein anderer als Xaver, mein lieber Bruder Xaver!

„O, es ist zu erbärmlich! Ihm war es nicht genug, daß er mir das Herz des Vaters geraubt hatte, er mußte mir auch das nehmen, wofür ich ihm meine Freiheit geopfert hatte. Durch welche Teufelei' es ihm gelang, konnte ich nie erfahren. Genug, kaum daß ich sechs Monate beim Militär' war, leistete mir ein Bursche meines Heimatsdorfes den Freundschaftsdienst, mir die Nachricht zu geben, daß Xaver und Marie bereits dreimal von der Kanzel aufgeboten worden seien.

„Im ersten Augenblick mußte ich laut darüber auflachen. Ich that nicht gut daran. Später erfuhr ich, daß mir nur zu wahr berichtet worden sei. Seht ihr den Halm dort, Herr? Wohin stärker der Wind zieht, neigt er sich. Ein Bild der Weiberherzen! Von diesem Tage an habe ich niemand auf der Welt vertraut. Es war ein furchtbarer Schlag, der mich traf. Ich glaubte den Verstand zu verlieren. Was sollte ich thun? Ich wußte es nicht. Nur das eine stand in mir fest, daß ich das elende Paar sehen, mich an ihm rächen müsse.

„An dem Tage, an welchem sie die Ringe wechseln sollten, war ich auf dem Wege in mein Heimatsdorf. Ich hatte um keinen Urlaub gebeten. Ohne daran zu denken, war ich zum Fahnenflüchtling geworden. Als ich von ferne mein Ziel erblickte, klangen auch bereits die Kirchenglocken zu mir herüber. Ich schauerte unter diesen Tönen zusammen. Das war das Grabgeläute meines geträumten Glückes. Ich wollte mich aufraffen und die Straße dahinfliegen. Vielleicht kam ich noch zurecht, vielleicht konnte ich das Entsetzliche verhindern, und dann — — Aber nein, mir fehlten die Kräfte, wie Blei lag es in meinen

Gliedern, und nur mühsam vermochte ich mich weiter zu schleppen.

"Als ich die Kirche erreichte, war es zu spät. Eben traten sie heraus, von jungen Mädchen geführt. Ich sehe sie noch alle so deutlich vor mir, als wenn es erst heute geschehen wäre. Ihn, sie, die beiden Väter und alle die andern. O, daß ein Blitz vom Himmel gefahren und sie alle zerschmettert hätte! Aber dort droben schien heiter die Sonne, auf der großen Linde schmetterten die Vögel, und unter derselben begann die Dorfmusik einen lustigen Walzer.

"Es war, als ob alles sich verschworen hätte, mich zu verhöhnen. Das war zu viel für mich. Wütend hob ich einen Stein von der Straße auf, stürzte auf Xaver los, ein Schrei, noch einer — und dann war alles still..."

"Ihr hattet ihn gemordet?" fragte ich entsetzt.

"Gemordet? — Nach vierzehn Tagen saß ich in einer Festung eingekerkert, heute bin ich aus besonderer Gnade des Kaisers wieder frei — ein verlumpter Ameisler. Und Xaver? Seht ihr, Herr, den großen Hof dort? Er ist der schönste in der Gegend. Dort haust mein Bruder mit seinem Weibe und ein paar Kindern. Das ist die gerechte Vergeltung, die der Himmel übt. ‚Sein ist die Rache,‘ hat uns einst der Pfarrer gepredigt. Darf man sich wundern, wenn ich meinen Glauben jetzt verloren habe?"

Der Ameisler drückte seinen Hut tief in die Stirne, grüßte mich kurz und schroff und schlug dann den Weg zur Linken in die Büsche ein, der über eine steinige Halde zu einem Einzelhofe führte. Dort mochte er wohl seine heutige Ausbeute zum Verkaufe bringen.

Sinnend stieg ich den rauhen Pfad zum Dorfe hinab, dessen Kirchturmspitze die glühenden Strahlen der dunkelrot scheiden-

Der Ameisler.

ben Sonne wie ein prächtiger Karfunkel nach allen Richtungen zurückwarf.

Langsam und mühevoll kletterten schon die dunklen Schatten vom Thale aus die Berge hinan. Aber kein süßer, erfrischender Hauch verkündete den nahenden Abend. Eine dumpfe, drückende Schwüle lag über der ganzen Gegend, und eine schwarze Wolke tauchte wie ein Wagen, von unsichtbaren Rossen gezogen, als Vorbote eines drohenden Gewitters im fernen Westen auf. S. ist ein kleines, hübsches Dörfchen, wie sie das Hochgebirge zu Hunderten in seinen Thälern birgt. Sein größtes Gebäude ist neben der Kirche das Wirtshaus, das freundlich zur Einkehr ladet. Im Schilde führt es einen Steinbock, die einstige Zier der Alpen, jetzt freilich nur mehr leider ein Geschöpf der Mythe.

In der holzgetäfelten Gaststube brannte bereits die Petroleumlampe, die jetzt in jeder Bauernhütte zu finden, als ich dort in meinem bequemen Hausanzuge eintrat. In der Stube an einem Ecktische saßen mehrere Bauern vor ihrem Bierkruge. Ich ließ mich in der Nähe eines geöffneten Fensters nieder und warf einen Blick ins Freie.

Über der Gegend lag bereits tiefes Dunkel und der Himmel hatte sich, soweit das Auge reichte, in schwarze, unheilschwangere Wolken gehüllt. Hin und wieder zuckte es am fernen Horizonte, wo die Spitzen der Berge die Wolken küßten, hell auf und dumpf grollend hallte die Antwort aus unergründlichen Felsenschlünden.

Kaum zehn Minuten später heulte ein wilder Orkan. Schwere Tropfen fielen klatschend auf die Erde. Blitze kreuzten sich wirr in den Lüften und vom Kirchturme wimmerte die Wetterglocke. — Knarrend öffnete sich die Stubenthüre. Ein Mann, niedergebeugt und triefend von Regen, erschien unter derselben. Ohne

Gruß trat er ein und drückte sich dann in eine dunkle Ecke. Es war der Ameisler.

Die Wirtin saß am Ofen und strickte. Von Zeit zu Zeit nur ließ sie, wenn gerade ein blendender Blitz über das Firmament zuckte, die Arbeit in den Schoß sinken und schlug schnell ein Kreuz. Den neuen Gast hatte sie wohl bemerkt, achtete ihn aber keines Blickes würdig.

„Einen Schnaps!" sagte der Ameisler rauh. Die Wirtin strickte emsig weiter.

„Einen Schnaps!" scholl es heftiger aus der Ecke. Das wirkte. Langsam erhob sich die Wirtin, machte sich länger als notwendig am Schranke zu schaffen und stellte endlich mit gar wenig Gra'zie das Verlangte dem Gaste vor. Der warf einen eigentümlichen, spöttischen Blick auf die Wirtin.

„Seht ihr mich nicht gern?" sagte er dabei. „Ich habe das gleiche Recht, hier zu sitzen, wie alle die andern. Ich zahle meine Zeche."

Am Tische, wo die Bauern saßen, herrschte schon seit der Ankunft des Ameislers eine auffallende Unruhe. Sie hatten alle die Köpfe zusammengesteckt und ließen ohne Pause den Krug kreisen. „Wirtin!" rief endlich der Hauptsprecher der Gesellschaft, ein breitschultriger, untersetz'ter Mann, „der Krug ist leer. Wenn ihr uns einen frischen Trunk bringen wollt, so merkt euch, daß wir nicht in der gleichen Stube mit einem Zuchthäusler sitzen wollen."

Der Ameisler war bei dem Tone dieser Stimme zusammengefahren. „Xaver," stieß er kurz hervor.

Der Genannte hatte das Wort vernommen. Mit geröteter Stirne, in der Rechten seinen eichenen Stuhl haltend, trat er einige Schritte vor. „Nun," sagte er bebend vor Aufregung, „dort ist die Thür."

Der Ameisler.

Der Ameisler hatte sich erhoben. Er schien merkwürdig ruhig. „Xaver, das ist vergebliche Mühe. Mich reizt kein Hohn mehr. Ein'mal hab ich die Hand zur Rache gegen dich erhoben, aber es sollte nicht sein. Jetzt warte ich, bis die Stunde selbst kommt."

Blendendes Licht übergoß die ganze Stube. Ein furchtbarer Schlag. Die Fenster klirrten. Mit einem Schrei sprang die Wirtin auf. Alles eilte an die Fenster. „Das hat eingeschlagen," sagte der Ameisler und ließ sich ruhig nieder.

Draußen herrschte tiefe Nacht. Umsonst suchten unsere Blicke das Dunkel zu durchbringen. Da stieg plötzlich eine Feuersäule gen Himmel. Taghell war die Gegend beleuchtet.

„Gott, mein Gehöft!" schrie Xaver und schlug die Hände vor das Antlitz.

„Ich glaub', die Stunde ist da," sagte der Ameisler und leerte sein Glas. —

Vom Turme wimmerte die Sturmglocke. Schaurig klangen die schrillen Töne durch das Dunkel der Nacht. „Feuer ho!" gellte es durch das Dorf und brachte dasselbe in furchtbare Aufregung. Fenster klirrten, Thüren drehten sich ächzend in ihren Angeln, alles stürzte hinaus und gegen den Walbrücken hin, an dessen Fuße sich eine mächtige Flammenpyramide gen Himmel hob. Schreiend und weinend suchten die geschreckten Weiber und Kinder ihre Männer und Väter zurückzuhalten. Doch ihre Furcht war eitel. Auf der Schreckensstätte war keine Gefahr für sie. Es rührte sich nicht eine einzige Hand, um Hilfe zu bringen.

Hatte doch Gott selbst den Feuerstrahl auf jenes Haus geschleudert, und wo jener gezündet — erzählt sich schaudernd von Generation' zu Generation das Volk — vermögen keine Wasserschwälle mehr, den Brand zu löschen. Müßig standen deshalb

Hunderte vor dem schönsten Gehöfte des Thales und schauten mit geheimem Grauen in die Flammen, in denen es bald sein Grab finden mußte. Mit wirren Haaren, wilde Verzweiflung in seinen Mienen, erschien Xaver ab und zu an den Fenstern und warf aus denselben, was ihm in die Hände fiel, mochte es noch so wertlos sein. Der Arme hatte die Besinnung verloren. Seine Knechte suchten ihre eigene Habe in Sicherheit zu bringen, seine Freunde standen mit den Händen in der Tasche im Hofe, aber keinen forderte er zum Beistande auf, den sie ihm freiwillig nicht leisten wollten.

Eine Gruppe von Weibern hatte sich am Brunnen gebildet. In ihrer Mitte lag die Hofbäuerin, die dort vor Schrecken und Aufregung erschöpft zusammengebrochen war. Sie war mit den Kindern im Hause gewesen, als der Blitz in den angebauten Stadel fuhr und dort zündete. Als sie mit den Kindern aus dem Hause floh, stand bereits dessen Dachstuhl in vollen Flammen.

Mit dem frischen Quellwasser benetzten jetzt die Weiber ihre Stirne. Als sie wieder die Augen aufschlug, irrten ihre Blicke ängstlich im Kreise umher.

„Friedel, Lorie," klang es von ihren Lippen, und zugleich preßte sie die schluchzenden Kleinen fest an sich. „Gütiger Himmel, mein Tonchen!" schrie sie plötzlich auf und sprang empor. „Es liegt droben in der Wiege und wird verbrennen."

Entsetzen faßte die Um'stehenden. Es war herzzerreißend, die Ärmste in ihrer Verzweiflung zu sehen. Keine Hilfe schien menschenmöglich. Schlugen doch bereits die Flammen aus den Fenstern. Auch Xaver hatte von seiner Arbeit ablassen müssen. Mit versengten Haaren und Kleidern erschien er jetzt unter der Thüre.

„Mein Kind, mein Kind, rettet mein Kind!" jammerte die

Mutter, die Hände ringend. Niemand rührte sich. Jeder Versuch wäre auch Wahnsinn gewesen. „Mein Kind oder den Tod!" schrie sie nochmals und stürzte sich gegen den gewaltigen Feuerherd, um aus seinem Grunde ihr Teuerstes hervorzuholen. Da legte sich eine Hand auf ihre Schulter und hielt sie zurück.

„Laß das, Marie," hörte ich eine rauhe Stimme sagen. „Du hast mich zum Verbrecher gemacht, jetzt will ich dir's vergelten." Kalt überlief es mich bei diesen Worten. Der sie gesprochen, war der Ameisler.

„Joseph, gütiger Himmel, du tötest mein Kind!" gellte es von den Lippen der Mutter und in ihrer Verzweiflung umklam'merte sie seine Knie.

Mit Blitzesschnelle schleuderte sie aber der Ameisler zurück und stürzte sich dann mitten in die wogenden Flammen. Ein Schrei des Entsetzens entglitt dem Munde aller, die es sahen. Der Unglückliche hatte freiwillig seinen Tod gesucht. Jeden Augenblick konnte der Dachstuhl herabstürzen und ihn, wenn er nicht vom Rauche erstickt, unter seinen Trümmern begraben.

Einige entsetzlich qualvolle Sekun'den verstrichen. Lautlos starrte alles zu den feu'erumkränzten Fenstern empor. Da erschien plötzlich an dem letzten eine Gestalt, einen schwarzen Gegenstand hoch in den Händen haltend. „Fangt auf!" tönte es von oben. Zwanzig Hände streckten sich in die Luft und faßten die Wiege, welche ihnen der Ameisler zugeworfen.

Leises Wimmern drang aus derselben. „Es lebt!" klang ein jubelndes Echo aus der Brust der unglücklichen Mutter. „Es lebt!" tönte es dumpf vom Fenster herab und das ganze Haus schien es mit furchtbarem Gepraffel und Gepolter wiederho'len zu wollen.

Das schöne Gehöft war wie auf ein Zauberwort verschwunden, an seiner Stelle starrte einem grauenerregend eine ausgebrannte Ruine entgegen.

„Joseph!" schrie die Bäurin, sich des Retters ihres Kindes erin'nernd. Alles still. „Er hat vergolten," sprach ich halblaut vor mich hin und wandte mich tief ergriffen ab.

J. Erler.

9. Der verschlafene Geburtstag.

Nicht allein im Comptoir, sondern auch unter den Arbeitern an der großen Wage war eine Veränderung eingetreten. Vater Sturm, der treue Freund des Hauses, drohte die Handlung und diese kleine Erde zu verlassen.

Eine der ersten Fragen Antons nach seiner Rückkehr aus Galizien war Vater Sturm gewesen. Sturm war seit einigen Wochen unpaß und verließ das Zimmer nicht. Voll Besorgnis eilte Anton am zweiten Abend nach seiner Ankunft zu der Wohnung des großen Mannes.

Schon auf der Straße hörte er ein merkwürdig tiefes Gesumm, als wenn ein Schwarm Riesenbienen sich in dem rosafarbenen Haus häuslich niedergelassen hätte. Als er in den Flur trat, klang das Summen wie das ferne Gemurr einer Löwenfamilie. Verwundert klopfte er an, niemand antwortete. Als er die Thür geöffnet hatte, mußte er auf der Schwelle anhalten, denn im ersten Augenblick sah er in dem Zimmer nichts, als einen grauen undurchbringlichen Rauch, in welchem ein gelber Lichtpunkt mit bleichem Dunstkreis schwebte. Allmählich unterschied er in dem Rauch einige dunkle Glo'buffe, welche um das Licht herum wie Planeten aufgestellt waren, zuweilen bewegte sich, was ein Männerarm sein konnte, aber einem Elephantenbein sehr

Der verschlafene Geburtstag.

ähnlich war. Endlich brachte die Zugluft der offenen Thür den Dampf in Bewegung, und ihm gelang, durch die Wolken einzelne Blicke in die Tiefen der Stube zu thun. Nie war eine Menschenwohnung einer Tabagie' von Cyclo'pen ähnlicher. An dem Tisch saßen sechs riesige Männer, drei auf der Bank, drei auf Eichenstühlen, alle hatten Cigarren im Munde, und auf dem Tisch hölzerne Bierkrüge; das dröhnende Brummen war ihre Sprache, die so klang, weil sie leise sprachen, wie sich für eine Krankenstube schickt.

Endlich rief eine mächtige Stimme: „Es muß jemand hier sein, es kommt eine kühle Luft, die Thür steht offen. Wer hier ist, der melde sich."

„Herr Sturm!" rief Anton von der Schwelle.

Die Globusse gerieten in rotierende Bewegung und verfinsterten das Licht. „Hört ihr's" rief die Stimme wieder, es ist jemand hereingekommen." „Ja," erwiederte Anton, „und ein alter Freund dazu." „Diese Stimme kenne ich," rief es hastig hinter dem Tisch hervor.

Anton trat näher an das Licht, die Auflader erhoben sich und riefen laut seinen Namen. Vater Sturm fuhr auf seiner Bank bis auf die äußerste Ecke und hielt Anton beide Hände entgegen. „Daß Sie hier sind, wußte ich schon durch meine Kamera'den. Daß Sie gesund zurückgekommen aus diesem Lande, von diesen Sensenmännern und von diesen Schreihälsen, welche ihre Tonne mit Sauerkraut in der Stube stehen haben, dieses ist mir eine angenehme Freude." Antons Hand ging zuerst in die Hände des alten Sturm über, der sie kräftig drückte und dann wieder zurecht streichelte, und dann in die Hände der fünf andern Männer, und kam wieder heraus, gerötet, aufgelaufen, im Gelenk erschüttert, so daß Anton sie sogleich in die Rocktasche steckte.

Während die Auflader einer nach dem andern ihre Begrüßungen mit Anton austauschten, frug Sturm plötzlich dazwischen: „Wann kommt mein Karl?"

„Haben Sie ihm denn geschrieben, daß er kommen soll?" frug Anton.

„Geschrieben?" wiederholte Sturm kopfschüttelnd, „nein, dies habe ich nicht gethan, von wegen seiner Stellung als Amtmann darf ich es nicht thun. Denn wenn ich ihm schreibe: Komm, so würde er kommen, und wenn eine Million' Sensenmänner zwischen ihm und uns aufmarschiert wäre, aber er könnte dort nötig sein bei den Herrschaften. Und deswegen, wenn er nicht von selber kommt, soll er nicht kommen."

„Er kommt zum Frühjahr," sagte Anton und sah prüfend auf den Vater. Der Alte schüttelte wieder den Kopf: „Zum Frühjahr wird er nicht kommen, zu mir nicht; es ist möglich, daß mein kleiner Zwerg dann herkommt, aber zu seinem Vater nicht mehr." Er setzte den Bierkrug an und that einen langen Zug, klappte den Deckel zu und räusperte sich kräftig; dann sah er Anton mit einem entschlossenen Blick an und drückte die Faust als Stempel auf den Tisch. „Funfzig," sagte er, „noch vierzehn Tage, dann kommt's."

Anton legte seinen Arm um die Schultern des Alten und sah fragend den andern ins Gesicht, welche ihre Cigarren in der Hand hielten und vor der Gruppe standen, wie ein griechischer Chor in der Tragödie. „Sehen Sie, Herr Anton," begann der Chorführer, der, als Mensch betrachtet, groß, als Riese, kleiner war als . sein Oberster, „das will ich Ihnen erklären. Dieses Mannes Meinung ist, daß er schwächer wird, und daß er immer schwächer werden wird, und daß in einigen Wochen der Tag kommt, wo wir Auflader ihn zu

Der verschlafene Geburtstag.

Grabe begleiten müssen. Solches ist unser Wille nicht." Alle schüttelten den Kopf und sahen mißbilligend auf ihren Obersten. „Es ist nämlich ein alter Streit zwischen uns und zwischen ihm wegen der funfzig Jahre. Jetzt will er recht behalten, das ist das Ganze, und unsere Meinung ist, daß er nicht recht hat. Er ist schwächer geworden, dieses ist möglich. Manchmal hat einer mehr Kraft, manchmal weniger. Was braucht der Mann aber deshalb daran zu denken, diesen Platz zu verlassen? Ich will Ihnen sagen, Herr Anton, was es ist, es ist eine Ausschweifung von ihm."

Alle Riesen bestätigten durch Kopfnicken die Worte des Sprechers. „Also er ist krank?" frug Anton besorgt. „Wo sitzt die Krankheit, alter Freund?"

„Es ist hier und dort," erwiederte Sturm, „es schwebt in der Luft, es kommt langsam heran, es nimmt zuerst die Kraft, dann den Atem; von den Beinen fängt's an, dann steigt es herauf." Er wies auf seine Füße.

„Wird Ihnen das Aufstehen sauer?" frug Anton.

„Gerade das ist es," erwiederte der Riese, „es wird mir sauer, und mit jedem Tag mehr. Und ich sage dir, Wilhelm," fuhr er gegen den Sprecher fort, „in vierzehn Tagen wird auch das aufhören; dann wird nichts sauer sein, hoffe ich, als eure Gesichter, ein paar Stunden, bis zum Abend; dann sollt ihr wieder hierher kommen und euch an dieser Stelle niedersetzen. Ich werde dafür sorgen, daß die Kanne hier steht wie heut, dann könnt ihr von dem alten Sturm reden als von einem Kameraden, welcher sich zur Ruhe gelegt hat, und der nichts mehr heben wird, was eine Last ist; denn ich denke mir, da, wo wir hinkommen, wird nichts mehr schwer sein."

„Da hören Sie's," sagte Wilhelm bekümmert, „er schweift wieder aus." „Was sagt der Arzt zu Ihrer Krankheit?" frug Anton schnell.

„Ja, der Doctor," sagte der alte Sturm, „wenn man den fragen wollte, er würde genug sagen; aber man frägt ihn nicht. Es ist, unter uns gesprochen, auf die Ärzte kein Verlaß. Sie können wissen, wie es in manchen Menschen ist, das leugne ich nicht ab; aber woher wollen sie wissen, wie es in einem von uns ist? Es kann keiner ein Faß heben."

„Wenn Sie keinen Arzt haben, lieber Herr Sturm, so will ich sogleich anfangen, Ihr Arzt zu sein," rief Anton, eilte an die Fenster und öffnete alle Flügel. „Wenn das Atmen Ihnen schwer wird, so ist diese dicke Luft Gift für Sie, und wenn Sie an den Füßen leiden, so sollen Sie auch nicht mehr trinken." Er trug die Bierkanne auf den andern Tisch.

„Ei, ei, ei," sagte Sturm, dem geschäftigen Anton zusehend, „die Meinung ist gut, aber es nutzt nichts. Etwas Rauch hält warm, und das Bier sind wir einmal gewöhnt. Wenn ich den ganzen Tag allein sitze auf dieser Bank, ohne Arbeit, ohne einen Menschen, so ist es mir eine Freude, wenn meine Kameraden des Abends ihre Bequemlichkeit bei mir haben. Sie reden dann zu mir, und ich höre doch ihre Stimme wie sonst und erfahre etwas vom Geschäft, und wie es in der Welt zugeht."

„Aber Sie selbst sollen dann wenigstens das Bier meiden und sich vor Tabakrauch hüten," erwiederte Anton. „Ihr Karl wird Ihnen dasselbe sagen, und da er nicht hier ist, so erlauben Sie mir, seine Stelle zu vertreten." Er wandte sich zu den andern Aufladern. „Ich will ihm zu beweisen suchen, daß er unrecht hat, lassen Sie mich eine halbe Stunde mit ihm allein."

Der verschlafene Geburtstag.

Die Riesen entfernten sich, Anton setzte sich dem Kranken gegenüber und sprach über das, was dem Vater am meisten Freude machte, über seinen Sohn. Sturm vergaß seine finstern Ahnungen und geriet in die glücklichste Stimmung. Endlich sah er Anton mit zugedrückten Augen an und sagte, sich zu ihm herüberlegend, vertraulich: „Neunzehnhundert Thaler. Er ist noch einmal hier gewesen."

„Sie haben ihm doch nichts gegeben?" frug Anton besorgt. „Es waren nur hundert Thaler," sagte der Alte entschuldigend. „Er ist jetzt tot, der arme junge Herr, er sah so lustig aus mit seinen Schnüren am Rocke. So lange ein Mensch Sohn ist, muß er nicht sterben, das macht zu großes Herzeleid."

„Wegen Ihres Geldes habe ich mit Herrn von Fink gesprochen," sagte Anton, „er wird vermitteln, daß man die Schuld an Sie bezahlt." „An den Karl," verbesserte der Alte auf seine Kammer sehend. „Und Sie, Herr Anton, werden es übernehmen, meinem Karl das in die Hände zu geben, was dort in dem Kasten ist, wenn ich selber den Kleinen nicht mehr sehen sollte." „Wenn Sie diesen Gedanken nicht aufgeben, Sturm," rief Anton, „so werde ich Ihr Feind, und ich werde von jetzt ab mit größter Härte gegen Sie verfahren. Morgen früh komme ich wieder und bringe Ihnen den Arzt des Herrn Schröter mit."

„Er mag ein guter Mann sein," sagte Sturm, „seine Pferde haben sehr gutes Futter, sie sind stark und dick, aber mir kann er doch nicht helfen."

Am andern Morgen besuchte der Arzt den Patienten. „Ich kann seinen Zustand noch nicht für gefährlich halten," sagte er, „seine Füße sind geschwollen, und das mag sich wieder geben, aber das unthätige, sitzende Leben ist für diesen starken Körper so ungesund, und seine Diät ist so schlecht, daß die schnelle

Entwickelung einer gefährlichen Krankheit leider sehr wahrscheinlich ist."

Anton schrieb dies sogleich an Karl und fügte hinzu: "Unter diesen Umständen macht mir, der Glaube deines Vaters, daß er seinen funfzigsten Geburtstag nicht überleben wird, große Sorge. Am besten wäre, wenn du selbst um diese Zeit herkommen könntest."

Seit Anton dies an Karl geschrieben, war längere Zeit vergangen, er hatte unterdes den Kranken täglich besucht. In dem Befinden Sturms war keine auffallende Änderung eingetreten, aber er hielt hartnäckig an seinem Entschluß fest, den Geburtstag nicht zu überleben. An einem Morgen kam der Bediente in Antons Zimmer und meldete, der Auflader Sturm wünsche ihn bringend zu sprechen.

"Ist er kränker?" frug Anton erschrocken, "ich gehe sogleich zu ihm."

"Er ist selbst mit einem Wagen vor der Thür," sagte der Diener. Anton eilte vor das Haus. Dort hielt ein Fuhrmannswagen, über das Weidengeflecht waren große Tonnenreifen gespannt und über diese eine weiße Decke gezogen. Ein Zipfel der Leinwand schlug sich zurück und der Kopf des Vater Sturm fuhr mit einer ungeheuren Pelzmütze heraus. Der Riese blickte auf Anton und die Hausknechte, welche sich um den Wagen drängten, von der Höhe herunter, wie der große Knecht Ruprecht auf die erschrockenen Kinder. Aber sein eigenes Gesicht sah sehr bekümmert aus, dem herantretenden Anton hielt er ein Blatt Papier entgegen: "Lesen Sie dieses, Herr Anton, einen solchen Brief habe ich von meinem armen Karl bekommen. Ich muß sogleich zu ihm. — Auf das Gut hinter Rosmin," er

Der verschlafene Geburtstag.

klärte er dem Kutscher, einem stämmigen Fuhrmann, der neben dem Wagen stand.

Anton sah in den Brief, es waren die ungeschickten Buchstaben des Försters; erstaunt las er den Inhalt: "Mein lieber Vater, ich kann nicht zu Dir kommen, denn ein Sensenmann hat mir jetzt abgehauen, was von der Hand noch übrig war. Deshalb bitte ich Dich, sogleich nach Empfang dieses Briefes zu Deinem armen Sohn zu reisen. Du nimmst einen großen Wagen und fährst damit bis Rosmin. Dort hältst Du vor dem „roten Hirsch." Im „Hirsch" wartet ein Wagen und ein Knecht vom Gut auf Dich. Der Knecht versteht kein Wort Deutsch, ist aber sonst ein guter Kerl, er wird Dich schon erkennen. Zu der Reise kaufst Du Dir einen Pelz, auch Pelzstiefeln, diese müssen bis über die Kniee gehen und unten mit Leder besetzt sein. Wenn Du für Deine großen Beine keine Stiefeln findest, so muß der Gevatter Kürschner Dir noch in der Nacht über Deine Füße einen Pelz nähen. Grüße Herrn Anton. Dein getreuer Karl."

Anton hielt den Brief in seiner Hand und wußte nicht gleich, was er daraus machen sollte. „Was sagen Sie zu diesem neuen Unglück?" frug der Riese traurig. „Jedenfalls müssen Sie sogleich zu Ihrem Sohn," erwiederte Anton. „Natürlich muß ich hin," sagte der Auflader. „Das Unglück trifft mich hart, gerade jetzt, übermorgen sind's funfzig."

Anton merkte den Zusammenhang. „Sind Sie denn aber auch vorbereitet, wie Karl will?"

„Ich bin's," sprach der Riese und schlug die Leinwanddecke zurück, „es ist alles in Ordnung, der Pelz und auch die Stiefeln." Anton sah in den Wagen und hatte Mühe, ernst zu bleiben. In einen großen Wolfspelz eingewickelt, nahm

Sturm die ganze Breite des Wagens ein. Auch seine Füße waren mit einem Wolfsfell übernäht'; wenn er jemals einem Ungeheuer ähnlich gewesen, so war er es jetzt. Er stieß mit seiner Mütze oben an die weiße Leinwand, und die Säulen seiner Füße füllten den ganzen Wagenraum zwischen Vorder- und Rücksitz. Er saß auf einem Bettsack und hatte einen Futtersack zur Rücklehne. Das Wenige, was noch von leerem Raum in dem Wagen übrig war, wurde in Anspruch genommen durch allerlei Ballen und Eßkober, welche die Kameraden ihrem scheidenden Obersten kunstvoll zusammengeschnürt und angebunden hatten; kleine Tonnen und Kisten waren um ihn herum eingestaut und gerade vor ihm hing eine geräucherte Wurst und eine Reiseflasche von dem Reifen herab. So saß er wie ein Bär der Urwelt in seinem Winterlager. Ein großer Säbel lehnte an seiner Seite: „Gegen diese Sensenmänner," sagte er und schüttelte ihn zornig. — „Jetzt habe ich noch eine große Bitte an Sie. Den Schlüssel zu meinem Hause verwahrt der Wilhelm, diese Kiste bitte ich Sie zu übernehmen, hierin steckt, was unter meinem Bett stand; heben Sie's auf für den Karl."

„Ich werde die Kiste Herrn Schröter übergeben," erwiederte Anton, „er ist nach dem Bahnhof gefahren und muß jeden Augenblick zurückkehren."

„Grüßen Sie ihn," sagte der Riese, „ihn und Fräulein Sabine, und sagen Sie beiden, daß ich ihnen von Herzen danke für alle Freundlichkeit, die sie in meinem Leben mir und dem Karl bewiesen haben." — Bewegt sah er in den Hausflur hinein. „Manches liebe Jahr habe ich dort drinnen hantiert; wenn die Ringe an Ihren Centnern glatt sind wie poliert, meine Hände haben reblich dazu geholfen. Was dieses

Der verschlafene Geburtstag.

Geschäft durchgemacht hat seit dreißig Jahren, das habe ich mit durchgemacht, Gutes und Trauriges; aber ich kann wohl sagen, Herr Anton, wir waren immer tüchtig. Ich werde eure Fässer nicht mehr rollen," fuhr er zu den Hausknechten gewandt fort, „und ein anderer wird euch helfen die Leiterbäume an den Wagen setzen. Denkt manchmal an den alten Sturm, wenn ihr ein Zuckerfaß anbindet. Es kann nichts ewig bleiben auf der Welt, auch wer stark ist, geht zum Ende; aber diese Handlung, Herr Anton, soll stehen und blühen, so lange sie einen Chef hat, wie diesen, und Männer, wie Sie, und ehrliche Hände an der Wage. Dieses ist meines Herzens Wunsch." Er faltete seine Hände auf dem Weidengeflecht und Thränen rollten über seine Wangen. „Und jetzt leben Sie wohl, Herr Anton, geben Sie mir Ihre Hand." Er zog einen großen Fausthandschuh aus und steckte seine Hand aus dem Wagen heraus. „Und ihr, Peter, Franz, Gottfried, ihr Hausknechte alle, lebt wohl und denkt freundlich an mich." Der Hund Sabinens kam wedelnd an den Wagen und sprang an dem Weidenkorb herauf. „Da ist auch der alte Pluto," rief Sturm und fuhr mit der Hand auf den Kopf des Hundes. „Pluto, adjes." Der Hund leckte ihm die Hand. „Adjes alle!" rief der Scheidende. „Nach Rosmin, Kutscher!" So zog er sich in den Wagen zurück. Der Frachtwagen rasselte über das Pflaster, nach einer Weile öffnete sich noch einmal die weiße Leinwand, der große Kopf Sturms sah noch einmal zurück, und seine Hand winkte.

Anton war durch mehrere Tage in lebhafter Besorgnis um das Schicksal Sturms. Endlich kam ein Brief von Karls Hand.

„Lieber Herr Wohlfart," schrieb Karl, „Sie werden wohl

gemerkt haben, weshalb ich die letzten Zeilen an meinen Go=
liath schrieb. Er mußte fort aus seiner Stube, und ich mußte
ihn von seinem Eigensinn wegen des Geburtstages abbringen.
Deshalb erdachte ich in meiner Angst eine Notlüge. Es kam
5 also folgendermaßen.

„Am Tage vor seinem Geburtstag erwartete ihn der Knecht
zu Rosmin im „Hirsch." Ich selber war in die Schenke
gegenüber geritten, um zu sehen, wie der Vater ankam und
wie er aussah. Ich hielt mich versteckt. Gegen Mittag kam
10 der Wagen langsam angerasselt. Der Fuhrmann half dem
Vater vom Wagen, denn das Absteigen wurde ihm sehr sauer,
so daß ich wegen der Beine große Furcht bekam, es war
aber mehr der Pelz und das Schütteln des Wagens schuld.
Der Alte nahm auf der Straße einen Brief in die Hand
15 und las darin, dann stellte er sich vor den Jasch, der zum
Wagen gelaufen war und der thun sollte, als verstehe er
kein Wort Deutsch, und machte vor ihm verschiedene Zeichen
und erschreckliche Bewegungen mit den Händen. Er hielt seine
Hand zwei Fuß vom Steinpflaster, und als der Knecht mit
20 dem Kopf schüttelte, duckte der Alte sich selbst auf die Erde.
Dies sollte so viel bedeuten, als „mein Zwerg," aber der
Jasch konnte es nicht verstehen, dann packte der Vater das
Gelenk seiner einen Hand mit der andern und schüttelte die
Hand heftig vor Jaschs Nase, so daß der Knecht, der ohne=
25 dies über den großen Mann erschrocken war, beinahe weg=
gelaufen wäre. Endlich aber wurde der Vater mit seinen
Sachen in unsern Korbwagen geschafft, nachdem er noch einige
Mal um den Wagen herumgegangen war und ihn mit Miß=
trauen befühlt hatte. So fuhr er ab.

30 „Dem Knecht hatte ich gesagt, er sollte auf geradem Weg

Der verschlafene Geburtstag.

nach der Försterei fahren, und hatte mit dem Förster alles
verab'redet. Ich ritt auf einem Seitenwege vor, und als der
Wagen gegen Abend ankam, sprang ich in des Försters Bett
und ließ mir die Hand unter der Bettdecke festbinden, um
sie nicht in der Freude herauszustecken. Als der Alte zu
meinem Bett trat, war er so gerührt, daß er weinte, und
es that mir in der Seele weh, daß ich ihn täuschen mußte.
Ich erzählte ihm, daß es schon wieder besser wäre, und daß
mir der Arzt erlaubt hätte, am nächsten Tag aufzustehen.
Darauf wurde er ruhiger und sagte mir mit wichtiger Miene,
das wäre ihm lieb, denn morgen wäre für ihn ein großer
Tag, morgen müßte ich an sein Bett. Somit fing er wieder
von seinem Unsinn an. Aber nicht lange, so wurde er lustig,
der Förster kam dazu, und wir aßen, was das gnädige Fräulein mir vom Schloß geschickt hatte. Ich setzte dem Alten
Bier vor, welches er sehr schlecht fand, darauf machte der
Förster Punsch, und wir tranken alle drei recht tapfer, der
Vater mit seinen verzweifelten Gedanken, ich mit der abge-
hauenen Hand, und der Förster.

„Von der langen Reise, der warmen Stube und dem Punsch
wurde der Vater bald schläfrig. Ich hatte für eine große Bett-
stelle gesorgt, die in des Försters Stube aufgestellt war. Er
küßte mich beim Gutnacht'gruß, klopfte auf die Bettdecke und
sagte: „Also morgen, mein Zwerg." Gleich darauf war er ein-
geschlafen. Und wie fest schlief er! Ich verließ des Försters
Bett und wachte die Nacht bei ihm in der Stube, es war eine
bange Nacht, und ich mußte immer wieder auf seinen Atemzug
hören.

„Spät am andern Morgen wachte er auf. Sobald der Alte
sich im Bette rührte, trat der Förster in die Stube, und schon

an der Thür schlug er die Hände zusammen und rief ein'mal
über das andere: „Aber Herr Sturm, was haben Sie gemacht!"
„Was habe ich denn gemacht?" frug mein Goliath noch halb im
Schlaf und sah sich ganz erstaunt in der Stube um. Es war
ein großes Geschrei der Vögel und die ganze Wirtschaft kam
ihm so fremd vor, daß er gar nicht wußte, ob er noch auf der
Erde war. „Wo bin ich denn?" rief er, „dieser Ort steht nicht
in der Bibel." Der Förster aber rief immerzu: „Nein, so
etwas ist noch nicht erhört worden!" bis der Alte ganz erschrocken
wurde und ängstlich frug: „Na, was denn?" — „Was haben
Sie gemacht, Herr Sturm?" rief der Förster, „Sie haben eine
Nacht, und einen Tag und wieder eine Nacht geschlafen." „War=
um nicht gar," sagte mein Alter, „heut ist der dreizehnte, es ist
Mittwoch." „Nein," sagte der Förster, „heut ist der vierzehnte,
es ist Donnerstag." So zankten die beiden mit einander. End=
lich holte der Förster seinen Kalender, in welchem er alle ver=
gangenen Tage ausgestrichen hatte und auch den gegenwärtigen
Mittwoch mit einem dicken Strich, und hatte zum Dienstag
unter seine Bemerkungen geschrieben: „Heut 7 Uhr ist der Vater
des Amtmann Sturm angekommen, ein großer Mann, kann
viel Punsch vertragen," und Mittwoch: „Heut hat dieser Vater
den ganzen Tag über geschlafen." Mein Alter sah hinein und
sagte endlich ganz verwirrt: „Es ist richtig. Hier haben wir's
schriftlich. Dienstag, um sieben Uhr bin ich gekommen, die
Größe und der Punsch, alles stimmt, der Mittwoch ist quittiert,
es ist heut Donnerstag, es ist der vierzehnte." Er legte den
Kalender hin und saß ganz betreten in seinem Bett.

„Wo ist mein Sohn Karl?" rief er endlich. Jetzt trat ich
in die Stube, ich hatte meine Hand unter den Rock gebunden
und verstellte mich ebenso wie der Förster, bis der Alte endlich

Der verschlafene Geburtstag.

rief: „Ich bin wie behext, ich weiß nicht, was ich denken soll."
„Siehst du denn nicht," sprach ich, „daß ich außer Bett bin? Gestern, als du schliefst, war der Doctor hier und hat mir erlaubt, aufzustehen. Jetzt bin ich so stark, daß ich den Stuhl hier mit steifem Arm heben kann." „Nur nichts Schweres mehr," sagte der Alte. „Und auch beinetwegen habe ich mit dem Doctor gesprochen," redete ich weiter, „er ist ein kluger Mann und hat uns gesagt, entweder — oder; entweder er geht darauf, oder er schläft sich durch. Wenn er den ganzen Tag schläft, hat er's überstan'den. Es ist gefährlich für ihn, es kommen manchmal solche Zufälle bei den Menschen vor." „Bei uns Auflabern," sagte darauf der Alte.

„So brachten wir ihn dazu, daß er aus dem Bett aufstand. Und er war recht munter. Aber ich hatte doch den ganzen Tag große Sorge und war immer um ihn. Er durfte nicht aus dem Hof heraus. Und doch wäre am Nachmittag bald alles verloren gewesen, als der Vogt ankam, mich zu sprechen. Glücklicher Weise hielt der Förster die Hofthür verschlossen, er ging hinaus und unterwies den Vogt. Als dieser hereinkam, rief ihm mein Vater schon von weitem entgegen: „Welcher Tag ist heut, Kamerad?" „Donnerstag," sagte der Vogt, „der vierzehnte." Da lachte der Vater über das ganze Gesicht und rief: „Jetzt ist's sicher, jetzt glaub' ich's." Noch eine Nacht schlief er beim Förster, bis der Geburtstag überstanden war.

„Am nächsten Morgen ließ ich den Wagen kommen und fuhr den Vater nach dem Hof und führte ihn in die Stube, gegenüber der meinen, wo der Tech'niker gewohnt hat. Ich hatte ihm die Stube schnell eingerichtet; Herr von Fink, welcher von allem wußte, hatte handfeste Möbel aus dem Schloß herüberschaffen lassen, ich hatte dem Vater den alten Blücher

hereingehängt, hatte die Rothkehlchen hereingelassen, die Hobel=
bank hereingestellt und einiges Werkzeug dazu, damit die Stube
für ihn bequem war. Und jetzt sagte ich ihm: „Dies ist deine
Wohnung, Alter. Du mußt jetzt bei mir bleiben." „Oho,"
sagte er, „dieses geht nicht, mein Zwerg." „Es wird nicht
anders sein," sagte ich wieder, „ich will es, Herr von Fink
will es, Herr Anton will es, Herr Schröter will es. Du
mußt dich ergeben. Wir werden uns jetzt nicht mehr trennen,
so lange wir beide noch zusammen auf dieser Erde sind."
Und darauf zog ich meine Hand aus dem Rock und hielt ihm
eine tüchtige Strafrede, wie ungesund sein Leben gewesen sei,
und daß er seiner Einbildungen wegen mich verlassen wolle, so
lange, bis er ganz weichherzig wurde und mir alles mögliche
Gute versprach. Darauf kam Herr von Fink herüber und
begrüßte den Vater in seiner lustigen Weise, und am Nach=
mittag kam das Fräulein und brachte den Herrn Baron
geführt. Der blinde Herr freute sich außerordentlich über den
Vater, seine Stimme gefiel ihm sehr, und er fühlte oft nach
der Größe, und beim Abschied nannte er ihn einen Mann
nach seinem Herzen. Und das muß wohl sein, denn der Herr
kommt seitdem alle Nachmittage zum Vater in die kleine
Stube und hört zu, wie der Vater schnitzt und pocht.

„Noch ist der Vater verwundert über alles, was er hier
sieht, auch mit dem Tage, den er verschlafen hat, ist er noch
nicht ganz im reinen, obgleich er's wohl merkt, denn er faßt
mich manchmal mitten in der Unterredung beim Kopf und
nennt mich einen Spitzbuben. Dieses Wort wird er jetzt wohl
für das alte „Zwerg," in seiner Rede einführen, obgleich es
für einen Amtmann noch schlimmer ist."

G. Freytag.

IV.

Lieder und Balladen.

1. Die Grenadiere.

Nach Frankreich zogen zwei Grenadier',
Die waren in Rußland gefangen.
Und als sie kamen ins deutsche Quartier,
Sie ließen die Köpfe hangen.

Da hörten sie beide die traurige Mär:
Daß Frankreich verloren gegangen,
Besiegt und zerschlagen das große Heer, —
Und der Kaiser, der Kaiser gefangen.

Da weinten zusammen die Grenadier'
Wohl ob der kläglichen Kunde.
Der eine sprach: „Wie weh wird mir,
Wie brennt meine alte Wunde."

Der andre sprach: „Das Lied ist aus,
Auch ich möcht' mit dir sterben,
Doch hab' ich Weib und Kind zu Haus,
Die ohne mich verderben."

„Was schert mich Weib, was schert mich Kind,
Ich trage weit beſſ'res Verlangen;
Laß ſie betteln gehn, wenn ſie hungrig ſind, —
Mein Kaiſer! mein Kaiſer gefangen!

5 „Gewähr' mir, Bruder, eine Bitt':
Wenn ich jetzt ſterben werde,
So nimm meine Leiche nach Frankreich mit,
Begrab' mich in Frankreichs Erde.

„Das Ehrenkreuz am roten Band
10 Sollſt du aufs Herz mir legen;
Die Flinte gieb mir in die Hand,
Und gürt' mir um den Degen.

„So will ich liegen und horchen ſtill,
Wie eine Schildwach, im Grabe,
15 Bis einſt ich höre Kanonengebrüll
Und wiehernder Roſſe Getrabe.

„Dann reitet mein Kaiſer wohl über mein Grab,
Viel Schwerter klirren und blitzen;
Dann ſteig' ich gewaffnet hervor aus dem Grab, —
20 Den Kaiſer, den Kaiſer zu ſchützen!"
Heine.

2. Auf der Überfahrt.

Über dieſen Strom vor Jahren
Bin ich einmal ſchon gefahren.
Hier die Burg im Abendſchimmer,
Drüben rauſcht das Wehr wie immer.

25 Und von dieſem Kahn umſchloſſen
Waren mit mir zween Genoſſen;

Auf der Überfahrt.

Ach, ein Freund, ein vatergleicher,
Und ein junger, hoffnungsreicher.

Jener wirkte still hienieden
Und so ist er auch geschieden,
Dieser, brausend vor uns allen,
Ist in Kampf und Sturm gefallen.

So, wenn ich vergangner Tage,
Glücklicher, zu denken wage,
Muß ich stets Genossen missen,
Teure, die der Tod entrissen.

Doch was alle Freundschaft bindet,
Ist, wenn Geist zu Geist sich findet;
Geistig waren jene Stunden,
Geistern bin ich noch verbunden.

Nimm nur, Fährmann, nimm die Miete,
Die ich gerne dreifach biete!
Zween, die mit mir überfuhren,
Waren geistige Naturen.

Uhland.

3. Der weiße Hirsch.

Es gingen drei Jäger wohl auf die Birsch,
Sie wollten erjagen den weißen Hirsch.

Sie legten sich unter den Tannenbaum:
Da hatten die drei einen seltsamen Traum.

Der erste: „Mir hat geträumt, ich klopf' auf den Busch:
Da rauschte der Hirsch heraus, husch husch!"

Der zweite: „Und als er sprang mit der Hunde Geklaff,
Da brannt' ich ihn auf das Fell, piff, paff!"

Der dritte: „Und als ich den Hirsch an der Erde sah,
Da stieß ich lustig ins Horn, trara!"

5 So lagen sie da und sprachen die drei:
Da rannte der weiße Hirsch vorbei.

Und eh' die drei Jäger ihn recht geseh'n,
So war er davon über Tiefen und Höh'n.
Husch husch! Piff paff! Trara! Uhland.

4. Das Schloß am Meer.

10 Hast du das Schloß gesehen,
Das hohe Schloß am Meer?
Golden und rosig wehen
Die Wolken drüber her.

Es möchte sich niederneigen
15 In die spiegelklare Flut,
Es möchte streben und steigen
In der Abendwolken Glut.

„Wohl hab' ich es gesehen,
Das hohe Schloß am Meer,
20 Und den Mond darüber stehen
Und Nebel weit umher."

Der Wind und des Meeres Wallen
Gaben sie frischen Klang?
Vernahmst du aus hohen Hallen
25 Saiten und Festgesang?

„Die Winde, die Wogen alle
Lagen in tiefer Ruh',
Einem Klagelied aus der Halle
Hört' ich mit Thränen zu."

Sahest du oben gehen
Den König und sein Gemahl?
Der goldnen Mäntel Wehen?
Der goldnen Kronen Strahl?

Führten sie nicht mit Wonne
Eine schöne Jungfrau dar,
Herrlich wie eine Sonne,
Strahlend im goldnen Haar?

„Wohl sah ich die Eltern beide,
Ohne der Kronen Licht,
Im schwarzen Trauerkleide;
Die Jungfrau sah ich nicht."

Uhland.

5. Des Sängers Fluch.

Es stand in alten Zeiten ein Schloß so hoch und hehr,
Weit glänzt' es über die Lande bis an das blaue Meer;
Und rings von duft'gen Gärten ein blütenreicher Kranz,
Drin sprangen frische Brunnen in Regenbogenglanz.

Dort saß ein stolzer König, an Land und Siegen reich;
Er saß auf seinem Throne so finster und so bleich:
Denn was er sinnt, ist Schrecken, und was er blickt, ist Wut,
Und was er spricht, ist Geißel, und was er schreibt, ist Blut.

Einst zog nach diesem Schlosse ein edles Sängerpaar,
Der ein' in goldnen Locken, der andre grau von Haar;
Der Alte mit der Harfe, der saß auf schmuckem Roß,
Es schritt ihm frisch zur Seite, der blühende Genoß.

Der Alte sprach zum Jungen: „Nun sei bereit, mein Sohn!
Denk' unsrer tiefsten Lieder, stimm' an den vollsten Ton!
Nimm alle Kraft zusammen, die Lust und auch den Schmerz!
Es gilt uns heut', zu rühren des Königs steinern Herz."

Schon stehn die beiden Sänger im hohen Säulensaal,
Und auf dem Throne sitzen der König und sein Gemahl:
Der König furchtbar prächtig wie blut'ger Nordlichtschein,
Die Königin süß und milde, als blickte Vollmond drein.

Da schlug der Greis die Saiten, er schlug sie wundervoll,
Daß reicher, immer reicher der Klang zum Ohre schwoll;
Dann strömte himmlisch helle des Jünglings Stimme vor,
Des Alten Sang dazwischen, wie dumpfer Geisterchor.

Sie singen von Lenz und Liebe, von sel'ger goldner Zeit,
Von Freiheit, Männerwürde, von Treu' und Heiligkeit;
Sie singen von allem Süßen, was Menschenbrust durchbebt,
Sie singen von allem Hohen, was Menschenherz erhebt.

5 Die Höflingsschar im Kreise verlernet jeden Spott,
Des Königs trotz'ge Krieger sie beugen sich vor Gott;
Die Königin, zerflossen in Wehmut und in Lust,
Sie wirft den Sängern nieder die Rose von ihrer Brust.

„Ihr habt mein Volk verführet: verlockt ihr nun mein Weib?"
10 Der König schreit es wütend, er bebt am ganzen Leib;
Er wirft sein Schwert, das blitzend des Jünglings Brust durchdringt,
Draus statt der goldnen Lieder ein Blutstrahl hoch aufspringt.

Und wie vom Sturm zerstoben ist all der Hörer Schwarm.
Der Jüngling hat verröchelt in seines Meisters Arm;
15 Der schlägt um ihn den Mantel und setzt ihn auf das Roß;
Er bind't ihn aufrecht feste, verläßt mit ihm das Schloß.

Doch vor dem hohen Thore da hält der Sängergreis,
Da faßt er seine Harfe, sie aller Harfen Preis;
An einer Marmorsäule da hat er sie zerschellt,
20 Dann ruft er, daß es schaurig durch Schloß und Gärten gellt:

„Weh euch, ihr stolzen Hallen! Nie töne süßer Klang
Durch eure Räume wieder, nie Saite noch Gesang,
Nein, Seufzer nur und Stöhnen und scheuer Sklavenschritt,
Bis euch zu Schutt und Moder der Rachegeist zertritt!

25 „Weh euch, ihr duft'gen Gärten im holden Maienlicht!
Euch zeig' ich dieses Toten entstelltes Angesicht,

Des Sängers Fluch.

Daß ihr darob verdorret, daß jeder Quell versiegt,
Daß ihr in künft'gen Tagen versteint, verödet liegt.

"Weh dir, verruchter Mörder, du Fluch des Sängertums!
Umsonst sei all dein Ringen nach Kränzen blut'gen Ruhms:
Dein Name sei vergessen, in ew'ge Nacht getaucht, 5
Sei wie ein letztes Röcheln in leere Luft verhaucht!"

Der Alte hat's gerufen, der Himmel hat's gehört;
Die Mauern liegen nieder, die Hallen sind zerstört;
Noch eine hohe Säule zeugt von verschwund'ner Pracht;
Auch diese, schon geborsten, kann stürzen über Nacht. 10

Und rings statt duft'ger Gärten ein ödes Heideland:
Kein Baum verstreuet Schatten, kein Quell durchdringt den Sand;
Des Königs Namen meldet kein Lied, kein Heldenbuch:
Versunken und vergessen! das ist des Sängers Fluch.

Uhland.

---

6. Das Schloß Boncourt.

Ich träum' als Kind mich zurücke, 15
Und schüttle mein greises Haupt;
Wie sucht ihr mich heim, ihr Bilder,
Die lang' ich vergessen geglaubt!

Hoch ragt aus schatt'gen Gehegen
Ein schimmerndes Schloß hervor; 20
Ich kenne die Türme, die Zinnen,
Die steinerne Brücke, das Thor.

Es schauen vom Wappenschilde
Die Löwen so traulich mich an;

Ich grüße die alten Bekannten
    Und eile den Burghof hinan.

Dort liegt die Sphinx am Brunnen,
    Dort grünt der Feigenbaum,
Dort, hinter diesen Fenstern,
    Verträumt ich den ersten Traum.

Ich tret' in die Burgkapelle
    Und suche des Ahnherrn Grab;
Dort ist's, dort hängt vom Pfeiler
    Das alte Gewaffen herab.

Noch lesen umflort die Augen
    Die Züge der Inschrift nicht,
Wie hell durch die bunten Scheiben
    Das Licht darüber auch bricht.

So stehst du, o Schloß meiner Väter,
    Mir treu und fest in dem Sinn,
Und bist von der Erde verschwunden,
    Der Pflug geht über dich hin.

Sei fruchtbar, o teurer Boden,
    Ich segne dich mild und gerührt,
Und segn' ihn zwiefach, wer immer
    Den Pflug nun über dich führt.

Ich aber will auf mich raffen,
    Mein Saitenspiel in der Hand,
Die Weiten der Erde durchschweifen,
    Und singen von Land zu Land.

Chamisso.

7. Der reichste Fürst.

Preisend mit viel schönen Reden
Ihrer Länder Wert und Zahl,
Saßen viele deutsche Fürsten
Einst zu Worms im Kaisersaal.

„Herrlich," sprach der Fürst von Sachsen,
„Ist mein Land und seine Macht:
Silber hegen seine Berge
Wohl in manchem tiefen Schacht."

„Seht mein Land in üpp'ger Fülle,"
Sprach der Kurfürst von dem Rhein,
„Gold'ne Saaten in den Thälern,
Auf den Bergen edlen Wein."

„Große Städte, reiche Klöster,"
Ludwig, Herr zu Baiern, sprach,
„Schaffen, daß mein Land den euren
Wohl nicht steht an Schätzen nach."

Eberhard, der mit dem Barte,
Würtembergs geliebter Herr,
Sprach: „Mein Land hat kleine Städte,
Trägt nicht Berge silberschwer;

Doch ein Kleinod hält's verborgen:
Daß in Wäldern, noch so groß,
Ich mein Haupt kann kühnlich legen
Jedem Unterthan in Schoß."

Und es rief der Herr von Sachsen,
Der von Baiern, der vom Rhein:
„Graf im Bart, ihr seid der reichste,
Euer Land trägt Edelstein!"

Kerner.

8. Der Fischer.

Das Wasser rauscht', das Wasser schwoll,
Ein Fischer saß daran,
Sah nach dem Angel ruhevoll,
Kühl bis ans Herz hinan.
Und wie er sitzt und wie er lauscht,
Teilt sich die Flut empor;
Aus dem bewegten Wasser rauscht
Ein feuchtes Weib hervor.

Sie sang zu ihm, sie sprach zu ihm:
„Was lockst du meine Brut
Mit Menschenwitz und Menschenlist
Hinauf in Todesglut?
Ach! wüßtest du, wie's Fischlein ist
So wohlig auf dem Grund,
Du stiegst herunter wie du bist,
Und würdest erst gesund.

„Labt sich die liebe Sonne nicht,
Der Mond sich nicht im Meer?
Kehrt wellenatmend ihr Gesicht
Nicht doppelt schöner her,
Lockt dich der tiefe Himmel nicht,
Das feuchtverklärte Blau?
Lockt dich dein eigen Angesicht
Nicht her in ew'gen Tau?"

Das Wasser rauscht', das Wasser schwoll,
Netzt' ihm den nackten Fuß;
Sein Herz wuchs ihm so sehnsuchtsvoll,
Wie bei der Liebsten Gruß.

Sie sprach zu ihm, sie sang zu ihm;
Da war's um ihn geschehn:
Halb zog sie ihn, halb sank er hin,
Und ward nicht mehr gesehn.

Goethe.

9. O lieb', so lang du lieben kannst!

O lieb', so lang du lieben kannst,
O lieb', so lang du lieben magst,
Die Stunde kommt, die Stunde kommt,
Wo du an Gräbern stehst und klagst!

Und sorge, daß dein Herze glüht
Und Liebe hegt und Liebe trägt,
So lang ihm noch ein ander Herz
In Liebe warm entgegenschlägt!

Und wer dir seine Brust erschließt,
O thu' ihm, was du kannst, zu lieb,
Und mach' ihm jede Stunde froh,
Und mach' ihm keine Stunde trüb!

Und hüte deine Zunge wohl,
Bald ist ein böses Wort gesagt;
O Gott, es war nicht bös gemeint, —
Der andre aber geht und klagt.

O lieb', so lang du lieben kannst,
O lieb', so lang du lieben magst,
Die Stunde kommt, die Stunde kommt,
Wo du an Gräbern stehst und klagst!

Dann kniest du nieder an der Gruft
Und birgst die Augen, trüb und naß,
— Sie sehn den andern nimmermehr —
Ins lange, feuchte Kirchhofgras.

Und sprichst: O schau' auf mich herab,
Der hier an deinem Grabe weint;
Vergib, daß ich gekränkt dich hab';
O Gott, es war nicht bös gemeint!

Er aber sieht und hört dich nicht,
Kommt nicht, daß du ihn froh umfängst;
Der Mund der oft dich küßte, spricht
Nie wieder: Ich vergab dir längst!

Er that's, vergab dir lange schon,
Doch manche heiße Thräne fiel
Um dich und um dein herbes Wort —
Doch still — er ruht, er ist am Ziel!

O lieb', so lang du lieben kannst,
O lieb', so lang du lieben magst,
Die Stunde kommt, die Stunde kommt,
Wo du an Gräbern stehst und klagst!

Freiligrath.

10. Die Trompete von Vionville.

Sie haben Tod und Verderben gespie'n,
  Wir haben es nicht gelitten.
Zwei Kolonnen Fußvolk, zwei Batterie'n,
  Wir haben sie niedergeritten.

Die Trompete von Vionville.

Die Säbel geschwungen, die Zäume verhängt,
    Tief die Lanzen und hoch die Fahnen,
So haben wir sie zusammengesprengt, —
    Kürassiere wir und Ulanen.

Doch ein Blutritt war es, ein Todesritt;
    Wohl wichen sie unsern Hieben,
Doch von zwei Regimentern, was ritt und was stritt,
    Unser zweiter Mann ist geblieben.

Die Brust durchschossen, die Stirn zerklafft,
    So lagen sie bleich auf dem Rasen,
In der Kraft der Jugend dahingerafft, —
    Nun, Trompeter, zum Sammeln geblasen!

Und er nahm die Trompet', und er hauchte hinein;
    Da — die mutig mit schmetterndem Grimme
Uns geführt in den herrlichen Kampf hinein,
    Der Trompete versagte die Stimme.

Nur ein klanglos Wimmern, ein Schrei voll Schmerz,
    Entquoll dem metallenen Munde;
Eine Kugel hatte durchlöchert ihr Erz,
    Um die Toten klagte die wunde!

Um die Tapfern, die Treuen, die Wacht am Rhein,
    Um die Brüder, die heut' gefallen,
Um sie alle, es ging uns durch Mark und Bein,
    Erhub sie gebrochenes Lallen.

Und nun kam die Nacht, und wir ritten hindann,
    Rundum die Wachtfeuer lohten;
Die Rosse schnoben, der Regen rann, —
    Und wir dachten der Toten, der Toten.   Freiligrath.

11. Die letzten zehn vom vierten Regiment.

In Warschau schwuren Tausend auf den Knieen:
Kein Schuß im heil'gen Kampfe sei gethan!
Tambour, schlag' an! Zum Blachfeld laß uns ziehen!
Wir greifen nur mit Bajonetten an!
5 Und ewig kennt das Vaterland und nennt
Mit stillem Schmerz sein viertes Regiment!

Und als wir dort bei Praga blutig rangen,
Kein Kamerad hat einen Schuß gethan,
Und als wir dort den argen Todfeind zwangen,
10 Mit Bajonetten ging es b'rauf und b'ran!
Fragt Praga, das die treuen Polen kennt!
Wir waren dort, das vierte Regiment!

Drang auch der Feind mit tausend Feuerschlünden
Bei Ostrolenka grimmig auf uns an,
15 Doch wußten wir sein tückisch Herz zu finden,
Mit Bajonetten brachen wir die Bahn!
Fragt Ostrolenka, das uns blutend nennt!
Wir waren dort, das vierte Regiment!

Und ob viel wack're Männerherzen brachen,
20 Doch griffen wir mit Bajonetten an,
Und ob wir auch dem Schicksal unterlagen,
Doch hatte keiner einen Schuß gethan!
Wo blutigrot zum Meer die Weichsel rennt,
Dort blutete das vierte Regiment!

25 O weh! das heil'ge Vaterland verloren!
Ach, fraget nicht: wer uns dies Leid gethan.

Die letzten zehn vom vierten Regiment.

Weh allen, die in Polenland geboren!
Die Wunden fangen frisch zu bluten an; —
Doch fragt ihr: wo die tiefste Wunde brennt?
Ach, Polen kennt sein viertes Regiment!

Ade, ihr Brüder, die zu Tod getroffen 5
An uns'rer Seite dort wir stürzen sah'n!
Wir leben noch, die Wunden stehen offen,
Und um die Heimat ewig ist's gethan;
Herr Gott im Himmel, schenk' ein gnädig End'
Uns letzten noch vom vierten Regiment! — 10

Von Polen her im Nebelgrauen rücken
Zehn Grenadiere in das Preußenland
Mit düst'rem Schweigen, gramumwölkten Blicken;
Ein „Werda?" schallt; sie stehen festgebannt
Und einer spricht: „Vom Vaterland getrennt 15
Die letzten Zehn vom vierten Regiment."
Mosen.

---

12. Die nächtliche Heerschau.

Nachts um die zwölfte Stunde
Verläßt der Tambour sein Grab,
Macht mit der Trommel die Runde,
Geht emsig auf und ab.

Die Trommel klinget seltsam,
Hat gar einen starken Ton:
Die alten toten Soldaten
Erwachen im Grab davon. 20

Mit seinen entfleischten Armen
Rührt er die Schlegel zugleich,
Schlägt manchen guten Wirbel,
Reveill' und Zapfenstreich.

Und die im tiefen Norden
Erstarrt in Schnee und Eis,
Und die in Welschland liegen,
Wo ihnen die Erde so heiß;

Und die der Nilschlamm decket
Und der arabische Sand,
Die steigen aus ihren Gräbern
Und nehmen's Gewehr in Hand.

5 Und um die zwölfte Stunde
Verläßt der Trompeter sein Grab,
Und schmettert in die Trompete,
Und reitet auf und ab.

Da kommen auf luftigen Pferden
10 Die toten Reiter herbei,
Die blutigen alten Schwadronen,
In Waffen mancherlei.

Es grinsen die weißen Schädel
Wohl unter dem Helm hervor,
15 Es halten die Knochenhände
Die langen Schwerter empor.

Und um die zwölfte Stunde
Verläßt der Feldherr sein Grab,
Kommt langsam hergeritten,
20 Umgeben von seinem Stab.

Er trägt ein kleines Hütchen,
Er trägt ein einfach Kleid,
Und einen kleinen Degen
Trägt er an seiner Seit'.

Der Mond mit gelbem Lichte
Erhellt den weiten Plan:
Der Mann im kleinen Hütchen
Sieht sich die Truppen an.

Die Reihen präsentieren
Und schultern das Gewehr,
Dann zieht mit klingendem Spiele
Vorüber das ganze Heer.

Die Marschäll' und Generale
Schließen um ihn einen Kreis:
Der Feldherr sagt dem Nächsten
Ins Ohr ein Wörtlein leis'.

Das Wort geht in die Runde,
Klingt wieder fern und nah:
„Frankreich!" ist die Parole,
Die Losung: „Sankt Helena!"

Dies ist die große Parade
Im elysäischen Feld,
Die um die zwölfte Stunde
Der tote Cäsar hält.

Zedlitz.

13. Andreas Hofer.

Zu Mantua in Banden
Der treue Hofer war,
In Mantua zum Tode
Führt ihn der Feinde Schar;
Es blutete der Brüder Herz,
Ganz Deutschland, ach, in
      Schmach und Schmerz!
Mit ihm das Land Tyrol.

Die Hände auf dem Rücken
Andreas Hofer ging
Mit ruhig festen Schritten,
Ihm schien der Tod gering;
Der Tod, den er so manches
      Mal
Vom Iselberg geschickt ins Thal,
Im heil'gen Land Tyrol.

Doch als aus Kerkergittern
Im festen Mantua
Die treuen Waffenbrüder
Die Händ' er strecken sah,
Da rief er aus: „Gott sei mit
      euch,
Mit dem verrat'nen deutschen
      Reich
Und mit dem Land Tyrol!"

Dem Tambour will der Wirbel
Nicht unterm Schlegel vor,
Als nun Andreas Hofer
Schritt durch das finstre Thor.
Andreas noch in Banden frei, 5
Dort stand er fest auf der
      Bastei,
Der Mann vom Land Tyrol.

Dort soll er niederknieen,
Er sprach: „Das thu' ich nit! 10
Will sterben, wie ich stehe,
Will sterben, wie ich stritt,
So wie ich steh' auf dieser
      Schanz';
Es leb' mein guter Kaiser Franz, 15
Mit ihm sein Land Tyrol."

Und von der Hand die Binde
Nimmt ihm ein Grenadier;
Andreas Hofer betet
Zum letzten Mal allhier, 20
Dann ruft er laut: „So trefft
      mich recht!
Gebt Feuer, ach, wie schießt ihr
      schlecht!
Ade, mein Land Tyrol!" 25
      Mosen.

14. Der Zigeunerbube im Norden.

Fern im Süd das schöne Spanien,
Spanien ist mein Heimatland,
Wo die schattigen Kastanien
Rauschen an des Ebro Strand,
Wo die Mandeln rötlich blühen,
Wo die heiße Traube winkt,
Und die Rosen schöner glühen,
Und das Mondlicht goldner blinkt.

Und nun wandr' ich mit der Laute
Traurig hier von Haus zu Haus,
Doch kein helles Auge schaute
Freundlich noch nach mir heraus.
Spärlich reicht man mir die Gaben,
Mürrisch heißet man mich gehn;
Ach, den armen, braunen Knaben
Will kein Einziger verstehn.

Dieser Nebel drückt mich nieder,
Der die Sonne mir entfernt,
Und die alten lust'gen Lieder
Hab' ich alle fast verlernt.
Immer in die Melodien
Schleicht der eine Klang sich ein:
In die Heimat möcht' ich ziehen,
In das Land voll Sonnenschein!

Als beim letzten Erntefeste
Man den großen Reigen hielt,
Hab' ich jüngst das allerbeste
Meiner Lieder aufgespielt.

Der Zigeunerbube im Norden.

Doch wie sich die Paare schwangen
In der Abendsonne Gold,
Sind auf meine dunklen Wangen
Heiße Thränen hingerollt.

Nein! des Herzens sehnend Schlagen
Länger halt' ich's nicht zurück!
Will ja jeder Lust entsagen,
Laßt mir nur der Heimat Glück!
Fort zum Süden, fort nach Spanien,
In das Land voll Sonnenschein!
Unterm Schatten der Kastanien
Muß ich einst begraben sein.

Geibel.

15. Krokodilromanze.

Ich bin ein altes Krokodil
Und sah schon die Osirisfeier;
Bei Tage sonn' ich mich im Nil,
Bei Nacht am Strande leg' ich Eier.

Ich weiß mit list'gem Wehgekreisch
Mir stets die Mahlzeit zu erwirken;
Gewöhnlich freß' ich Mohrenfleisch
Und Sonntags manchmal einen Türken.

Und wenn im gelben Mondlicht rings
Der Strand liegt und die Felsenbrüche,
Tanz' ich vor einer alten Sphinx,
Und lausch' auf ihrer Weisheit Sprüche.

Die Klauen in den Sand gepflanzt,
Tiefsinnig spricht sie: Tochter Thebens,
Friß nur, was du verdauen kannst!
Das ist das Rätsel deines Lebens.

Geibel.

16. Rheinsage.

5 Am Rhein, am grünen Rheine,
Da ist so mild die Nacht,
Die Rebenhügel liegen
In goldner Mondenpracht.

Und an den Hügeln wandelt
10 Ein hoher Schatten her
Mit Schwert und Purpurmantel,
Die Krone von Golde schwer.

Das ist der Karl, der Kaiser,
Der mit gewaltiger Hand
15 Vor vielen hundert Jahren
Geherrscht im deutschen Land.

Er ist herauf gestiegen
Zu Aachen aus der Gruft,
Und segnet seine Reben,
20 Und atmet Traubenduft.

Bei Rüdesheim da funkelt
Der Mond ins Wasser hinein,
Und baut eine goldene Brücke
Wohl über den grünen Rhein.

Der Kaiser geht hinüber,
Und schreitet langsam fort,
Und segnet längs dem Strome
Die Reben an jedem Ort.

Dann kehrt er heim nach Aachen
Und schläft in seiner Gruft,
Bis ihn im neuen Jahre
Erweckt der Trauben Duft.

Wir aber füllen die Römer
Und trinken im goldnen Saft
Uns deutsches Heldenfeuer
Und deutsche Heldenkraft.

Geibel.

17. Hoffnung.

Und dräut der Winter noch so sehr
Mit trotzigen Geberden,
Und streut er Eis und Schnee umher,
Es muß doch Frühling werden.

Hoffnung.

Und drängen die Nebel noch so dicht
Sich vor den Blick der Sonne,
Sie wecket doch mit ihrem Licht
Einmal die Welt zur Wonne.

Blast nur, ihr Stürme, blast mit Macht,
Mir soll darob nicht bangen;
Auf leisen Sohlen über Nacht
Kommt doch der Lenz gegangen.

Da wacht die Erde grünend auf,
Weiß nicht, wie ihr geschehen,
Und lacht in den sonnigen Himmel hinauf,
Und möchte vor Lust vergehen.

Sie flicht sich blühende Kränze ins Haar,
Und schmückt sich mit Rosen und Ähren,
Und läßt die Brünnlein rieseln klar,
Als wären es Freudenzähren.

Drum still! Und wie es frieren mag,
O Herz gieb dich zufrieden:
Es ist ein großer Maientag
Der ganzen Welt beschieden.

Und wenn dir oft auch bangt und graut,
Als sei die Höll' auf Erden,
Nur unverzagt auf Gott vertraut!
Es muß doch Frühling werden.

18. Der Handschuh.

Vor seinem Löwengarten,
Das Kampfspiel zu erwarten,
Saß König Franz.
Und um ihn die Großen der Krone,
Und rings auf hohem Balkone,
Die Damen in schönem Kranz.

Und wie er winkt mit dem Finger,
Aufthut sich der weite Zwinger;
Und hinein mit bedächtigem Schritt
Ein Löwe tritt
Und sieht sich stumm
Rings um,
Mit langem Gähnen,
Und schüttelt die Mähnen
Und streckt die Glieder,
Und legt sich nieder.

Und der König winkt wieder,
Da öffnet sich behend
Ein zweites Thor,
Daraus rennt
Mit wildem Sprunge
Ein Tiger hervor.
Wie er den Löwen erschaut,
Brüllt er laut,
Schlägt mit dem Schweif
Einen furchtbaren Reif,

Der Handschuh.

Und recket die Zunge;
Und im Kreise scheu;
Umgeht er den Leu,
Grimmig schnurrend;
Drauf streckt er sich murrend,   5
Zur Seite nieder.

Und der König winkt wieder;
Da speit das doppelt geöffnete Haus
Zwei Leoparden auf einmal aus,
Die stürzen mit mutiger Kampfbegier   10
Auf das Tigertier;
Das packt sie mit seinen grimmigen Tatzen
Und der Leu mit Gebrüll
Richtet sich auf, da wird's still;
Und herum im Kreis,   15
Von Mordsucht heiß,
Lagern sich die gräulichen Katzen.

Da fällt von des Altans Rand
Ein Handschuh von schöner Hand
Zwischen den Tiger und den Leu'n   20
Mitten hinein.

Und zu Ritter Delorges, spottender Weis',
Wendet sich Fräulein Kunigund':
„Herr Ritter, ist eure Lieb' so heiß,
Wie ihr mir's schwört zu jeder Stund',   25
Ei, so hebt mir den Handschuh auf."

Und der Ritter, in schnellem Lauf,
Steigt hinab in den furchtbarn Zwinger
Mit festem Schritte,
Und aus der Ungeheuer Mitte
Nimmt er den Handschuh mit keckem Finger.

Und mit Erstaunen und mit Grauen
Sehen's die Ritter und Edelfrauen,
Und gelassen bringt er den Handschuh zurück.
Da schallt ihm sein Lob aus jedem Munde;
Aber mit zärtlichem Liebesblick —
Er verheißt ihm sein nahes Glück —
Empfängt ihn Fräulein Kunigunde.
Und er wirft ihr den Handschuh ins Gesicht:
„Den Dank, Dame, begehr' ich nicht."
Und verläßt sie zur selben Stunde. Schiller.

19. Auf der Wanderung.

Zwischen Frankreich und dem Böhmerwald,
 Da wachsen unsre Reben.
Grüß' mein Lieb am grünen Rhein,
Grüß' mir meinen kühlen Wein!
 Nur in Deutschland,
 Da will ich ewig leben.

Fern in fremden Landen war ich auch,
 Bald bin ich heimgegangen,
Heiße Luft und Durst dabei,
Qual und Sorgen mancherlei —
 Nur nach Deutschland
 Thät mein Herz verlangen.

Auf der Wanderung.

Ist ein Land, es heißt Italia,
   Blühn Orangen und Citronen.
   Singe, sprach die Römerin,
Und ich sang zum Norden hin:
   Nur in Deutschland,   5
   Da muß mein Schätzlein wohnen.

Als ich sah die Alpen wieder glühn
   Hell in der Morgensonne:
   Grüß' mein Liebchen, goldner Schein,
Grüß' mir meinen grünen Rhein!   10
   Nur in Deutschland,
   Da wohnet Freud' und Wonne!
                  Hoffmann v. Fallersleben.

20. Vor Rauch's Büste der Königin Luise.

Du schläfst so sanft! — Die stillen Züge hauchen
Noch deines Lebens schöne Träume wieder;
Der Schlummer nur senkt seine Flügel nieder,   15
Und heil'ger Friede schließt die klaren Augen.
So schlummre fort, bis deines Volkes Brüder,
Wenn Flammenzeichen von den Bergen rauchen,
Mit Gott versöhnt die rost'gen Schwerter brauchen,
Das Leben opfernd für die höchsten Güter.   20
Tief führt der Herr durch Nacht und durch Verderben;
So sollen wir im Kampf das Heil erwerben,
Daß unsre Enkel freie Männer sterben.
Kommt dann der Tag der Freiheit und der Rache:
Dann ruft bein Volk, dann, deutsche Frau! erwache,   25
Ein guter Engel für die gute Sache.
                  Körner.

21. Das Gewitter.

Urahne, Großmutter, Mutter und Kind
In dumpfer Stube beisammen sind;
Es spielet das Kind, die Mutter sich schmückt,
Großmutter spinnet, Urahne gebückt
Sitzt hinter dem Ofen im Pfühl —
Wie wehen die Lüfte so schwül!

Das Kind spricht: „Morgen ist's Feiertag,
Wie will ich spielen im grünen Hag,
Wie will ich springen durch Thal und Höhn,
Wie will ich pflücken viel Blumen schön!
Dem Anger, dem bin ich hold!" —
Hört ihr's, wie der Donner grollt?

Die Mutter spricht: „Morgen ist's Feiertag,
Da halten wir alle fröhlich Gelag,
Ich selber, ich rüste mein Feierkleid;
Das Leben, es hat auch Lust nach Leid,
Dann scheint die Sonne wie Gold!" —
Hört ihr's, wie der Donner grollt?

Großmutter spricht: „Morgen ist's Feiertag,
Großmutter hat keinen Feiertag,
Sie kochet das Mahl, sie spinnet das Kleid,
Das Leben ist Sorg' und viel Arbeit;
Wohl dem, der that, was er sollt'!" —
Hört ihr's, wie der Donner grollt?

Urahne spricht: „Morgen ist's Feiertag,
Am liebsten morgen ich sterben mag:
Ich kann nicht singen und scherzen mehr,

Das Gewitter.

Ich kann nicht sorgen und schaffen schwer,
Was thu' ich noch auf der Welt?" —
Seht ihr, wie der Blitz dort fällt?

Sie hören's nicht, sie sehen's nicht,
Es flammet die Stube wie lauter Licht:
Urahne, Großmutter, Mutter und Kind
Vom Strahl mit einander getroffen sind,
Vier Leben endet ein Schlag —
Und morgen ist's Feiertag.

Schwab.

22. Das Mädchen aus der Fremde.

In einem Thal bei armen Hirten
Erschien mit jedem jungen Jahr,
Sobald die ersten Lerchen schwirrten,
Ein Mädchen schön und wunderbar.

Sie war nicht in dem Thal geboren,
Man wußte nicht, woher sie kam;
Und schnell war ihre Spur verloren,
Sobald das Mädchen Abschied nahm.

Beseligend war ihre Nähe,
Und alle Herzen wurden weit;
Doch eine Würde, eine Höhe
Entfernte die Vertraulichkeit.

Sie brachte Blumen mit und Früchte,
Gereift auf einer andern Flur,
In einem andern Sonnenlichte,
In einer glücklichern Natur.

Und teilte jedem eine Gabe,
Dem Früchte, jenem Blumen aus;
Der Jüngling und der Greis am Stabe,
Ein jeder ging beschenkt nach Haus.

5 Willkommen waren alle Gäste;
Doch nahte sich ein liebend Paar,
Dem reichte sie der Gaben beste,
Der Blumen allerschönste dar.

---

23. Der schwarze Tod.

Erzittre Welt! ich bin die Pest.
10 Ich komm' in alle Lande
Und richte mir ein großes Fest;
Mein Blick ist Fieber, feuerfest
Und schwarz ist mein Gewande.

Ich komme von Ägyptenland
15 In roten Nebelschleiern;
Am Nilusstrand, im gelben Sand
Entsog ich Gift dem Wüstenbrand
Und Gift aus Dracheneiern.

Thalein und aus, bergauf und ab,
20 Ich mäh' zur öden Heide
Die Welt mit meinem Wanderstab;
Ich setz' vor jedes Haus ein Grab
Und eine Trauerweide.

Der schwarze Tod.

Ich bin der große Völkertod,
Ich bin das große Sterben;
Es geht vor mir die Wassersnot,
Ich bringe mit das teure Brot,
Den Krieg hab' ich zum Erben.

Es hilft euch nichts, wie weit ihr floht,
Mein sausend Roß geht weiter!
Ich bin der schnelle schwarze Tod,
Ich überhol' das schnellste Boot
Und auch den schnellsten Reiter.

Dem Kaufmann trägt man mich ins Haus
Zugleich mit seiner Ware;
Er freut sich hoch, er lacht beim Schmaus,
Ich steig' aus seinem Schatz heraus
Und streck' ihn auf die Bahre.

Mir ist auf hohem Felsvorsprung
Kein Schloß zu hoch, ich komme;
Mir ist kein junges Blut zu jung,
Kein Leib ist mir gesund genung,
Mir ist kein Herz zu fromme.

Wem ich nur schau' ins Aug' hinein,
Der mag kein Licht mehr sehen;
Wem ich gesegnet Brot und Wein,
Den hungert nur nach Staub allein,
Den durstet's heimzugehen.

Lingg.

24. Des Deutschen Vaterland.

Was ist des Deutschen Vaterland?
Ist's Preußenland? Ist's Schwabenland?
Ist's, wo am Rhein die Rebe blüht?
Ist's, wo am Belt die Möve zieht?
    O nein! o nein! o nein!
    Sein Vaterland muß größer sein.

Was ist des Deutschen Vaterland?
Ist's Baierland? Ist's Steierland?
Ist's, wo des Marsen Rind sich streckt?
Ist's, wo der Märker Eisen reckt?
    O nein! o nein! 2c. 2c.

Was ist des Deutschen Vaterland?
Ist's Pommernland? Westphalenland?
Ist's, wo der Sand der Dünen weht?
Ist's, wo die Donau brausend geht?
    O nein! o nein! 2c. 2c.

Was ist des Deutschen Vaterland?
So nenne mir das große Land!
Ist's Land der Schweizer, ist's Tyrol?
Das Land und Volk gefiel mir wohl.
    Doch nein! doch nein! 2c. 2c.

Was ist des Deutschen Vaterland?
So nenne mir das große Land!
Gewiß, es ist das Österreich,
An Ehren und an Siegen reich.
    O nein! o nein! 2c. 2c.

Des Deutschen Vaterland.

Was ist des Deutschen Vaterland?
So nenne endlich mir das Land!
So weit die deutsche Zunge klingt
Und Gott im Himmel Lieder singt:
   Das soll es sein! das soll es sein!
   Das, wack'rer Deutscher, nenne dein!

Das ist das deutsche Vaterland,
Wo Eide schwört der Druck der Hand,
Wo Treue hell vom Auge blitzt,
Und Liebe warm im Herzen sitzt:
   Das soll es sein! das soll es sein!
   Das, wack'rer Deutscher, nenne dein!

Das ganze Deutschland soll es sein!
O Gott vom Himmel, sieh' darein,
Und gieb uns rechten deutschen Mut,
Daß wir es lieben treu und gut!
   Das soll es sein! das soll es sein!
   Das ganze Deutschland soll es sein!

Arndt.

25. Die Wacht am Rhein.

Es braust ein Ruf wie Donnerhall,
Wie Schwertgeklirr und Wogenprall:
„Zum Rhein, zum Rhein, zum deutschen Rhein,
Wer will des Stromes Hüter sein?"
Lieb Vaterland, magst ruhig sein,
Fest steht und treu die Wacht am Rhein.

Durch Hunderttausend zuckt es schnell,
Und aller Augen blicken hell.
Der deutsche Jüngling fromm und stark
Beschirmt die heil'ge Landesmark.
Lieb Vaterland, magst ruhig sein,
Fest steht und treu die Wacht am Rhein.

Auf blickt er in des Himmels Blau'n,
Wo tote Helden niederschaun,
Und schwört mit stolzer Kampfeslust:
„Du Rhein bleibst deutsch, wie meine Brust!"
Lieb Vaterland, magst ruhig sein,
Fest steht und treu die Wacht am Rhein.

„Und ob mein Herz im Tode bricht,
Wirst du doch drum ein Welscher nicht.
Reich wie an Wasser deine Flut,
Ist Deutschland ja an Heldenblut."
Lieb Vaterland, ꝛc. ꝛc.

„So lang ein Tropfen Blut noch glüht,
Noch eine Faust den Degen zieht,
Und noch ein Arm die Büchse spannt,
Betritt kein Welscher deinen Strand."
Lieb Vaterland, ꝛc. ꝛc.

Der Schwur erschallt, die Woge rinnt,
Die Fahnen flattern in dem Wind.
Zum Rhein, zum Rhein, zum deutschen Rhein,
Wir alle wollen Hüter sein!
Lieb Vaterland, magst ruhig sein,
Fest steht und treu die Wacht am Rhein!

Schneckenburger.

26. Hans Euler.

„Horch, Marthe, draußen pocht es; geh, laß den Mann herein,
Es wird ein armer Pilger, der sich verirrte, sein."
„Grüß' Gott, du schmucker Krieger! nimm Platz an unserm Tisch,
Das Brot ist weiß und locker, der Trank ist hell und frisch." —

„Es ist nicht Trank, nicht Speise, wonach es not mir thut, 5
Doch so ihr seid Hans Euler, so will ich euer Blut.
Wißt ihr, vor Monden hab' ich euch noch als Feind bedroht;
Doch hatt' ich einen Bruder, den Bruder schlugt ihr tot.

Und als er rang am Boden, da schwur ich es ihm gleich,
Daß ich ihn wollte rächen, früh oder spät, an euch!" — 10
„Und hab' ich ihn erschlagen, so war's im rechten Streit;
Und kommt ihr, ihn zu rächen, — wohlan, ich bin bereit!

„Doch nicht im Hause kämpf' ich, nicht zwischen Thür und Wand,
Im Angesichte dessen, wofür ich stritt und stand.
Den Säbel, Marthe, weißt du, womit ich ihn erschlug; 15
Und soll ich nimmer kommen — Tirol ist groß genug!"

Sie gehen miteinander den nahen Fels hinan;
Sein gülden Thor hat eben der Morgen aufgethan; —
Der Hans voran, der Fremde recht rüstig hinterdrein,
Und höher stets mit beiden der liebe Sonnenschein. 20

Nun stehn sie an der Spitze, da liegt die Alpenwelt,
Die wunderbare, große, vor ihnen aufgehellt:
Gesunk'ne Nebel zeigen der Thäler reiche Lust,
Mit Hütten in den Armen, mit Herden an der Brust.

Dazwischen Riesenbäche, darunter Kluft an Kluft, 25
Daneben Wälderkronen, darüber freie Luft;

Und sichtbar nicht, doch fühlbar, von Gottes Ruh umkreist,
In Hütten und in Herzen der alten Treue Geist.

Das sehn die beiden droben, dem Fremden sinkt die Hand;
Hans aber zeigt hinunter aufs liebe Vaterland:
5 „Für das hab' ich gefochten, dein Bruder hat's bedroht,
Für das hab' ich gestritten, für das schlug ich ihn tot."

Der Fremde sieht hinunter, sieht Hansen ins Gesicht,
Er will den Arm erheben, den Arm erhebt er nicht:
„Und hast du ihn erschlagen, so war's im rechten Streit,
10 Und willst du mir verzeihen, komm, Hans, ich bin bereit!"

Seidl.

27. Der Kaiser und der Abt.

Ich will euch erzählen ein Märchen gar schnurrig:
Es war mal ein Kaiser, der Kaiser war kurrig;
Auch war mal ein Abt, ein gar stattlicher Herr,
Nur schade! sein Schäfer war klüger als er.

15 Dem Kaiser ward's sauer in Hitz' und in Kälte;
Oft schlief er bepanzert im Kriegesgezelte,
Oft hatt' er kaum Wasser zu Schwarzbrot und Wurst,
Und öfter noch litt er gar Hunger und Durst.

Das Pfäfflein, das wußte sich besser zu hegen,
20 Und weidlich am Tisch und im Bette zu pflegen.
Wie Vollmond glänzte sein feistes Gesicht.
Drei Männer umspannten den Schmerbauch ihm nicht.

Drob suchte der Kaiser am Pfäfflein oft Haber,
Einst ritt er mit reisigem Kriegesgeschwader
25 In brennender Hitze des Sommers vorbei;
Das Pfäfflein spazierte vor seiner Abtei.

Der Kaiser und der Abt.

„Ha," dachte der Kaiser, „zur glücklichen Stunde!"
Und grüßte das Pfäfflein mit höhnischem Munde:
„Knecht Gottes, wie geht's dir? Mir beucht wohl ganz recht,
Das Beten und Fasten bekomme nicht schlecht.

Doch beucht mir daneben, euch plage viel Weile; 5
Ihr dankt mir's wohl, wenn ich euch Arbeit erteile?
Man rühmet, ihr wäret der pfiffigste Mann;
Ihr hörtet das Gräschen fast wachsen, sagt man.

So geb' ich denn euren zwei tüchtigen Backen
Zur Kurzweil drei artige Nüsse zu knacken. 10
Drei Monden von nun an bestimm' ich zur Zeit,
Dann will ich auf diese drei Fragen Bescheid.

Zum ersten: Wann hoch ich im fürstlichen Rate
Zu Throne mich zeige im Kaiser=Ornate,
Dann sollt ihr mir sagen, ein treuer Wardein, 15
Wie viel ich wohl wert bis zum Heller mag sein.

Zum zweiten sollt ihr mir berechnen und sagen,
Wie bald ich zu Rosse die Welt mag umjagen,
Um keine Minute zu wenig und viel!
Ich weiß, der Bescheid darauf ist euch nur Spiel. 20

Zum dritten noch sollst du, o Preis der Prälaten,
Aufs Härchen mir meine Gedanken erraten;
Die will ich dann treulich bekennen; allein
Es soll auch kein Titelchen Wahres dran sein.

Und könnt ihr mir diese drei Fragen nicht lösen, 25
So seid ihr die längste Zeit Abt hier gewesen,
So laß' ich euch führen zu Esel durchs Land,
Verkehrt, statt des Zaumes den Schwanz in der Hand."—

Drauf trabte der Kaiser mit Lachen von hinnen.
Das Pfäfflein zerriß und zerspliß sich mit Sinnen;
Kein armer Verbrecher fühlt mehr Schwulität,
Der vor hochnotpeinlichem Halsgericht steht.

5 Er schickte nach ein, zwei, drei, vier Un'verst'täten;
Er fragte bei ein, zwei, drei, vier Facultäten,
Er zahlte Gebühren und Sporteln vollauf;
Doch löste kein Doctor die Fragen ihm auf.

Schnell wuchsen bei herzlichem Zagen und Pochen
10 Die Stunden zu Tagen, die Tage zu Wochen,
Die Wochen zu Monden; schon kam der Termin!
Ihm warb's vor den Augen bald gelb und bald grün.

Nun sucht' er, ein bleicher, hohlwangiger Werther,
In Wäldern und Feldern die einsamsten Örter.
15 Da traf ihn auf selten betretener Bahn
Hans Bendir, sein Schäfer, am Felsenhang an.

„Herr Abt," sprach Hans Bendir, „was mögt ihr euch grämen?
Ihr schwindet ja wahrlich dahin wie ein Schemen.
Maria und Joseph! wie hotzelt ihr ein!
20 Mein Sixchen! es muß euch was angethan sein."

„Ach, guter Hans Bendir, so muß sich's wohl schicken,
Der Kaiser will gern mir am Zeuge was flicken
Und hat mir drei Nüss' auf die Zähne gepackt,
Die schwerlich Beelzebub selber wohl knackt.

25 Zum ersten: Wann hoch er im fürstlichen Rate
Zu Throne sich zeigt im Kaiser=Ornate,
Dann soll ich ihm sagen, ein treuer Wardein,
Wie viel er wohl wert bis zum Heller mag sein?

Der Kaiser und der Abt.

Zum zweiten soll ich ihm berechnen und sagen,
Wie bald er zu Rosse die Welt mag umjagen.
Um keine Minute zu wenig und viel!
Er meint, der Bescheid darauf wäre nur Spiel.

Zum dritten, ich ärmster von allen Prälaten,   5
Soll ich ihm gar seine Gedanken erraten;
Die will er mir treulich bekennen; allein
Es soll auch kein Titelchen Wahres dran sein.

Und kann ich ihm diese drei Fragen nicht lösen,
So bin ich die längste Zeit Abt hier gewesen,   10
So läßt er mich führen zu Esel durchs Land,
Verkehrt, statt des Zaumes den Schwanz in der Hand."

„Nichts weiter?" erwidert Hans Bendix mit Lachen.
„Herr, gebt euch zufrieden! das will ich schon machen;
Nur borgt mir eu'r Käppchen, eu'r Kreuzchen und Kleid,   15
So will ich schon geben den rechten Bescheid.

Versteh' ich gleich nichts von lateinischen Brocken,
So weiß ich den Hund doch vom Ofen zu locken.
Was ihr euch, Gelehrte, für Geld nicht erwerbt,
Das hab' ich von meiner Frau Mutter geerbt."   20

Da sprang wie ein Böcklein der Abt vor Behagen.
Mit Käppchen und Kreuzchen, mit Mantel und Kragen
Ward stattlich Hans Bendix zum Abte geschmückt
Und hurtig zum Kaiser nach Hofe geschickt.

Hier thronte der Kaiser im fürstlichen Rate,   25
Hoch prangt' er mit Scepter und Kron' im Ornate:
„Nun sagt mir, Herr Abt, als ein treuer Wardein,
Wie viel ich wohl wert bis zum Heller mag sein?"

„Für dreißig Reichsgulden ward Christus verschachert;
Drum gäb' ich, so sehr ihr auch pochet und prachert
Für euch keinen Deut mehr als zwanzig und neun;
Denn einen müßt ihr doch wohl minder wert sein."

5 „Hm," sagte der Kaiser, „der Grund läßt sich hören
Und mag den durchlauchtigsten Stolz wohl bekehren.
Nie hätt' ich, bei meiner hochfürstlichen Ehr'!
Geglaubet, daß so spottwohlfeil ich wär'.

Nun aber sollst du mir berechnen und sagen,
10 Wie bald ich zu Rosse die Welt mag umjagen.
Um keine Minute zu wenig und viel!
Ist dir der Bescheid darauf auch nur ein Spiel?" —

„Herr, wenn mit der Sonn' ihr früh sattelt und reitet
Und stets sie in einerlei Tempo begleitet,
15 So setz' ich mein Kreuz und mein Käppchen daran:
In zweimal zwölf Stunden ist alles gethan!"

„Ha," lachte der Kaiser, „vortrefflicher Haber!
Ihr füttert die Pferde mit Wenn und mit Aber.
Der Mann, der das Wenn und das Aber erdacht,
20 Hat sicher aus Häckerling Gold schon gemacht.

Nun aber zum dritten, nun nimm dich zusammen!
Sonst muß ich dich dennoch zum Esel verdammen,
Was denk' ich, das falsch ist? das bringe heraus!
Nur bleib' mit dem Wenn und dem Aber zu Haus!" —

25 „Ihr denket, ich sei der Herr Abt von Sankt Gallen." —
„Ganz recht! und das kann von der Wahrheit nicht fallen." —
„Sein Diener, Herr Kaiser! Euch trüget eu'r Sinn:
Denn wißt, daß ich Bendix, sein Schäfer, nur bin!"

Der Kaiser und der Abt.

„Was Henker! Du bist nicht der Abt von Sankt Gallen?"
Rief hurtig, als wär' er vom Himmel gefallen,
Der Kaiser mit frohem Erstaunen darein;
„Wohlan denn, so sollst du von nun an es sein!

Ich will dich belehnen mit Ring und mit Stabe. 5
Dein Vorfahr besteige den Esel und trabe,
Und lerne fortan erst quid juris verstehn!
Denn wenn man will ernten, so muß man auch sä'n." —

„Mit Gunsten, Herr Kaiser! das laßt nur hübsch bleiben!
Ich kann ja nicht lesen, noch rechnen und schreiben; 10
Auch weiß ich kein sterbendes Wörtchen Latein.
Was Hänschen versäumet, holt Hans nicht mehr ein." —

„Ach, guter Hans Bendix, das ist ja recht schade!
Erbitte demnach dir ein' andere Gnade!
Sehr hat mich ergötzet dein lustiger Schwank; 15
Drum soll dich auch wieder ergötzen mein Dank." —

„Herr Kaiser, groß hab' ich so eben nichts nötig;
Doch seid ihr im Ernst mir zu Gnaden erbötig,
So will ich mir bitten zum ehrlichen Lohn
Für meinen hochwürdigen Herren Pardon." — 20

„Ha bravo! Du trägst, wie ich merke, Geselle,
Das Herz wie den Kopf auf der richtigsten Stelle!
Drum sei der Pardon ihm in Gnaden gewährt
Und obendrein dir ein Panis-Brief beschert.

Wir lassen dem Abt von Sankt Gallen entbieten: 25
Hans Bendix soll ihm nicht die Schafe mehr hüten;
Der Abt soll sein pflegen, nach unserm Gebot,
Umsonst bis an seinen sanftseligen Tod."

Bürger.

V.

Ein Lustspiel.

Versalzen.

Lustspiel in einem Aufzuge.

Personen:

Wittkow, Gerichtsrat.
Ulrike, seine Frau.
Arnold, sein Neffe.

Hertha, dessen Frau.
Seeberg.
Trudchen, Hausmädchen.

Gut eingerichtetes Zimmer. In der Mitte ein gedeckter Tisch mit zwei Gedecken. Links vorn ein Tisch mit Büchern und einem Cigarrenkistchen. Vorn rechts ein Tisch, worauf ein Buch. Hinten an der Eingangsthür ein Büffett oder ein Tisch mit Gläsern, Tellern, Flaschen.

Erster Auftritt.

Hertha (in hübschem Hauskleide, mit einem Häubchen, mit großer Schürze und Handschuhen ohne Finger, tritt rechts von der Bühne auf und ruft zurück).

Lege noch etwas Holz an, Trudchen, daß das Feuer nicht ausgeht. (Geht an den Tisch rechts und setzt sich, schlägt das Buch auf und liest.) „Man thue ein halb Pfund frische Butter, ein halb Pfund gestoßenen Zucker dazu und lasse ihn damit vollends weich werden." (Liest leise für sich.) Richtig, richtig! Ich habe alles. Nichts ist vergessen. Rosi'nen, Korin'then, Eier, Citronat'. (Sieht nach der Uhr in der Stube.) Was sehe ich! Schon fünfzehn Mi=

Versalzen.

nuten über zwei Uhr und mein Mann ist noch nicht da! Zwar ist es gut, daß er noch nicht gekommen ist, denn wir sind mit dem Essen noch nicht fertig, aber er sollte doch zur rechten Zeit da sein.

Zweiter Auftritt.
Hertha. Arnold. Seeberg.

Arnold. Tritt nur ein — hier ist schon meine Frau.

Hertha. Guten Tag, Arnold — Seien Sie willkommen, Herr Seeberg.

Seeberg. Mein früher Besuch wird Sie überraschen.

Hertha. Freilich, meine Toilette —

Arnold. Ja, was ist denn los? Du mit der Schürze, als Köchin? Was hat das zu bedeuten?

Hertha. Ich habe gekocht!

Arnold (erschrocken). Gekocht?

Seeberg (bedenklich). Gekocht?

Hertha (entschieden). Gekocht.

Arnold (kläglich). Aber wie? Warum?

Hertha. Du fragst ja so kläglich, als sei ein Unglück geschehen.

Arnold. Nur deinetwegen; du sollst keine Mühe und Arbeit haben, die dich ermüdet.

Hertha. Es ging nicht anders. Die Köchin war schon lange störrig, ich sagte ihr auf, sie meinte: sie könne gleich gehen; ich wollte mir nicht trotzen lassen und ließ sie laufen. Was war nun zu thun? Ich entschloß mich rasch, schickte nach der Buchhandlung, ließ mir ein Kochbuch holen und kochte selber.

Seeberg. Sie kochte selber!

Arnold. Wir konnten ja aber im Gasthause essen, bis du eine neue Köchin hast, oder du konntest Essen holen lassen.

Hertha. Nun das wäre eine schöne Hausordnung. Würdest du nicht mit Recht sagen: wozu habe ich eine eingerichtete Wirtschaft, wenn ich mich aus dem Gasthause beköstigen muß? Du hast das Recht zu verlangen, daß du aus deiner eigenen Küche issest.

Arnold. Hm! wenn ein Notfall eintritt — du hast dich aber bis jetzt mit dem Kochen noch nicht abgegeben. —

Hertha. Das ist ja keine Hexerei. Die dümmsten Dienstboten können es, warum sollte eine Frau von guter Erziehung es nicht auch zu Stande bringen? Habe ich doch schon oft genug Kaffee gekocht!

Arnold. Mit Spiritus in der Maschine.

Hertha. Einerlei, da hat man die Hauptkunstgriffe schon weg. Du wirst sehen, daß es dir schmeckt. Herr Seeberg, Sie sollen mich heute auch von einer neuen Seite kennen lernen, ich bitte Sie, unser Gast zu sein.

Seeberg (erschrocken). Ich? Ich muß ergebenst danken. Ich kam nur her, um mir von Ihrem Manne eine Broschüre über die Aufhebung des Salzmonopols zu holen —

Hertha. Und Sie treffen uns im Begriffe zu Tische zu gehen, und als alter Hausfreund bleiben Sie da und nehmen fürlieb'.

Seeberg (ängstlich). Ich will doch lieber —

Hertha. Was?

Seeberg. Ich bin so gewohnt im Gasthause zu speisen —

Hertha. Vielleicht gefällt Ihnen ein häuslicher Tisch, vielleicht lernen Sie die Reize der Häuslichkeit schätzen.

Arnold. Meine Frau hat recht, du bleibst bei uns.

Seeberg. Auch du, Brutus? Ich kann nicht, ich habe dem Justizrat versprochen zu kommen —

Versalzen.

Arnold. Den triffst du später noch, der spielt nach Tische seine Partie Domino und bleibt lange sitzen.

Hertha (nimmt Seebergs Hut weg). Keine Widerrede mehr, Sie bleiben hier. Ich binde nur meine Schürze ab, dann kann aufgetragen werden. (Ab.)

Seeberg (erwischt seinen Hut und will sich davon machen).

Arnold (faßt ihn beim Rockschoße und hält ihn fest). Halt, wo willst du hin?

Seeberg (wehmütig bittend). Laß mich gehen.

Arnold. Du fürchtest dich vor der Kochkunst meiner Frau?

Seeberg. Die Wahrheit zu sagen, ja. Deine Frau spielt vortrefflich Klavier, singt wie ein Engel, spricht französisch, englisch und italienisch, aber ihre Kochkunst ist ein noch unbekanntes Talent.

Arnold. Das Kochen ist den Frauen angeboren.

Seeberg. Das ist ein psychologischer Satz, dessen Beweis ich erst abwarten will.

Arnold. Nun, meine Frau wird den Salat doch nicht mit Seife waschen?

Seeberg. Das kann man denn doch nicht ganz bestimmt wissen.

Arnold (bittend). Bleibe da!

Seeberg. Es giebt heute im Gasthause einen prächtigen Fasan.

Arnold. Thue mir's zu Liebe und bleibe da.

Seeberg. Siehst du, schlechter Mensch, du hast selbst kein Vertrauen zur Kochkunst deiner Frau.

Arnold. Nun ja, das gebe ich zu.

Seeberg. Und du willst mich nur hier behalten, weil es tröstlich ist, im Unglück einen Gefährten zu haben.

Arnold. Es ist nicht ganz so. Ich bin ja erst seit sechs Monaten verheiratet. Junge Frauen sind immer empfindlich, meine Frau ist sehr empfindlich; wenn mir nun nicht alles so schmecken sollte, wie sie es erwartet, wird deine Gegenwart sie doch hindern ihrer Empfindlichkeit zu sehr den Zügel schießen zu lassen.

Seeberg. Also zum Blitzableiter der ehelichen Wetterwolken willst du mich?

Arnold. Nenne es, wie du willst, nur bleibe.

Seeberg. Ich möchte doch lieber gehen.

Arnold. Ich bitte dich im Namen unserer Freundschaft.

Seeberg. Wenn du diesen Trumpf darauf setzest, muß ich freilich bleiben. Vergiß aber nicht, welches ungeheure Opfer ich dir bringe; ich rechne auf deine unbegrenzte Dankbarkeit.

Dritter Auftritt.
Vorige. Trudchen
(bringt Wein und noch ein Gedeck, das sie auflegt).

Arnold. Trudchen, hast du meiner Frau beim Kochen geholfen?

Trudchen. Nein; die gnädige Frau hat alles selbst gemacht, ich durfte nicht an den Kochofen. (Ab.)

Seeberg. Auch diese Hoffnung fehlgeschlagen! Das Hausmädchen hätte vielleicht noch etwas gewußt.

Arnold. Du thust aber doch, als solltest du vergiftet werden.

Seeberg. Lieber Freund, ich bin heute morgen nicht zu einem ordentlichen Frühstück gekommen — und das läßt mir die Aussicht auf dein Mittagsessen in so trübem Lichte erscheinen. Hätte ich doch die Broschüre morgen geholt!

Arnold. Seeberg!

Seeberg. Was?

Arnold. Nimm dich doch etwas zusammen!

Seeberg. Ich werde mein möglichstes thun.

Vierter Auftritt.
Vorige. Hertha.

Hertha. Da bin ich, meine Herren — ich bitte Platz zu nehmen. (Klingelt.)

Arnold. Du siehst so erregt aus.

Hertha (leicht schmollend). Ich muß mit dir zanken.

Arnold. Weshalb?

Hertha. Du bist über fünfzehn Minuten zu spät zu Tische gekommen.

Arnold. Die Drehbrücke am Kanal war offen um Schiffe durchzulassen, wir mußten warten.

Seeberg. Halten Sie so streng auf Ordnung?

Hertha. Muß man das nicht bei euch garstigen Männern!

Fünfter Auftritt.
Vorige. Trudchen.

Trudchen (bringt Suppe und geht wieder ab).

Hertha (giebt die Suppe auf).

Hertha. Jetzt lassen Sie die Suppe nicht kalt werden. (Ißt.)

Arnold }
Seeberg } (kosten die Suppe, sehen sich an und machen sehr lange Gesichter).

Hertha. Nun? — Schmeckt die Suppe nicht?

Seeberg. Hm — sie ist noch etwas heiß.

Hertha. Das finde ich nicht. Arnold, warum ißt du nicht?

Arnold (verlegen lächelnd). Sage, Schätzchen, ist die Suppe nicht versalzen?

Hertha (scharf). Versalzen? Was willst du damit sagen?

Arnold. Ich drückte mich zu stark aus, ich wollte sagen: etwas stark gesalzen?

Hertha. Das finde ich nicht. Ich meine, es sei nicht zu viel und nicht zu wenig Salz in der Suppe. Mir schmeckt sie vortrefflich. (Ißt — hustet.)

Arnold. Was hast du? Du hustest so?

Hertha. Nichts — hem, hem — das kommt wohl so vor. (Ißt.)

Arnold. Liebes Herz, die Thränen kommen dir in die Augen.

Hertha. Warum nicht gar! (Hustet.) Ich glaube — hem, hem — es ist mir etwas — hem, hem — in die unrechte Kehle gekommen. (Hustet.) Entschuldigen Sie einen Augenblick. (Der Husten überwältigt sie, sie eilt ab.)

Seeberg. Ich glaube, sie hat auf ein Lot Fleisch vier Pfund Salz genommen.

Arnold. Die Suppe ist wirklich nicht zu essen.

Seeberg. Darum laß mich fort, noch ist es Zeit, daß ich anderwärts etwas bekomme.

Arnold. Jetzt mußt du bleiben.

Seeberg. Aber wenn ich die Suppe essen muß, bekomme ich einen Durst, der niemals wieder zu stillen ist.

Arnold. Es ist zwar ungezogen, aber in der Not vergißt man die Regeln der Schicklichkeit. (Gießt seine Suppe in die Terrine.)

Seeberg. Den Einfall hast du nicht von dir, der ist zu geistreich! (Gießt ebenfalls seine Suppe in die Terrine.) Mir thut nur deine arme Frau leid.

Arnold. Weshalb?

Seeberg. Mit wahrer Todesverachtung hat sie ihre Suppe gegessen.

Arnold. Nur um nicht einzugestehen, daß sie versalzen ist.

Seeberg. Auch das ist Heldenmut.

Arnold. Still, da ist sie.

Sechster Auftritt.
Vorige. Hertha.

Hertha. Ich muß um Verzeihung bitten, aber es geschieht mir so häufig — hem, hem — daß ich mich verschlucke — hem — hem — ich muß wirklich einmal den Arzt fragen, ob es kein Mittel dagegen giebt. — Ah — Sie sind mit Ihrer Suppe zu Ende — befehlen Sie noch einen Teller?

Arnold }
Seeberg } (hastig). Ich danke.

Hertha (klingelt).

Siebenter Auftritt.
Vorige. Trudchen.

Hertha (hat die Teller zusammengesetzt). Nimm die Suppe ab und bringe den Braten.

Trudchen (nimmt Teller und Terrine und geht ab).

Seeberg. Was also das Salzmonopol betrifft, so bin ich der Meinung —

Hertha (unterbrechend). Bitte, jetzt nur keine politischen und sozial'ökonomischen Gespräche. Ergeben Sie sich ganz dem Genuß der Mittagstafel. Hier kommt schon der Braten.

Achter Auftritt.
Vorige. Trudchen.

Trudchen (bringt einen Braten, setzt ihn vor Arnold und geht ab).

Arnold (beginnt den Braten zu schneiden und macht große Anstrengungen einzubringen).

Hertha. Du kommst ja gar nicht mit dem Schneiden zurecht.

Arnold. Es scheint mir —

Hertha. Was?

Arnold. Als wenn der Braten etwas hart wäre.

Hertha. Unmöglich! Du bist,—nimm es mir nicht übel— etwas ungeschickt. Ich will dir dein Geschäft abnehmen.

Arnold (schiebt ihr die Schüssel hin). Wenn du so gut sein willst, ich möchte dir dein Werk nicht verderben.

Hertha (schneidet mühsam). Die Messer sind wirklich sehr stumpf, ich will sie noch heute in die Schleifmühle schicken.

Trudchen (bringt Brühe, Salat, Kompott und geht wieder ab).

Arnold. Der Schweiß tritt dir auf die Stirne, plage dich nicht so, ich will es lieber noch einmal versuchen.

Hertha. O ich bin schon fertig. Der Braten scheint mir gelungen, wenn man nach dem Dufte schließen darf. Ist Ihnen gefällig? Nehmen Sie dies Stückchen, das ist besonders zart und saftig. Lieber Arnold, willst du dich nicht bedienen? Herr Seeberg, hier ist Brühe — Salat.

Seeberg. Danke, danke.

Seeberg }
Arnold } (kosten, sehen sich an und zucken die Achseln).

Hertha. Nun, wie findest du den Braten?

Arnold. Offen gestanden —

Hertha. Wie? Hast du auch hier zu tadeln?

Arnold. Nein, nein, der Geschmack ist vortrefflich, nur scheint er mir nicht ganz weich zu sein.

Hertha. Wahrhaftig, das ist nicht meine Schuld. Das liegt am Fleischer, der mir nicht das richtige Stück geschickt hat.

Seeberg. Sie haben recht, es liegt am Fleischer. Diese Menschen thun es oft aus Bosheit, daß sie nicht das richtige Fleisch schicken, bloß um die Hausfrauen in Verlegenheit zu setzen.

Versalzen.

Hertha. Übrigens so sehr hart finde ich es nicht, es läßt sich ganz gut essen. Ich will euch indessen noch einen Trost verkünden, ihr sollt einen ganz leckern Reispudding haben. Ich muß aber gleich nachsehen, ich glaube es ist Zeit, daß er vom Feuer kommt. Eßt unterdessen euren Braten, hier ist noch abgeschnitten. (Ab).

Seeberg. Lieber Freund, ich habe zwei und dreißig gesunde Zähne, aber um diesen Braten zu zermalmen, müßte man eine Stampfmühle haben.

Arnold. Ach ja!

Seeberg. Und der Salat —

Arnold. Ist versalzen.

Seeberg. Und die Brühe —

Arnold. Ist versalzen.

Seeberg. Da sieht man die entsetzlichen Folgen, daß das Salzmonopol aufgehoben worden ist.

Arnold. Sie muß einen ganzen Zentner Salz verbraucht haben.

Seeberg. Aber was wird mit dem Fleische? Es essen ist unmöglich.

Arnold. Und wenn wir es auf dem Teller lassen, fühlt sich meine Frau gekränkt. Halt, ich hab's! Wir stecken das Fleisch in das Cigarrenkistchen, ich finde nachher schon Gelegenheit es unbemerkt wegzubringen. (Steckt das Fleisch von seinem und Seebergs Teller in die Cigarrenkiste).

Seeberg. Nun denn rasch, ehe sie kommt. Übrigens ist das ein Mittagsessen, wie ich es noch nicht erlebt habe.

Arnold. Es hat eine komische Seite.

Seeberg. Erlaube, wenn man nichts zu essen bekommt, so ist das tragisch.

Arnold. Mensch — Freund — Bruder — deine spitzen Bemerkungen reizen meinen Ärger noch mehr.

Seeberg. Ärgerst du dich?

Arnold. Das fragst du noch?

Seeberg. Dann ist es gut, daß du nichts zu essen bekommst; auf den Ärger soll man nicht essen.

Neunter Auftritt.
Vorige. Hertha.

Hertha. So, meine Herren, da bin ich wieder. Ich kam zur rechten Zeit in die Küche, der Pudding wäre sonst zu braun geworden. Ist Ihnen noch ein Stückchen Braten gefällig?

Seeberg. Danke, danke verbindlichst.

Hertha. Sie sollten doch noch —

Seeberg. Ich esse leidenschaftlich gern Reispudding, und will meine Kräfte für diesen aufsparen. (für sich.) Der könnte doch gelungen sein. Ein Schimmer von Hoffnung.

Hertha. Aber du, lieber Arnold!

Arnold. Ich teile Seebergs Leidenschaft für den Reispudding.

Hertha (klingelt). So mag er kommen und seine Aufwartung machen.

Zehnter Auftritt.
Vorige. Trudchen.

Hertha. Bringe den Pudding.

Trudchen (ab).

Hertha. Sie lieben doch auch Weinsauce?

Arnold. Warum sagen wir eigentlich Sauce?

Hertha. Wie sollen wir denn sagen?

Arnold. Das Wort ist ursprünglich Salsa. Daraus haben die Franzosen Sauce gemacht, und wir brauchen für ein hübsches, lateinisches Wort die französische Form. Ist das nicht lächerlich?

Trudchen (bringt einen Pudding. Auf Herthas Wink setzt sie den Braten, Salat u. s. w. auf das Büffett und geht dann ab).

Seeberg. Ich möchte doch lieber bei Sauce bleiben. Salsa hat einen so unangenehmen Anklang an Versalzen.

Hertha (ist beim Tellerwechseln Trudchen behülflich gewesen, reicht Seeberg den Pudding). Ist Ihnen gefällig?

Seeberg (für sich). Ach, du lieber Himmel! (Der Pudding ist ganz schwarz gebrannt; er kann mit dem Löffel nicht einbringen). Sie haben gewiß Vaubans Festungsbau studiert?

Hertha. Wie so?

Seeberg (nimmt das Messer). Sie haben die Außenwerke besonders stark gemacht. (Nimmt von dem Pudding.)

Hertha. Sie können doch das Witzeln nicht lassen. Lieber Arnold?

Arnold (nimmt Pudding).

Arnold
Seeberg } (kosten, sehen sich an und brechen in starkes Gelächter aus).

Hertha (beleidigt). Was soll das heißen, meine Herren?

Seeberg. Schöne Frau — das — (lacht).

Hertha. Werde ich eine Erklärung bekommen?

Arnold. Aber liebes Kind — (lacht) — das setzt dem Dinge die Krone auf.

Hertha. Ich finde Ihr Benehmen nicht sehr artig.

Arnold. Aber Schätzchen, dein Pudding ist außen verbrannt und inwendig nicht gar.

Hertha. Das ist zu stark! Mir so etwas zu sagen!

Arnold. Du hast zu heftiges Feuer gehabt, ein Pudding muß bei gelindem Feuer aufgesetzt werden.

Hertha. Was verstehst du denn vom Kochen?

Arnold (lachend). Jedenfalls mehr als du.

Hertha. Ah! diese Behauptung ist doch zu arg. Für alle meine Mühe, meinen Fleiß, ernte ich Spott und Hohn. Das ist unwürdig.

Arnold. Liebes Kind, beruhige dich.

Hertha. Unwürdig ist es, ich wiederhole es. Ein Mann sollte sich schämen, seiner Frau so etwas zu sagen.

Arnold (ernst). Vergiß dich nicht. Du schlägst einen Ton der Heftigkeit an, der sich nicht ziemt.

Hertha. Du wirfst mir auch noch Unziemlichkeit vor. Immer besser.

Seeberg. Aber Kinder —

Hertha. Verzeihen Sie, Herr Seeberg, daß in Ihrer Gegenwart so etwas vorfällt, allein auch die himmlischste Geduld hat ihre Grenzen. (Steht auf).

Arnold (steht auf). Nun ich dächte, wenn Geduld bewiesen worden ist, so war es von unserer Seite.

Seeberg. Aber Arnold!

Hertha. Geduld? Wie so mußt du mit mir Geduld haben?

Arnold. Mit deinem Essen wenigstens.

Hertha. Ah, das ist zu arg! Was fehlte meinem Essen?

Seeberg. Verderben, gehe deinen Gang. (Bleibt sitzen, ißt Weißbrot und trinkt Wein).

Arnold. Die Suppe war versalzen!

Hertha. Das ist nicht wahr!

Arnold. Sie ist dir selbst in der Kehle stecken geblieben.

Hertha. Abscheu'lich — ich hatte mich verschluckt.

Arnold. Die Brühe war versalzen, der Salat war versalzen, der Braten hart, der Pudding nicht zu genießen.

Versalzen.

Hertha. Muß ich doch nun selbst die Erfahrung machen, daß die Männer ein undankbares Geschlecht sind.

Arnold. Undankbar?

Hertha. Zwei Stunden habe ich mich in der Küche abgemüht, habe mich in die Finger geschnitten, habe mir die Hände verbrannt — und das ist mein Lohn.

Arnold. Das war nicht nötig. Du konntest Essen aus dem Speisehause holen lassen.

Hertha. So? Würdest du nicht gesagt haben: deine Frau sei keine gute Hausfrau, deine Wirtschaft sei nicht in Ordnung?

Arnold. Es wäre mir nicht eingefallen, so etwas zu sagen.

Hertha. Es wäre dir wohl eingefallen, du würdest es gesagt haben. Das Essen war nicht so schlecht, wie du es machst. Und wenn der Pudding etwas zu braun geworden ist, so bist du schuld daran.

Arnold. Ich?

Hertha. Warum kommst du eine Viertelstunde zu spät zu Tische! Durch das Stehen verdirbt das beste Essen. Da kann die Frau sich plagen vom frühen Morgen bis zum späten Abend, aber der Mann gewöhnt sich nicht an Ordnung und vereitelt die größten Anstrengungen der Frau. Das ist abscheulich — unerhört'.

Arnold. Was solch ein Frauenkopf nicht alles zusammen bringt! Die Männer sind Ungeheuer, weil sie eine versalzene Suppe nicht essen wollen.

Hertha. Die Suppe war nicht versalzen.

Arnold. Seeberg, lege doch Zeugnis ab. Sitzt der Mensch ganz behaglich da und ißt Weißbrot.

Seeberg. Wenn du mich zu Tische bittest, mußt du mir doch gestatten mit etwas meinen Hunger zu stillen.

Arnold. Ja, ja, eben badurch legst du Zeugnis ab. Da siehst du es, Hertha.

Hertha. Das ist zu viel! Vor Fremden verspottest du mich, Fremden stellst du mich als Beispiel einer schlechten Hausfrau hin. Oh — oh — (weint).

Arnold. Nun kommen Thränen. Etwas Gesalzenes muß doch babei sein. — O weh, da klopft es — wer kann benn jetzt — ?

Elfter Auftritt.
Vorige. Wittkow. Ulrike.

Wittkow. Guten Tag, lieben Kinder. Aber was ist denn hier los?

Ulrike (sehr zärtlich). Hertha, du weinst? (Geht zu ihr).

Wittkow. Wir wollten fragen, ob ihr bei bem herrlichen Wetter einen Spaziergang mitmachen wollt — aber bei euch scheint trübes Wetter stattzufinden.

Arnold. Ein kleiner Wortwechsel — nicht der Rede wert.

Ulrike. Nicht der Rede wert? Und Hertha ist außer sich? Sie löst sich fast in Thränen auf. Rede doch. Wie? Du kannst es gar nicht sagen? Das muß ja entsetzlich sein.

Wittkow. Aber Arnold, was hast du benn deiner kleinen Frau gethan?

Arnold. Ich sage Ihnen ja: es ist nicht der Rede wert.

Hertha (schluchzend). Da hören Sie es, die bitterste Kränkung findet er nicht der Rede wert.

Wittkow. Arnold, Arnold!

Ulrike. Das hätte ich nicht gedacht!

Wittkow. Ich habe deine Heirat vermittelt, ich habe gewissermaßen für dich Gewähr geleistet.

Ulrike. Hertha war von jeher mein Liebling und viel zu gut für dich.

Wittkow. Und nun behandelst du sie so!

Ulrike. Pressest ihr die bittersten Thränen aus!

Arnold. Darf ich auch einmal zu Worte kommen?

Wittkow. Das ist billig. Audiatur et altera pars!

Arnold. Der Grund ihrer Thränen ist weiter nichts, als eine versalzene Suppe.

Hertha (weinend). Da hören Sie es, er behauptet noch immer, die Suppe sei versalzen gewesen.

Ulrike. Abscheulich!

Wittkow. Ich verstehe die Sache noch nicht.

Arnold. Mit einem Worte: die Köchin ist plötzlich außer Dienst gegangen, Hertha hat selbst gekocht und das ist ihr gänzlich mißglückt.

Hertha. Da hören Sie es, gänzlich mißglückt! Das ist der Lohn für meine Mühe, meine Anstrengung.

Ulrike. Arnold, du bist sehr rücksichtslos.

Arnold. Alle Wetter! Ich habe alle mögliche Rücksicht gehabt, ich habe von ihr gar nicht verlangt, daß sie kochen soll. Daß ich aber einen verbrannten Pudding, hartes Fleisch und eine versalzene Suppe noch loben soll, ist doch eine zu starke Zumutung.

Hertha. Hören Sie die schweren Beschuldigungen?

Ulrike. Ja, mein Kind, es ist entsetzlich. Die Männer sind Ungeheuer, sie wissen nie zu schätzen, was wir für sie thun.

Wittkow (immer etwas langsam). Hm! hier wäre doch erst die species facti zu untersuchen, ob Arnold recht hat.

Ulrike. Da siehst du, mein Mann nimmt schon Partei für ihn. O die Männer, die Männer!

Wittkow. Ich nehme gar keine Partei, ich stelle mich über die Parteien und will eine gerechte Untersuchung. Denn wenn der Pudding wirklich verbrannt, die Suppe wirklich versalzen war —— hm! da steht ja der Pudding noch auf dem Tische. (Geht an den Tisch und untersucht den Pudding.)

Seeberg. Bedienen Sie sich.

Hertha. Lassen Sie doch, ich bitte bringend, lassen Sie es ruhen.

Wittkow. Nein, dir soll Gerechtigkeit werden.

Ulrike. Du bist kein un'parteiischer Richter, die Männer tadeln immer am Essen. Ich werde selbst nachsehen. (Geht an den Tisch.)

Wittkow. Frau, der Pudding ist wirklich verbrannt.

Ulrike. Das kann man nicht sagen, er ist höchstens ein bischen zu braun.

Wittkow. Braun? Das ist schwarz. Es ist förmlich Kohle, und Kohle ist immer schwarz. Wenn man den Pudding bei heftigem Feuer ansetzt, verbrennt er von außen und wird innen nicht gar. Das scheint hier geschehen zu sein.

Ulrike. O Himmel! jetzt wissen die Männer auch etwas von Kochgesetzen. Das thun sie nur, um uns zu ärgern.

Wittkow. Hast du nie gehört, Frau, daß wir zuweilen, als Stu'den'ten zum Beispiel, in die Lage kommen, uns selbst Knöpfe annähen zu müssen?

Ulrike. Das wohl.

Wittkow. Nun, so kommen wir auch in die Lage auch selbst kochen zu müssen, also verstehen wir etwas davon. (Geht nach dem Büffett.) Doch sieh, da steht ja auch der Braten noch. Arnold hat recht, der Braten ist hart.

Ulrike (ist zum Büffett gegangen und kostet). Das ist zu viel gesagt, er ist höchstens nicht ganz weich.

Hertha. Untersuchen Sie doch nicht weiter.

Wittkow. Nicht ganz weich? Da haben wir schon gewonnen. Ganz gesteht eine Frau ihr Unrecht niemals ein. Wenn nun der Braten nicht ganz weich ist, so ist er nach deinem Geständnis halb weich. Thun wir nun die andere Hälfte hinzu, die du nicht eingestehst, so wird er ganz hart. Das nennt man einen Schluß.

Hertha. Lassen Sie doch das Untersuchen.

Wittkow. Wir sind noch nicht ganz fertig, denn die versalzene Suppe entzieht sich unserer Forschung.

Arnold. Vielleicht nicht. (Klingelt).

Ulrike. Was willst du denn machen, Arnold?

Arnold. Lassen Sie nur.

Zwölfter Auftritt.
Vorige. Trudchen.

Trudchen. Sie befehlen?

Arnold. Kannst du uns von der Suppe noch etwas geben?

Trudchen. Ja, ich habe für den Zeitungsjungen etwas warm gestellt.

Arnold. Bringe es herein!

Trudchen. (Ab).

Wittkow. Es scheint, daß wir noch zu einem voll'ständigen Urteil kommen können.

Ulrike. Es wird sich zeigen.

Hertha. Ich bitte Sie bringend, machen Sie ein Ende, lassen Sie die Sache ruhen.

Trudchen (bringt einen Teller Suppe und geht wieder ab).

Wittkow. So, stelle sie nur auf den Tisch. (Kostet; emphatisch). Versalzen!

Ulrike (kostet). Nein!

Wittkow. Gänzlich versalzen.

Ulrike. Nein. Es kann ein Körnchen Salz mehr darin sein, als nötig wäre. Weiter kann man nichts sagen.

Wittkow. Und ich sage: versalzen.

Ulrike. Das verstehst du gar nicht.

Wittkow. Meine Zunge sagt es mir, und die lügt nie.

Ulrike. Du nimmst nur für Arnold Partei, weil ihr Männer immer zusammenhaltet.

Hertha. So ist es, Tante.

Ulrike. Wenn es gilt die Frauen zu unterdrücken, blast ihr alle in ein Horn.

Wittkow. Es handelt sich hier gar nicht um Unterdrückung, sondern um eine versalzene Suppe. Bleibt bei der Sache.

Ulrike. Die Suppe ist nicht versalzen.

Hertha. Die Suppe ist nicht versalzen.

Seeberg (geht ab).

Wittkow. Sollen wir ein Gericht von Köchen über diese Suppe zusammenberufen?

Ulrike. Die Sache ist gar nicht der Rede wert.

Arnold. Vorhin fand es doch Hertha so sehr der Rede wert, daß sie in Thränen zerfloß.

Wittkow. Nicht der Rede wert? Erlaube, liebe Frau, gut kochen ist sehr der Rede wert. Schlecht gekochte Speisen verdauen sich schlecht, schlechte Verdauung ist der Gesundheit nachteilig.

Ulrike. Larifari! Es ist nichts mit deinen großen Redensarten! Ihr wollt die Frauen unterdrücken, das ist euer ganzes Streben.

Verfalzen.

Dreizehnter Auftritt.
Vorige. Seeberg.

Seeberg. Frau Gerichts'rätin, es ist ein Unglück geschehen.
Alle. Ein Unglück?
Seeberg. Ihr kleiner Hund —
Ulrike. Mein süßer Joli — er ist ja mit uns gekommen!
Seeberg. Und ist in die Küche gelaufen —
Ulrike (ängstlich). Nun?
Seeberg. Trudchen hatte ihre Portion' Suppe auf die Erde gestellt —
Ulrike. Nun?
Seeberg. Der Hund hat sie gefressen —
Ulrike. Nun?
Seeberg. Nun liegt er da, und streckt alle viere von sich.
Ulrike (wendet sich zornig zu Hertha, großartig). Giftmischerin!
Hertha. Aber Tante!
Ulrike. Du hast meinen süßen Joli mit deiner abscheulichen Suppe umgebracht.
Hertha. Aber Tante!
Ulrike. Ich sage mich los von dir, ich nehme deine Partei nicht mehr, ich will alles sagen: dein Pudding ist verbrannt, dein Braten ist hart, deine Suppe ist verfalzen. Mein Joli! Ist er tot? Ich muß zu ihm.
Seeberg. Ich habe ihm Seifenwasser gegeben, er erholt sich schon, lassen Sie ihm Ruhe.
Ulrike. Der arme, süße Hund! Seeberg, ich bin ewig Ihre Schuldnerin.
Wittkow. Daß wir die Suppe essen sollten hat sie nicht gerührt, für ihren Hund aber geht sie ins Feuer.

Hertha (für sich). So stehe ich jetzt ganz allein! Sie sind alle gegen mich! Da gehe ich doch, wohin ich gehöre. (Geht zu Arnold, liebenswürdig.) Lieber Arnold.

Arnold (freundlich). Liebe Hertha.

5 **Wittkow.** Still! Gebt Acht! (Lauscht mit den Übrigen.)

Hertha. Es that mir so weh, daß alles verun'glückt war; ich war empfindlich und wollte es nicht zugeben, aber jetzt will ich es gestehen.

Arnold. Hertha!

10 **Hertha.** Ja, der Pudding ist verbrannt, der Braten ist hart — (stockt).

Arnold. Und?

Hertha. Und die Suppe ist versalzen.

Arnold. Mein liebes Herz, das war ein Versehen, ein 15 Fehlgriff.

Hertha. Nun will ich auch —

Arnold. Nie wieder kochen —

Hertha. Im Gegenteil, erst recht kochen.

Arnold (entsetzt). Hertha!

20 **Hertha.** Aber ich will es erst lernen.

Alle. Bravo, bravo, bravo!

Benedix.

VI.
Historische Prosa.

1. Hermann, der Befreier Deutschlands.

Hundert Jahre waren seit den furchtbaren Schlachten zwischen den Römern und den Cimbern und Teutonen verflossen. Die Römer, deren Herrschaft sich nun von dem Atlantischen Ocean bis an den Euphrat, von der Nordsee bis an die Wüsten Afrikas erstreckte, hatten auch einige Teile Deutschlands erobert, in denselben Städte und Festungen angelegt, und die rohen Eingebornen an die römischen Sitten zu gewöhnen gesucht. In einigen Gegenden war ihnen dies gelungen, und manche Stämme, besonders am Rhein und an der Donau, hatten sich unvermerkt in die neue Lebensart gefunden. Die Zwietracht unter den einzelnen Völkerschaften war dem Vordringen der gemeinsamen Feinde förderlich, und immer weiter verbreitete sich die verderbliche Sitte, daß deutsche Männer ihre Heimat verließen und mit den römischen Heeren in fremde Länder zogen, um ihrer Kampflust zu genügen. Auch um römische Kriegskunst und feinere Sitten zu lernen, zogen Söhne der edelsten deutschen Geschlechter nach Rom. Hier überhäufte man sie mit Ehrenstellen und Genüssen aller Art, damit sie Freiheit und Vaterland darüber vergäßen. So drang die römische Herrschaft immer

tiefer in die deutschen Gaue ein, und immer neue Völkerstämme
erlagen dem Verderben, das die neuen Sitten über sie brachten.
Römische Statthalter sprachen deutschen Männern Recht, nicht
nach dem alten Brauch ihres Landes, sondern nach den Ge=
5 setzen, die in Italien und den Provinzen des Reiches galten.
So konnte der Kaiser Augustus, der zur Zeit, als Jesus Christus
geboren ward, das gewaltige Reich beherrschte, in stolzer Sicher=
heit sich rühmen, er habe die deutsche Freiheit vernichtet. Aber
noch gab es Tausende in Deutschland, deren Herzen für die
10 heilige Sache der Freiheit schlugen.

Unter den vielen deutschen Jünglingen, die nach Rom ge=
kommen waren, hatte der Kaiser Augustus besonders zwei mit
Gunst und Ehrenstellen ausgezeichnet, den Marbod aus dem
mächtigen Stamm der Sueven, und den Hermann aus dem
15 Stamm der tapferen Cherusker. Als sie nach Deutschland
zurückkehrten, dachten sie nur an die Befreiung des geliebten
Vaterlandes, und hielten Rat mit vielen edlen Männern, auf
welche Weise die Rettung zu bewerkstelligen sei. Marbod wußte
viele zahlreiche Stämme, die sich nun Markomannen nannten,
20 zu vereinigen, übte sie in der römischen Kriegskunst, und führte
sie die Donau hinab in das Land der Böhmen, wo er sich durch
die Besiegung der benachbarten Stämme ein mächtiges Reich
gründete. Aber bald vergaß er aus Herrschsucht die gemein=
same Sache der Freiheit, und mit seiner Macht wuchs sein
25 Stolz und sein Übermut.

Anders handelte Hermann. Er hatte mehrere Jahre in den
römischen Heeren gekämpft, sich durch Tapferkeit so ausgezeich=
net, daß man ihn mit dem Ehrenvorrechte eines römischen
Bürgers und der Würde eines Ritters belohnt hatte. Auch an
30 Verführungen hatte es nicht gefehlt, um ihn an das schwelgerische

Hermann.

Leben der Hauptstadt zu fesseln und ihn sein Volk vergessen zu
machen. Aber stets war er den alten deutschen Sitten treu
geblieben, und nicht einen Augenblick hatte ihn der Gedanke an
den traurigen Zustand seines Vaterlandes verlassen. Als er
endlich dorthin zurückkehrte, sah er mit glühender Scham die
Bedrückungen, unter denen seine Landsleute seufzten.

Damals waltete am Rhein ein römischer Statthalter, Namens
Quintilius Varus, ein stolzer, harter Mann, der den Deutschen
ihr Hab und Gut nahm, und deutsches Recht und deutsche Sitte,
selbst die deutsche Sprache mit Gewalt auszurotten suchte. Immer
weiter verbreitete sich der Unwille und der Haß gegen die Frem=
den; aber offenen Kampf durfte man nicht wagen, da die Macht
der Römer zu stark war. Da wurde Hermann der Retter der
deutschen Freiheit. Er hatte heimlich die Besten seines Stammes,
die er treu und freiheitliebend erfunden, zusammenberufen und
mit ihnen Rat gepflogen. Alle waren einverstanden, daß für
die Deutschen nur darin Heil sei, wenn alle Römer, die im
Lande waren, an einem Tage erschlagen würden. Um dies
möglich zu machen, suchte Hermann das Vertrauen des römischen
Statthalters zu gewinnen, und es gelang ihm dies in dem
Grade, daß dieser ihn bei allen wichtigen Angelegenheiten zu
Rate zog. Varus versäumte sogar die gewöhnlichen Vorsichts=
maßregeln, die ein Feldherr im feindlichen Lande zu beobachten
pflegt, so fest war er von der Unterwürfigkeit der Deutschen
überzeugt.

Um diese Zeit war es, daß Hermann eine Jungfrau, Namens
Thusnelda, kennen lernte, der im ganzen Lande keine an Schön=
heit und Tugend gleich kam. Mit bitterem Schmerz sah das
edle Mädchen die Erniedrigung ihres Volkes; ihr Vater aber,
Segest', hielt es mit den Römern, indem er durch den Beistand

derselben die Herrschaft über sein ganzes Volk zu erlangen hoffte. Als nun Hermann um die Hand der Jungfrau freite, und der Vater sie ihm verweigerte, entführte sie der junge Held und brachte sie heim als sein Weib. Dafür schwur ihm Segest ewige Rache. Eiligst begab er sich zum Varus, teilte ihm die Pläne der Verschworenen mit, und warnte ihn namentlich vor Hermann, als vor einem Verräter. Varus aber verachtete den Rat; er war zu übermütig, als daß er die Deutschen hätte fürchten sollen, und vertraute auf sein zahlreiches und geübtes Heer. Kurze Zeit darauf empörten sich nach verabredetem Plan einige entfernter wohnende Stämme. Hermann hatte vorher bedacht, daß Varus in solchem Falle nicht zögern werde, mit aller Macht gegen sie ins Feld zu rücken. So geschah es auch. Hermann begleitete die Römer noch eine Strecke; dann entfernte er sich unter dem Vorwand, ihnen neue Bundestruppen zuzuführen. Sogleich begab er sich zu dem schon versammelten Heere, eilte mit demselben den Römern nach und traf sie in der wildesten Gegend des Teutoburger Waldes. Die Römer befanden sich in einem von steilen Hügeln eingeschlossenen Thale, ermattet durch einen langen, beschwerlichen Marsch und nicht ohne Sorge darüber, daß die erwarteten Hilfstruppen noch immer ausblieben. Der Regen goß in Strömen herab, der Sturm erhob sich mit immer größerer Heftigkeit: da ertönte auf den Anhöhen der fürchterliche Kriegsgesang der Deutschen, die unter Hermanns Anführung von allen Seiten auf die unglücklichen Römer eindrangen. Auf der Seite der Römer focht die geübte, durch Kriegszucht geregelte Tapferkeit verzweiflungsvoll um das Leben, auf der Seite der Deutschen dagegen ungestümer Mut und hohe Begeisterung für die Sache der Freiheit. Nach dreitägigem Gefechte, als Varus am guten Ausgang des Kampfes verzweifelte und, um seine Schande nicht zu überleben, sich in sein Schwert stürzte, war die Niederlage der Römer entschieden. Fast zwanzigtausend auserlesene römische Soldaten deckten mit ihren Leichen das blutige Schlachtfeld; die wenigen aber, die in die Gefangenschaft gerieten, wurden den Göttern zum Dank für die wieder errungene Freiheit geopfert. Am grausamsten strafte das Volk die römischen Sachwalter, die ihm statt des guten alten Rechts die römischen Gesetze aufgedrängt hatten. Einem riß es die Zunge aus, indem es rief: „Nun höre auf zu zischen, Natter!" Als die Nachricht von der entsetzlichen Niederlage dem Kaiser Augustus hinterbracht' wurde, stieß dieser in Verzweiflung den Kopf gegen die Wand und rief: „Varus! Varus! gieb mir meine Legionen wieder!" Die Trauer in Rom war allgemein, denn kaum gab es eine Familie, die nicht einen Angehörigen unter den Gefallenen zu beweinen hatte. Dagegen erscholl lauter Jubel durch das befreite Deutschland; in allen Gauen wurde der Name des Helden Hermann gepriesen, der in der Schlacht Wunder der Tapferkeit gethan hatte. Einstimmig wählte ihn nun ein großer Teil der deutschen Stämme zum Anführer, und er rechtfertigte das Vertrauen, das seine Landsleute in ihn setzten. Sein nächstes Werk war die Zerstörung der Festungen, welche die Römer in verschiedenen Gegenden Deutschlands angelegt hatten. Bald waren sie bezwungen und der deutsche Boden von der Fremdherrschaft frei. Sodann bemühte sich Hermann, die Deutschen zur Fortsetzung des Krieges mit den Römern zu bewegen; aber dies gelang ihm nicht, denn der größere Teil der Fürsten war zum Frieden geneigt, freilich nur in der Absicht, um sich mit Hilfe der Feinde über ihre Landsleute eine größere Gewalt zu verschaffen. Zu diesen

gehörte auch der schon erwähnte Segest, der Vater der Thus=
nelba.. Der trug noch immer unversöhnlichen Groll gegen Her=
mann im Herzen, überfiel' ihn und schlug ihn in Ketten; das
treue Volk aber befreite den Helden, der nun gegen den Vater
seiner Gattin die Waffen ergreifen mußte.

Als die Römer von diesen Kämpfen in Deutschland hörten,
versuchten sie, die verlorne Herrschaft wieder zu gewinnen. Ein
zahlreiches Heer drang über den Rhein unter der Anführung
des Germanicus. Segest, der durch Hermann hart bedrängt
wurde, erbat sich von ihnen Hilfe und versprach dagegen
Unterwerfung. Die Römer ließen nicht lange auf sich warten;
sie drängten Hermanns Scharen zurück und vereinigten sich
mit dem Verräter, der ihnen darauf seine eigene Tochter,
Hermanns geliebte Thusnelda, als Gefangene übergab. Ger=
manicus drang nun weiter in Deutschland ein, suchte das Thal
auf, wo die Legionen unter Varus gefallen waren, und be=
stattete die Gebeine derselben. Da hörte er, daß Hermann
mit seinen Scharen nahe. In einer großen Ebene, von den
Römern J'distavisus genannt, an den Ufern der Weser, trafen
die feindlichen Heere zusammen. Nach langem und heißem
Kampfe mußten die Deutschen sich zurückziehen; Hermann selbst
wurde verwundet und rettete sich nur durch die Schnelligkeit
seines Pferdes. Aber auch die Römer mußten sich bald zum
Rückzug entschließen, da in allen Gauen das Volk wider sie
aufstand. Germanicus kehrte nach Rom zurück und führte
viele edle Deutsche, unter ihnen Thusnelda mit Hermanns
Söhnlein, als Gefangene im Triumph vor sich her. Hermann
sah sein geliebtes Weib nicht wieder; sie starb in der Gefan=
genschaft.

Als Hermann sein Vaterland von der Fremdherrschaft be=

freit sah, wandte er sich gegen einen innern Feind, der der Sache der Freiheit nicht minder verderblich war als die Römer. Marbod, der Markomannen=König, hatte seine Herrschaft über viele Völker ausgedehnt und mit Willkür und Grausamkeit in seinem Lande geschaltet. Hermann griff ihn an und besiegte ihn nach langem Kampf. Marbod mußte zu den Römern fliehen und ihren Schutz anflehen, und hier führte er noch achtzehn Jahre ein unrühmliches Leben.

Hermann ereilte der Tod in der Blüte seiner Kraft. Zwölf Jahre hatte er unermüdlich für die gemeinsame Freiheit ge= stritten, und noch war es ihm gelungen, alle deutschen Stämme für die heilige Sache zu vereinigen. Noch hielt es mancher Fürst mit den Römern, mancher beneidete Hermann um sein Ansehn, seine eigenen Verwandten klagten ihn an, er strebe nach der Allein'herrschaft, er, der sein ganzes Leben der Sache der Freiheit gewidmet hatte. Endlich traten mehrere seiner Feinde zusammen und brachten ihn meuchlings um. Das Volk aber vergaß den Helden nicht, dem es die Freiheit verdankte, sondern besang seine Thaten in Liedern, die sich von Geschlecht auf Geschlecht fortpflanzten. —

Dielitz.

2. Karl der Große.

Karl, der Sohn Pipins, herrschte nach dem Tode seines Bruders Karlmann über das ganze fränkische Reich. Aber dem aufstrebenden Geiste des großen Mannes genügte die Macht nicht, die er von seinen Vorfahren geerbt; er wollte alle Völker des Abendlandes zu einem christlichen Reiche ver= einigen, und dieses Ziel verfolgte er während der langen Dauer seiner Regierung mit eisernem Willen. Wenn ein Fürst befähigt war, ein solches Ziel zu erreichen, so war es Karl der Große, denn in ihm hatte die Natur die herrlichsten Gaben vereinigt: eine rastlose Thätigkeit und einen scharfen Blick, große Besonnenheit und Willigkeit, guten Rat zu hören, Kraft und Mut und einen frommen Sinn. Er war, wie es damals unter den Franken Sitte war, ohne wissenschaftlichen Unterricht aufgewachsen, so daß er noch als Mann mit großer Mühe schreiben lernen mußte. Aber schon als Knabe hatte ihn der Wunsch beseelt, dereinst sein Volk aus dem Zustande der Rohheit, in dem es sich befand, zu erheben, und er hatte mit Begeisterung von der Herrlichkeit und Bildung früherer Zeiten gehört. So hatte er denn jede Gelegenheit benutzt, seinen Geist auszubilden; namentlich hatte er, da es ihm an einem regelmäßigen Unterricht fehlte, stets den Umgang weiser und gelehrter Männer aufgesucht und sich dadurch mannigfache Kenntnisse erworben.

In Deutschland gab es bei seiner Thronbesteigung nur noch ein einziges freies Volk. Dies waren die heidnischen Sachsen, ein wildes, kriegerisches Volk, das beständige Plünderungszüge in das Frankenreich unternahm und die gefangenen Feinde seinen Götzen als Opfer schlachtete. Karl rückte, als der Krieg auf einem Reichstage beschlossen war, mit einem mächtigen Heere in ihr Land ein und schlug sie, obgleich sie den tapfersten Widerstand leisteten, in mehreren entscheidenden Schlachten. Sie gelobten nun zwar Unterwerfung, allein kaum hatte der fränkische König mit dem größten Teile seines Heeres die Grenzen ihres Landes verlassen, so griffen sie wieder zu den Waffen, vernichteten die zur Besatzung zurückgebliebenen fränkischen Scharen und verjagten die ihnen aufgedrungenen christ-

lichen Priester. Aufs neue wurden sie von dem zurückkehrenden
Eroberer überwunden und aufs neue versprachen sie Unter=
werfung; dennoch empörten sie sich wieder und erfochten unter
Anführung ihres Herzogs Wittekind einen glänzenden Sieg.
Jetzt aber kehrte Karl mit einem noch zahlreicheren Heere
zurück. Ihm und seinen kriegserfahrenen Franken vermochten
die Sachsen nicht zu widerstehen; sie wurden geschlagen, und
Wittekind mußte nach Dänemark entfliehen. Kaum war jedoch
Karl über den Rhein zurückgegangen, so stand ganz Sachsen=
land wieder in Aufruhr und Kampf. Da ließ sich der Held
zu einer grausamen Rache hinreißen, indem er an einem Tage
4500 gefangene Sachsen enthaupten ließ. Aber die blutige
That hatte nicht die gehoffte Wirkung. Der Haß und die
Begeisterung des Volks wurden dadurch noch gesteigert, so daß
es abermals eines langen Kampfes bedurfte, ehe das Land
wieder unterworfen war. Jetzt behandelte Karl die Sachsen
milder und gewann durch seine Mäßigkeit mehr als früher
durch alle seine Siege. Bald erschien sogar der tapfere Witte=
kind am Hofe des Königs und ließ sich mit vielen Edlen
taufen. Aber es dauerte lange, ehe das Volk seinen alten
Glauben und seine alte Freiheit vergaß, so daß immer neue
Empörungen unter ihnen ausbrachen. Daher verlegte Karl,
um ihnen näher zu sein, den Sitz seiner Regierung nach
Aachen, welches nun die Hauptstadt des großen Reiches wurde.

Während des dreißigjährigen Kampfes gegen die Sachsen
hatte Karl auch in andern Ländern blutige Kriege führen
müssen. Zuerst hatte der Hilferuf des Papstes ihn bewogen,
nach Italien zu ziehen, um die Longobarden zu züchtigen, die
nicht allein das päpstliche Gebiet geplündert und mehrere Städte
desselben erobert, sondern auch gegen Karl selbst Feindselig=

keiten begonnen hatten. Der Feldzug hatte den schnellsten und glänzendsten Erfolg. Karl eroberte in kurzer Zeit das Longobardenreich, schickte den König Desiderius nach Frankreich in ein Kloster und ließ sich selbst zum König der Longobarden krönen. Bei dieser Gelegenheit besuchte er auch den Papst in Rom. Er wurde wie im Triumph empfangen und als Befreier von Italien mit den größten Ehrenbezeigungen überhäuft. Dann erneuerte er das schon von seinem Vater geschlossene Bündnis, schwor dem Papste über dem Sarg des Apostels Petrus ewige Freundschaft und bestätigte die demselben von seinem Vater gemachte Schenkung.

Wenige Jahre darauf, als Karl zu Paderborn, im Lande der Sachsen, einen Reichstag hielt, erschien an seinem Hofe eine merkwürdige Gesandtschaft. Es waren arabische Statthalter aus Spanien, die sich gegen den Kali'fen Abderrahman empört hatten und beim Frankenkönig Hilfe suchten. Der Ruhm, den ein Sieg über die Ungläubigen verhieß, lockte den heldenmütigen Karl, ihnen die erbetene Unterstützung zuzusagen. Im folgenden Jahre zog er nach Spanien, eroberte alles Land bis an den Ebro und fügte es unter dem Namen der spanischen Mark zu seinem Reiche. In seinem Heere befand sich unter andern tapfern Rittern auch der Sohn seiner Schwester, Namens Roland, der sich im Kampfe gegen die A'raber vor allen hervorgethan hatte. Dieser führte die Nachhut des fränkischen Heeres, welche auf dem Rückzuge nach Frankreich in einer engen Schlucht der Pyrenä'en von den wilden Bergbewohnern überfallen wurde. Nach langem, heldenmütigem Kampfe erlag Roland mit allen seinen Gefährten der feindlichen Übermacht. Um das Andenken des Helden würdig zu ehren, ließ Karl im Thale von Roncevalles über der Stelle, wo seine Gebeine ruhten, eine Kapelle

Karl der Große.

erbauen; mehr aber noch ehren den tapfern Roland die zahllosen Lieder, in denen Dichter aller Zeiten seine Thaten besungen haben.

Als Karl im Jahre 799 zu Paderborn, im Lande der Sachsen, Hof hielt, erschien bei ihm der Papst Leo III. als Flüchtling und verlangte von ihm, als Schutzherrn der Kirche, Hilfe gegen die aufrührerischen Römer, welche ihn arg gemißhandelt und dann verjagt hatten. Karl versprach ihm seinen Schutz, zog im folgenden Jahre über die Alpen und bestrafte die Übelthäter. Als er darauf am Weihnachtstage des Jahres 800 dem Gottesdienst in der Peterskirche beiwohnte und andächtig an den Stufen des Altars kniete, näherte sich ihm der Papst, eine Krone in den Händen, und setzte sie ihm auf das Haupt. Seine Rede wurde von dem Freudenrufe des versammelten Volkes unterbrochen, das den Gekrönten frohlockend und glückwünschend zum römischen Kaiser ausrief. Der Papst war hierauf der erste, welcher dem Gekrönten nach alter Gewohnheit seine Unterthänigkeit bezeigte.

Durch diese Kaiserkrönung wurde Karl als Herr der ganzen abendländischen Christenheit anerkannt. Noch hatte sich in allen Ländern eine dunkle Kunde von der Macht der alten römischen Kaiser erhalten, und diese Macht war nun wieder einem Fürsten übertragen. Man glaubte aber auch, daß die römische Kaiserwürde nicht von Menschen verliehen sei, sondern sie galt als unmittelbar von Gott stammend; der Kaiser selbst war eine geheiligte Person, und alle, die sich seinen Befehlen widersetzten, wurden bestraft, als wenn sie gegen Gott gefrevelt hätten. Einem würdigeren Fürsten konnte diese Macht nicht verliehen werden. Gegen alle Völker seines gewaltigen Reiches zeigte Karl dieselbe Weisheit, Milde und Gerechtigkeit, und überall handhabte er Ordnung und Recht. Besonders war es sein eifriges Streben, seine Völker zu bilden. Daher legte er überall, wo es anging, Kirchen und Schulen an, sorgte für eine würdige Feier des Gottesdienstes, ließ Orgelbauer und Sänger aus Italien kommen und griechische Predigten ins Fränkische übersetzen. Damit aber die Geistlichen sich ganz ihrem Berufe widmen konnten, bestimmte er, daß jeder den zehnten Teil des Ertrags seiner Äcker den Priestern abgäbe.

Einst trat der Kaiser in eine Schule, die er als Muster für die übrigen an seinem Hofe eingerichtet hatte, und in welche alle seine Diener, die hohen sowohl als die niederen, ihre Söhne schicken mußten. Er ließ die Schüler prüfen und stellte darauf die fleißigen auf seine rechte, die faulen und unaufmerksamen aber auf seine linke Seite. Da fand sich, daß die letzteren gerade die Vornehmen waren, während zu den guten Schülern fast nur arme Kinder gehörten. Der Kaiser lobte diese und versprach, aufs beste für sie zu sorgen, wenn sie auf dieselbe Weise fortführen; dann aber wandte er sich zornig zur Linken und rief: „Ihr feinen Burschen, ihr glaubt des Wissens nicht nötig zu haben, da ihr euch so reich und vornehm dünkt? Ihr faulen, unnützen Buben, ich sage euch, euer Adel und eure hübschen Gesichter gelten nichts bei mir und ihr habt nichts Gutes zu hoffen, wenn ihr eure Faulheit nicht durch Fleiß wieder gut macht!"

Auch der Erziehung seiner eigenen Kinder widmete Karl die größte Aufmerksamkeit. Seine Söhne lernten nicht nur alle ritterliche Übungen, sie wurden auch von den gelehrtesten Männern, die der König an seinem Hofe versammelt hatte, in allen Wissenschaften unterrichtet; die Töchter aber lernten, nach der damaligen einfachen Sitte, Wollarbeiten, Nähen und Spinnen.

Ebenso bekümmerte er sich auf das genaueste um die Verwaltung seiner Güter. Er hatte genaue Verzeichnisse von den Haustieren, die auf seinen Meierhöfen gehalten wurden; er berechnete selbst, wie viel seine Äcker und Wiesen, seine Obstgärten und seine Fischerei einbrachten. So gab er seinem Volke das Muster eines trefflichen Landwirts, während er zugleich den Handel durch Anlegung von Landstraßen zu heben suchte. Und alles das konnte ein Fürst, der fast jährlich in den Krieg ziehen mußte!

Wie weitgepriesen Karls Name schon unter seinen Zeitgenossen war, beweisen die Gesandtschaften, welche aus den fernsten Ländern an ihn geschickt wurden. Unter andern ließ ihm der mächtige Kalif Harun al Raschid zu seiner Kaiserkrönung Glück wünschen und übersandte ihm zugleich zum Geschenke kostbare indische und arabische Gewürze, einen Elephanten und mehrere Kunstwerke, unter denen besonders eine kunstreich gearbeitete Wasseruhr das Erstaunen der Franken erregte. Die Uhr hatte einen Zeiger, der die Stunden anzeigte; auch fielen, wenn die Stunden voll waren, eherne Kugeln auf ein darunter befindliches Becken und bezeichneten durch ihren Schall die Stunde, während kleine Reiter, nach der Zahl der Stunden, aus Thüren hervortraten, die sich selbst öffneten und wieder schlossen. Gewiß ein sehr kunstreiches Werk für die damalige Zeit! Karl schickte dem Kalifen zum Gegengeschenk schöne Pferde und Jagdhunde, sowie feine Leinwand und andere Webearbeiten, durch welche die fränkischen Frauen sich auszeichneten.

Als der große Mann sein Ende herannahen fühlte, ließ er seinen Sohn Ludwig, den einzigen, der ihn überlebte, zu sich nach Aachen kommen, ermahnte ihn vor dem versammelten Volk zu allen Pflichten eines guten Herrschers und ließ ihn dann die goldne Krone sich selbst aufs Haupt setzen. Bald darauf wurde

der Kaiser von einem Fieber befallen, das am achten Tage
seinen Tod herbeiführte. Der Leichnam wurde feierlich ge=
schmückt und gesalbt und unter großer Trauer des ganzen Volkes
zur Gruft getragen. Dort setzte man ihn im vollen Kaiser=
schmuck in aufrechter Stellung auf einen goldnen Stuhl, füllte
die Gruft mit Weihrauch und Balsam und verschloß und ver=
siegelte sie. Schon einige Zeit vorher war man im Franken=
reiche durch wunderbare Zeichen geschreckt worden, die, nach dem
Aberglauben der damaligen Zeit, den Tod des Kaisers vorher
verkündet hatten. Sonnen= und Mondfinsternisse, der Einsturz
eines Säulenganges am Palast, das Abbrennen der großen
Rheinbrücke bei Mainz, alle diese Erscheinungen hatten die Um=
gebungen des Kaisers mit Furcht und Sorge erfüllt; er selbst
aber war bis an sein Ende ruhig und heiter geblieben.

Ein Zeitgenosse hat folgendes Bild von dem großen Fürsten
entworfen. Karl hatte einen hohen, vollen und kräftigen Körper,
große und lebhafte Augen, eine starke Nase, schönes Haar und
ein heiteres und fröhliches Angesicht. Sein Gang war fest und
männlich, seine Haltung würdevoll und anmutig. Er übte sich
unabläffig im Fechten und Reiten, und eben so geschickt war er
im Schwimmen. In Speise und Trank war er äußerst mäßig,
besonders im Trinken, da er die Trunkenheit höchlich verab=
scheute. Während der Mahlzeit hörte er gern Musik, oder er
ließ sich die Geschichten und Thaten alter Helden vorlesen.
Nach dem Essen schlief er einige Stunden; des Nachts dagegen
war sein Schlaf unterbrochen. Während er sich ankleidete, ließ
er sich Rechtsstreitigkeiten vortragen; oft ließ er auch die Strei=
tenden auf der Stelle herbeiführen, untersuchte den Handel und
fällte das Urteil. Er trug nie andere als die einfache vater=
ländische Tracht, ein leinenes Hemd, lange Beinkleider, Schuhe,

einen kurzen Rock, einen Kriegsmantel und im Winter eine Weste aus Otterfellen. Stets war er mit dem Schwert umgür'tet. Bei Festlichkeiten trug er einen mit Edelsteinen besetzten Degen, gold'durchwirkte Kleider und ein mit Gold und Edelsteinen geschmücktes Diadem'.

Das war das Äußere des Mannes, von dem ein Geschichtsschreiber sagt: „Er ragte durch jegliche Weisheit und Tugend über das Menschengeschlecht seiner Zeit so weit hervor, daß er allen gleich schrecklich und liebenswürdig, allen gleich bewunderungswürdig war."

Dielitz.

3. Die Hohenstaufen.

I. Welf und Waiblingen.

In der Mitte des schwäbischen Landes, unfern des blühenden Städtchens Göppingen im heutigen Königreich Würtemberg, erhebt sich der **hohe Staufen**, ein kegelförmiger Berg, auf dessen Gipfel einst das Stammschloß der schwäbischen Herzoge und Kaiser stand. Nur ein kleines Stück morscher Mauer ist der ganze Überrest dieses ehemals so glänzenden Stammsitzes und bietet ein trauriges Bild von der Hinfälligkeit aller Menschengröße und Erdenherrlichkeit dar. Hier entsproß vor acht Jahrhun'derten eines der edelsten und mächtigsten Geschlechter, aus welchem sechs deutsche Kaiser hervorgingen.

Als nämlich das fränkische Kaiserhaus mit Heinrich V. im Jahre 1125 erloschen war, wurde Lothar', der Herzog von Sachsen, zum Könige gewählt. Dieser regierte bis 1137. Er hatte mächtige Gegner an den beiden hohenstaufischen Brüdern **Konrad von Franken** und **Friedrich von Schwa-**

ben. Fast die ganze Zeit seiner Regierung war ein ununterbrochener Krieg gegen sie. Um seinen Feinden gewachsen zu sein, verband er sich mit Heinrich dem Stolzen, Herzog von Bayern, und gab ihm seine Tochter nebst seinem Herzogtume Sachsen. Durch den Besitz dieser beiden Herzogtümer wurde Heinrich der mächtigste Fürst von Deutschland und der Schrecken seiner Feinde. Als nun Lothar ohne Kinder starb, betrachtete der Stolze den Thron als sein zuverlässiges Eigentum, das ihm wohl keiner streitig machen würde, und er nahm auch zugleich die Reichskleinodien zu sich. Aber eben seine große Macht und der Übermut, mit welchem sie ihn erfüllte, vereitelten seine Hoffnung. Die Großen des Reichs fürchteten ihn nur, liebten ihn aber nicht. Zu seinem nicht geringen Erstaunen wählte man nicht ihn, sondern Herzog Konrad von Hohenstaufen zum deutschen Kaiser.

Über diese Wahl war Heinrich sehr entrüstet und wollte sie nicht gelten lassen. Da ward er als Empörer seiner beiden Herzogtümer entsetzt und geächtet. Bayern bekam der kriegerische Markgraf Leopold von Österreich, Sachsen dagegen der Markgraf von Brandenburg, Albrecht der Bär. Um diese Zeit findet man auch zuerst den Namen Berlin genannt, eine erst im Werden begriffene, noch unscheinbare Stadt, während an den Ufern der Donau in der Gegend des alten Vindobona sich bereits stattlich die Stadt Wien erhob.

Heinrich war jedoch nicht der Mann, der sich seine Länder ohne Schwertstreich nehmen ließ. Er griff zu den Waffen und vertrieb Albrecht den Bären. Und schon rüstete er sich zum zweiten Kampfe um sein Herzogtum Bayern, als ihn der Tod vom Schauplatze des Krieges abrief. Er hinterließ einen Sohn von zehn Jahren, der sich nachher durch seinen Mut den Namen

Die Hohenstaufen.

Heinrich der Löwe erwarb. Billig hätte der Kleine, weil er an des Vaters Vergehungen unschuldig war, beide Herzogtümer wieder erhalten sollen; Konrad gab ihm aber nur Sachsen zurück. Da nahm sich Welf, ein Bruder des verstorbenen Herzogs, des jungen Prinzen an und griff für dessen Erbe zu den Waffen. Bei dem Städtchen Weinsberg im heutigen Königreich Württemberg kam es zwischen ihm und Konrad im Jahre 1140 zu einer Schlacht. In dieser soll das Feldgeschrei der Bayern: „Hier Welf!" und die Losung der Hohenstaufen: „Hier Waiblingen!" gewesen sein, womit die Stadt Waiblingen in Württemberg gemeint war, die zu den Stammgütern der Hohenstaufen gehörte. Hieraus entstanden die Parteinamen der Welfen und Waiblinger, oder, wie die Italiener sagten, der Guelfen und Ghibellinen (Bayern und Schwaben), und die Feindschaft dieser Parteien spann sich durch Jahrhunderte fort, indem sich die Päpste, um die Macht der hohenstaufischen Kaiser niederzuhalten, auf Seite der Welfen stellten.

Die Welfen wurden in jener Schlacht besiegt, und das umlagerte Weinsberg konnte nicht länger Widerstand leisten. Die Chronik hat folgende schöne Sage dazu gedichtet: Erzürnt über die lange und hartnäckige Gegenwehr der Belagerten beschloß Konrad, die härteste Rache an der Besatzung zu nehmen. Nur die Weiber und Kinder sollten freien Abzug haben; den Männern aber drohte Tod und Kriegsgefangenschaft. Den Bitten und Thränen der Weiber gab endlich der Kaiser soweit nach, daß er allen Weibern erlaubte, soviel aus der Stadt mitzunehmen, als sie auf ihren Schultern fortschaffen könnten. Und siehe da! aus den geöffneten Thoren kam ein langer Zug von Frauen, die trugen das Kostbarste, was sie hatten, auf ihren Rücken, nämlich ihre Männer! Der Kaiser lachte über den

listigen Einfall und fand so großes Wohlgefallen an diesem
Beweise von Liebe und Treue, daß er um der braven Weiber
willen alle Männer begnadigte.

A. W. Grube.

b) Friedrich I.

Konrad III. beschloß seine thätige Regierung im Jahre 1152
und in demselben Jahre wählten die deutschen Fürsten seines
Bruders Sohn, den Herzog Friedrich von Schwaben, zum Ober=
haupt des deutschen Reiches. Mit Friedrich I., genannt Barba=
rossa oder Rotbart, bestieg einer der größten Fürsten aller Zeiten
den Thron, ein hochgesinnter, tapferer und frommer Mann, mit
eisernem Willen und gewaltiger Kraft. Auch in seinem Körper
offenbarte sich der großartige Geist. Seine Gestalt war hoch,
männlich und kraftvoll, seine Gliedmaßen wohl gebaut und
stark; gelbe Locken bedeckten die hohe Stirn, unter der scharfe,
durchbringende Augen hervorblickten, und das Kinn schmückte,
nach damaliger Sitte, ein starker, rötlich gelber Bart. Jugend=
liche Frische und ungetrübte Heiterkeit gaben seinem Gesicht
einen freundlichen Ausdruck, während der feste, stolze Gang und
die schöne Haltung des Körpers den Herrscher verkündeten.

Dieser große Mann hatte schon als Jüngling treffliche Thaten
verrichtet. Als er den Thron bestieg, suchte er den Streit der
beiden Häuser, der schon so viel Unglück über Deutschland ge=
bracht hatte, auf friedlichem Wege zu beenden, indem er Hein=
rich dem Löwen, dem Sohne Heinrichs des Stolzen, seine
Herzogtümer wiedergab. Da ferner durch den langen innern
Krieg die Ruhe und Ordnung in Deutschland vielfältig gestört
war, so widmete er den Angelegenheiten des Reichs seine ganze
Thätigkeit. Er bestrafte die widerspenstigen Großen, brach die

Die Hohenstaufen.

Burgen der Raubritter und ließ die Friedensstörer hinrichten, wenn sie auch ritterlichen Geschlechts waren. Dann dachte er an Italien. Hier hatte die Achtung vor dem kaiserlichen Namen in dem Grade aufgehört, daß die reichen Städte laut und offen dem Kaiser den Gehorsam auffündigten. Unter allen zeichnete sich das mächtige Mailand durch Trotz und Übermut aus und der Papst bestärkte die Bürger in ihrer Widerspenstigkeit aus altem Haß gegen die Kaiser. Lange Zeit konnte Friedrich gegen die reiche Stadt nichts Bedeutendes unternehmen. Endlich aber zog er, von den meisten deutschen Fürsten mit ihren Rittern und Dienstmannen begleitet, über die Alpen, belagerte die stolze Stadt und zwang sie, sich auf Gnade und Ungnade zu ergeben. Da kamen die angesehensten Bürger mit dem ganzen Rat und der Geistlichkeit, barfuß, die Schwerter auf den Nacken gebunden und mit Stricken um den Hals, in das Lager des Kaisers, warfen sich ihm zu Füßen und baten um Schonung. Friedrich, der nur ihre Unterwerfung wollte, verzieh ihnen, ließ sie Treue schwören und Geiseln geben, und setzte zum Zeichen seiner kaiserlichen Oberlehnsherrlichkeit einen kaiserlichen Adler auf ihren Dom.

Kaum war Friedrich nach Deutschland zurückgekehrt, so regte sich auch wieder der Trotz der lombardischen Städte. Sie verjagten die Beamten und verhöhnten die Befehle des Kaisers, ja, die Mailänder rissen die Siegel von den kaiserlichen Schreiben und traten sie mit Füßen. Da gelobte Friedrich, seine Krone nicht wieder auf das Haupt zu setzen, bis er die übermütige Stadt gebrochen habe. Dann zog er wieder über die Alpen, belagerte Mailand und bezwang es nach dreijähriger Belagerung, nachdem von beiden Seiten viel Blut geflossen war. Nun beschloß er, durch ein hartes Strafgericht den Geist des Ungehorsams zu schrecken. Zuerst mußten die vornehmsten Männer der Stadt das Schauspiel ihrer ersten Unterwerfung wiederholen. Dann befahl er, die Stadt in einen Steinhaufen zu verwandeln und die Einwohner an vier verschiedenen Stellen ihres Gebiets anzusiedeln, wo sie unter der Aufsicht kaiserlicher Beamten leben sollten. Es hatten aber die Mailänder in ihrem Übermute viele andere Städte hart gekränkt; die baten sich's jetzt als eine Gnade aus, die stolze Stadt niederzureißen, und zahlten sogar noch große Summen für diese Erlaubnis. In ihrem Haß vollbrach'ten sie dann in wenigen Tagen, was gedungene Arbeiter nicht in eben so vielen Monaten vollendet hätten, denn wie durch ein plötzliches Erdbeben lagen die Mauern und Paläste und Häuser der prachtvollen Stadt in Trümmern. Kaiser Friedrich aber konnte jetzt seine Krone wieder aufs Haupt setzen.

Doch das Glück blieb dem Kaiser nicht treu. Die Härte, mit der er Mailand gestraft hatte, wandte auch diejenigen Städte von ihm ab, die ihm bisher angehangen hatten, und so bildete sich gegen ihn ein mächtiger Bund, der die ganze Lombardei umfaßte und an dessen Spitze der Papst stand. Die Mailänder bauten ihre Stadt wieder auf und waren trotziger als je, und in dieser Not wurde Friedrich von den deutschen Fürsten im Stich gelassen, welche sich weigerten, immer von neuem nach Italien zu ziehen und Menschen und Geld für den Kaiser aufzuopfern. Noch einmal gelang es Friedrichs unermüdeter Thätigkeit, ein großes Heer zusammenzubringen. Bei demselben befand sich auch Heinrich der Löwe, der Herzog von Sachsen und Bayern. Der war ungern mitgezogen, und als die Feinde herannaheten, schützte er wichtige Geschäfte in seinen Ländern vor und verließ mit allen seinen Scharen das kaiserliche Heer,

Die Hohenstaufen.

obgleich Friedrich ihn aufs dringendste zum Bleiben ermahnt hatte und ihm sogar zu Füßen gefallen war. Heinrich hatte den Kaiser nicht einmal aufgehoben, sondern ihm den Rücken gewandt. Dafür wurde, als Friedrich nach Deutschland zurückkehrte, die Reichsacht über ihn verhängt und ihm seine Herzogtümer genommen. Heinrich der Löwe wehrte sich tapfer, mußte sich aber endlich unterwerfen und auf einige Jahre Deutschland verlassen.

Doch wir kehren noch auf einige Augenblicke nach Italien zurück. Durch den Abzug der Bayern und Sachsen war Friedrichs Heer so geschwächt, daß die verbündeten Städte mit der größten Zuversicht den Angriff wagen konnten. Zwar kämpfte der Kaiser in der Schlacht mit dem größten Heldenmut; aber die Übermacht der Feinde war zu groß, der Haß, der namentlich die Mailänder entflammte, zu heftig, als daß die Kaiserlichen hätten standhalten können. Endlich, als Friedrich selbst verwundet wurde, geriet das ganze Heer in die größte Verwirrung und erlitt eine vollständige Niederlage. Nun mußte der Kaiser Frieden schließen. Er sowohl als der Papst begab sich nach Venedig, wohin auch Abgeordnete der Städte kamen. Friedrich warf sich dem Papst zu Füßen, der seiner am Eingang der Marcus-Kirche wartete; dieser aber hob ihn mit Thränen auf, gab ihm den Friedenkuß, führte ihn in die Kirche und erteilte ihm seinen Segen. Darauf wurde mit den lombardischen Städten ein Waffenstillstand auf sechs Jahre geschlossen, nach dessen Ablauf der Friede zu Kostnitz zu Stande kam. Dadurch erhielten die Städte die Freiheit, um die sie so lange mutig gekämpft; doch mußten sie dem Kaiser als ihrem Lehnsherrn huldigen und in streitigen Fällen sich seiner Entscheidung unterwerfen.

Nun konnte Friedrich noch einmal in Ruhe und Frieden nach
Italien ziehen. Wohin er kam, überall wurde er in Freude
und Jubel empfangen, als wäre nie Feindschaft zwischen ihm
und den Städten gewesen. Er ließ bei dieser Gelegenheit seinen
⁵Sohn, den nachmaligen Kaiser Heinrich VI., zum König der
Lombarden krönen und vermählte ihn mit der Erbin von Neapel
und Sicilien. Das ahnete der alte Kaiser wohl nicht, daß er
durch dieses anscheinend so glückliche Ereignis den Grund zu
dem Untergange seines Hauses legte!

Dielitz.

c) Tod Friedrichs I.

¹⁰ Unter so vielen Stürmen, die das Leben des Kaisers Friedrich fortwährend bewegt hatten, war er bereits zum Greise geworden. Jetzt, am Abend seines Lebens, widmete er sein Schwert der Sache Gottes. Sa'labin, der Sultan von Ägypten, ein junger kühner Held, breitete damals seine Eroberungen
¹⁵ unaufhaltsam nach allen Seiten aus. Er eroberte Syrien, drang siegreich in Palästina vor, belagerte Jerusalem und eroberte es nach kurzem Widerstande im Jahre 1187, nachdem es 88 Jahre in den Händen der Christen gewesen war. Er ließ das goldene Kreuz von der Kirche des heiligen Grabes
²⁰ hinabstürzen und als Siegeszeichen an den Kalifen von Bagdad schicken. Übrigens aber bewiesen die Mohammedaner bei dieser Eroberung weit mehr Menschlichkeit als früher die Christen.

Die Nachricht dieses Verlustes erregte die größte Bestürzung, die größte Trauer in der ganzen Christenheit. Der Papst starb
²⁵ vor Betrübnis. Sein Nachfolger forderte alle christlichen Fürsten und ihre Völker auf, die heilige Stadt zum zweiten Male den Händen der Ungläubigen zu entreißen. Es entstand im Abend-

Die Hohenstaufen.

lande wieder eine allgemeine Bewegung, von der Meerenge von Messina bis an den großen und kleinen Belt.

Mit dem Frühlinge des Jahres 1189 versammelten sich die Kreuzfahrer aus allen Gegenden Deutschlands bei Regensburg. Ihre Zahl belief sich auf 150 000. Der alte Barbarossa stellte sich an ihre Spitze. Die Regierung seines Reiches überließ er seinem Sohne, dem nachmaligen Kaiser Heinrich VI. Kaum hatte das Kreuzheer den Boden des griechischen Reiches betreten, als die heimtückischen Bewohner desselben nach alter Weise ihm auf alle Art zu schaden suchten. Isaak, der damalige griechische Kaiser, wollte dem deutschen Kaiser nicht einmal den Kaisertitel geben, sondern nannte ihn bloß den ersten Fürsten Deutschlands, sich selbst aber ließ er den Heiligen nennen. Ja, einer seiner Gesandten hatte die Verwegenheit, dem deutschen Kaiser zu sagen, Friedrich sei dem heiligen Kaiser Isaak Gehorsam schuldig und das um so mehr, da er jetzt mit allen seinen Pilgern wie in einem Netze gefangen sei! Friedrich gab ihm aber zur Antwort: „Durch die Wahl der Fürsten und des Papstes Bestätigung bin ich Kaiser, nenne mich aber, meiner Sünden eingedenk, nicht einen Heiligen. Für jetzt hat uns Gottes Gnade die Herrschaft auch im griechischen Reiche soweit gegeben, als wir sie zu unserem großen Zwecke bedürfen; und die Netze, mit denen ihr drohet, werden wie Spinngewebe zerreißen." Auf seinem ganzen Zuge durch das griechische Reich hatte der Kaiser mit Nachstellungen zu kämpfen. Nur mit Mühe erreichte er endlich Kleinasien. Dort kamen die Kreuzfahrer in wüste, wasserlose Gegenden; es trat ein solcher Mangel ein, daß man sogar Pferdefleisch aß und Pferdeblut trank. Zudem umschwärmten leichte türkische Reiter das Heer Tag und Nacht. Nie hatten die Pilger Ruhe; sechs Wochen

lang durften sie die Rüstung gar nicht ablegen. Ermattet
stießen sie endlich auf ein türkisches Heer von 300000 Mann.
Allein Friedrich verzagte nicht. Mit wenigen, aber kräftigen
Worten sprach er den Seinigen Mut ein. Alle empfingen das
5 heilige Abendmahl und stürzten dann, im Vertrauen auf Gott,
für dessen Ehre sie fochten, mit solcher Gewalt in die Feinde,
daß 10000 von diesen erschlagen, die übrigen nach allen Seiten
hin zerstreut wurden. Dieser Sieg erfrischte den Mut der
erschöpften Pilger wieder. Unter vielen Mühseligkeiten und
10 Gefahren setzten sie den Zug fort und kamen glücklich zur
Stadt Seleucia am Flusse Seleph. Hier aber war dem greisen
Helden seine Grenze bestimmt. Weil die Brücke über jenen
Strom nur schmal war und der Zug nur deshalb sehr langsam
vorwärts ging, so beschloß der Kaiser, des Zögerns müde, hin=
15 durchzuschwimmen. Man warnte ihn, er möchte sich nicht dem
unbekannten Wasser anvertrauen; aber furchtlos wie immer
sprengte er mit dem Pferde in den eiskalten Fluß. Da aber
ergriffen die Wellen den allzukühnen Greis und rissen ihn fort.
Er arbeitete sich zwar wieder empor, und ein Ritter, der ihm
20 eiligst nachgeschwommen war, ergriff ihn, aber beide gerieten in
einen Wirbel des Stromes, der sie auseinander riß. Ein
zweiter, der sich mit dem Pferde ins Wasser geworfen hatte,
brachte den Kaiser zwar ans Land, aber als Leiche (10. Juni
1190). Über alle Beschreibung war die Trauer und Bestürzung
25 des Heeres. Jeder glaubte, in dem Kaiser seinen Vater ver=
loren zu haben. Mehrere kehrten sogleich zu Schiffe in ihre
Heimat zurück.

In Deutschland wollte man lange nicht glauben, daß der
Schirmherr des Reiches, der gefürchtete und geachtete Kaiser
30 Rotbart, wirklich gestorben sei. Die Volkssage hat ihn nach

Die Hohenstaufen.

Thüringen in die Burg Kyffhausen versetzt. Dort sitzt er im unterirdischen Saale nachdenkend und sinnend am marmornen Tische. Zu Zeiten gelingt es einem Sterblichen, in jenes Gemach zu bringen. Dann wacht der Kaiser aus seinem Schlummer auf, schüttelt den roten Bart und begehrt Kunde, ob noch krächzende Raben den Kyffhäuserberg umkreisen. So lange die schwarzen Vögel noch um die Felsenkrone flattern und ein Adler sie nicht hinweggetrieben hat, so lange — meldet die Sage — verharrt auch der Alte noch in seiner verzauberten Burg. Vernimmt er, daß sie noch kreischen, so blickt er düster vor sich hin, seufzt tief und spricht: „Schlafe wieder ein, müde Seele! Noch muß ich hundert Jahre harren, bevor ich wieder unter meinem Volke erscheine." Zuletzt soll den schlummernden Kaiser ein Hirt gesehen haben, der seine Ziegen durch die goldene Aue trieb und sich am Kyffhäuserberg verirrte. Der Bart des Kaisers war beinahe um den Marmortisch geschlungen. Wenn er denselben ganz bedeckt, dann erwacht Friedrich Barbarossa und die Raben sind verscheucht. Das Reich soll dann in neuer Herrlichkeit erstehen.

A. W. Grube.

4. Die deutschen Befreiungskriege.
I. Preußens Erhebung im Jahre 1813.

Der Brand Moskaus war die Morgenröte der deutschen Freiheit. Die Zeichen des Himmels erkannte zuerst der General York, der mit seinem Hülfsheere den Zug nach Moskau nicht mitgemacht, sondern auf Napoleons Befehl an Rußlands Grenze stehen geblieben war. Wohl hätte er den Rückzug der großen Armee decken können; er schloß aber einen Vertrag mit den Russen ab, kraft dessen seine Truppen für parteilos erklärt wurden. An seinen König schrieb er: „Ew. Majestät lege ich willig meinen Kopf zu Füßen, wenn ich gefehlt haben sollte." Als nun im Anfange des Jahres 1813 die Überbleibsel der großen Armee halbnackt, zerlumpt, ausgehungert, mit erfrorenen Gliedmaßen, ein wahres Bild des Elendes, durch Preußen zogen, da ergriff das preußische Volk die Überzeugung, daß nun die Stunde der Erlösung aus schwerer Knechtschaft gekommen sei. „Das hat Gott gethan!" so ertönte es aus aller Munde. Es gab nur ein Gefühl im Vaterlande, das war ein glühender Haß gegen die Franzosen, die mit frechem Übermute das Volk zertreten hatten. Jetzt oder nie war der Augenblick gekommen, wo man die Ketten sprengen konnte. Sehnsüchtig wartete man, daß der König sein Volk zu den Waffen rufen sollte. Dieser Ruf erscholl am 3. Februar 1813 von Breslau aus, wohin sich der König begeben. Wem es gelten sollte, war nicht gesagt; jeder aber wußte es. Der König hatte nach den vielen bittern Erfahrungen seines Lebens kaum gehofft, daß der Aufruf eine tiefe Wirkung äußern werde. Wie sehr wurden aber seine kühnsten Hoffnungen übertroffen! Eine tiefe Begeisterung ergriff alle Stände. Jünglinge und Männer verließen Beruf

Die deutschen Befreiungskriege.

und Familie, um das Vaterland zu befreien. Überall ertönte das schmetternde Kriegshorn. Scharen von freiwilligen Streitern sah man sich sammeln. In Berlin allein meldeten sich 9000 Freiwillige zum Kriegsdienste. Es war diesen jungen Männern der Sieg auf die Stirn geschrieben. Zugleich wurde auch die Landwehr eingerichtet. Jeder Landwehrmann trug an seinem Hute zum Zeichen des heiligen Krieges, dem er sich weihte, ein Kreuz mit der Inschrift: „Mit Gott für König und Vaterland!" Am 10. März, dem Geburtstage der heimgegangenen Königin Luise, stiftete der König den Orden des eisernen Kreuzes als Auszeichnung für die Helden des Befreiungskrieges. Am 28. Februar schloß er mit dem Kaiser Alexander ein Bündnis zu Kalisch; darauf erfolgte am 16. März eine ausdrückliche Kriegserklärung an Frankreich, und am 17. März der denkwürdige „Aufruf an mein Volk." Darin sagte der König: „So wenig für mein treues Volk, als für alle Deutsche bedarf es einer Rechenschaft über die Ursachen des Krieges, welcher jetzt beginnt. Klar liegen sie dem unverblendeten Sinne vor Augen. Wir erlagen der Übermacht Frankreichs; der Friede schlug uns tiefere Wunden als selbst der Krieg. Das Mark des Landes ward ausgesogen; der Ackerbau, so wie der Kunstfleiß der Städte gelähmt; die Hauptfestungen blieben vom Feinde besetzt. Übermut und Treulosigkeit vereitelten meine besten Absichten, und nur zu deutlich sahen wir, daß Napoleons Verträge mehr noch wie seine Kriege uns langsam verderben mußten. Jetzt ist der Augenblick gekommen, wo alle Täuschung aufhört. Brandenburger, Preußen, Schlesier, Pommern, Lithauer! Ihr wißt, was euer trauriges Los sein wird, wenn wir den Kampf nicht ehrenvoll endigen. Große Opfer werden von allen gefordert werden; denn unser Beginnen ist groß, und nicht gering die Zahl und die Mittel unserer Feinde. Aber welche Opfer auch gefordert werden, sie wiegen die heiligen Güter nicht auf, für welche wir sie hingeben, für die wir streiten und siegen müssen, wenn wir nicht aufhören wollen, Preußen und Deutsche zu sein. Es ist der letzte entscheidende Kampf, den wir bestehen für unsere Existenz, unsere Unabhängigkeit, unsern Wohlstand. Keinen andern Ausweg giebt es, als einen ehrenvollen Frieden oder einen ruhmvollen Untergang, weil ehrlos der Deutsche und der Preuße nicht zu leben vermag. Mit Zuversicht dürfen wir vertrauen, Gott und ein fester Wille werden unserer gerechten Sache den Sieg verleihen, und mit ihm die Wiederkehr einer glücklichen Zeit!" —

Diese Worte fielen wie ein zündender Funke in aller Herzen, und es ist nicht zu beschreiben, von welcher Begeisterung alt und jung, Männer und Frauen ergriffen wurden. Es ging ein heiliges Pfingstfest über das ganze Land; ja, vom Himmel kam der Geist, der alles entflammte zu dem heiligen Kampfe und ein wahrer Sturm der Gefühle riß alles mit fort. „Das ganze Volk," sagt E. M. Arndt, „stand auf wie zu einer Völkerwanderung. Von Memel bis Demmin, von Colberg bis Glatz war in dem unvergeßlichen Frühling und Sommer des Jahres 1813 unter den Preußen nur eine Stimme, ein Gefühl, ein Zorn und eine Liebe, das Vaterland zu retten, Deutschland zu befreien und den französischen Übermut einzuschränken. Krieg wollten die Preußen, Gefahr und Tod wollten sie, den Frieden fürchteten sie, weil sie von Napoleon keinen ehrenvollen, preußischen Frieden hoffen konnten. „Krieg, Krieg!" schallte es von den Karpathen bis zur Ostsee, von dem Niemen bis zur Elbe; „Krieg!" rief der Edelmann und Landbesitzer, der verarmt war; „Krieg!" der Bauer, der sein letztes Pferd unter Vorspann und

Die deutschen Befreiungskriege.

Fuhren tot trieb; „Krieg!" der Bürger, den die Ein'quartierungen und Abgaben erschöpften; „Krieg!" der Tagelöhner, der keine Arbeit finden konnte, die Wittwe, die ihren einzigen Sohn in das Feld schickte, die Braut, die den Bräutigam zugleich mit Thränen des Stolzes und des Schmerzes entließ.

„Jünglinge, die kaum wehrhaft waren, Männer mit grauen Haaren und wankenden Knieen, Offiziere, die wegen Wunden und Verstümmelungen längst ehrenvoll entlassen waren, reiche Gutsbesitzer und Beamte, Väter zahlreicher Familien und Verwalter weitläufiger Geschäfte, in Hinsicht jedes Kriegsdienstes entschuldigt, wollten sich selbst nicht entschuldigen. Ja, sogar Jungfrauen unter mancherlei Verstellungen und Verlarvungen drängten sich zu den Waffen. Alle wollten sich üben, rüsten und für das Vaterland streiten und sterben. Preußen war wieder das Sparta geworden, als welches seine Dichter es einst besangen. Jede Stadt, jeder Flecken, jedes Dorf schallte von Kriegslust und Kriegsmusik und war in einen Übungs- und Waffenplatz verwandelt; jede Feueresse war eine Waffenschmiede. Das war das schönste bei diesem heiligen Eifer und fröhlichen Gewimmel, daß alle Unterschiede von Ständen und Klassen, von Alter und Stufen vergessen und aufgehoben waren; daß jeder sich bemütigte und hingab zu dem Geschäft und Dienst, wo er der brauchbarste war; daß das eine große Gefühl des Vaterlandes und seiner Freiheit und Ehre alle andern Gefühle verschlang, alle andern sonst erlaubten Rücksichten und löblichen Verhältnisse aufhob. Die Menschen fühlten es, sie waren gleich geworden durch das lange Unglück; sie wollten auch gleich sein im Dienst und im Gehorsam.

„Und so erhob die heilige Pflicht und das gemeinsame Streben, wovon sie beseelt waren, alle Herzen, daß das Niedrige, Gemeine und Wilde, dem in getümmelvollen Zeiten der Bewaffnungen und Kriege eine so weite Bahn geöffnet ist, nicht aufkommen konnte. Die heilige Begeisterung dieser unvergeßlichen Tage ist durch keine Ausschweifung und Wildheit entweiht worden; es war, als fühlte auch der Kleinste, daß er ein Spiegel der Sittlichkeit, Bescheidenheit und Rechtlichkeit sein müsse, wenn er den Übermut, die Unzucht und Prahlerei besiegen wollte, die er an den Franzosen so sehr verabscheut hatte. Was die Männer so unmittelbar unter den Waffen und für die Waffen thaten, das that das zartere Geschlecht der Frauen durch stille Gebete, brünstige Ermahnungen, fromme Arbeiten, menschliche Sorgen und Mühen für die Ausziehenden, Kranken und Verwundeten. Wer kann die unzähligen Opfer und Gaben jener Zeit zählen, die zum Teil unter den rührendsten Umständen dargebracht worden sind? Wer kann die dem Vaterlande ewig teuren Namen der Frauen und Jungfrauen aufrechnen, welche in einzelnen Wohnungen oder in Krankenhäusern die Nackenden gekleidet, die Hungrigen gespeist, die Kranken gepflegt und die Verwundeten verbunden haben? So geschah es von einem Ende des Reichs bis zum andern; doch gebührte Berlin der Vorrang; sie hat bewiesen, daß sie verdient, der Sitz ihrer Herrscher zu sein. Freue dich deiner Ehren, wackre Stadt! Die alten Sünden sind versöhnt, die alten Unbilden vergessen, Ruhm und Glück werden wieder ihren Wohnsitz bei dir aufschlagen. Ich sage nur das eine: es war plötzlich, wie durch ein Wunder Gottes, ein großes und würdiges Volk erstanden.

„So hat das preußische Volk sich offenbart; so sind die Wunder, die uns Deutschen vom Guadalquivir und Ebro, vom Dniepr und von der Düna verkündigt wurden, auch bei uns erneuet; so ist Gott und Gottes Kraft und eine Begeisterung, die wir

Die deutschen Befreiungskriege.

nicht begreifen können, auch unter uns erschienen. Die Preußen hatten Fehrbellin und Höchstädt, Turin und Malplaquet; sie hatten die Tage von Roßbach und Leuthen, die Schlachten von Torgau und Zorndorf: sie haben nie Tage gehabt, wie die von Großgörschen und von der Katzbach, von Dennewitz und von Leipzig; denn sie haben nie vorher weder mit einem so großen Geiste, noch für eine so große Sache das Schwert gezogen. Daß wir jetzt frei atmen, daß wir fröhlich zu den Sternen blicken und Gott anbeten, daß wir unsere Kinder wieder mit Freuden ansehen können, als die da künftig freie Männer sein werden, das danken wir nächst Gott diesen Beginnern der deutschen Herrlichkeit; sie sind uns übrigen Deutschen, wie verschiedene Namen wir auch führen mögen, die glorreichen Vertreter und das erste Beispiel der Freiheit und Ehre geworden."

Edle Sänger, darunter ein E. M. Arndt, ein Theodor Körner, der Ritter mit „Leier und Schwert" in Lützows wilder, verwegener Jagd, ein Max von Schenkendorf, hoben die Glut der Begeisterung durch feurige Lieder.

Wo eine Schar auszog in den heiligen Krieg, wurde sie vorher feierlich eingeweiht, und es erklangen die Glocken von den Türmen. Das tönte wohl in manche Brust wie Grabgeläute, und es konnten sich auch starke Männer, von der Ahnung eines nahen Todes ergriffen, in solchen Augenblicken nicht immer der Thränen enthalten; doch im Hinblick auf ein herrliches Ziel, auf den Heldentod fürs Vaterland, eilten sie freudig in den Kampf.

J. D. Lüttringhaus.

II. Die Schlacht bei Leipzig.

Preußen hatte kühn den ersten Schritt in der gemeinsamen Sache des ganzen deutschen Vaterlandes gethan; Österreich hielt sich noch neutral', der ganze Rheinbund, besonders Sachsen, dessen König durch Bande der Dankbarkeit an Napoleon ge=
5 bunden zu sein glaubte, stand noch für die Fremdherrschaft. Napoleon hatte unterdes mit ungeheurer Kraftanstrengung ein neues Heer geschaffen, schnell in den Waffen geübt und ins Feld geführt. Er vertraute auf seine Kriegskunst und den Zauber seines Namens. Bei Lützen und Großgörschen geschah
10 (am 2. Mai 1813) die erste große Schlacht. Napoleon siegte zwar, aber er hatte den Mut der jungen preußischen Krieger kennen gelernt. Die Verbündeten flohen nicht, sondern zogen sich, trefflich geordnet und dem Feinde Trotz bietend, über die Elbe zurück. Bei Bautzen (vom 19. bis 21. Mai) geschah eine
15 zweite Schlacht, und auch da siegte Napoleon, aber auch da behaupteten die Preußen und Russen den Rückzug in geschlos= senen Reihen, so daß die Feinde es nicht wagten, sie zu ver= folgen. An der Spitze der Preußen stand der alte Blücher, ein Jüngling trotz des Silberhaares, ein erbitterter Feind der
20 Franzosen, des deutschen Volkes Liebling, des Heeres Abgott. Er rückte nach Schlesien, Napoleon ihm nach, aber ohne an= zugreifen, denn hinter dem alten Blücher stand der russische General Tettenborn, die Truppen der Hansestädte und eine todeskühne Freischar aus den edelsten deutschen Jünglingen,
25 unter dem Major Lützow. Das war „Lützows wilde verwegene Jagd!" — so hat sie einer von ihnen getauft, der Dichter glü= hender Freiheits= und Kriegslieder, Theodor Körner, dem das Vaterland lieber war als seine Braut und aller Dichter= ruhm.

Die deutschen Befreiungskriege.

Napoleon schloß einen Waffenstillstand, der vom 4. Juni bis 17. August dauerte; beide Teile rüsteten und stärkten sich zu neuem Kampfe. Da legte sich Napoleons Schwiegervater, Kaiser F r a n z, ins Mittel und veranstaltete einen Kongreß zu Prag. Aber vergebens. Napoleon wollte nicht ein Haar breit nachgeben und zeigte, daß er den Frieden nicht wollte. Nun aber erklärte ihm auch der österreichische Kaiser den Krieg, und 300 000 seiner Krieger stießen zu dem Heere der Verbündeten. Zwar mißlang' ein Hauptangriff auf Napoleon bei Dresden, aber desto herrlicher waren die Siege der Verbündeten bei Kulm, an der Katzbach, bei Großbeeren und bei Dennewitz. Als der kühne Held Blücher am 26. August die Franzosen unter Macdonald an der Katzbach traf, rief er seinen Kriegern zu: „Nun hab' ich genug Franzosen herüber! Jetzt, Kinder, vorwärts!" Dies „Vorwärts!" bringt allen ins tiefste Herz. „Hurra!" jauchzen sie und stürzen auf den Feind. Der Regen schießt in Strömen herab, an ein Feuern ist nicht zu denken, aber mit gefälltem Bajonett bringt das Fußvolk, mit geschwungenem Säbel die Reiterei in die französischen Heerhaufen ein, der alte Blücher, das Schwert in der Faust, allen voran. Mann an Mann, Herz an Herz wird gefochten mit Mut und Wut, bis die Feinde wanken und fliehen. Zürnend rauschten die wilden geschwollenen Wasser der Katzbach und rissen die Flüchtigen hinab; 18 000 Feinde wurden gefangen, die ganze Armee Macdonalds war aufgelöst.

Aber bald sollte an Napoleon selber die Reihe kommen. Die verbündeten Heere hatten sich immer enger zusammengezogen und suchten Napoleon in den Rücken zu kommen. Das merkte er und zog sich nach Leipzig zurück. Die Verbündeten folgten ihm. Am 16. Oktober begann der Riesenkampf. Mehr als

300 000 Mann Verbündete (Österreicher, Preußen, Russen, Schweden) standen gegen 200 000 Mann Franzosen, und seit acht Uhr des Morgens donnerten über 1000 Kanonen gegeneinander, so daß die Erde erbebte und viele Fenster in Leipzig zersprangen. Der Kampf schwankte unentschieden, Dörfer wurden genommen und verloren. Am blutigsten war der Kampf bei Wachau, wo Napoleon selbst hielt, und bei den vorliegenden Dörfern Güldengossa und Auenhain. Alle Anstrengungen der Verbündeten scheiterten hier an dem Ungestüm der Franzosen und Polen, Napoleon selbst sprengte wiederholt mitten im Feuer aufmunternd an die einzelnen Generale heran, und den neuen Marschall, Fürsten Poniatowski, welchen er mit seinen Polen im heftigsten Gedränge fand, spornte er mit dem Zuruf: „Vorwärts, König von Polen!" an. Um drei Uhr nachmittags hatten die Franzosen solche Fortschritte gemacht, daß Napoleon schon Boten mit der Siegesnachricht nach Leipzig sandte und alle Glocken läuten ließ. Wie ein Grabgeläute ertönten sie in den Herzen der bekümmerten Einwohner. Jedoch nahmen die Österreicher und Russen bald ihre Stellung wieder ein, während Blücher, der Marschall „Vorwärts," unaufhaltsam die Franzosen warf und sie bis Leipzig zurückdrängte. Der folgende 17. Oktober war ein Sonntag, und man hielt Waffenruhe. Napoleon ließ den Verbündeten Waffenstillstand anbieten, aber diese mochten nichts mehr von seinen Anerbietungen hören. Am 18. Oktober früh erneuerte sich der schreckliche Kampf, und nun traf auch der längst erwartete Kronprinz von Schweden mit der Nordarmee ein. Während der Schlacht gingen die Sachsen und Würtemberger zu ihren deutschen Brüdern über. Napoleon bot vergebens alle Kunst und Kühnheit auf, er unterlag, sein Heer zog sich nach Leipzig zurück.

Die deutschen Befreiungskriege.

Am 19. früh kam es zum Sturme auf Leipzig von drei Seiten. Alles lag hier schon seit Tagen voll von Verwundeten und Toten; man hatte Schleusen öffnen müssen, um das Blut ablaufen zu lassen. Macdonald und Poniatowski sollten die Stadt bis auf den letzten Augenblick verteidigen und dann den Rückzug decken. Nach zehn Uhr verließ Napoleon selbst, nachdem er vom König von Sachsen Abschied genommen, die Stadt, und bald nachher flog die unterminierte und mit Pulver gefüllte steinerne Brücke über die Elster in die Luft. Da erneuerte sich der Tag von der Beresina; es war kein Ausweg mehr. Viele ertranken beim Durchsetzen durch die Elster, unter ihnen der edle Fürst Poniatowski, fast alle übrigen wurden abgeschnitten und gefangen. Etwa 53 000 Mann (15 000 Tote, 15 000 Mann wurden gefangen und 23 000 Mann mußten in den Lazaretten zurückbleiben) hatten die Franzosen in dieser dreitägigen Völkerschlacht verloren, 52 000 Mann die Verbündeten eingebüßt. Mit den Trümmern seines Heeres floh Napoleon dem Rheine zu; seine Kraft war gebrochen.

A. W. Grube.

III. Die Schlacht bei Belle-Alliance (Waterloo).

Wellington hatte seine Stellung in der Nähe von Brüssel genommen. Im Rücken der Anhöhen, die er besetzt hielt, ward er durch einen Wald gedeckt. Vor ihm lagen zwei Meierhöfe, die er in Festungen umgewandelt hatte. Am 17. ließ er Blücher sagen, wenn er ihm nur zwei Heerhaufen schicken könne, so wolle er getrost mit 80 000 Mann gegen 120 000 Franzosen den Kampf wagen. „Mit meinem ganzen Heere will ich kommen," war die Antwort, „und wenn die Franzosen nicht angreifen, so wollen wir es thun." Als er am Morgen des 18. aus dem Bette auf

Pferd wollte, hielt ihn der Wundarzt zurück, um ihm die gequetschte Seite noch einzureiben. Er wehrte aber mit beiden Händen ab und rief: „Ach, nicht erst noch schmieren: ob ich heute balsamiert oder unbalsamiert in die andere Welt gehe, wird wohl so ziemlich einerlei sein." Das Heer brach auf. Die Truppen waren aber noch sehr angegriffen von der gestrigen Schlacht. Der Weg war weit, der Boden ganz durchweicht, der Regen stürzte in Strömen vom Himmel, und nur mit unsäglicher Mühe konnte das Heer vorrücken. Blücher war überall; den Regen nennt er seinen Bundesgenossen von der Katzbach, wodurch dem Könige wieder viel Pulver erspart werde. Er rät, ermahnt, befiehlt, ruft sein bekanntes: „Vorwärts, Kinder!" Trotz alledem muß er das Gemurmel hören: „Es geht nicht! Es ist unmöglich!" Da redet er mit tiefster Bewegung und Kraft seine Krieger an: „Kinder, wir müssen vorwärts! Es heißt wohl, es geht nicht, aber es muß gehen! Ich habe es ja meinem Bruder Wellington versprochen, hört ihr wohl? Und ihr wollt doch nicht, daß ich wortbrüchig werden soll?" Das wirkte. Doch erst gegen 5 Uhr nachmittags kamen die ersten Züge auf dem Schlachtfelde an. Es war die höchste Zeit, denn Wellington wurde hart gedrängt. Napoleon hatte des Morgens froh ausgerufen: „Ha, nun habe ich sie, diese Engländer!" 130000 Mann stürzten sich auf 80000. Den ganzen Tag ging's Sturm auf Sturm. Die Engländer fingen endlich an zu wanken. Wellington rief ihnen zu: „Brüder, wir müssen uns tapfer halten, wir dürfen nicht geschlagen werden, was würde man in England sagen?" Und seine Truppen hielten sich über ihre Kräfte. Er schickte Boten über Boten an Blücher ab. Der kam nicht. Seine Reihen wurden immer dünner. Schon sind die Straßen nach Brüssel mit Flüchtlingen aus dem englischen Heere bedeckt, und Napoleon

Die deutschen Befreiungskriege.

sendet Boten mit der Siegesnachricht nach Paris. Da setzt sich Wellington fast in Verzweiflung auf die Erde und spricht: „Hier will ich bleiben und keinen Fußbreit von dannen weichen." Und gegen 5 Uhr ruft er seufzend: „Ich wollte es wäre Nacht, oder die Preußen kämen!" Bald darauf hörte er im Rücken und in der rechten Seite der Feinde heftigen Kanonendonner. Da springt er begeistert auf und jubelt, mit Thränen in den Augen: „Nun, Gottlob, da kommt der alte Blücher!" Die Preußen warfen sich auf den siegenden Feind. Der Kampf wurde heftiger denn je. Die Franzosen verrichteten Wunder der Tapferkeit; allein ein Haufe nach dem andern wird geworfen. Nur der Kern der französischen Armee hält noch Stand! Ihre Adler sind mit Trauerflor umwunden; erst nach dem Siege sollen sie entschleiert werden. Doch die treue Schar kämpft den Kampf der Verzweiflung vergebens. Die englische Reiterei ruft ihr zu, sich zu ergeben. Darauf erschallt die Antwort: „Die Garde stirbt, sie ergiebt sich nicht!" Und ihre Worte wurden zur blutigsten Wahrheit. Kurz vor neun Uhr war der Sieg errungen, und die französische Armee löste sich in grauenvolle Flucht auf. Blücher befahl: Der letzte Hauch von Menschen und Pferden muß zur Verfolgung des Feindes aufgeboten werden. Da ging's, den tapfern Gneisenau an der Spitze, unter dem Klange der Flügelhörner lustig in die Nacht hinein. Bei Genappe erbeuteten die Unsern den Reisewagen Napoleons. Er selbst hatte sich bei dem Geschrei: „Die Preußen kommen!" kaum zum Schlage hinaus retten können und seinen Hut und Degen im Stiche lassen müssen. In den Dörfern, im hohen Korne wurden die todmüden Franzosen durch den Schall der Hörner, das Wirbeln der Trommeln und das Knallen des Kleingewehrfeuers aufgejagt. Hell stand der Vollmond am Himmel, als wollte er den tapferen Preußen leuchten. Aber immer dünner wurde die Schar der verfolgenden Truppen. Zuletzt waren nur noch einige Reiter und ein paar Füsiliercompagnien übrig geblieben. Einen unermüdlichen Kerl von Tambour setzte man in froher Siegeslaune auf eins der von Napoleons Wagen genommenen Kutschpferde, der mußte fortwährend die Trommel rühren, und diese Handvoll Leute, dieser eine Tambour, jagte jetzt die Reste des fliehenden Heeres vor sich her, wie der Wind die fallenden Blätter. Noch in derselben Nacht schrieb Blücher an den Fürsten Schwarzenberg: „Der herrlichste Sieg ist erfochten. Ausführliches wird folgen. Ich denke, die Bonapartesche Geschichte ist nun vorbei. Ich kann nicht mehr schreiben, denn ich zittere an allen Gliedern. Die Anstrengung war zu groß." Und in der nämlichen Nacht richtete er folgende schriftliche Ansprache an die Armee: „Ihr habt gezeigt, daß tapfere Krieger wohl überwunden, aber ihr Mut nicht gebeugt werden kann. Empfangt meinen Dank, ihr unübertrefflichen Soldaten. Ihr habt euch einen großen Namen gemacht. Nie wird Preußen untergehen, wenn eure Söhne und Enkel euch gleichen." Und die Bonapartesche Geschichte war nun wirklich aus. Auf St. Helenas einsamen Felsen hat der Gewaltige geendet, der einst die Welt mit seinem Machtgebote beherrschte.

Lüttringhaus.

5. Kaiser Friedrich III.

„Der königliche Dulder hat vollendet!"

Mit diesen Worten leitete das Staatsministerium seine Bekanntmachung des am 15. Juni 1888 kurz nach elf Uhr vormittags erfolgten Hinscheidens Kaiser Friedrichs ein. Nur vierzehn Wochen hat der zweite deutsche Kaiser die Krone ge-

Kaiser Friedrich III.

tragen, wenig länger als ein Vierteljahr saß er auf dem Kaiserthrone Deutschlands, um dessen wiedererstandene Herrlichkeit er sich schon als Kronprinz von Preußen unvergänglichen Ruhm erworben hatte. Die Totenklage um Deutschlands ersten Kaiser war noch nicht verhallt, als zum zweitenmal die Flaggen halbmast gezogen wurden und der Glocken eherner Mund einem Kaiser das Grabgeläut ertönen ließ. Wir wollen ein kurzes Lebensbild Kaiser Friedrichs geben, des frühvollendeten, des königlichen Dulders, des Helden, der sich in der Schlacht bewährte, und dessen Seelengröße ein tückisches Siechtum mit vorbildlicher und fast übermenschlicher Kraft ertrug.

Kaiser Friedrich wurde am 18. Oktober 1831 in dem von Friedrich II. erbauten „Neuen Palais" geboren.

Sorgende weibliche Pflege behütete die ersten Jahre des jungen Prinzen. Die Charaktereigenschaften seiner Eltern, die gerade männliche Natur seines Vaters, des Prinzen Wilhelm, und der edle Sinn seiner für alles Schöne empfänglichen Mutter, der Prinzessin Augusta, vereinigten sich, um schon damals in schönster Harmonie alle Eigenschaften des Knaben zu pflegen, die ihn als Mann befähigten, sich einen doppelten unvergänglichen Lorbeer um die Stirn zu winden, — als niebesiegter Feldherr und als Förderer von Kunst und Wissenschaft.

Im Jahre 1840 wurde die Leitung der Erziehung des Prinzen in die Hände eines Militärgouverneurs, des Obersten von Unruh, gelegt. Für den Unterricht wurden die ausgezeichnetsten Kräfte herangezogen.

Einen dunklen Schatten warf das Revolutionsjahr 1848 auf das glückliche Jugendleben des Prinzen. Aller Haß der aufgeregten Massen konzentrierte sich gegen seinen Vater, den

Prinzen von Preußen, den die königsfeindliche Menge als die festeste Stütze des Thrones zugleich am meisten fürchten mußte. Einem Befehle seines königlichen Bruders folgend, trat der Prinz von Preußen eine längere Reise nach England an, von der er erst im Sommer 1848 zurückkehrte.

Im Mai des folgenden Jahres führte ihn sein Vater, der seit der Thronbesteigung Friedrich Wilhelms IV. der Prinz von Preußen hieß, zur praktischen Dienstleistung beim ersten Garderegimente ein.

Am 7. November 1849 traf der Prinz in Bonn ein, um die Universität zu beziehen, und schon am folgenden Tage hörte er sein erstes Kolleg'.

Der Prinz war ein eifriger und gewissenhafter Hörer. Daneben genoß er mit jugendkräftiger Lebensfreude die Lust studentischen Lebens, erschien häufig als Gast in der Kneipe der Borussen, knüpfte freundschaftliche Beziehungen zu ihm sympa'thischen Kommilitonen an und wußte doch stets die Grenzen seiner fürstlichen Stellung auf das strengste zu wahren. An den herrlichen Rheinufern fand seine für Naturgenuß besonders empfängliche Seele reiche Nahrung, weitere Reisen während seiner Studienjahre führten den Prinzen im Herbst 1850 nach der Schweiz, Tirol, Ita'lien und dem südlichen Frankreich und nach Beendigung derselben im April 1851 nach England. Hier war es, wo er als Gast der Königin Viktoria und des Prinz-Gemahls zum erstenmal die Prinzessin Viktoria sah, seine spätere Gemahlin, damals noch ein Kind, aber die sympathischen Züge des geistig geweckten zehnjährigen Mädchens blieben ihm in lebhafter Erinnerung.

Im Sommer 1851 trat der Prinz wieder in den praktischen Militärdienst zurück. Neben dem praktischen Dienst hörte der

Kaiser Friedrich III.

Prinz Vorlesungen in der damaligen Kriegsschule, jetzigen Kriegs=
akademie. .

Im Mai des Jahres 1857 ward die Verlobung des Prinzen
Friedrich Wilhelm mit der Prinzessin Viktoria, Prinzeß Royal
von Großbritannien und Irland, amtlich veröffentlicht.

Der Ehebund des prinzlichen Paares wurde am 25. Januar
1858 in der Kapelle des St. Jamespalastes zu London durch
den Erzbischof von Canterbury geschlossen.

Nach einer Reihe glänzender Festlichkeiten, unter denen die
feierliche Belehnung des Prinzen Friedrich Wilhelm mit dem
Hosenbandorden, verließ das neuvermählte Paar am 2. Februar
England.

Im Vermählungsjahr des Prinzen Friedrich Wilhelm begann
eine neue Ära für Preußen, eine neue Zeit, die durch man=
cherlei innere und äußere Kämpfe zur Einigung Deutschlands
führte und den Hohenzollern die deutsche Kaiserkrone brachte.
Die andauernde unheilbare Krankheit des Königs machte die
Einsetzung einer Regentschaft notwendig. Der Prinz von
Preußen ergriff mit festen Händen die Zügel der Regierung
und beschwor am 26. Oktober 1858 in Gegenwart seines Sohnes
und Nachfolgers die Verfassung.

Am 2. Januar 1861 starb König Friedrich Wilhelm IV., und
der Prinzregent bestieg als König Wilhelm den Thron. Am
27. Januar wurde der nunmehr Kronprinz gewordene Prinz
Friedrich Wilhelm zum Statthalter von Pommern ernannt.

Die gegen den Willen der Volksvertretung durchgeführte
Militärreorganisation gab den Anlaß zu jahrelangen Verfas=
sungsstreitigkeiten, von denen auch der Kronprinz nicht unberührt
blieb. Manche von der Regierung in dieser Zeit getroffenen
Maßregeln billigte er nicht, während ihm anderseits seine nahe

Stellung zum Throne die größte Zurückhaltung auferlegte. Um so mehr war es ihm wie eine Befreiung von einem auf ihm lastenden Alpdruck, als das Jahr 1864 ihn allen diesen Debatten entzog. Dem Stabe des Oberkommandierenden Feldmarschall Grafen Wrangel attachiert, machte er den Krieg gegen Dänemark mit. Er wohnte vom Beginn des Feldzuges bis zur Erstürmung der Düppeler Schanzen fast allen Gefechten bei.

Das Jahr 1866 begründete den Feldherrnruhm des Kronprinzen. Bei Beginn des Krieges unter Ernennung zum General der Infanterie — am 8. Juni — mit der Führung der II. Armee betraut, fiel ihm die besondere Aufgabe zu, die Provinz Schlesien, zu deren Militärgouverneur er gleichzeitig ernannt worden war, vor einer feindlichen Invasion zu schützen. Unter seinen Augen wurden die Siege von Nachod, Skalitz, Schweinschädel, Burgersdorf und Königinhof erfochten, und das rechtzeitige Eintreffen seiner Armee auf dem Schlachtfelde von Königgrätz entschied diesen Tag und den ganzen Krieg. Auf dem Schlachtfelde von Königgrätz sahen sich Vater und Sohn wieder; König Wilhelm schrieb über diese Begegnung an die Königin: „Endlich begegnete ich noch spät abends acht Uhr Fritz mit seinem Stabe. Welch ein Moment nach allem Erlebten und am Abend dieses Tages! Ich übergab ihm selbst den Orden pour le mérite; die Thränen stürzten ihm herab, denn er hatte mein Telegramm mit der Verleihung nicht erhalten. Also völlige Überraschung." Als ein Kriegsheld, dessen Ruhm in der preußischen Geschichte niemals erlöschen wird, kehrte der Kronprinz aus dem österreichischen Kriege zurück. Aber das Blut, das er gesehen, der Rausch des Sieges, den er genossen, hatten niemals vermocht, das edle und menschliche Gefühl in ihm zu ersticken. „Welche Verantwortung laden die

Kaiser Friedrich III.

auf ihr Gewissen, welche den Krieg heraufbeschwören!" sagte der Kronprinz zu dem Obersten von Verdi, indem er auf der Höhe von Chlum über das mit Toten und Verwundeten bedeckte Schlachtfeld deutete. Der Einzug der siegreichen Truppen in Berlin am 20. und 21. September brachte dem Kronprinzen nicht endenwollende Ovationen von seiten des Volkes.

In den folgenden Friedensjahren führte der Kronprinz wieder das Kommando des II. Armeekorps. Erholungsreisen oder solche von politischer Tragweite führten ihn 1867 aus Anlaß der Pariser Weltausstellung an den französischen Kaiserhof, 1868 nach Turin zur Teilnahme an den Vermählungsfeierlichkeiten des Kronprinzen Humbert, 1869 nach Ägypten zur Eröffnung des Suezkanals, mit welcher Reise der Kronprinz gleichzeitig einen Besuch Griechenlands, Konstantinopels und des heiligen Landes verknüpfte. Wohin er kam, entzückte er durch die ungekünstelte Liebenswürdigkeit seines Wesens, und seine männlich=schöne Erscheinung bildete den Mittelpunkt aller Festlichkeiten.

Als bewährter Feldherr, auf den die Truppen mit festem Vertrauen und begeisterter Verehrung blickten, trat der Kronprinz bei Eröffnung des Krieges mit Frankreich an die Spitze der dritten Armee, die die Kämpfer aus dem Norden und Süden Deutschlands zu der gleichen Aufgabe vereinigte. Noch war die leise Beunruhigung, welche die übertriebenen Nachrichten über das Gefecht bei Saarbrücken hervorgerufen hatten, nicht ganz gewichen, als die Kunde von den ersten Siegen des Kronprinzen eintraf und Siegesjubel in ganz Deutschland weckte. Denn die Schlachten bei Weißenburg und Wörth waren von Deutschen des Nordens und des Südens geschlagen worden, und die Maingrenze verschwand in dem Blute, das

die Söhne Gesamtdeutschlands für die gemeinsame Sache
vergossen hatten. Was der Kronprinz an kriegerischen Groß=
thaten während des französischen Krieges geleistet, faßt das
Schreiben des Königs Wilhelm zusammen, in dem er seinen
Sohn gleichzeitig mit dem Prinzen Karl zum Feldmarschall
ernannte.

In dem Versailler Schloß der französischen Könige war das
deutsche Kaiserreich neu erstanden, das besiegte Frankreich zum
Frieden gezwungen. In Nancy, wo der Kronprinz die letzte
Nacht auf französischem Boden schlief, sprach er den ihm unter=
stell'ten Truppen seinen Dank aus, zugleich „mit dem Wunsche
und mit der Zuversicht, daß die auf blutigen Feldern ge=
schlossene Waffenbrüderschaft und Einigkeit nimmer zerreißen
möge, sondern mächtig erstärke zur Ehre, zum Ruhme und
zum Segen des wiedererstandenen gemeinsamen Vaterlandes."

Die langen Friedensjahre, welche Deutschland beschieden
waren, gaben dem Kronprinzen Gelegenheit, sich auch als
Schützer der Werke des Friedens, als Förderer von Kunst
und Wissenschaft, zu bethätigen. In seinem Palais unter den
Linden waren Gelehrte und Künstler immer gern gesehene
Gäste gewesen. Jetzt übergab ihm der König die Leitung der
Muse'en, und seiner direkten Initiati've ist manche unschätzbare
Bereicherung derselben zu verdanken. Unter seiner besonderen
Fürsorge erwuchs das Hohenzollernmuseum zu einer großar=
tigen Erinnerungshalle des preußischen Herrscherhauses, das
Kunstgewerbemuseum und das Museum für Völkerkunde wurden
unter seiner Leitung schnell gefördert und vollendet, und alle
Zweige der Volksbildung, der Gesundheitspflege, alle humani=
tä'ren Bestre'bungen fanden in ihm einen hilfsbereiten und
umsichtigen Protektor.

Im Juni 1878 übernahm' der Kronprinz infolge des unseligen Nobilingschen Attenta'tes die Leitung der Regierung, die er bis zur vollkommenen Herstellung seines Vaters im Dezember desselben Jahres führte. In seinem Erlaß an den Reichskanzler sagte er: „Es ist mein fester Wille, die Mir von des Kaisers und Königs Majestät übertragene und übernommene Stellvertretung unter gewissenhafter Beobachtung der Verfassung und der Gesetze nach den Mir bekannten Grundsätzen Sr. Majestät, Meines Kaiserlichen Vaters und Herrn, zu führen." Und mit welch peinlicher Sorgfalt der Kronprinz dieser sich selbst gegebenen Richtschnur folgte, ist heute noch in aller Erinnerung.

Reisen politischer und repräsentati'ver Natur führten den Kronprinzen nach Italien, nach Spanien und Rußland. Dann erschien der Kronprinz ein letztes Mal in einer ganzen Reihe von fürstlichen Personen vor der Öffentlichkeit, sie alle überragend an heldenhafter Erscheinung und Heldenruhm — bei Gelegenheit der Jubilä'umsfeier der Königin von England, wo er mit den andern Schwiegersöhnen dem Galawagen der Königin vorauffritt.

Aber die Bewunderung, welche das englische Volk und die englische Presse dem deutschen Kaisersohne zollten, erweckte nicht nur das freudige Echo in Deutschland, sondern verdoppelte auch die leise Besorgnis, welche in allen Herzen über ein schleichendes Leiden desjenigen aufgekeimt war, um den alle Nationen die deutsche beneideten. Eine Heiserkeit, welche den Kronprinzen im Beginn des Jahres 1887 befallen, wollte trotz aller von den Ärzten angewandten Mittel nicht weichen. Am 14. April suchte der Kronprinz mit seiner Familie Bad Ems auf, wo er vier Wochen verweilte, ohne indessen Heilung oder auch nur Linderung zu finden. Nach der Rückkehr erfolgten eingehende Untersuchungen des Halses, und während deutsche Ärzte schon damals die Krebsdiagnose stellten und zu einer Operation rieten, vertrat der Engländer Sir Morrill Mackenzie die Ansicht, daß das Halsleiden des Kronprinzen ungefährlicher Art sei. Er übernahm infolgedessen die Behandlung, und von ihm inspirierte Nachrichten erweckten häufig Hoffnungen, die in der Folge jedesmal wieder enttäuscht wurden. Ein Aufenthalt in Schottland vermochte ebensowenig einen günstigen Einfluß auf das Leiden des Kronprinzen auszuüben, wie der darauf folgende in Toblach, und als der Kranke dauernden Winteraufenthalt in San Remo genommen, entsandte der Kaiser eine Anzahl deutscher Spezialärzte zu einer Konsultation, als deren Ergebnis im Staatsanzeiger vom 13. November von neuem die krebsartige Natur der Krankheit konstatiert wurde. Für eine Operation, für die im Mai noch Zeit gewesen wäre, war indessen während der Behandlung des englischen Arztes die Krankheit bereits zu weit vorgeschritten. Am 9. Februar 1888 mußte von dem deutschen Arzt Dr. Bramann der Luftröhrenschnitt gemacht werden, weil der Kronprinz in Erstickungsgefahr schwebte.

Vier Wochen später, am 9. März, starb Kaiser Wilhelm, und sein Sohn, jetzt Kaiser Friedrich, trat schwerkrank im Winterwetter die Heimreise an. Sein Zustand verbot ihm, hinter dem Sarge schreitend dem Heimgegangenen die letzte Ehre zu erweisen. Von den Fenstern des Charlottenburger Schlosses aus, in dem er seine Residenz genommen, sah Kaiser Friedrich den Leichenkondukt vorüberziehen. Aber die beiden Erlasse, welche Kaiser Friedrich an sein Volk und an den Fürsten Reichskanzler richtete, zeigten, daß die lange Krankheit die Elastizität dieses energischen Geistes noch nicht geschwächt hatte, und daß das edelste Wollen den zweiten deutschen Kaiser beseelte. Im Charlottenburger Schlosse wurde dann die Hochzeit des Prinzen Heinrich gefeiert, und am 1. Juni siedelte das Kaiserpaar nach dem Neuen Palais über, in dem Kaiser Friedrich geboren war, und dem er den Namen Friedrichskron gegeben hatte. Dort folgte einer scheinbaren Besserung am 10. Juni eine plötzliche Verschlimmerung — am Freitag, den 15. Juni, vormittags kurz nach 11 Uhr hatte Kaiser Friedrich ausgelitten.

Er war groß als Heerführer, und unvergänglich ist der Ruhm, den er sich schon als Kronprinz in den Werken des Friedens erworben. Aber am größesten war er in der Selbstverleugnung, mit der er seine Krankheit trug, und das schönste Wort, welches er der deutschen Nation hinterlassen, schrieb er seinem Sohne und Erben auf, als ihm die Sprache versagt war:

„Lerne zu leiden, ohne zu klagen."

„Daheim" Kalender 1889.

NOTES.

NOTES.

1. Die Argonauten.

This and the following extract are taken from the Griechische Heroen-Geschichten (*Tales of Greek Heroes*) by the Historian B. G. Niebuhr (1776-1831), who wrote them for his little son at Rome, where he was Prussian embassador. The stories are told in simple, naïve style, and are excellent examples of the spoken language, with hardly a colloquialism. English editors have taken great liberties with his text. I have in no case intentionally deviated from the text of the Prachtausgabe (*édition de luxe*) of Perthes, Gotha.

German values should be given to the Greek proper names. Niebuhr has Latinized the Greek forms somewhat, writing e. g., Nephela for Nephele, ä (Latin æ) for Greek ai. The original quantity of the vowels should be strictly observed both in German and English. Educated Germans pronounce the Greek *th* as t, *ch* as ch, *c* as z before ä, ö, e and i.

Argonauten: 'sailors of the Argo,' the ship named for its builder, Argos.

Page 1, l. 1. Es: 'there,' when it is the grammatical subject. The logical subject stands after the verb, which agrees with it in number. B. 236, 3; W. 154, 4, *b* and *d*; J.-M. 453, *b* and *e*. See also note to p. 12, l. 23. **Der,** 'he,' is here a demonst. pron. In English the pers. pron. is more common. B. 244; W. 166, 2, *b*; J.-M. 457, 2. At the opening of a story such demonstr. pronouns are very expressive. The Buchheims, who edited these stories, have often put er, sie, es for der, die, das, or changed the construction to a relative clause. **hieß:** heißen, 'to be called,' is a neuter verb like sein or scheinen. The name stands in the pred. nom. B. 179; W. 231, 1; J.-M. 429, 2. Heißen, 'to command,' governs two accusatives, heißen, 'to signify,' governs one acc. **Athamas,** King of Orchomenus in Bœotia.

2. Nephele means 'cloud,' L. *nebula;* cog. Nebel, Nibelungen, Niflheim. The colon in German is used not merely as in English to introduce a quotation or to make a greater separation than the comma or the semicolon would indicate, but also (1) to separate the main clause from preceding long, dependent clauses with commas or semicolons; (2) to introduce something explanatory or appositional, a definition, or an enumeration of objects. It is often equivalent to an English dash, or parenthesis, or "viz."

3. lieb haben: lieb is factitive predicate. B. 218, *end.*; W. 116, 1; J.-M. 127. Lieb haben is a loosely compounded verb, hardly to be considered a separable compound. See note to p. 1., l. 18, festhalten. sich = einander, 'each other.' B. 84, 238; W. 155, 4; J.-M. 252.

5. aber: 'now.' Its force is often consecutive instead of contrasting.

6. verließ', hei'ratete: the accent is frequently indicated in the first section of the Reader to guide the beginner. The following rules condensed from the grammar (B. 418-421; W. 55; J.-M. 48-60) will be found useful: —

(1) The accent rests on the stem-syllable of all uncompounded nouns and adjectives, and of all inseparable compound verbs: re'bete, gere'bet, Red'lichkeit, entsa'gen, verleug'nete, untersu'chen, überle'gen. Exception: leben'dig and its derivatives.

(2) The accent rests on the stem-syllable of the first part of all compound nouns and adjectives and on the prefix of separable compound verbs: Bil'derbuch, groß'mütig, Vor'sehung; ab'bilben, sich vor'sehen, un'terhalten, 'hold under or down.'

(3) The accent rests on the second element of compound adverbs: dahin', hinab', durchaus', hinun'ter, bergab'.

(In this reader the mark of accent is put after the last letter of the accented syllable except in case of the inseparable ß, d, ch before vowels: verwen'ben, Bekannt'te, Sing's übung, Verschlin'gungen; Versto'ßung, verpa'cken, but Fuß'bekleidung, versteck'te, Nach's nahme.)

6. heiratete has the accent of the compound noun from which it is derived. B. 137, 1; W. 312, 2, *b*; J.-M. 380, *a*.   **Ino:** daughter of Cadmus.

8. schlecht zu essen = schlechtes Essen or was schlecht zu essen war.

9. weinen nach: 'cried for,' 'wept to have back,' different from weinen über or um etwas or jemand, which would mean 'over,' 'on account of,' a thing or person.   Nach implies direction, like streben, sich sehnen nach. B. 303, 10; J.-M. App. II., nach.

10. Zuletzt wollte sie: inverted order, because the adverb stands first. B. 343, *d*; W. 431; J.-M. 344.

11. gebracht war: this is not the preterite passive, it has rather the force of the pluperfect gebracht worden war, 'had been brought.' It is not called a passive tense. B. 273, 2; W. 282, 2; J.-M. 273. The strict preterite wurde gebracht means 'was being carried.'

12. Hermes: Latin *Mercury*, messenger of the gods, god of inventions and commerce.   Wolle von Gold = goldene Wolle. B. 211, 1; J.-M. 448, 1, *c*.

14. **Phrixus** was the father of *Argos*, the builder of the *Argo*. Before the name den might have been expected to show the case. B. 147, 1, *third line:* W. 66, 4, *c*, 104; J.-M. 416, 4.

18. **Festhalten**: this is the first real separably compounded verb which we have met, and the beginner should understand the use of such verbs as soon as he commences reading or writing German. In the present and preterite tenses the prefix comes at the end of the clause if the clause is an independent one, and may thus stand at a considerable distance from the verb. In dependent clauses the prefix and verb are joined together, separated at most by ge= in the past participle or by zu in the infinitive. B. 137, 350; W. 299, 312; J.-M. 282-7, 379. Observe closely the following examples based upon line 18: Die Kinder hielten fest. Die Kinder hielten das Horn nicht fest. Da die Kinder das Horn nicht festhielten, waren sie in Gefahr herunterzufallen. Helle ließ den Bruder los. Da Helle den Bruder losließ, fiel sie herunter in die See. Hätte Helle den Bruder nicht losgelassen, so wäre sie wohl mit ihm in Kolchis angekommen.

Separably compounded verbs will be found in the vocabulary under the prefix, e. g., loslassen, festhalten, herunterfallen, fortreiten. More difficult points about these verbs will be explained as they occur.

19. **eines**: neuter agreeing with the gender of Kinder. **um des andern Leib** = um den Leib des andern.

Page 2, l. 1. See: hence the name of *Hellespont*, 'Sea of Helle,' the Dardanelles.

2. Kolchis: *Colchis*, a country on the East coast of the Black Sea.

9. ein Mann ... würde: the normal order in indirect speech. B. 345, 1; W. 439, 6; J.-M. 350, 1. **käme** and **würde** are in the subjunctive of indirect speech. B. 285, 282; W. 333, 4, *d*; J.-M. 467, *b*.

10. mit ei'nem Schuh: when ein is not the indefinite article, it is usually printed either with a capital e or with spaces between the letters. In speaking it is pronounced with a greater stress of voice, which is here indicated by a mark of accent throughout this section. In the following section it is not marked unless there is ambiguity. W. 198, 3, *e*; J.-M., 301, note.

12. ließ: laſſen is followed by the infinitive without the sign zu. B. 290, 2; W. 343, 1, 5; J.-M. 474, c.   **einladen,** 'to be invited.'

14. über den Bach: über is here used with the accusative because of the implied motion or direction from one bank to the other. B. 305, 1; W. 376; J.-M. 179.   **die Nacht:** accusative of time. B. 208, 1; W. 230, 2; J.-M. 445, b.

16. Waſſer: mere appositive instead of genitive after voll, as in English. B. 183, 181.   **Albano:** a fashionable summer resort near Rome. See introductory remarks to this extract.

17. an ſeinem einen Schuhe = an einem ſeiner Schuhe: the first is a common expression, but the second is more elegant. See note to p. 26, l. 9.

18. in des Königs Haus: notice the definite article agrees with the genitive, not with the noun after the genitive. This noun can never have the article. B. 153; J.-M. 418, 1.

19. an Jaſon: to show the case of a proper noun the article or a preposition may be used; here we have an with the accusative, which is less common than zu with the dative.   **Sagen zu** or **an** is not exactly equivalent to ſagen with the simple dative. Translate here 'announced to.'

22. alle tapfren Ritter: as to tapfren or tapfern see B. 71; W. 120, 3; J.-M. 139; as to tapfren or tapfre see B. 216, 4; W. 123, 4. 127; J.-M. 449, 1, b.

25. ſich: the first ſich is almost superfluous in German, entirely so in English.

26. Minerva: Latin name of the Greek Athe′ne (three syllables), goddess of wisdom, scientific warfare, ship-building, etc.

30. Herkules: Greek Ἑρακλῆς, Latin and English *Hercules*, a demi-god, the greatest hero in Greek mythology. See page 10.

Page 3, l. 1. Zwei Brüder. See l. 29 below.

2. Pollux: Greek Πολυδεύκης, Pollux and his brother Castor were called the διόσκοροι, 'Jove's boys.' They were sons of Leda.   **zu Boden:** there is no article in certain set phrases, e. g., zu Waſſer, zu Bett, zu Tiſch, etc. B. 143; W. 66, 5; J.-M. 417, *note*.

3. **auf die Fauſt kämpfen:** 'to box.' German students say auf Säbel losgehen, 'to fight with swords;' auf Piſtolen fordern, 'to challenge to fight with pistols.'

4. **Deſſen:** not the relative pronoun, but the demonstrative.

5. **Fremde:** notice the inflection of nouns that are really still adjectives. Here Fremde is of the strong declension, but we find also Fremden for the nominative plural. B. 220; W. 129, 1–3; J.-M. 140. **Amykus:** king of the Bebry´ces in Bithy´nia. **ſo:** at the beginning of an independent clause preceded by a conditional clause, ſo is generally untranslatable. In such case it is never to be rendered by English 'so;' 'then' is too strong, being the equivalent of dann or da. B. 340, *end*; W. 438, 3, *f*, *g*; J.-M. 328, *note*.

8. **er:** not Pollux, but Amykus.

10. **Salmydeſſa:** a city of Thrace.

11. **Phineus** (long *i*, two syllables in German): son of Age´nor. He had the gift of prophecy, but was punished for cruelty to the sons of his first wife.

16. **nach ihnen ſchoſſen:** nach etwas (dative) ſchießen, hauen, ſchlagen, 'to shoot, cut, strike at something.' B. 303, 10; J.-M. App. II., nach, *b*.

21. **Da:** conjunction, 'since.' It has already occurred as an adverb, but the two uses are entirely distinct and must not be confounded.

22. **ordentlich:** here 'comfortably' (Buchheim), or literally 'regularly,' 'properly,' 'one's fill.'

24. **doch, auch, ſchon, wohl, ja,** are often difficult to translate by a single word. Dictionaries and vocabularies are not of much help. In the notes to the Reader these adverbs have been treated as fully as space permits. In the present case doch may be rendered 'to be sure to,' 'not fail to.' The best treatment of these words will be found in H. J. Wostenholme's notes upon four of Riehl's kulturgeſchichtliche Novellen. J.-M. 485, 2.

26. **kamen hereingeflogen:** past participle of a verb of motion with active force. The construction is rarely found except with kommen. B. 296; W. 359, 1; J.-M. 380, 4, *a*.

Page 4, l. 1. hinter ... herfliegen: there may be a difference of opinion whether this verb should be put down as hinterherfliegen, or as herfliegen hinter (einem), or as fliegen; her and hin being often added to a preposition and its case. B. 300; W. 379, 1, *a*; J.-M. 484, *c–d*.

2. angst: angst belongs to a group of words like feind, not, schuld, which are not yet complete adjectives. B. 219; W. 117, *a*; J.-M. 448, 2. The more idiomatic construction would be not sie wurden angst, but ihnen wurde angst. Compare mir ist wohl, 'I feel well,' mir ist übel, 'I feel sick.' B. 193; W. 219, II., 1, *e–f*.

8. dafür, daß: This and similar expressions are best translated by 'for,' with the perfect participle of the verb which follows daß. Dafür anticipates the daß-clause. Similarly such antecedents as darum, davon, etc., need not be literally translated. B. 329; W. 436, 3, *d*; J.-M. 477. 1, *b*.

13. Monte Cavo: a small mountain near Rome. **alles ..., was:** was, as a relative pronoun, can have another pronoun as its antecedent. B. 256, *4th line*; W. 179, 5; J.-M. 236, *b*.

19. tot is factitive predicate and is construed with schlugen.

27. Symplegaden: English and Latin *Symple'gades*, 'dashing together,' the name by which the rocks were known. They are situated at the entrance to the Black Sea, and became fixed after the passage of the Argo, an account of which is omitted here.

Page 5, l. 4. bringen is here equivalent to holen, 'to fetch.'

5. geben wollte: 'that he might be willing to give,' is stronger than the mere preterite subjunctive daß er es ihm gäbe or than the infinitive es ihm zu geben. The preterite is here used by license for the present tense. B. 282, 1; W. 333, 4, *b*; J.-M. 476, *b*.

6. auch: here, 'on the other hand,' 'yet.' **Jason** is the dative of an indirect object. B. 191; W. 222 I., 1, *b*; J.-M. 437.

8. also: 'therefore,' or 'hence.' It never means 'also.' It is often an emphatic 'thus.'

9. vor einen Pflug: notice the accusative of direction. B. 305, 1; W. 376; J.-M. 179.

10. Stück Feld: Feld is in apposition after a noun of measure. B. 181; W. 216, 5; J.-M. 431, c.

11. Vulkan: Vulcan, the god of fire, son of Jupiter and Juno.

13. aus der Nase und dem Maul: note the use of the definite article instead of the possessive pronoun where it is evident who the possessor is. B. 154; W. 66, 3; J.-M. 416, 5. Notice also the singular number of Nase and Maul, although there are two bulls. This is a German peculiarity. B. 177; W. 211. Ohren and Augen, however, occur as plurals unless only one ear or eye is meant. Compare p. 12, l. 6.

14. Stall: observe the comma after Stall. We have here not the pluperfect tense hatten gebaut, 'they had built,' but 'they had a stable built of,' etc. Yet the pluperfect has developed out of this construction, which the advanced student should examine with the help of B. 283 and 273.

15. waren ... angebunden is not the preterite passive, which would be wurden angebunden. See note to p. 1, l. 11.

19. aus der Erde heraus: 'up out of.' B. 300; W. 379, 1, b; J.-M. 484, d. Heraus can also be construed as forming a separable compound verb with wuchsen (Buchheim), but the former is preferable. See note to p. 1, l. 18.

22. es: as to its position see B. 352, e; W. 439, 1; J.-M. 354, 5.

25. gewann ihn lieb: 'became fond of him.' Lieb haben with the accusative means 'to be fond of;' lieb sein, 'to be dear to.'

Page 6, l. 2. damit: 'with it.' The demonstrative adverb combined with a preposition is used instead of a personal or demonstrative pronoun governed by a preposition whenever the pronoun does not refer to a person. B. 234, 246; W. 154, 2; J.-M. 184.

4. Lanze should properly have the possessive pronoun, being of a different gender from Schwert. See line 7 of this page. B. 241; J.-M. 421. **lang,** after an expression of time, may be translated 'for the length of,' or it may be omitted in translation. B. 208; W. 230, 1, a; J.-M. 445, a, note 1.

7. hieb und stach: by a license two subjects can be followed by a verb in the singular. B. 311, 1; W. 322, 1, *a*; J.-M. 461, 2, *c*.

12. Hofleute: plural; the singular is really Hofmann, but Höfling is more common.

13. bei dem Platz: 'near the spot;' an dem Platz, 'bordering upon,' implying closer nearness, l. 20. Platze is the more usual form of the dative, since the genitive is always Platzes. B. 43; W. 83, 2; J.-M. 83, *a*; 85.

14. Corso: the ancient *via lata*, the principal street of Rome, in which races (Pferde- or Wettrennen) occur during Carnival.

20. eingesperrt waren: 'had been shut in,' hence 'were shut in.' Compare this with ward aufgeschlossen (next line), 'was unlocked.' The latter is strictly the preterite tense passive denoting action, the former the result of the action. B. 273, 2; W. 282, 2; J.-M. 273, notes 1 and 2. See note to p. 1, l. 11.

21. Thüre: colloquial for Thür.

26. Besuvus: for the usual Besuv', which is partly Germanized the last v being pronounced as f. B. 380, 2; J.-M. 29. Compare Nerv (=f) and nervös (=w).

27. sich freuen: the student should not attempt to translate every German reflexive verb by an English reflexive one. See page 7, l. 17. **die aber gut waren ... die:** translate as if it were aber diejenigen, welche, etc. The relative clause is the subject which is repeated in the second die. Compare wer gut war, der. B. 256, 3; W. 179, 2; J.-M. 459. 3, *a*.

30. helfe: subjunctive and correct tense of indirect speech. B. 325, 3; 282; W. 333, 4, *a*; J.-M. 467, *a*.

Page 7, l. 2. auf die Kniee: note the accusative implying motion; so also in the following line, an den, l. 4, auf den Nacken, and l. 6, auf die Erde, though the same need not always be directly expressed in English, as auf die Erde, 'upon the ground;' in die eine Hand, 'in one hand,' l. 9. See also B. 305; W. 376; J.-M. 179.

4. ihnen auf den Nacken: B. 154; W. 161; J.-M. 416, 5; 439, *b*. Compare note to p. 5, l. 13.

14. **den Stieren**: dative of removal. It is generally best translated by a preposition and its object.

17. **in Brand**: for the omission of the article, see note to p. 3, l. 2.

22. **voll kleiner Zähne**: genitive according to B. 182; W. 217; J.-M. 433; but in the next line, **voll Zähne**, we have the noun after **voll** in apposition. B. 183. If the noun is qualified by an adjective, the older construction, the genitive, is more usual.

23. **gab an**: 'delivered to;' the dative after **geben** would have been sufficient to express mere giving. See note to p. 2, l. 19.

27. **klein ... aber**: connect **klein** with **schlug**, and **eben** with **machte**, as factitive predicates. See note to p. 1, l. 3.

Page 8, l. 2. bis often precedes another preposition when it denotes 'as far as.' B. 304, 1; W. 369, 1; J.-M. 484, a.

4. **Sonst**: i. e., 'the rest of their bodies.'

5. **Loggien**: open galleries in the Vatican at Rome, with frescoes by Raphael. For the plural in -ien, see B. 64, 3; W. 101, 3; J.-M. 118, 119.

16. **auf einander**: 'at one another,' more direct than **nach einander**, which would have been ambiguous here, as it might express sequence.

18. **so** is here emphatic.

19. **sich** = einander, as in p. 1, l. 3.   **denen**: dative of removal, like **den Stieren**, p. 7, l. 14.

Page 9, l. 3. da: the demonstrative adverb is here used for the demonstrative and personal pronoun. B. 246; W. 378, b. With it is to be connected **hinein**, so that **da hinein** is equivalent to **in diese**, as referring to **Kuchen** or **in diesen** (singular) as referring to **Honig**. It is not quite clear which is the meaning of the author.

4. **wovon**: relative adverb used here for relative pronoun. B. 257; W. 180; J.-M. 237. See l. 7, below.

6. **weg** is used like **hin**, **her**, and other adverbs after a preposition and its case. They are not always translatable. B. 300; W. 379, 1-2; J.-M. 484, c. It does not form a compound verb with **steigen**.

8. Zange: note this as an example of a group of nouns in which the German uses the singular and the English uses the plural. Compare die Schere, 'shears;' die Lunge, 'the lungs.' For examples of German plural for English singular see B. 174, *a, b*; W. 211, 1.

11. mit der Argo: note the feminine gender as in Greek. A ship may be called es, if the writer is thinking of das Schiff; er, if it has a masculine name; sie, if it has a feminine name.

20. denn: beginning a sentence or a clause, denn is always the conjunction 'for,' and is followed by the normal order. B. 321; W. 384; J.-M. 326. Dann is the equivalent of the English 'then' at the beginning of a sentence.

26. er starr ward: the dependent order is required on account of the daß in l. 25.

---

2. Geschichten vom Herkules.

Page 10, l. 5. also: 'hence,' 'consequently.' See note to p. 5. l. 8.

12. Juno: the Greek Hera, wife of Jupiter, the Roman ideal of womanhood. **feind**: an incomplete adjective, i. e., it cannot be compared and can be used only in the predicate. See note to p. 4, l. 2. For the dative after it, see B. 194; W. 223, *b*; J.-M. 438, *a*.

20. Seite, wo = auf welcher: the relative adverb is used instead of a relative pronoun referring to nouns which denote time, place, manner. B. 258.

23. bange ward: the student should always distinguish between sein and werden; e. g., er war böse, 'he was angry;' er ward böse, 'he became angry.' See p. 11, l. 17.

Page 11, l. 13. Centaur, plural Centauren: the Centaurs were monsters, half man, half horse, living in Thessaly. They were of a bad and fierce nature; but according to an older saga, Chiron was a good Centaur, skilled in music and medicine, and teacher of several heroes. **lehrte**: lehren is followed by the infinitive without zu. B. 290; W. 343, 5; J.-M. 474, *c*.

Page 12, l. 3. alle: 'every.' B. 261, 1; W. 193, 4; J.-M. 460, 4, *d*.

11. machte zu: machen zu with the dative = wählen, ernennen. B. 303, 1, *end;* W. 227, 3, *c;* J.-M. 443, *d*. Zu emphasizes the transition. Compare werde zu, on p. 24, l. 15.

14. Apollo: son of Jupiter and Lato'na, god of light, prophecy, music, poetry, archery, etc.

16. über die Feinde. B. 305, 3; 306, 7; W. 376, *a;* J.-M. App. II., über, 2, *a*.

23. es ... waren: note the verb in the plural where the English requires the singular. See note to p. 1, l. 1. B. 313; W. 154, 4, *d;* J.-M. 453, *c;* 210.

28. die fragte man: die is here accusative plural, referring to both Priester and Priesterin. Man is never used except in the nominative. B. 98; W. 185; J.-M. 460, 1.

Page 13, l. 3. Delphi: a town in Phocis. It was originally called Pytho and hence the priestess was called Pythia.

11, 12. weil ... weil: the repetition of weil is objectionable; the first might be da, see B. 337, 2; W. 386, 4, *d;* J.-M. 486, 2, *a*, *b*.

15. The subjunctives in this and the following lines are those of indirect speech. B. 325, 3; 282; W. 333, 4; J.-M. 467, *a*.

21. nichts Gutes: the adjective as a noun after nichts, etc., is governed independently of such indefinite pronoun. B. 181; W. 129, 5; J.-M. 244, *d*.

22. Tiryns: Tiryns, a city in Argos.

24. Eurystheus: Eurystheus (three syllables), a king of Myce'ne.

---

3. Die Namen Gottes.

F. A. Krummacher (1768–1845), professor and preacher, is best known by his very popular Parabeln, a kind of didactic fiction, for which he took the parables of Herder and of the Bible as models. Their style is simple and strongly biblical, but at times stilted and diffuse.

Page 14, l. 1. Alexander: Alexander the Great (356–323 B. C.), king of Macedonia. **Philippus' Sohn**: the apostrophe expresses the genitive after surnames ending in a sibilant. B. 65, 4 *end;* W. 105, 1.

2. jeglichem: jeglich in elevated style is used for jeber. It is often used substantively preceded by ein. B. 97, *end;* W. 190; J.-M. 245, *a.*

6. Wesen: 'being,' one of a group of nouns that are really infinitives, but hardly felt as such now, e. g., das Leben, 'life;' Lachen, 'laughter;' Essen, 'food,' 'meal.' B. 293; W. 340, 3; J.-M. 474, *a.*

9. Indien: names of foreign countries in –ia end in German in -ien, as if nominative plural. B. 64, 3; or dative plural, B. 506, 3.

12. Jehova Adonai: 'God the Lord.' **da**: see note to p. 213, l. 10

18. Zeus: Latin, Jupiter, the chief god of the Greeks and Romans. In German it is pronounced like a German word (Tseus).

19. wurden does not here form a preterite passive with betrübt. Betrübt is an adjective. B. 273, 2. **ob**: archaic for wegen. B. 302, 8; W. 374, *a;* J.-M. 280, *a, b.*

22. Note the inflection of Weiser. See note to p. 3, l. 5.

25. erlaube: subjunctive to express a wish. B. 284, 2; W. 331, 1; J.-M. 468, *a.*

27. Gestirn: really a collective noun, 'constellation,' but it is also used for Stern.

Page 15, l. 9. noch nicht: here hardly 'not yet,' but rather 'by no means' as if it were noch lange nicht.

---

4. Dornröschen.

A favorite one of the Kinder- und Hausmärchen, collected by the Brothers Grimm, one of whom was the great philologist, Jacob Grimm. The style is exceedingly quaint, direct, and natural, the collectors having been careful to observe that peculiar popular and provincial flavor which in German is called Bodengeschmack, 'flavor of the soil.' Divergencies from the standard German usage have been explained in the notes, but no changes have been introduced into the text. In their original form many of these tales are not well adapted to the beginner's use. For this reason only a few are included in this Reader.

The story of Dornröschen is that of '*Sleeping Beauty.*' It has a mythological basis. She is Nature that sleeps in winter and awakens in spring. In the Norse saga, Brunhild is wounded by Odin with the sleep-giving thorn, and awakened by Sigurd.

The next story, Hans im Glück, represents the good-humored, happy-go-lucky character of the common people, lacking in the shrewdness and cunning of Till Eulenspiegel. Its style and diction are nearer the normal than those of the first story.

10. Vor Zeiten: 'long ago.' It cannot be translated literally. B. 306, 9; J.-M. App.. II, vor, *b.*

NOTES.

11. Wenn wir doch ein Kind hätten is a conditional clause. The conclusion might be dann wären wir glücklich. B. 284 5; W. 332, 2, *a;* J.-M. 470, *c.* It is really equivalent to a wish, hätten wir doch ein Kind. B. 284. 2; W. 331, 2; J.-M. 468, *b.* doch, 'only,' is emphatic. Da trug (es) sich zu: 'now it happened.' The grammatical subject of trug is the clause beginning daß ein Frosch. The expletive es is not required in an inversion, though quite common. B. 236, 3, *a.*

16. sich nicht zu lassen wußte: 'did not know how to contain himself.'

18. Verwandte, Bekannte: the weak form would be according to rule, B. 213, but after alle, einige, and the possessive pronouns, the strong form is not usual in the nominative and accusative plural. B. 216, 4; 221, 2, 4; W. 127; J.-M. 449, 1, *b.*

19, 20. Compare ihrer dreizehn with eine von ihnen, where the partitive genitive is supplanted by a preposition and its case. Dreizehn von ihnen would be ambiguous, as it would imply that there were more than that number. B. 181, *end;* W. 216, 3; J.-M. 431, *a.*

26. zu wünschen: the infinitive has a passive force after the verb sein. B. 291, 1; W. 343, III., 1, *b;* J.-M. 475, 2.

Page 16, l. 1. elfe: the e in numerals can now be used only when not followed by a noun. elfe is archaic and colloquial for elf. B. 227, 79; W. 200, 1; J.-M. 303.

2. dafür..., daß: 'because.' See note to p. 4, l. 8. B. 337. eingeladen war = pluperfect, eingeladen worden war.

4, 5. funfzehnten: funfzehn, funfzig, are North German for the standard fünfzehn, fünfzig. Fünf never loses the umlaut.

7. waren erschrocken: the pluperfect of the intransitive strong verb with sein in compound tenses, 'had become frightened.'

14. sollten verbrannt werden: an old word-order. According to strict rules it should be verbrannt werden sollten. B. 345, 1, *a;* W. 436, 3, *c;* J.-M. 350, 3, *b.*

15. es: neuter to agree with the gender of Mädchen, not with the sex. B. 165; W. 154, 1; J.-M. 452, *a.*

18. Jahr: an apostrophe is often added to this word by editors or printers; but it is unnecessary, since, although Jahre is more common, Jahr is also found after numerals. B. 175; W. 211, 2; J.-M. 312.

19. Haus: dative without e. In certain phrases the e is hardly ever found, e. g., ʒu Tiſch, ʒu Berg, ʒu Bett. In common conversation it is omitted anywhere. See note to p. 6, l. 13.

20, 21. aller Orten: adverbial genitive of place. B. 187; W. 220, 1; J.-M. 435, *a*. **ging ... herum**: herumgehen, literally 'to go in a circle,' but here it is equivalent to umhergehen, 'to wander about.' Careful writers observe the distinction between the two.

24. als es umdrehte: supply den Schlüſſel.

27. machſt: 'do,' not 'make.'

30. Kaum ... Erfüllung: an inverted dependent clause followed by an independent clause, 'scarcely, however, had she touched the spindle, when' etc. If the independent clause stood first, the dependent one would require a conjunction like als or ſobald in place of kaum, and would follow the usual order of dependent clauses. B. 330, 2; W. 438, 3, *h*.

Page 17, l. 3. wo: 'when;' see note to p. 10, l. 20.

13. wollte: 'was on the point of.' B. 267, 6 (2); W. 258, *b*. J.-M. 465 *c*.

17. darüber hinaus: perhaps 'over and above it.'

20. alſo daß: more formal than ſo daß. B. 335.

22. als hätten ſie Hände = als ob ſie Hände hätten. B. 343. *c*; W. 433, *b*; J.-M. 350, 2.

24. hängen: hangen would be more correct, but the two words are hopelessly confounded. For the use of the infinitive in German where the English uses the present participle, see B. 290; 283, 3; W. 343, I., 6; J.-M. 474, *e*.

25. Todes: adverbial genitive of manner. B. 187; W. 220, 4; J.-M. 435, *b*.

28. es ſollte: 'it was said.' B. 267, 5 (3); W. 257, 3; J.-M. 472, 5.

30. ſchliefe: subjunctive in the relative clause which is included in the report implied in erzählte, l. 28; B. 325, 3; W. 333, 4, *d*; J.-M. 467, *b*.

Page 18, l. 5. will hinaus: the verb of motion may be omitted with modal auxiliaries, especially with an adverb expressing direction. B. 267, R. end; W. 259, 2; J.-M. 268.

15. Köpfchen, Flügel: for the use of the singular in these words see note to p. 5, l. 13. It is not quite clear whether gesteckt is a factitive predicate or whether it forms a pluperfect with hatten. If the former, hatten may be translated 'held' or 'kept.'

18. das sollte: this is not an independent clause, but a relative one; for the word-order see note to page 16, l. 14.

27. Wie = sobald. Sowie is common in the spoken language, in the sense of sobald, and is sometimes shortened to wie. B. 330, 2; W. 386, 4, c; J.-M. 486, 1, d.

5. Hans im Glück.

(See introductory remarks to the preceding.)

Page 19, l. 10. bei seinem Herrn: 'in his master's house,' 'had been in his master's service,' 'served his master' would be seinem Herrn gedient.

11. herum: the idea is herumgegangen. The Germans say das Jahr, das Leben, die Stunden sind herum, as if they had gone round in a circle. Colloquial English 'up.' **wollte ... heim**: the verb of motion omitted in German must be supplied in English. See note to p. 18, l. 5. **gerne** has the adv.-suff. e. See note to p. 127, l. 23.

12. gebt: second person plural imperative used when addressing one person, as in English and French. It is used still as a respectful address, especially among country people, instead of the common third person plural. B. 230, 4; W. 153, 2; J.-M. 189.

19. ihm in die Augen: See note to page 5, l. 13. Augen (plural) is often used in the sense of 'sight;' aus den Augen, aus dem Sinn, 'out of sight, out of mind.'

21. ein schönes Ding would have für before it in the normal style. B. 92, 3; 253; W. 175; J.-M. 221. **einer** is of the strong declension in the nominative, unlike the indefinite article. B. 95; W. 198, 2; J.-M. 244, b.

25. ja wohl: ja indicates certainty, wohl is diplomatic and concessive. The whole phrase is perhaps equivalent in English to 'I suppose I must;' 'how can I help it.'   **da** is not causal.

26. dabei = zu gleicher Zeit or indem ich es thue, 'while doing it.'

Page 20, l. 1. **mir's**: strictly es mir. B. 352, *e*; W. 319, 3, *b*; J.-M. 202, 3.   **Weißt du was** = Ich will dir etwas sagen, will dir einen Vorschlag machen. Emphasize **was** in reading. Compare the colloquial English expression, 'I tell you what.'

4. ihr müßt euch damit schleppen: translate freely 'it will be hard to carry,' literally 'you must drag yourself with it.'   Note that the rider calls John du, but John calls him ihr. See note to p. 19, l. 12.

5. dem: an article used to show the case. B. 147, 1; W. 66, 4, *c*; J.-M. 416, 4.

7. soll gehen: the normal order would be gehen soll. B. 344; W. 438; J.-M. 348, *e*.

11. Supply er before fing an.

13. ehe sich's Hans versah: an expression which admits of two explanations, because sich may be either dative or accusative, and es genitive or accusative. According to present usage es is acc. and sich dat. The old construction is sich acc. and es gen. B. 185, *end*.

15. auch: here, 'moreover;' besides throwing him off it would have run away.

16. des Weges: adverbial genitive of place. See note to p. 16, l. 20.

21. stößt: here 'jolt;' technically 'pound.'

23. mir: ethical dative. B. 192; W. 222, III., *c*; J.-M. 439, *c*. Leaving it untranslated loben might be equivalent to vorziehen, 'prefer.' **Da lob'** ...: 'there is where I prefer your cow, behind her one can,' etc.

25. gewiß: factive predicate. Were it an adverb it would stand immediately after hat.   **Was gäb' ich**: 'what wouldn't I give?' darum, 'for it,' is superfluous in English. **Gäb'** is potential subjunctive in a principal clause containing a question to which no answer is expected. B. 284, 3; W. 332, I, *c*; J.-M. 470.

26, 27. geschieht: here 'is done.' The clause is an inverted conditional clause lacking the conjunction. B. 343, *c*; W. 433, J.-M. 350, 2.

27. **wohl** has a force in the sentence which it is difficult to render in English. It is as before concessive and diplomatic.

Page 21, l. 3. doch: 'surely.' **so oft**: or so oft als, the last word not being essential. B. 330, 1; W. 438, 3, *d*; J.-M. 485, 9.

4. dazu: zu denotes combination with, as well as in addition to. Nehmen Sie keinen Senf dazu? 'do you take no mustard with it?' B. 303, 16, *end*; W. 154, 2; J.-M. App. II., Zu, *b* (2).

10. nach dem Dorfe ... zu or **dem Dorfe zu**, 'in the direction of,' 'towards.' B. 303, 16, *end*; W. 379, 1, *c*; 379, 2.

12. in einer Heide: intentionally instead of auf der Heide, which is the common expression, as in „im Wald und auf der Heide." The in indicates that he was surrounded by heath.   **wohl,** 'perhaps.' Translate **wohl dauerte** 'might last.' **noch** is here unemphatic. If emphatic it would mean 'another hour.'

13. Ward es ihm heiß: idiomatic dative according to B. 193. The personal construction, er wurde heiß, is possible. See note to p. 4, l. 2.

14. Dem Ding ist zu helfen: helfen after sein is to be translated as a passive. See note to p. 15, l. 26. helfen retains the dative in the passive voice. Mir wird geholfen means 'I am being helped.' B. 271, 291, 1; W. 280, 3; J.-M. 437, 2, *c*.

17. wie ... auch: 'however much,' 'no matter how much.' B. 339, *end*.
20, 21. vor den Kopf: 'on his forehead.'   **eine Zeit lang**: 'for a while,' not 'for a long time.'. B. 208; W. 230, 1, *a*; J.-M. 445, *a*, *note* 1.

24. liegen hatte: the infinitive in German stands very frequently for the English present participle. It is here a factitive predicate, as is often the case. See Dornröschen, p. 18, l. 14.

28. will: 'is going to.' It is not a future. B. 279, 3, *R.*; 267, 6, *R.*; W. 258, *b*; J.-M. 472, 6.

29. Ziehen: cows are used for draft purposes in Germany.

Page 22, l. 2. ins Haus: 'for domestic use.'   **Was gibt's für Fleisch**: refers to quantity, not quality.

4. wer so ein ... hätte: der wäre glücklich is implied. See note to p. 15, l. 11.

6. euch zu Liebe: 'as a favor to you.' euch is dative.

8. sich, if taken as ethical dative, need not be translated in English; if taken as remoter object, 'for himself.'

9, 10. losmachen and geben have passive force after ließ. B. 290, 3, *b*; W. 343, 5, *e*; J.-M. 774, *d*.

12. begegnete ihm ja: the force of ja can be here rendered in English by 'did' with the infinitive, 'if ... did happen.' Inverted order, see note to p. 20, l. 26.

15. boten einander die Zeit: 'offered each other the time of day.'

18. brächte: for bringe, see note to p. 5, l. 5.

23. Sau implies a slur like the English 'hog.'

Page 23, l. 4. bessern Bescheid or besser (*adverb*) Bescheid wissen: 'to be better acquainted.'

5. schon: 'it is true.' The word has here a concessive force.

10. seiner Sorgen: genitive denoting privation. B. 184; W. 219, 2, *a*; J.-M. 434, *b*.

13. die Menge von Fett: here used instead of the more common die Menge Fett. B. 181, *end*; W. 216, 5; J.-M. 431, *c*.

16. wohl here expresses likelihood.

22. Mäntelchen: literally 'short cloak,' or it may mean the piece of canvas used for a protection against the wind. In either case there is a playful allusion to the proverb, den Mantel nach dem Winde hängen, 'to cut one's cloak according to the cloth.'

25, 26. das Handwerk: das should perhaps be emphasized, as he probably means *his* trade only, though some understand the passage to mean any trade. Compare the proverb: Handwerk hat einen goldenen Boden, literally, 'handicraft has a golden foundation.'

Page 24, l. 6. sich zu helfen wissen: 'to know what to do,' not 'to help one's self,' which would be sich bedienen. Sich is dative.

7. dahin bringen, daß: literally 'to the point, that;' translate 'bring it about that.' See note to p. 4, l. 8.

13, 14. aber auch: 'but then,' placed at the beginning of the clause in English.

15. ich werde: the present with the force of the future. B. 274, 5; W. 324, 4; J.-M. 463, *c*. For the force of zu, see note to p. 12, l. 11.

19, 20. hob ... auf: aufheben here means 'to pick up,' while in the last sentence of this paragraph it means 'to preserve.'

21. auf dem sich's gut schlagen läßt: 'on which it is convenient to hammer.' lassen, construed impersonally with the infinitive, is equivalent to the reflexive verb without lassen. B. 272; 236, 2; W. 281; 343, 5, *d*; J.-M. 474, *d*.

26. geboren sein: equivalent to the English perfect passive infinitive. B. 272, 2; W. 282, 2; J.-M. 373, 2.

30. erhandeln: 'to acquire by trading.' This shows well the force of the prefix er-, which implies acquisition, success. B. 542, 3; W. 307, 4, *d*; J.-M. 372, *a*.

Page 25, l. 6. **kam ... geschlichen**: see note to p. 3, l. 26.

13. hatte versinken sehen: the auxiliary preceding two seeming infinitives. B. 345, 1; W. 439, 2; J.-M. 350, 3, *a*. As to sehen, which is really the past participle without the prefix ge-, see B. 108, 1, 2; 113; W. 240, 1, *c*; J.-M. 265.

---

6. Der standhafte Zinnsoldat.

A miniature, mock-heroic love-story, by the great Danish story-writer and novelist, Hans Christian Andersen (1805-1875). The text given here is taken from the translation by H. Denhardt.

Page 26, l. 6. **auf das genaueste**: absolute superlative. B. 300, 2; W. 363, 2, *b*; J.-M. 315.

8. worden: supply war.

9. auf seinem einen Beine cannot here be changed to auf einem seiner Beine as in the case of an seinem einen Schuhe, p. 2, l. 17.

10. gerade er: 'just he.' gerade qualifies er and does not cause inversion. **sollte**: 'was to.' But compare: gerade wollte er fort, 'he was just on the point of going.'

19. wohl: 'certainly.' It is concessive.

30. paßte: 'would suit;' preterite subjunctive = würde passen. B. 280; W. 335, 1-2; J.-M. 471.

Page 27, l. 6. feine Dame: 'grand lady.' The two words form one conception, and hence there is no comma before feine.

11, 12. Heut' kommt Besuch, etc.: these are children's games.

13. mit dabei sein: 'to join,' 'to take a hand in.' mit in such expressions is an adverb.

14. vermochten ... aufzuheben: vermögen, though from mögen, requires zu before the infinitive depending upon it. B. 291; W. 343, II.; J.-M. 475, d.

17. seinen Gesang mit hinein schmetterte: freely translated, 'added his warble.'

Page 28, l. 1. Notice that morgen is an adverb meaning 'tomorrow' in this line, while Morgen in the next line is a noun, 'morning.'

4, 5. flog das Fenster auf: the window opened on hinges like a door. Notice that dritter Stock or Stockwerk is the fourth story in English. Parterre or auf ebener Erde is the first story, erster Stock, the second story, etc.

8. das Bajonett nach unten: absolute accusative. B. 209; W. 230, 3, a; J.-M. 446, b.

12. getreten hätten: 'although they almost stepped on him': a potential subjunctive in a clause containing fast, beinahe. B. 284, 3, *the examples;* W. 332, 3, a; J.-M. 469, a.

Page 29, l. 1, 3. nur has the same force as in a relative or adverbial clause. Wo nur;: 'where on earth.' See note to p. 21, l. 17.

4. säße: subjunctive to express a wish. B. 284, 2; W. 331, 2; J.-M. 468, b.

4. getrost: 'as far as I am concerned.' noch einmal so finster: 'as dark again.'

9. her: literally 'hither,' but here rather 'out with.'

17. des Brettes: the board that formed the bridge.

27. Mal: after a numeral Mal may stand in the singular as a noun of quantity. B. 176; W. 206, a; 211, 2; J.-M. 306, 2.

Page 30, l. 5. Morgenrot...: one of two very popular soldier-songs by W. Hauff (1802-1827).

10. Nein: 'you cannot imagine.' Nein often expresses surprise.

17. war forms the pluperfect passive with **gefangen gebracht** and **verkauft**, worden being supplied with the two latter. It also forms the pluperfect active with hinaufgekommen.

Page 31, l. 2. gemeint hätte: see note to p. 28, l. 12.

12. geschehen: supply the auxiliary war. B. 396; W. 449, 3, *a*; J.-M. 350, 4.

14. schmölze: strictly schmelze. See note to p. 5, l. 5.

II.

1. Einkehr.

Ludwig Uhland (1787—1862) was a Swabian patriot, poet and professor. His lyrics and ballads are excellent, but he was less successful in the drama. He collected the folk-songs of Germany, and wrote on literature and mythology.

Einkehr is one of a series of Wanderlieder, 'wanderer's songs' of which it is the best. The poet compares the apple-tree under which he stopped to rest, to an inn.

Page 32, l. 1. wundermild: an attributive adjective, uninflected because it follows its noun. B. 212, 2; W. 116, 4; J.-M. 128.

2. zu Gaste: an idiomatic phrase = als Gast. Da is redundant and need not be translated.

6. Supply either bin or war after eingekehret.

7. mit frischem Schaum: the frothy juice of the apple.

15. er is redundant.

18, 20. Wipfel applies only to the top of a tree or shrub; **Gipfel** to the top of any object. Wipfel implies vibration. Compare the same words in Goethe's poem, p. 35, No. 5.

19. Gesegnet sei: Notice that sein and not werden is used to form the imperative passive. Werde gesegnet would mean 'become blessed;' sei gesegnet 'be blessed.' See B. 116, and, for a more thorough study of the subject, B. 273; W. 282; J.-M. 273 and notes under it.

2. Die Lorelei.

Heinrich Heine (1799-1856) is one of the great poets of Germany, ranked by Matthew Arnold next to Goethe. His Buch der Lieder, published in 1827, contains some of the finest songs and ballads in the German language. Cynicism and severe but very witty criticism of Germany and the Germans have prevented his becoming popular as a man or as an author in other branches of literature than lyrics. His Rabbi von Bacharach is a great but unfinished novel. The last twenty-five years of his life were spent in Paris. The foundation of this poem is the legend of the fay that sits upon the famous Lorelei rock on the right bank of the Rhine, between St. Goar and Oberwesel. The heading is not Heine's.

Page 33, l. 1. soll: 'is intended' by some one else than the poet, some power that influences him. In prose it would stand at the end of the line.

3. Märchen: here 'legend;' but in Grimm's Märchen it means 'fairy story.'

4. kommt... Sinn = will mir nicht aus dem Sinn gehen, 'will not leave my mind.'

9, 11. sitzet, blitzet: in prose we find only sitzt, blitzt, but in poetry either form is used. On p. 46 Goethe has Gegrüßet in l. 15 and Gegrüßt in l. 16.

14. dabei: 'at the same time.' See note to p. 19, l. 26.

18. es refers to Lied in the preceding stanza.

21. verschlingen: present tense with the force of the future. B. 274, 5; W. 324, 4; J.-M. 463, c.

---

3. Es war ein alter König.

A jealous old king kills his young wife and her beautiful page.

Page 34, l. 9. Liedchen: Lied is used in German where we say 'story' in English; dasselbe alte Lied, 'the same old story.'

12. sich is reciprocal. B. 84; W. 155, 4; J.-M. 252.

---

4. Abendlied.

Heinrich August Hoffmann von Fallersleben (his birthplace) was born in 1798 and died in 1874. For a while professor at Breslau and dismissed on account of his political views, he was, like Uhland, a great student of literature. Many light, popular lyrics were written by him.

20. fort: 'on,' 'without stopping.' It is not necessary to consider brauft fort and Fließt fort as separable compound verbs. The same is true of klinget zu in the next stanza. **Ihm zu:** 'to meet or greet him.'

---

5. Wanderers Nachtlied.

Johann Wolfgang von Goethe, born at Frankfort, 1749, died at Weimar, 1832, was the greatest poet of Germany. His lyrics and ballads are unsurpassed. The text and punctuation adopted here are those of the edition published by the Goethe Society at Weimar.

The following poem was written in 1783 upon the wall of a shooting-box on the Gickelhahn, near Ilmenau in the Thuringian Forest. Within a year of his death

Goethe visited the place for the last time, read the poem and repeated aloud to himself the last lines, ‚Warte nur, balbe Ruheſt bu auch.'

Page 35, l. 3. Gipfeln, Wipfeln: see note to p. 32, l. 18.

3. balbe has the regular but now archaic suffix e. B. 554, 1; W. 363, 1, *b*; J.-M. 318, *note*.

---

6. Erlkönig.

A Danish folk-song, translated by Herder in his Volkslieder, and the hasty ride of a farmer to Jena to consult a Professor about his very ill boy, suggested to Goethe this, his best ballad. It was written in 1781 for the Cantata Die Fiſcherin. The basis of it is the popular belief in elves, sometimes kind to man, sometimes jealous and hostile. From ballads such as this and Heine's Lorelei we realize the truth of the lines prefixed by Goethe to his earliest and best ballads:

„Märchen, noch ſo wunderbar,
Dichterkünſte machen's wahr."

All the labor and artifice of the true poet produce only that artlessness of the folk-song which is necessary to make a poem acceptable to the hearts and lips of the people. Only the words of the elf-king are put in quotation marks, those of the boy and of the father are separated by dashes.

7. wohl: 'well' in the sense of 'sound,' 'unharmed.' Other interpretations: 'comfortably,' 'well,' i. e., 'in a strong hold.'

9. Was: in the sense of warum, originally an accusative absolute. B. 251, 4; W. 176, 3; J.-M. 458, 2, *b*.

14. ſpiel': pres. with the force of the fut., see note to p. 33, l. 21.

16. manch gülden: manch, ſolch, welch, may be left uninflected. B. 100, 144; W. 124, 3; J.-M. 245; *b*.

21. feiner: here not 'beautiful,' but 'delicate,' 'pretty.'

23. führen: if this is a strict present, it implies that it was the custom of the daughters to lead the nightly dance; if present with a future meaning it implies a promise, as do the verbs in the following line, which are certainly presents with a future meaning.

24. ein has here the force of 'to sleep,' and is to be connected with each of the verbs in the line.

Page 36, l. 4. Es...grau: translate as if it read Es ſind die alten Weiben, die ſo grau ſcheinen.

5. The excess of short syllables in this line requires quick reading, which expresses the impatience of the speaker.

8. **hat mir ein Leids gethan**: 'has killed me.' Leids is usually parsed as a strong neuter adjective, and translated 'injury.' Grimm's Dictionary gives a more scientific construction and favors the above translation. Leids is a stereotyped genitive of the substantive, no longer felt as a genitive. Cp. sich ein Leid anthun, euphemistic for 'commit suicide.'

10. **in Armen**: archaic for in den Armen. Den is added in some editions.

12. Prose order: In seinen Armen war das Kind tot.

---

7. Drei Paare und Einer.

Friedrich Rückert (1789-1866) was a patriot during the struggles against Napoleon I., like Körner, Arndt and Hoffmann von Fallersleben. He was a many-sided linguist, especially great as a lyric and didactic poet, often, like Goethe and Bodenstedt, employing oriental forms and style. His best lyrics are contained in the Liebesfrühling. His great didactic work is his Weisheit des Brahmanen. The following are two of his Sprüche, 'maxims.'

16. **drauf**: 'in reply.'

18. **dir's zu eigen**: 'make it your own.' The zu denotes transition, but is superfluous in English. Translate the whole line 'take it to heart.'

23. **zweie**: see note to p. 16, l. 1.

---

9. Wohlthun.

Matthias Claudius (1743-1815), a minor poet, was editor of the „Wandsbecker Bote," a newspaper which he made famous by the originality, good-humor and manliness of his writings. Two of his humorous poems are well known, Urians Reise um die Welt and Der Riese Goliath.

5. **rein**: 'without reserve,' 'freely.'

---

10. Sehnsucht.

The title, Sehnsucht, was not given to this piece by the author, but has been added by later editors as expressing the idea of it, namely 'Longing.'

---

11. Der Ring.

Anastasius Grün is the *nom de plume* of the Count of Auersperg, an Austrian nobleman and liberal statesman (1806-1875). The ‚Gedichte' containing his best lyrics were published in 1837.

Page 38, l. 3. ein Pfand der Liebe: in apposition with **den**.

5. vor das Auge: the force of the accusative after **vor** is here lost in English. The German implies 'put and held.'

16. By **Flut** the poet seems to mean the waving corn. It is an adverbial accusative followed by an adverb.

---

12. Barbarossa.

According to the legend, Frederick I., the Red-Beard, who was drowned in Asia Minor (1190), sits in the Kyffhäuser mountain in the Thuringian Forest, waiting for the glory of the German Empire to come again. Similar legends are told of Siegfried, Charlemagne and others, who, taking the places of Odin and the other gods, are waiting for the return of the glory of the Empire and of the Golden Age.

Page 39, l. 7. Friederich: old and full form of **Friedrich**.

9. ist ... gestorben: perfect tense. B. 266, 2; W. 241, 2, *a*; J.-M. 297, 1.

11. verborgen is not the uninflected adjective after its noun, but qualifies the subject.

13. Darauf: a demonstrative adverb, instead of the relative adverb **worauf** which is found in the next line but one. B. 257; W. 180; J.-M. 237.

14. *Second column.* In other versions of the legend the dwarf is a shepherd.

15. *Second column.* **die Raben**: a clearly mythological feature recalling Odin's ravens.

20. Jahr: for the singular after a numeral, see B. 175; W. 211, 2; J.-M. 312.

---

13. Das zerbrochene Ringlein.

Joseph Freiherr von Eichendorff (1788–1855) was a poet of the romantic school well known for his lyrics and his story, ‚Aus dem Leben eines Taugenichts.'

21. Gründe = Thalgründe, as on p. 37, l. 16.

Page 40, l. 5. Spielmann: the Romanticists liked to put their songs into the mouths of travelling poets and musicians, thus recalling the life of the middle ages.

9. **Reiter:** Eichendorff was a soldier as well as a poet.
15. **am liebsten:** superlative of gern, 'gladly.'

---

14. Des Knaben Berglied.

The following song, written in 1806, is a favorite, especially in South Germany.

17. **Hirtenknab:** Knab is an older form of Knabe, and is still found in dialects. Knab would belong to the nouns that have lost e, like der Bär, der Mensch. B. 62, 2; W. 92, 2; J.-M. 96, *note*.

18. **all:** in colloquial and poetic usage all may stand after its noun. Wo nur die Blumen all(e) herkommen! 'I wonder where all the flowers come from!'

25. **Ich ... auf:** may be taken literally, catching the spray on the arms.

Page 41, l. 11. wann: poetic for wenn 'when' in a temporal clause. B. 330, 1; W. 386, 4, *b*; J.-M. 486, 1, *b*. It denotes contemporaneous action in the future.

12. **Feuer = Feuersignal:** 'signal fire.' The poem was written in 1806, not long before the war of liberation against Napoleon I.

---

15. Ein Lied, hinterm Ofen zu singen.

This poem, though not highly poetic, is original and taking with the people. As to the author see p. 259.

17. **auf die Dauer = dauerhaft,** 'enduring,' 'hardy.'
18. **fühlt sich ... an:** 'feels like.' As to sich see p. 6, l. 27.
19. Supply er before scheut. **Süß, Sauer:** are used as nouns and are indeclinable like certain set phrases in B. 220; W. 129, 4; J.-M. 449, 3.
21. **läßt's ... wärmen:** 'and does not first have it warmed.'
22. **Fluß im Zahn = Zahnweh:** 'toothache.' In Fluß, from fließen lies the same idea as in rheum, rheumatism, namely 'flowing.'
25. **sich nichts zu machen:** 'to care nothing for.'

Page 42, l. 3. bellen sehr: in prose sehr would precede. This is the only forced word-order in the poem.

7. **Stein und Bein:** as to two subjects followed by the verb in the singular, see note to p. 6, l. 7. The expression Stein und Bein is a species of assonance not uncommon. Other examples are Gut und Blut, 'property and life;' Rand und Band, 'all in pieces.'

13. **Sommerhaus:** the glaciers and snow-covered mountains.

15. **Da** = daher: 'therefore,' 'so.'

16. **Gut:** may be parsed as an adverb with führen, or as an uninflected adjective before a neuter noun. B. 212, 1; W. 126, 1; J.-M. 145.

---

16. Tragische Geschichte.

Adelbert von Chamisso (1781–1838) was by birth a French nobleman, who emigrated with his parents to Germany during the French Revolution. He was no mean poet and naturalist, being especially successful in longer narrative poems and story writing. His best known work is the story of Peter Schlemihl, "the man without a shadow." His name should be pronounced *Shamisso*, without any special stress on any one syllable.

24. **hinten** is an adverb, and not a preposition governing ihm.

Page **43**, l. 8. **nichts Gut's, Schlecht's,** see note to p. 13, l. 21.

l. 21. **Schlechtes:** 'harm.'

10. **Er dreht fort:** 'he keeps turning.'

11. **Es hilft zu nichts:** 'it leads to nothing;' slightly different from es hilft nichts, 'it does no good.'

14. **hilft** = wird helfen.

---

17. Das Grab.

Salis is the popular name of Johann Gaudenz, Freiherr von Salis-Seewis, a Swiss lyric poet (1762–1834). His chief characteristics are melancholy and a longing for rural life.

Page **44,** l. 2. Note that in German the adjuncts of the participle precede it. B. 353; W. 358; J.-M. 353; 483.

---

18. Aus alten Märchen winkt es.

This poem expresses Heine's unsatisfied longing for a happinesss which he finds only in dreamland. As to the author see No. 2.

5. **es** is an indefinite subject, used to increase the weirdness and vagueness of the scene. B. 236, 2, *a;* W. 154, 4, *a;* J.-M. 453, *a.* A

paraphrase of the first stanza would be, Eine weiße Hand winkt uns aus alten Märchen hervor, in benen es von einem Zauberlande singt und klingt. **Hervor** does not necessarily form a compound verb with **winken.** It is an adverb after a preposition and its case. B. 300; W. 379, 1-2; J.-M. 484.

6. **weißer Hand:** as of the dead, 'ghostly.'

7. 'There is song and music' is a free translation of the line.

11. **aller Qual:** genitive of privation. B. 185; W. 219, 2, *a;* J.-M. 434, *b.*

16. **eitel:** uninflected, 'nothing but,' 'mere.' B. 212, 1; W. 126, 2-2; J.-M. 145.

19. Gott grüße dich.

Julius Sturm is a clergyman and a minor poet whose characteristics are sympathy and sincere piety.

Page 45, l. 3. **lieben Gott** is a common expression in German where in English we should say simply 'God.'

21. Mignon.

This exquisite poem is found in Wilhelm Meister's Lehrjahre, Book III. It is sung by Mignon, the little Italian girl who had been stolen by a troop of rope-dancers, carried to Germany and rescued by Wilhelm Meister, who became her protector. The song expresses her homesickness and at the same time Goethe's own longing for Italy. The first stanza describes Italy, the second a villa, the third her journey across the Alps. The opening lines of Byron's Bride of Abydos were suggested by this poem. Notice the cæsura after the fourth syllable of every line except the third of the second stanza. As to the author see No. 5.

9. **Citronen:** the common German word for the English 'lemon.' The English 'citron,' the fruit of the *Citrus Medica Risso,* is the German **Citronat'** or **Sukka'de.**

10. **Gold-Oran'gen** = goldenen Orangen: the botanical name is *Citrus Aurantium Risso,* the common German name is Apfelsine, borrowed from the Dutch *appelsina,* i. e., apple brought from China. Compare the French *pomme de Chine.*

12. **Die Myrte still:** the myrtle is small in comparison with the laurel. **Still:** 'untouched by the breeze,' because small.

13. Kennſt du es wohl? 'surely thou knowest it.'
18, 19. The statues looked at her as though they would say „Was," etc.

Page 46, l. 2. Maultier: Tier, Fiſch, Baum, Wurm are sometimes added to the specific name for explicitness, e. g., Renntier, 'reindeer;' Walfiſch, 'whale;' Eichbaum, 'oak;' Lindwurm, 'dragon.'

22. Der Sänger.

This poem also is from Wilhelm Meiſter's Lehrjahre. The scene is laid in the middle ages, but the poem expresses Goethe's desire for freedom from official duties and honors, and for that real happiness which, as he said to Eckermann, he found in his poetic creating and thinking.

9. Brücke = Zugbrücke: 'drawbridge.'
14. mir: ethical dative.
15. mir: also ethical dative. It is not = von mir, since the dative alone cannot be used to express the agent. Gegrüßet, l. 15, and Gegrüßt, l. 16, illustrate the poetical license referred to in the note to p. 33, l. 9.
20. Schließt, Augen, euch = ſchließt euch, ihr Augen.
22. drückt ... ein = drückt ... zu: 'closed his eyes.' It implies an effort, the scene was so attractive.
24. drein = darein is not to be taken literally 'therein,' or 'into it.' It is indefinite, and must be rendered freely, perhaps 'looked boldly about them,' or 'looked on boldly.'
25. und has almost the force of aber, 'but the fair ones lowered their eyes,' literally 'the fair ones (looked) into their laps.'

Page 47, l. 3. holen has here a passive force. B. 290, 3, *b*; W. 343, I., 5, *c*; J.-M. 474, *d*.
10. Zu: 'in addition to.'
18. Weins: the old partitive genitive retained in poetry. B. 181; W. 216, 5, *c*; J.-M. 431, *c*.
18. an, i. e., an den Mund or an die Lippen.

III.

1. Siegfried.

A. W. Grube is the author of numerous writings on pedagogics, of Charakterbilder aus der deutschen Geschichte und Sage, of Geographische Charakterbilder and of similar works, all of which are very popular on account of their good style and taste.

This extract is based on the Nibelungen epic. It contains a few archaisms, but it is easier in one respect than Section I., because it lacks the many modal adverbs like auch, wohl, doch, of which it is so difficult to feel and express the force. The same is true of extracts 2 and 4.

Page 48, l. 12. sie werde ...: = wenn sie nicht mein Weib wird. For this peculiar construction see B. 336.

Page 49, l. 3. sich: dative of the reciprocal pronoun.

14. huben sich ...: 'left the land behind them;' lit., raised themselves from the land.

27. Siegfrieden: an inflected proper name. Such inflection in the dative and accusative is not required, but does occur. B. 68, 3; W. 105; J.-M. 110 (1).

Page 50, l. 1. wofern ...: 'in case he should have'...

3. es: indefinite and impersonal es = er. **ich hätte** ...: normal word-order allowable instead of the inverted. B. 343, *d*, 3; W. 438, 3, *g*.

6. es geht ...: 'you will all lose your lives.'

10. gutes Mutes: the genitive of characteristic standing in the predicate after a neuter verb. B. 180, 5; W. 220, 2, *a*; J.-M. 435, *b*. **gutes** is the correct strong declension of the adjective, but now unusual. B. 72; W. 121, 1 and 3; J.-M. 133. Compare p. 52, l. 1; p. 81, l. 21.

13. so: an archaic conjunction in a conditional clause = wenn. B. 340, *end*; W. 386, 4, *f*; J.-M. 485, 9.

Page 51, l. 17. kräftiglich: the adverbs in lich formed from adjectives in ig are not common now. The adjective is used as an adverb. Compare inniglich, p. 54, l. 15. B. 544, 2; W. 363, 3, *a*; J.-M. 398, *a*.

26. Ringen = Panzerring in l. 21. so mit ... = mit so ...

Page 52, l. 17. es may be parsed as genitive or as accusative. B. 182; W. 217; J.-M. 433.

30. der euer Meister geworden: literally 'who has become master of you,' say 'who has overpowered you.' euer is genitive of ihr and not the possessive pronoun, nominative singular masculine.

Page 53, l. 1. Supply ist after geworden.

Page 54, l. 10. sehen: a past participle without ge preceded by an infinitive. B. 113, 108, 1; W. 240, 1, *c*; J.-M. 264-265.

25. solches is often used in the sense of dies, 'this.' B. 91, 3; W. 170; J.-M. 456, 5.

Page 55, l. 16. Supply ist again before geblieben.

Page 56, l. 23. Bahrgerichts: also called Bahrrecht. It is explained in the next lines.

27. siehe: once a common imperative, now restricted to elevated style. B. 449, 1, *R.*; W. 270, 2, *b*; J.-M. 226, *a*.

---

2. Lohengrin.

Albert Richter is the author of a historical Quellenbuch, of Deutsche Heldensagen des Mittelalters, and of Deutsche Sagen. From the last this extract and No. 4 are taken. See introductory note to No. 1.

The holy grail was, according to legend, the vessel used at the Last Supper. It had miraculous power. It was kept at first by the angels, then by kings and knights, in a temple especially built for it upon Monsalvatsch. The miracles and adventures connected with the holy grail have been treated in the old French, English, and German epics, and in Wagner's music-dramas.

The duke of Brabant, the duchess of Cleves, King Gotthard, and other characters cannot be identified in history.

Page 58, l. 1. Heinrich dem Vogler: German emperor, 919-936.

3. sprach zu Recht: 'pronounced judgment.'

7. sich zum Kampfe ...: 'be ready and willing to fight for' ...

Page 59, l. 26. rette: note the force of the subjunctive, 'may save' or 'is to save.'

27. die der Fürstin gesetzte Frist: a good example of the rule that what depends on a participle, an infinitive and an adjective, precedes the same. See also p. 107, l. 21, 22. B. 353; W. 358, *a*; J.-M. 353.

Page 60, l. 17. The first **wohl** means literally 'well;' the second means 'probably;' the one in l. 22 is concessive, 'it is true.'

Page 61, l. 4. aber: 'now,' see note to p. 1, l. 5.

23. als wären beide Kämpfer gleich stark = als ob ... wären. B. 343, *c*; W. 433, *b*; J.-M. 350, 2.

Page 62, l. 13, 14. Only civil marriage was in vogue till the Reformation.

Page 63, l. 2. sich would more naturally stand before or after **die Ritter.** B. 352, *e*; W. 439, 1; J.-M. 354, 5.

10. der Christenheit is a dative and not a genitive.

11. schade = nur ist es schade, or es ist nur schade.

15. Lohengrin is in the dative.

Page 64, l. 15. der bedrängten Herzogin: a dative, not after ausgesandt, but to be connected with zu Hilfe and to be rendered by an English genitive.

16. Treuen: an archaic plural. Similar nouns in the plural are preserved in zu Ehren, mit Freuden. Cp. Ehren, p. 74, l. 8. B. 171.

3. Die drei Spinnerinnen.

See introductory remarks to Dornröschen, p. 246. The three "spinsters" are the Norns or Fates of Germanic mythology.

Page 65, l. 10. Es war ein Mädchen faul = es war ein faules Mädchen, or ein Mädchen war faul.

12. übernahm: a verb in the singular after two subjects. See note to p. 6, l. 7.

14. worüber: see note to p. 9, l. 4.

15. **ließ sie anhalten:** supply in English 'the carriage.'

16. **schlüge:** see note to p. 22, l. 18.

19, 20. **immer und ewig** is emphatic; say 'all the time.'

23. **geht ... mit:** supply in English 'take' or 'go' and the proper pronoun after 'with.'

25. **'s** is parsed as an accusative according to correct usage, but is really a genitive. B. 183; W. 229; J.-M. 441, *c*.

Page 66, l. 2. **spinn** for the more usual **spinne**. B. 121, *middle*. W. 270, 1.

3. **fertigbringen:** may be parsed as a loosely compounded verb 'get done,' 'finish.'

4. **bist du gleich arm:** inversion = obgleich ... bist. B. 343, *c*; W. 433; J.-M. 350, 2.

9. Note that **Tage** is a plural, while **Jahr** in l. 7 is a singular. The rule in B. 175; W. 211, 2; J.-M. 312; that masculine and neuter nouns of this kind should stand in the plural is not closely observed.

12. **damit, daß:** 'by saying that.'

14. **hätte anfangen können:** for the order of words see B. 345, 1; W. 439. 2; J.-M. 350, 3, *a*. As to **können** see note to p. 54, l. 10. **sich** (dat.) **etwas** (acc.) **gefallen lassen,** 'to put up with,' 'acquiesce in.'

15. **mir:** as ethical dative might be translated 'I tell you,' 'I warn you.'

17. **wußte es sich** (dative) ... : 'was at a complete loss to know what to do.'

19. **davon** = von ihnen, von denen, a colloquialism against the rule in B. 234; W. 154, 2; J.-M. 184.

27. **weg:** here 'out of the way.'

Page 67, l. 5. **Zahl:** literally 'count,' say 'skein.' **aufs feinste** is absolute superlative. See note to p. 25, l. 6.

9. **ging's an:** es is impersonal subject, make the verb personal in English, 'they went at' or 'began upon.'

24. **Freundschaft** = Freunde, plural.

28. **nur:** its force is 'I wonder,' 'do tell me.'

Page 68, l. 4. **los:** here similar construction to zufrieden, p. 65, l. 25.

4. Kaiſer Otto mit dem Barte.

As to the author see introductory note to Lohengrin. The story is told by Konrad von Würzburg, a Middle High German poet. In the Kaiser Otto of this story the two emperors Otto I. (936-973) and Otto II. (973-983) are confounded.

11. geraten: it does not form a passive tense with war, but is an adjective, 'advisable.'

12. es der: abnormal order for der es.

19. ging es an...: 'a life was in danger.' See note to p. 67, l. 9.

22. Babenberg: a castle now called Altenburg, near the city of Bamberg in Bavaria.

24. in hellen Scharen: 'in full force,' literally 'in ringing troops.' The adjective referred originally to sound only. In hellen Haufen is more common still, on account of the alliterative expression, than the above.

Page 69, l. 1. am erſten Feiertage: i.e., 'Easter Sunday.' Oſter-Montag, 'Easter Monday,' is called der zweite Feier- or Oſtertag.

11. Herzog von Schwaben: which duke is meant is hard to say.

16. auf ſich warten läßt: 'is delayed,' literally 'lets itself be waited for.' B. 272; W. 343, 5, d; J.-M. 474, d.

19. The Truchſeß had charge of the household and of the entertainment of guests. The cupbearers (Schenken), pages (Pagen), the head cook (Küchenmeiſter) and other servants were under his control.

29. Heinrich von Kempten was a 'governor' or 'master' (Zuchtmeiſter), who had charge of the training of the young sons of a noble family. Kempten is a city in Bavaria. The abbey of Kempten was rich and influential for several centuries.

Page 70, l. 8. euch ſelbſt zur Schande: 'to your own disgrace.' Compare note to p. 22, l. 6, and to p. 64, l. 15.

13. meines Amtes: see note to p. 50, l. 10, a. This genitive approaches the possessive and partitive genitive: 'It belongs to my office.'

23. Beulen zu ſchlagen: literally 'to strike so as to cause a bump or swelling,' say 'a brutal blow.'

Page 72, l. 2. Chrifti: the Latin genitive of Chriſtus. Biblical names retain foreign inflection. B. 68, 2; W. 107; J.-M. 113.

5. mir Armen: Armen is the weak inflection of the adjective after the personal pronoun. Usage as to the weak or strong inflection of the adjective after these pronouns is unsettled. B. 216, 2; W. 125, 2; J.-M. 449, 1, *a*.

15. zu teil ...: 'to pardon you;' literally 'let mercy become your share.'

24. darauf denken: 'plan,' 'contrive;' distinguish this construction from an etwas denken, 'to think of.'

Page 74, l. 8. Ehren: see note to p. 64, l. 16.

14. Leib und Leben: emphatic for 'body' or 'person.'

27. ihm: the dative is not usual after heißen.

Page 75, l. 14. an allen Enden: 'in all parts' (of the country).

17. This refers to a campaign of Otto II. against the Greeks and Saracens in 982.

28. The statement that he was a prince is an anachronism. The abbots of Kempten did not acquire princely dignity until the 14th century.

29. das Gebirge: viz., the Alps.

Page 76, l. 15. mag: rather 'can' than 'like' or 'may.'

Page 77, l. 9. ein Stück: literally 'a piece,' say 'a little.'

Page 78, l. 4. bloß und nackt: literally 'bare and naked.' The two words differ in meaning, but are used together to emphasize one idea, viz., 'naked as he was.'

10. Was ..., das: The neuter pronoun can denote a number of persons. B. 168; W. 179, 6; J.-M. 459, 3, *c*.

18. doch wohl: 'possibly.'

Page 79, l. 17. denken können: see note to p. 54, l. 10.

30. durftet ihr wagen: dürfen hardly ever means 'to dare.' Here 'could.'

Page 80, l. 11. Seelen: a now rare weak inflection of a feminine noun in the singular. B. 434, 1; W. 95, 1; J.-M. 106.

15, 16. auch keines Zornes ... zu versehen habt: the old and correct construction after versehen, viz., the accusative of the person and genitive of the thing. Compare note to p. 20, l. 13.

24. Mark: the old 'mark' was a weight = half a pound. The modern mark is a coin of about the value of an English shilling, = American 24 cents.

---

5. Zwei Feuerreiter.

B. Auerbach is a well-known novelist, whose reputation rests mainly upon his Schwarzwälder Dorfgeschichten, to which may be added Barfüßele and Edelweiß. His two longer novels are Auf der Höhe and Das Landhaus am Rhein.

This story has been taken from Buchheim's Reader II, and has not been compared with the original text as it appeared in the Volkskalender. Karl August, Grandduke of Sachsen-Weimar, was born in 1758 and died in 1828. He was the patron of literature and science, and made Weimar the Athens of Germany. To his little capital he attracted Goethe, Herder, Schiller, Wieland and many lesser lights. The young duke and Goethe indulged in all kinds of pranks and eccentricities in their young days. They went to the fires of the neighborhood. Vogelsberg and Grossneuhausen are little villages near Weimar.

Page 81, l. 6. dem muß es hart angehen = dem muß es sehr nahe or ans Herz gehen, 'he must feel it very much or deeply.'

13. mit dem andern: 'with the rest.'

22. an Mann: this an is contracted of an and den. B. 40; W. 65.

27. hätte: potential subjunctive. B. 284, 3; W. 332, 3.

29. davon munkeln: 'whisperings or rumors about it.'

Page 82, l. 2. The duke was a great smoker, but Goethe could not endure tobacco.

20. Feuerreiter: not 'firemen,' but 'mounted messengers,' who gave the alarm and summoned help in the neighborhood.

21. Was: here 'as fast as.'

26. was drauf steht: 'what the consequences are.'

30. wie wenn: better als wenn. B. 333, 1; W. 332, 2, *b*; J.-M. 470, *d*.

Page 83, l. 16. mein Lebtag: here treated as an indeclinable phrase. B. 243, 1. **l. 22.** Da und Da: 'in such and such a place.'

Page 84, l. 15. Geheimrat, viz., Goethe, whose personal beauty was remarkable. macht: here 'introduces.'
19. nutzt: good usage favors a distinction between nutzen, transitive, 'to make use of,' and nützen, intransitive, 'to be of use to.' Nützt would have been the word here.
28. So heißt es hin und her: 'thus they call to one another.'

Page 86, l. 16. brauft es: 'peals forth;' make Orgelklang the subject and Nun danket... the object. This is the beginning of a well-known hymn.
26. The duke and Goethe called each other 'thou' in their early intimate friendship.

Page 87, l. 5. unſereins = unſereiner. B. 168.

---

6. Nach hundert Jahren.

F. W. Hackländer (1816-1877) was a very fertile writer. He excelled in pictures of soldier-life and has written a couple of good novels and comedies.

22. Herrſchaft: 'family' of distinction, but often applied to master and mistress alone.

Page 88, l. 2. wurde geräuſchvoll bankettiert: 'there was boisterous banqueting.' B. 268; W. 279, 2; J.-M. 275.
9. gegen...zu; see note to p. 21, l. 10.
19. deren: ihrem would have been ambiguous, hence the demonstrative pronoun for the possessive. B. 242, 1; W. 171, 2; J.-M. 457, 5.
20. wo ſie auch immer: 'wheresoever.'
26. den Bräutigam: an absolute accusative. B. 209; W. 230, 3, *a;* J.-M. 446, *b.*
28. abermals und wiederholt: 'again and again.'

Page 89, l. 10. war und blieb verschwunden: 'had disappeared and never appeared again.'

25. auf Schritt und Tritt: 'close at his heels.'

28. Versteckens: the nearer object in the genitive after spielen, which occurs frequently, when the object is an infinitive used as a noun. Cp. Zählens spielen, 'play counting.' B. 184; W. 219, 5-6; J.-M. 434, *a, b.*

29. gaben sich auch keine rechte Mühe: 'took no very great pains.'

Page 92, l. 1. verlor sich: 'disappeared.'

19. Dafür... auch: literally 'to make up for that,' perhaps 'but then.'

---

7. Der Ameisler.

The story is taken from Vom Fels zum Meer. I know nothing of the author who headed it Ein Sohn der Berge. Ein Charakterbild aus den Alpen. For several dialect-words the more usual words have been substituted, e. g., Boben, 'garret,' for Raften in l. 24, p. 98. The scene is laid in the Tyrol. See note to p. 100, l. 22.

Page 95, l. 5. Puppen: here 'ant-eggs,' Ameiseneier, literally 'larvae,' 'chrysalis.' They are used for bird-food and baths.

7. rückte: literally 'stirred,' 'moved.' Perhaps 'touched' will answer. He did not remove his hat.

11. meinte: 'remarked,' it means not only 'to have an opinion,' but also 'to express' it.

19. gab: here 'took out of.'

Page 96, l. 13. sich auf etwas freuen: 'to anticipate with pleasure,' sich über... 'to rejoice over something at hand.'

14. war zu helfen: see note to p. 21, l. 14.

27. da fuhr es: 'then a peculiar expression flashed...' Compare note to p. 86, l. 16, 17, and to p. 44, l. 5.

Page 97, l. 5. Es kommt...: 'it amounts to the same thing.'

18. wohl: 'perhaps.'

19, 20. Er lachte: 'he gave a shrill, forced laugh.'

23. verjährter Schmutz: 'an old scandal.' **nimmer:** in its old literal sense 'no more,' 'not any more,' as also p. 98, l. 14.

Page 98, l. 14. auch is hardly translatable. **ansehen:** 'tell by my looks.'

16. mein Vater selig = mein seliger Vater. B. 212, 2; W. 116, 4; J.-M. 128.

19. es weit bringen: 'to accomplish something,' 'be a success.'

22. ist er gesessen: provincial for hat er gesessen. B. 265, 5; W. 241, 3, *e*; J.-M. 299.

24. Christenlehre: for the more common Kinderlehre, instruction in the catechism and doctrines, preceding and sometimes following the Confirmation and the first communion, say 'religious instruction' or 'catechism.'

25. dem Pfarrer ... untergekommen: 'appeared before the ...' or 'come under the parson's instructions.'

Page 99, l. 1. ich denk' eine Zeitlang: dialect construction for ich denke an ..., 'I remember a time, when ...'

8. durch goes with **zwischen**.

11. dafür: see note to p. 92, l. 19.

14. mit is superfluous in English. **Was Wunder auch** = war es denn auch ein Wunder; **auch** is not translatable. It emphasizes the question.

22. auf Heimgarten gehen: dialect phrase = einen Besuch machen, say 'for a familiar chat.' The noun means originally 'commons' as the place for meeting, gossip and amusement. As to the subjunctive see B. 332; J.-M. 468, *c, note*.

27. Was = wie or warum. B. 251, 4; W. 176, 3; J.-M. 458, 2, *b*.

30. hielt's: 'clung to.' **'s** is indefinite object and need not be translated. B. 204, 236, 6; W. 154, 4, *e*; J.-M. 453, *d* and *e*.

Page 100, l. 5-7. The young men at a certain age (21 years) were drafted by lot to recruit the army. A lot higher than the number of men required would excuse from service. **freigespielt** for freigezogen. He had 'cleared himself' by drawing a high number.

14. **Ich brachte es über mich**: 'I prevailed upon myself, 'gained it over myself.'

22. **blieb**: a euphemism for blieb tot, wurde getötet, 'was killed.' The Tyrol was one of the crown-lands of Austria from 1365 to 1805, when it was torn from Austria and given to Bavaria by the peace of Pressburg. In 1809 there was a heroic though fruitless uprising of the Tyrolese, led by Andreas Hofer, Speckbacher and others. After the fall of Napolen I. the Tyrol became Austrian again.

23. **Welschen**: say 'foreigners.' Here the French, Bavarians and Italians. **Welsch** means 'foreign,' especially 'Italian' or any of the Romance nations.

24. **auch**: 'surely.'

25. **Festung**: soldiers are sent to a 'fortress' instead of to a penitentiary or state-prison.

Page 101, l. 1. **mit Gewalt** ...: 'they were bound to make me so, have me so.'

Page 102, l. 27. **dort mochte er wohl**: 'thither he probably took.'

Page 103, l. 13. **jetzt freilich nur mehr leider**: a remarkable accumulation of adverbs, that may be rendered 'now, it is regretfully admitted (freilich leider), only a mythical creature still (mehr).' This last may be omitted.

28. **Wetterglocke**: 'storm-bell,' rung during a thunderstorm, inviting to prayer. There is also a superstition, that bell-ringing wards off the lightning. On a bell in Schaffhausen stands *fulgura frango*, 'I break the lightning,' put by Schiller over his 'Song of the Bell.'

Page 104, l. 1. **drückte sich**: say 'retired.'

5. **ein Kreuz schlagen**: 'to cross one's self.'

8. **Schnaps**: the word means a small glass of liquor hastily drunk, 'a dram of brandy' distilled from grain, not brandy proper = *Cognac*.

Page 106, l. 4. **ab und zu**: 'off and on.'

Page 107, l. 19. Supply **war** after **erstickt**.

---

9. Der verschlafene Geburtstag.

Gustav Freytag is one of the most prominent literary men of Germany. He is poet, novelist and journalist. Soll und Haben, from which this extract is taken, is his most popular novel. Die Ahnen is a series of historical novels, excellent but rather heavy and 'long drawn out.' His Bilder aus der deutschen Vergangenheit enjoy a great popularity. His best play is Die Journalisten.

Father Sturm had the hallucination, that he would die on his 50th birthday. He had been a porter and weigher for many years and was a man of great stature, who always called his son Charles 'dwarf.'

Heading: **verschlafene**: 'spent' or 'lost in sleeping,' 'overslept' perhaps translates it in one word. See p. 122, l. 24.

Page 109, l. 17. **dazu**: 'too,' 'besides.' **es**: 'something.' See note to p. 44, l. 5.

21. **Anton**: a dative.

24. **Sensenmänner**: rioters armed with scythes. Anton Wohlfahrt had helped manage the baronial estate in the country and had just returned to the city.

Page 110, l. 10. **aufmarschiert**: a verb in -ieren, though compounded with a separable prefix, has no ge- in the past participle. B. 108, 4; W. 243, 3, *a*; J.-M. 215, *a*.

17. **setzte ... an**: see note to p. 47, l. 18.

Page 112; l. 5. **frägt**: has the umlaut as if it were a strong verb of the 6th class. Although frug has become classical, frägt is still colloquial. B. 129; W. 268, 2; J.-M. 226, *b*.

9. Sturm means, they are clever men, but they can't lift a cask. Compare the English phrase, 'clever man, but no hatter.'

12. **Flügel**: 'wings,' see note to p. 28, l. 4, 5.

Page 113, l. 6-10. Sturm refers to the old baron's son, a young officer, to whom he had lent money.

Page 114, l. 25. Knecht Ruprecht: 'Servant Rupert,' a kind of Santa Claus, that punished naughty children; called Knecht, because he accompanied the Christkind.

Page 115, l. 5. Dir: in letters the pronoun referring to the person addressed begins with a capital letter.

6. Karl's hand had been injured in the riots.

27. **'s:** is superfluous in English. See also p. 116, l. 3. B. 236, 6, *R*; W. 154, 4, *e*; J.-M. 453, *d*.

Page 116, l. 22. jeden: here 'any.'

Page 117, l. 2. mit: 'also.'

10. **Chef:** viz., Mr. Schröter.

Page 119, l. 13. Aber nicht lange = aber es war nicht lange, so, 'before' . . .

Page 120, l. 9. erhört: emphatic for gehört.

13. **Warum nicht gar:** an exclamation expressing disbelief and refusal, say 'I don't believe it.'

19. **unter seine Bemerkungen:** 'in the column for remarks.'

Page 121, l. 8. entweder—oder: 'there is this alternative,' 'one of two things.'

26. **Hof:** here 'manor.'

Page 122, l. 25. nicht im reinen mit: 'not clear about.'

IV.

1. Die Grenadiere.

As to the author, see p. 256. The poem was written by Heine, when 16 years old. It expresses his admiration for the genius of Napoleon I. and the enthusiastic love of the French soldiers for their general. Zedlitz's Heerſchau, p. 137, treats of the same subject, but is inferior to this ballad. See also p. 211.

Page 123, l. 2. **waren ... gefangen**: supply either worden, making a pluperfect passive, or geweſen, making a pluperfect active, 'had been prisoners.'

6. Supply ſei at the end.

10. wohl: this may be called the "ballad" wohl, whose force with a past tense may be given by English 'did' with infinitive.

Page 124, l. 1. **Was**: may be parsed as an accusative of specification 'as to what,' 'in what respect,' 'how' or 'why.' Compare das ſchert dich nichts, wenig, 'that does not concern you at all,' 'concerns you little.' Was geht dich das an? 'what have you to do with that?'

3. betteln gehen: With a verb of motion an infinitive is common, while English has the present participle. B. 290, 2; W. 343, 6; J.-M. 474, e.

17. wohl may be omitted here.

---

2. Auf der Überfahrt.

As to the author of the next four poems, see p. 256.

Page 125, l. 4. **ſo**: viz., ſtill.

18. geiſtige Naturen = Geiſter. It is not a happy expression.

3. Der weiße Hirſch.

20. The white deer is very rare.

Page 126, l. 2. **brannt'**: emphatic for 'I fired at him.' Instead of ihn, ihm might have been expected. B. 200, 2, 3.

4. Das Schloß am Meer.

14-17. The castle is reflected in the water and also seen against the sky. Hence the poet's fancy 'that...'

---

5. Des Sängers Fluch.

The scene and characters are invented by Uhland. The metre is what is called "the modern Nibelungen-metre," a modification of the old metre. There is a pause after the 7th syllable. This poem is often contrasted with Goethe's Sänger, which might be called the "Singer's Reward," see p. 46. Its theme is the dignity and power of song (poetry).

Page 127, l. 1. hehr: 'majestic;' hoch refers only to the location.

8. Geißel is 'lash' in the literal sense, not 'sarcasm,' as often interpreted. Paraphrase: His word meant the lash, his writing death, etc.

14. Ton: here in the old sense, including metre and tune, perhaps 'melody.'

23. helle: an old adverb in e like feste, p. 128, l. 16, zurücke, p. 129, l. 15. See note to p. 35, l. 3.

24. dazwischen: 'at intervals.'

Page 128, l. 3. was: the relative pronoun after an antecedent adjective. B. 256; W. 179, 5; J.-M. 236, b.

12. draus: the demonstrative adverb as a relative one, now rare, = woraus. B. 257; W. 180; J.-M. 222.

19. da is superfluous.

26. The poet had in mind the head of Medusa, by which Atlas was petrified.

Page 129, l. 9. Connect noch with zeugt, not with eine.

10. über Nacht: its force is 'any moment.'

13. Heldenbuch: the 'heroes-book' par excellence is a collection of old epic poems. Translate by 'epic' or 'chronicle.'

6. Das Schloß Boncourt.

As to the author see p. 262. The poet fancies he visits again the family castle.

17. sucht... heim: look for heimsuchen.

18. supply habe and parse vergessen as factitive predicate with die.

Page 130, l. 11-14. The poet could not read the inscription as a boy, and cannot now, 'however bright...,' because his eyes are dimmed with age and emotion.

17. und = aber, 'and yet.'

23. auf mich raffen: forced order = mich aufraffen.

---

7. Der reichste Fürst.

J. A. Kerner was a Suabian poet, friend of Uhland, a Romanticist, somewhat of a mystic and spiritualist. This poem is based on an anecdote. The scene is at the diet at Worms, June 21, 1495, at which Eberhard was made duke of Würtemberg by Emperor Maximilian. He founded the University of Tübingen and was a much beloved prince.

Page 131, l. 8 and 16. wohl: its force is, 'I venture to say.'

14. zu is archaic, translate as if in or von.

24. in = in den. See note to p. 81, l. 22, but possibly this is an archaism without the article, that would now be required. Compare in Armen, p. 36, l. 10.

---

8. Der Fischer.

As to the author, see p. 257. One of Goethe's earliest and best ballads, of the year 1778 probably. It expresses the attractiveness and charm of the water, when we gaze into it or bathe.

A Fräulein von Lassberg had drowned herself in the Ilm. This suicide called forth the beautiful poem An den Mond and perhaps also this one. Two days after the sad event Goethe wrote to Frau von Stein about the dangerous attractiveness of the water and the alluring reflections of the stars in it. Compare the song of the Fischerknabe, with which Schiller's Tell opens, the old Scotch ballad *The Mermaid* (Chandos Classics, p. 327), and the 13th idyl of Theocritus, "Hylas," who is drawn into the water by three nymphs. The poet's art and effort are more apparent in this ballad than in the Erlkönig and in Heine's Lorelei.

Page 132, l. 27. wuchs: perhaps 'swelled.'

Page 133, l. 2. war's um ihn geschehn: 'he was undone.' For the force of um, see B. 549, 4; J.-M. App. II., um, *d.*

---

9. O lieb', so lang..

Ferdinand Freiligrath (1810-1876) was a great lyric poet and journalist. He is original in form and subjects, loving the strange and exotic, a master in description, an excellent translator of English and French poetry. The following poem has been called a 'hymn of love,' written upon the death of his father.

Page 133, l. 5. kannst: 'hast opportunity' or 'mayest.'

6. magst: 'canst,' 'art able.' Mögen in the sense of 'to be permitted' or 'like' would not be in keeping with the elevated style of the poem. B. 267; W. 255.

9. Herze: archaic for Herz.

14. zu lieb: 'to please.' Notice the rhymes lieb—trüb. It is common to rhyme ie—ü, p. 38, l. 22 and 24; e (long)—ö, p. 126, l. 7 and 8; e (short)—ö, p. 158, l. 13 and 14; e (long)—ä, p. 161, l. 7 and 8. B. 390, 3. But very correct versifiers like Platen and Bodenstedt avoid such rhymes.

---

10. Die Trompete von Vionville.

As to the author, see above.

The poem describes an actual incident in the battle of Vionville, on Aug. 16, 1870. The poet wrote at first 'of Gravelotte," the bloody battle of August 18. There was no infantry in reserve. Cavalry was sent to the relief of the 6th Division, which was sorely pressed by the French. Line 2 means, we could not see our infantry thus sacrificed. When the Cuirassiers and Ulans had charged both batteries, they were almost surrounded by French cavalry. Then the signal of recall was given upon a pierced trumpet, now preserved at Halberstadt.

Page 135, l. 7 and **8. was ritt...**: see note to p. 78, l. 10. Freely translated: 'Every other man of the two regiments that rode to the charge...' Out of 800 only 150 returned, and some of these wounded.

14–16. Contain a very forced word-order. Perhaps: Da verſagte ber Trompete (dative), bie uns mutig... geführt (hatte), bie Stimme.

25. fam bie Nacht: though the battle lasted till ten o'clock at night, this particular charge occurred early in the afternoon. Freiligrath wrote the poem before correct details were published.

---

11. Die letzten Zehn.

Julius Mosen (1803-1876) was a dramatic and lyric poet, less successful as a novelist. He was a lawyer by profession, but was called in 1844 as dramatist to the court-theatre of Oldenburg.

The historical background of this poem is the rising of the Poles in 1830. Warsaw had capitulated September 8, 1831. The armies in the field were scattered, and when Polish soldiers crossed the Prussian and Austrian frontiers they were disarmed. See the last stanza.

Page 136, l. 7. Praga is the suburb of Warsaw, where bloody engagements occurred.

14. Oſtrolenfa, the city near which the decisive battle took place May 26, 1831.

---

12. Die nächtliche Heerſchau.

J. C. von Zedlitz (1790-1862) was an Austrian officer, best known for this ballad, for his translation of Childe Harold and a volume of poems called Totenkränze, verses expressing his sentiments over the graves of great dead like Wallenstein, Napoleon I., etc. See note to Heine's Grenabiere, p. 278. In stanzas 4 and 5 Napoleon's campaigns in Russia, Italy, and Egypt are referred to.

Page 138, l. 1 and **2,** *second column*. What Heine calls "his plain, green uniform and the small, world-historic hat."

l. 11, *second column.* **mit klingendem Spiele:** 'with drums and fifes.'

22. The *Champs Elysées*, a large square and avenue in Paris.

13. Andreas Hofer.

As to the author see No. 11, p. 282. As to the history, see note to p. 100, l. 22.

Hofer was shot by the French, February 10, 1810. The circumstances of the shooting as given in the poem are almost exactly historical. Hofer himself gave the command to fire. The words ad), wie ... in the last stanza are added by the poet. The Isel in the second stanza is a mountain south of Innsbruck, and was the centre of the struggle.

14. Der Zigeunerbube im Norden.

Emanuel Geibel (1805-1884) was perhaps the greatest German lyric poet of the last fifty years. A North German (of Lübeck) by birth, he always sang and dreamed of German unity. He surpasses all in his songs, which have perfect finish and great beauty, but he has also written excellent longer poems (Der Bildhauer des Hadrian, Der Tod des Tiberius) and dramas (Meister Andrea, a comedy; Brunhild and Sophonisbe, tragedies). His dramas are lyrical to a fault. He lived a happy, ideal, poet-life, always favored and rewarded by some king or Maecenas. He translated a great deal of Spanish and French poetry.

The following poem was written during his last year at the Gymnasium. One stanza has been omitted. It is a poem of homesickness, like Kirke White's "The Savoyard's Return" and Goethe's Mignon. The next three poems are by the same author.

15. Krokodilromanze.

Page 141, l. 17. The reference is to a superstition which makes the crocodile cry like a child in distress to attract its prey, and shed tears over it while eating it.

16. Rheinsage.

The poem is based on one of the numerous legends about Charlemagne, and explains itself.

17. Hoffnung.

The poet sets out with an und, as if he began in the middle of his meditations.

Page 143, l. 23. vertraut is a past participle with the force of an imperative.

18. Der Handschuh.

Friedrich Schiller (1759-1805) stands second only to Goethe in German literature. He excelled in the drama. His lyric poetry is reflective and didactic, and not so spontaneous as Goethe's. His longer poems are narrative and dramatic, but full of *verve*, if that translates Schwung. In 1797 and 1798 he produced the most and best of his Balladen und Romanzen. The Romanze lacks the song-like qualities of the ballad proper. Its subject is taken from history and has no mythological basis.

The story of the Handschuh Schiller found in St. Foix's *Essai sur Paris*, but it is really of Spanish origin. Francis I. (1515-1547) was fond of such sport, hence the scene is laid in his reign.

The metre is peculiar. The unaccented syllables may be lacking, as in l. 12, or there may be two and even three of them, as in l. 17, p. 145. It might be called "classical doggerel."

Page 144, l. 8. **aufthut sich**: auf has an abnormal position; see note to p. 130, l. 23. **Zwinger**: here 'pit;' in l. 2, p. 146, 'arena.'

Page 145, l. 6. **zur Seite**: 'aside.'

11. **Tigerthier** stands for Tiger. See note to p. 46, l. 2.

21. **Mitten hinein**: mitten often precedes a preposition or adverb, strengthening the same. Here perhaps 'right between.'

22. **Delorges** is to be pronounced German and in three syllables. **spottender Weis'**: an adverbial genitive.

Page 146, l. 14. **Dank** is used in the old technical sense of 'prize' or 'reward,' which was given to the victor in the tourney.

---

19. Auf der Wanderung.

This poem is a special favorite of the students. As to the author, see p. 257.

18. **grünen**: an epithet of the Rhine, as blue is of the Danube, yellow of the Weser. See Rheinsage, p. 142.

27. **thät**: archaic for that. B. 290, 1; W. 343, I. 1.

Page 147, l. 1. **Ist ein Land**: Es is lacking, as is possible in folk-songs. B. 236, 3, *a*.

8. Supply rief or sang ich at the end of the line.

20. Vor Rauchs Büste der Königin Luise.

Theodore Körner (1791-1813) is the brave soldier-poet of the wars of liberation. He is best known for his war-songs, e. g. Du Schwert an meiner Linken, Lützow's wilde Jagd. He wrote also some excellent comedies and one good tragedy, Zriny. Only 21 years old, he had been appointed poet of the court-theatre at Vienna, but he left his position and his bride to follow the appeal of the king of Prussia (see p. 212; also p. 217, l. 28). Queen Louise (1776-1810) is one of the noblest women of history, wife of Frederick William III. of Prussia, and mother of Emperor William I.

Page 147, l. 19. mit Gott versöhnt: not 'reconciled with God,' but 'with God's help and reconciled with one another.'

21. der Herr: 'the Lord.'
22. Heil: here 'happiness.'

---

21. Das Gewitter.

Gustav Schwab (1792-1850) was one of the Suabian poets, in rank and in importance next to Uhland (see p. 256.) He was a preacher and a philologian. His ballads and songs are deservedly popular. His Bemooster Bursche zieh' ich aus is the famous farewell-song of the student leaving the University.

The basis of the following ballad, the poet's best, was an item in the "Suabian Mercury," stating that four persons representing as many generations had been killed by lightning in the same house.

Page 148, l. 2 and 3. sind, schmückt, are in unusual positions for a main clause. B. 347.

---

22. Das Mädchen aus der Fremde.

This poem is a beautiful allegory representing either spring or poetry. This indefiniteness has not prevented its popularity. Körner called it a "lovely riddle." As to the author, see p. 284.

Page 149, l. 19. wurden weit: perhaps 'opened wide' or 'went out to her.'

---

23. Der schwarze Tod.

Hermann Lingg (1820—) is a poet whose works lack form, harmony and clearness. This is true of his best poem, Die Völkerwanderung. A few of his lyrics are very good. He represented the gloomy side of life and nature. The last four stanzas of "The Pest" have been omitted, because there is a better stop before them than after them.

Page 150, l. 12. feuerfest is a queer epithet of the garment. Leimbach thinks it means 'proof against destruction and against sympathy.'

Page 151, l. 4. das teure Brot: poetic for Teurung, 'famine.'
18. junges Blut = Jugend.
20. fromme: an unusual form for fromm. Here 'kind' or 'innocent,' certainly not 'pious,' its usual but late meaning.

24. Das deutsche Vaterland.

Ernst Moritz Arndt (1768-1860) was a great patriot, if not a great poet. By many stirring songs and addresses he called upon his countrymen to lay aside prejudices and differences and rise against Napoleon I. He was for a while Professor of History at Bonn.

The song given here was superseded by the "Watch on the Rhine," which follows. The many compounds with -land Arndt has coined. See the Vocabulary for them. Two stanzas are omitted.

25. Die Wacht am Rhein.

It was written by Max Schneckenburger (1819-1849) in 1840, and set to music by Carl Wilhelm. Almost forgotten, it suddenly became very popular when the Franco-German war of 1870-1871 broke out. The texts differ very much. The one below is taken from a facsimile of the original MS.

Page 154, l. 3. fromm: here 'hearty.'
7. Blauen is an infinitive of the rare verb blauen, 'to be blue.' Translate as if it read in den blauen Himmel, or in des Himmels Blau.

26. Hans Euler.

J. G. Seidl (1804-1875) was an Austrian poet and scholar of no great eminence. The scene of this poem is laid in the Tyrol after the rising of 1809. See note to p. 100, l. 22.

Page 155, l. 2. wird ... sein: a future expressing probability. B. 278, 3; W. 328, 2; J.-M. 465, a.
8. The texts differ. With doch the context is, 'it is true the war

is over, but you killed my brother.' With **bort**, we must imagine he pointed toward the country.

14. **sondern** is implied at the beginning of the line.

16. **Tirol ist groß genug**: he means, his wife would be welcome at any fireside in the great Tyrol.

---

17. Der Kaiser und der Abt.

G. A. Bürger (1747-1794) was the greatest lyric poet in the pre-classical period, before Goethe wrote lyrics and ballads. Bürger led an irregular, unhappy life. He excelled in ballads and sonnets. His best ballads are Lenore, Der wilde Jäger, Das Lied vom braven Manne and the following humorous one, which is based on an old English ballad, "King John and the Abbot." There are a number of provincial and colloquial words and phrases in it, but they are quite in keeping with the tenor of the piece.

Page 156, l. 19. das Pfäfflein: 'the good monk.' Pfaffe for Priester did not always imply a slur as now.

Page 157, l. 3. mir deucht wohl ganz recht: 'it seems to me, I am quite right in thinking, that...'

5. **viel Weile = Langeweile**: 'leisure,' 'nothing to do.'

10. These three conundrums, more or less modified, are very old, and occur in many literatures.

16. **Heller**: 'penny;' a small coin, named perhaps for Schwäbisch-Hall, where it was first coined. Denn, in l. 3, p. 160, Pfennig, Kreuzer, Groschen are used similarly.

24. **Titelchen** is common, but incorrect for Tüttelchen, 'a dot,' 'tittle.' The form is due to a confusion with Titel, 'title.' Compare St. Matthew, v. 18.

26. **die längste Zeit...**: 'you will not be abbot much longer.'

Page 158, l. 2. Sinnen is dative singular of the infinitive used as a noun.

3. **Schwulität** has the foreign ending -tät added to the German adjective schwül, 'sultry.'

4. **vor hochnotpeinlichem Halsgericht**: 'before a high criminal court.' The expression is tautological and extravagant.

9. bei herzlichem Zagen und Pochen: 'with great anxiety and throbbing of heart.' herzlich is to be taken in the literal sense with Pochen; in the sense of 'great,' 'extreme,' with Zagen.

13. A thrust at Goethe's Leiden des jungen Werthers, published in 1774. This is an anachronism. The abbot lived at St. Galls, a very prominent convent in the Middle Ages. See p. 160, l. 25.

18. wie ein Schemen: zu einem Schemen might have been expected.

20. Mein Eixchen: an exclamation that has not been satisfactorily explained; say 'upon my soul,' or something similar.

22. 'The emperor would like to bother me;' literally 'would like to put some patch upon my clothes.' It is a North German phrase.

24. wohl: perhaps, 'I dare say,' if translated at all.

Page 159, l. 14. schon: here and in l. 16 perhaps, 'without trouble.'

17. Contains an inversion with gleich, 'although,' in a dependent clause. B. 339; W. 432, 2.

Page 160, l. 1. Reichsgulden: for the biblical Silberlinge, pieces of silver.

2. prachern: It is not clear which prachern is meant. Either makes good sense. See Vocabulary.

4. doch wohl: a strong wohl, 'surely.'

14. in einerlei Tempo begleitet: 'keep step and time with it.'

25. Sankt Gallen: see note to p. 158, l. 13.

26. von der Wahrheit fallen: an uncommon expression, that has been criticized; say 'that can't differ or swerve from the truth,' 'must be the truth.'

Page 161, l. 3. rief... darein: 'called out,' see note to p. 46, l. 24.

7. *quid juris* = was Rechtens ist, 'what is lawful and right.'

9. hübsch is often used ironically. **nur** need not be translated. 'I beg you, do no such thing.'

11. kein sterbendes...: 'not a blessed word...,' literally 'not an expiring word.'

12. Was Hänschen . . . : 'You can't teach an old dog new tricks.' The usual form of the proverb is Was Hänschen nicht lernt, lernt Hans nimmermehr.

19, 20. Lohn and Pardon do not rhyme, unless Pardon is pronounced Pardohn, which Hans B. probably did.

24. Pa′nisbrief: must be accented Panis′brief on account of the metre. It may be rendered 'benefice.' Its meaning is clear from the the next stanza. The emperors often granted such favors.

V.

Versalzen.

R. Benedix (1811-1873) was actor, elocutionist, theatre-director and a fertile writer of comedies which represent the common life of the middle class in a clever manner.

Page 163, l. 10. Was ist denn los? 'what is the matter?' literally 'what is untied,' 'uncontrolled.' Los occurs in many idioms.

Page 164, l. 8. Das ist ja...: Its force is 'Anybody can cook, I am sure.'

13. da hat...weg: colloquial; its force is, 'all the same, thus (or doing that) one gets the knack of it.' Schon is superfluous in English.

17. danken: here 'decline.' See ich danke, 'no, thank you,' p. 169, l. 9.

21 da: in this connection 'here,' as often, see p. 165, l. 22 and 25.

22. nehmen fürlieb: this has been substituted in the text for the French *rester à la fortune du pot*, 'to stay and take pot-luck.'

29. Auch du, Brutus: a translation of Cæsar's exclamation, *Et tu, Brute!*

Page 165, l. 17. ich erst...: 'I want to see as yet,' or 'I have as yet to learn.'

20. Its force is, 'I am not so sure about that, after all.'

Page 166, l. 1. Ich bin: the present with the force of the English perfect. B. 274, 4; W. 324, 3; J.-M. 463, *b*.

12. Wenn du diesen...: 'if you appeal to that,' literally 'if you play that trump upon it.'

17. die gnädige Frau: 'my mistress,' or 'the madam.'

18. ich durfte: not 'dared,' but 'was permitted to come near...

24. ich bin...gekommen: 'I did not have or get...'

Page 167, l. 3. doch: its force is 'I beg you,' 'do.'

Page 168, l. 8. **das kommt wohl so vor:** 'that may happen to any body,' or 'occasionally;' so may be omitted.

12. **Warum nicht gar:** an emphatic 'not at all.'

13. **in die unrechte Kehle gekommen:** 'went the wrong way,' literally 'got into the wrong throat.'

Page 169, l. 22. **Du kommst ... zurecht:** 'you do not get on well with.'

Page 170, l. 14. **gelungen:** 'a success.'

22. **offen gestanden:** 'to speak frankly.' The past participle has the force of an active infinitive. B. 296, 2.

27. **das liegt am ...:** 'it is the fault of.'

Page 171, l. 5. **hier ist noch abgeschnitten:** supply 'some' in English.

19. **mit:** here 'of.'

23. **schon:** its force is 'without trouble,' 'surely.'

Page 172, l. 6. **auf den Ärger:** 'immediately after or upon a vexation.'

18. **seine Aufwartung machen:** literally 'pay its respects (by a call),' say 'present itself.'

Page 173, l. 5. **bei Sauce bleiben:** 'stick to sauce.'

11. Vauban (1633–1707) was a famous French engineer, whose method of building and attacking fortresses is still followed in its essentials.

Page 174, l. 6 and 7. **Mann** and **Frau** are properly used for 'husband' and 'wife,' see p. 163, l. 1; but they mean also 'man,' 'woman.'

23. **Verderben ...:** a quotation from Schiller's Verschwörung des Fiesko, V. 1.

Page 177, l. 6. **Audiatur ...:** 'let also the other side be heard.' Wittkow, as a jurist, naturally uses legal phrases in the dispute.

9. Notice that the young couple call the old couple Sie, but the latter call the former Du.

19. Alle Wetter : say 'zounds.'

28. species facti: 'the actual fact,' or 'the fact of the case.'

Page 178, l. 25. das wohl = das kann wohl sein.

30. das ist zu viel gesagt: 'that is saying too much,' the past participle has active force. B. 296, 2.

Page 179, l. 17. etwas warm gestellt: 'kept some warm.'

Page 180, l. 11. es gilt: see gelten in the Vocabulary.

12. blast alle in ein Horn: Emphasize ein. The force of the phrase is, 'you make common cause against them.'

28. es ist nichts mit... : 'your ... avail nothing.'

Page 181, l. 1. It is better taste not to add -in to a title preceded by Frau, e. g. Frau Doktor, Frau Rat.

27. Emphasize wir.

VI.

Historische Prosa.

The following extracts are taken from histories for young people, written in good, plain style by Lüttringhaus, Dielitz and Grube. As to the latter, see p. 265. The notes on the subject-matter are intentionally few.

1. Hermann.

Hermann is not derived from Arminius, the name given by Tacitus, but has been substituted in modern times for the Latin name, the origin of which is unknown.

Page 183, l. 1. The battles referred to are those of Noreja, 113 B. C.; Aquæ Sextiæ, 102 B. C.; Vercellæ, 101 B. C.

Page 184, l. 3. sprachen Recht: 'interpreted the law,' 'judged.'

Page 185, l. 9. Hab und Gut: 'all their possessions.'
12. durfte: 'could' or 'was not prudent to.'
30. Segest or Segestes.   es: an indefinite object, 'was on the side of.' B. 204; W. 154, 4, e; J.-M. 453, d.

Page 186, l. 18. Teutoburger Waldes: a low mountain range in the present Westphalia, Hanover and Lippe. A monument has been erected to Arminius near Detmold, called the Hermannsdenkmal.

Page 188, l. 3. schlug ... say 'put.'
11. ließen ... erwarten: see note to p. 69, l. 16.
19. Idistavisus: this has been amended so as to mean 'fairies' meadow,' The second part is clearly Wiese, meadow.

2. Karl der Große.

Page 193, l. 5. Leo III.: read such Roman numerals as ordinals, and put them in the same case with the name which they limit.

Here nominative singular, der dritte; in l. 7, p. 199, dative singular dem erften, etc.

7. gemiß'handelt or mißhan'delt. The first is like frühftücken, ratfchlagen. B. 137, 1; W. 313; J.-M. 288, b. See handhaben, p. 194, l. 1.

Page 194, l. 27. ritterliche: notice the strong inflection. The weak is also found after alle and similar pronouns. B. 216, 4; W. 127; J.-M. 449, 1, b.

Page 201, l. 12. auf Gnade und Ungnade: 'at discretion.'

14. auf den Nacken: parse as an accusative singular, not as dative plural; see note to p. 5, l. 13.

---

3. Die Hohenftaufen.

Page 204, l. 9. Conradin, the last of the Hohenstaufen, was beheaded in Naples, October 28, 1268, after a futile attempt to take possession of the crowns of Sicily and Apulia.

Page 207, l. 16. According to another legend the beard had grown through the table; see p. 39, l. 7.

---

4. Die deutfchen Befreiungskriege.

Page 209, l. 4. Freiwil'lige, 'volunteer,' is often distinguished from the adjective frei'willig by the accent.

10. Königin Luife: see Körner's poem, p. 147, and note thereto.

11. The 'iron cross' is still a great mark of distinction, which was given also to non-Prussian Germans during the last Franco-German war.

Page 210, l. 19. As to E. M. Arndt, see note to his poem on p. 286.

20. Von Memel ...: this is equivalent to saying from the East to the West, from the North to the South (of Prussia).

Page 212, l. 28 and 29. The Peninsular and Russian campaigns are referred to.

Page 213, l. 2-5. At Fehrbellin (1675), victory of the Prussians over the Swedes; at Höchstädt (1704, called by the English the battle of Blenheim) and Malplaquet (1709), victories of Prince Eugene and Marlborough over the French; at Turin (1706) victory of Prince Eugene over the French. Near Rossbach, Leuthen, Torgau, and Zorndorf occurred battles during the Seven Years' War (1756-1763). For Grossgörschen, see p. 214, l. 9; for the Katzbach and Dennewitz, p. 215, l. 11-25; for Leipzig, p. 215, l. 29 to the end of the extract.

10. als die . . . : als before a relative pronoun is archaic. The clause denotes cause rather than quality. Translate, 'since they . . .' B. 327, 3. **da** in a relative clause is no longer usage. It is superfluous in English. B. 327, 3, *end*.

16. Körner: see p. 214, l. 27, and note to his poem on p. 285.

Page 216, l. 3. The **Rheinbund,** 'Confederation of the Rhine,' was one of Napoleon's political creations, that lasted from 1806 to 1813. By force, by promises, and by the bestowal of titles, Napoleon divided the Germans among themselves. See the desertion of Saxons and Würtembergers, p. 216, l. 27 and 28.

Page 217, l. 10. Bere'fina: a Russian river, the crossing of which was so fatal to the French, November, 1812.

Page 218, l. 3. Ach: here an expression of contempt. **nicht erst noch schmieren:** perhaps, 'you need not grease me,' 'no greasing before I start (erst noch).' The sentence is elliptical.

5. so is superfluous in English.
19. Züge: here 'troops' or 'columns.'
25. dürfen: 'we cannot allow . . .'

Page 219, l. 6. in der rechten Seite: 'in or on the right flank.'

5. Kaiser Friedrich III.

Page 221, l. 25. Militärgouverneur: 'military tutor.' Gouverneur is used for the German Hofmeister, or the older Zuchtmeister, on p. 70, l. 1. Compare Gouvernante, 'governess.'

Page 222, l. 15. Kneipe: student-slang, meaning 'inn,' here perhaps 'lodge' or 'club-house.'

16. Borussen: 'Prussians.' The student-societies called Korps are generally named for provinces and old German tribes, e. g. Hannovera'ner, Sachsen, Teuto'nen, Banda'len.

Page 224, l. 8. The so-called 'Seven Weeks' War' is referred to, in which Prussia and Austria fought for supremacy in Germany.

Page 225 l. 6. nicht endenwollende: must be translated as a relative clause, die nicht enden wollten.

24-26. The first battle was unimportant, but had been magnified by the French.

30. Maingrenze: The river Main separates Baden, Würtemberg, and Bavaria from the rest of Germany. Bavaria and Würtemberg had opposed Prussia in 1866.

Page 226, l. 19. Unter den Linden is the name of a broad street with rows of sorry lindens, leading from the palaces to the Brandenburg gate.

Page 227, l. 2. Nobiling, an insane man, attempted to shoot the Emperor.

5. Mir: the pronouns referring to rulers have initial capitals.

17. The dash is equivalent to a nämlich, 'viz.'

VOCABULARY.

ABBREVIATIONS.

acc.	= *accusative.*	indic.	= *indicative.*
adj.	= *adjective.*	inf.	= *infinitive.*
adv.	= *adverb.*	insep.	= *inseparable.*
arch.	= *archaic* or *archaism.*	intr.	= *intransitive.*
art.	= *article.*	l.	= *line.*
B.	= *Brandt's German Grammar.*	L.	= *Latin.*
cog.	= *cognate* i. e. *of the same origin, related to.*	m., masc.	= *masculine.*
		n., neut.	= *neuter.*
colloq.	*colloquial* or *colloquialism.*	nom.	= *nominative.*
compar.	= *comparative.*	orig.	= *originally.*
compd.	= *compounded* or *compound.*	p.	= *page.*
condit.	= *conditional.*	part.	= *participle* or *participial.*
conj.	= *conjunction.*	pass.	= *passive.*
conjug.	= *conjugation.*	pers.	= *person* or *personal.*
cp.	= *compare.*	perf.	= *perfect.*
dat.	= *dative.*	pl.	= *plural.*
decl.	= *declension* or *declined.*	plpf.	= *pluperfect.*
def.	= *definite.*	poet.	= *poetical.*
demonstr.	= *demonstrative.*	poss.	= *possessive.*
der.	= *derivative, derived from.*	pred.	= *predicate.*
e. g.	= *for example.*	pref.	= *prefix.*
Eng.	= *English.*	prep.	= *preposition.*
dim.	= *diminutive.*	pres.	= *present.*
etym.	= *etymology* or *etymological.*	pret.	= *preterite.*
f., fem.	= *feminine.*	pron.	= *pronoun.*
fig.	= *figuratively.*	prov.	= *provincial.*
Fr.	= *French.*	refl.	= *reflexive.*
fut.	= *future.*	s.	= *strong inflection.*
G.	= *German.*	ſ.	= ſein.
gen.	= *genitive.*	sep.	= *separable* or *separably.*
gend.	= *gender.*	sing.	= *singular.*
Gr.	= *Greek.*	subj.	= *subjunctive.*
h.	= haben.	suff.	= *suffix.*
i. e.	= *that is.*	sup.	= *superlative.*
imp.	= *imperative.*	syll.	= *syllable.*
impers.	= *impersonal* or *impersonally.*	tr.	= *transitive.*
indecl.	= *indeclinable.*	vocab.	= *vocabulary.*
indef.	= *indefinite.*	w.	= *weak inflection.*

VOCABULARY.

In nouns the genitive is indicated when it differs from the nominative. A dash (—) indicates that the plural is like the singular; ⁻e, ⁻er that the stem has umlaut in the plural with these letters added.

The principal parts of strong verbs only are marked. In separable compound verbs, e. g. abbrechen, brach —, –gebrochen, the dash indicates that the prefix appears as a separate word, and the hyphen that the prefix is joined directly to the participle. When no auxiliary verb is given, haben helps form the compound tenses.

Definitions are printed in SMALL CAPITALS when cognates, otherwise in *Italic Gothic*. When the English cognate differs widely in meaning from the German, it is bracketed.

Greek-Latin means that the word came from the Greek and went in its Latin form into German.

The few references are to the author's Grammar, and mostly cover points not treated in other grammars. See, e. g., bequem.

A hyphen after an adjective indicates that it is not found uninflected, e. g., abgeordnet-, besonder-.

ß, being equivalent to ſſ, has been put under ſſ, and not under ſ and s separately, as is sometimes done.

A.

Aachen, n., -s, AIX-*la-Chapelle*, a city in Rhenish Prussia.

ab, adv., prep., and sep. pref., OFF, *down*, always accented. — unb zu, OFF AND ON, TO AND *fro*.

abbinden, band —, –gebunden, tr. *untie, take* OFF.

abbrechen, brach —, –gebrochen, tr., BREAK OFF or *down*.

abbrennen, brannte —, –gebrannt, tr., BURN OFF; intr. with ſ., BURN *down*.

Abbrennen, n., -s, the act of BURNING *down*.

abbringen, brachte —, –gebracht, tr. sep., *remove from* ; fig. *dissuade from*.

Abdankung, f. w., *abdication*; THANKSgiving on p. 86, l. 15.

abeilen, with ſ. sep., *hasten away*.

Abend, m., -s, -e, EVENING; *West*.

Abendbrot, n., -s, -e, *supper*.

Abendland, n., -es, *Occident*, lit. LAND of EVENING.

abendländisch, adj., *western, occidental*.

Abendlicht, n., -es, EVENING LIGHT.

Abendlied, n., -es, -er, EVENING *song*.

Abendmahl, n., -s, *supper*; the *Lord's Supper*, but in this sense generally with heilig, HOLY.

Abendruhe, f. EVENING *rest* or *peace*.

abends, adv., *in the* EVENING; orig. a gen.

Abendschimmer, m., -s, EVENING *glimmer*.

Abendsonne, f. w., EVENING SUN.

Abendsonnenschein, m., -s, EVENINGSUNSHINE.

Abendwolke, f. w., EVENING *cloud*.

Abenteuer, n., -s, —, ADVENTURE. From Fr.

aber, conj., *but, however*; adv., (rarely) *again; now*, see note to p. 1, l. 5.

Aberglaube(n), m., -ns, *superstition*. From aber, 'again, second, false.' B. 516, 1.

abermals, adv., *again*. See mal.

abfahren, fuhr —, –gefahren, intr. with ſ., *set out, start off*.

Abgabe, f. w., *tax, tribute*. See next word.

301

abgeben, gab —, -gegeben, tr. GIVE up, deliver; fig., to serve as, make; ſich — mit, have to do with, undertake.

abgehen, ging —, -gegangen, intr. w. ſ., GO OFF.

Abgeordnet-, noun inflected as adject. deputy; lit. 'set apart for something.' See ordnen.

abgewinnen, gewann —, -gewonnen, with acc. of object and dat. of person, WIN from, gain over.

abgeworfen, see abwerfen.

Abgott, m., -es, ⁻er, idol.

abgrenzen, tr. sep., fix the limits of, define. From Grenze, 'boundary.'

abhalten, hielt —, -gehalten, tr., HOLD OFF, keep at a distance, hinder.

abhauen, hieb —, -gehauen, HEW, cut OFF.

abhieb, see above.

Abkunft, f., ⁻e, descent; fig., agreement. From abkommen, 'COME from.'

ablaſſen, ließ —, -gelaſſen, tr., LET OFF; intr. leave OFF.

Ablauf, m., ⁻e, expiration.

ablaufen, lief —, -gelaufen, intr. with ſ., run OFF; expire; fall due.

ablegen, tr. sep., LAY aside. Zeugniß —, give testimony, testify.

ablehnen, tr. sep., DECLINE. See lehnen.

ableugnen, tr. sep., disclaim, deny. From leugnen, 'deny,' this from lügen, LIE.

ablöſen, tr. sep., untie; relieve (by taking another's place).

abmahnen, tr. sep., warn against. From mahnen, ADMONISH.

abmühen, refl. sep., exert, strain one's self, work hard. From Mühe, mühen, 'labor.'

abnehmen, nahm —, -genommen, tr., take away; intr., decrease.

abraten, riet —, -geraten, with dat. of pers., advise against, dissuade from.

abrechnen, tr. sep., settle accounts with; lit. deduct.

abrufen, rief —, -gerufen, tr., call OFF or away.

Ab'ſcheu, m., -s, abhorrence. See ſcheu.

abſcheu'lich, adj., detestable. Accent, B. 422, 2.

abſchicken, tr. sep., send away.

Abſchied, m., -s, -e, departure, farewell. From ſcheiden, 'depart.'

Abſchiedswort, n., -s, -e, parting-WORD.

ab'ſchlachten, tr. sep., kill off, SLAUGHTER. From ſchlagen, 'SLAY.'

abſchlagen, ſchlug —, -geſchlagen, tr., beat, knock, cut OFF; refuse with dat. of pers.

abſchließen, ſchloß —, -geſchloſſen, tr., lock (a door); close up, settle (an account).

abſchneiden, ſchnitt —, -geſchnitten, tr., cut OFF.

abſchreiten, ſchritt —, -geſchritten, intr. with ſ., step aside, walk away; tr., measure by steps, step off.

abſchüſſig, adj., sloping, precipitous. From Abſchuß, 'slope,' from abſchießen.

abſeit or **abſeits,** adv., ASIDE.

Abſicht, f. w., purpose; from abſehen, 'aim at, judge.'

abſpannen, tr. sep., unyoke, take out (horses).

abſteigen, ſtieg —, -geſtiegen, intr. with ſ., descend, dismount.

Abt, m., -es, ⁻e, ABBOT. From L.

Abtei', f. w., ABBEY. From Abt.

abwandte, see abwenden.

abwarten, tr. sep., wait for (the end of), stay out.

abwehren, tr. sep., WARD OFF, turn OFF.

abwenden, wandte —, -gewandt, tr., turn OFF or away; ſich —, turn away from.

abwerfen, warf —, -geworfen, tr., throw, cast OFF.

abwiſchen, tr. sep., wipe OFF.

abziehen, zog —, -gezogen, tr., pull OFF, deduct; intr. with ſ., move OFF, leave, retire.

Abzug, m., -s, ⁻e, deduction, departure. Cog. with abziehen.

Ach, AH, alas, oh, expresses various emotions according to the manner of utterance.

Achſel, f. w., shoulder, from Achſe, AXLE.

acht, cardinal and ordinal, EIGHT, EIGHTH.

1. **Acht,** f., attention; — geben, pay attention; ſich in — nehmen, take care, look out for.

VOCABULARY.   303

2. **Acht**, f. w., *proscription, outlawry.* (Of different origin from the above.)

achten, with gen. or acc., *pay attention (to)*; with acc. only, *deem, esteem*. See **Acht** 1.

ächten, tr., *proscribe*. From **Acht** 2.

Achtung, f. w., *respect, esteem*.

achtzehn, EIGHTEEN.

ächzen, intr., *groan, cry* ach, AH. See ā.

Acker, m., -s, ü, *cultivated field,* ACRE. B. 414, 3; 413, 5 *end*.

Ackerbau, m., -s, AGRIculture.

Ade', ADIEU. From Fr. Abe' is arch. and poet. for **Adieu**.

Adel, m., -s, *nobility, nobles*.

Adjes', prov. for **Ade**, which see.

Adler, m., -s, —, *eagle*. Compd. of abel, ebel, 'noble,' and ber **Aar**, a large bird of prey (eagle).

ad(e)lig, adj., *noble*.

Afrika, n., -s, AFRICA.

Ägypten, n., -s, EGYPT.

Ägyptenland, n., -es, poetic for the above.

Ah, AH, expresses surprise.

Ahn, m. w., *ancestor, grandfather;* pl. *ancestry*

ahnen, tr., *to divine*.

Ahnherr, m. w., *noble ancestor*.

ähnlich, adj., *similar*. From an, 'toward.'

Ahnung, f. w., *presentiment, inkling*. From **ahnen**.

Ähre, f. w., EAR (of corn).

Albrecht, ALBERT, ALBRIGHT, older ETHELBERT, lit. 'noble — brilliant.'

all, ALL; *every, any ;* in compds. all is intensive, e. g. allhier, allzu, also, which see; bei allebem, *with*AL, *nevertheless*.

allebem, dat. of alles bas, stands after a prep., e. g. bei, trotz.

allein', adj., ALONE; conj., *but*.

Alleinherrschaft, f. w., *monarchy*, lit. 'sole rulership.'

allenthalben, adv., *everywhere*. A dat. pl. with an excrescent t. B. 87.

aller-, in composition with adjectives and adverbs in the sup., *of* ALL, *most*. A gen. pl., generally unaccented.

allerernstest-, adj., *most serious of* ALL.

allererst, adj. and adverb, *first of* ALL.

allerlei', indecl., *of various kinds*. See -lei.

allerschönst, adj. and adv., *most beautiful(ly) of* ALL. See aller-.

allesamt, adv., ALLtogether, *without exception*.

allezeit, adv., ALL *the* TIME, ALways.

allgemein, adj., *universal*. Accent, B. 422, 5.

allherrschend, part. adj., *all-commanding*.

allhier, adv., (emphatic) *here*. See all.

allmählich, adj., *gradual ;* adv., *gently, gradually ;* as if from Mahl, but really from Gemach, 'ease, room;' gemächlich, 'easy.' See -lich.

allzu, adv., (emphatic) ju, ALTogether, TOO; in many compds., though also printed separately from the adj. or adv.

allzukühn, adj., TOO *bold, reckless*.

allzumal, adv., ALL TOgether.

allzuviel, adv., TOO *much*.

Alpdruck, m., -s, *nightmare*. Alp from the same stem as Elf, ELF.

Alpen, pl., the ALPS.

Alpenwelt, f. w., ALPINE WORLD.

Alpler, m., -s, —, ALPINE *herdsman, highlander*.

als, conj., *when,* AS, always with a past tense; followed by inverted order, AS *if*, B. 343, *c;* after compar. or ju before an adj. or anber-, *than ;* after a negative, *else than, but ;* AS, *in the capacity of;* followed by ob, wenn, wie, AS *if,* AS *though*. Compd. of all and so.

alsbald', adv., *instantly*.

alsdann', adv., (emphatic) THEN.

al'so, adv., *consequently,* SO *then;* accented also', *thus,* SO. See note to p. 5, l. 8. It never means ALSO, though compd. of all and so.

alt, adj. OLD; as a noun in the pl., bie Alten, THE *ancients*.

Altan, m., -s, -e, *balcony*. Accent generally Altan'. From Italian.

Altar', m., -s, pl. -täre, ALTAR. From L. Accent in the singular also Al'tar.

Alter, m., -s, —, *age*, OLD *age*.

am for an bem.

Ameise, f. w., ANT, (older) EMMET.

Ameisler, m., -s, —, ANT-*hunter*, ANT-*egg-gatherer*.

Amt, n., -es, ⁻er, *office; court* (of law).
Amtmann, m., -s, ⁻er, *bailiff; steward* p. 122, l. 29.
amtlich, adj., *official*.
an, prep. with dative or acc., sep. accented pref., ON, *near, by; along; in respect to; at*.
anbauen, tr. sep., *build to; cultivate* (a field); sich —, *settle and build*; angebaut, part. adj., *adjoining, built* ON.
anbeten, tr. sep., *adore, worship*.
anbieten, bot —, -geboten, tr., *offer*.
anbinden, band —, -gebunden, tr., *to tie, fasten*.
Anblick, m., -s, -e, *aspect, sight* (of), *view*.
anblicken, tr. sep., *look at, behold*.
andächtig, adj., *devout*. From **Andacht**, 'devotion;' from denken.
andauernd, part. adj., *sustained, lasting, continual*.
Andenken, -s, —, *memory, memento*.
ander-, indef. pron., OTHER, *different, else, second*. Etym., B. 445, 3; 530.
ändern, tr., *change*; sich —, *change* (intr.)
anders, adv., OTHERWISE, *differently*.
an'derseits, adv., *on the* OTHER *hand*. With adv. s.
Änderung, f. w., *change*. From ändern.
anderwärts, adv., *elsewhere*.
Andre'as, ANDREW. From Gr.
andringen, drang —, -gedrungen, intr. with f., *push, press* ON.
aneinander, indecl., *together*, lit. 'ONE at ANOTHER.'
Anerbietung, f. w., *offer*. From anerbieten, 'offer.' See bieten.
anerkennen, erkannte —, -erkannt, tr., ACKNOWLEDGE.
anfahren, fuhr —, -gefahren, intr. with f., *come driving up, near*; tr. fig., *address harshly*.
Anfang, m., -s, ⁻e, *beginning*.
anfangen, fing —, -gefangen, tr., *begin*.
anfassen, tr. sep., *seize*.
anfing, see anfangen.
anflehen, tr. sep., *implore*.
anfühlen, tr. sep., FEEL; sich —, FEEL (intr.)
Anführer, m., -s, —, *guide, leader*. From anführen, 'lead.'

Anführung, f. w., (the act of) *leading, direction, leadership*.
angeboren, part. adj. with dat., INBORN, *natural*. From gebären, which see.
angegriffen, part. adj., *fatigued, exhausted*. From angreifen, 'affect, fatigue.'
angehen, ging —, -gegangen, tr., *approach, apply to, concern*; intr., *begin, answer* (a purpose).
Angehörig-, noun inflected as an adj., *relative, relation*. From gehören, 'belong.'
Angel, f. w., ANGLE, *fish-hook; hinge*. m. -s, —, p. 132, l. 3.
An'gelegenheit, f. w., *concern, business, affair*. From anliegen, 'be of interest.'
angenehm, adj., *acceptable, pleasant*. From annehmen, 'accept.'
Anger, m., -s, —, *grass-plot*; poet., *mead*.
angesehen, part. adj., *considered, looked up to, of consequence*. From ansehen, 'look at.'
Angesicht, n., -s, -er, *face*; = Gesicht, from sehen.
angreifen, griff —, -gegriffen, tr., *seize* ON, *attack, fatigue*. See angegriffen.
Angriff, m., -s, -e, *attack*.
Angst, f., ⁻e, ANXIETY; mir wird angst, *I grow* ANXIOUS. Etym., B. 408, 4.
ängstlich, adj., ANXIOUS, *timid*.
anhaben, tr. sep., HAVE ON, *wear*.
anhalten, hielten —, -gehalten, tr., HOLD ON *to, stop*; intr., *halt, stop*.
anhangen, hing —, -gehangen, intr., HANG ON, *be attached to, cling to*.
anheben, hob or hub —, -gehoben, tr. or intr., *lift up; begin*.
anhielt, see anhalten.
Anhöhe, f. w., *rising ground, knoll*. From hoch.
anhören, tr. sep., *listen to*.
anhuben, see anheben.
anklagen, tr. sep. with gen. of remoter object, *complain against, accuse*.
Anklang, m., -s, ⁻e, *accord; dash of, sympathy*. From klingen.
ankleiden, tr. sep., *put on clothes*; sich —, *dress* (intr.).

anklopfen, intr. sep., *knock* (at the door).
anknüpfen, tr. sep., *tie, fasten; start* (a conversation, etc.).
ankommen, kam —, -gekommen, with f., *arrive.*
Ankunft, f., *arrival.* From kommen. B. 512, 1.
Anlaß, m., -sses, ⁿsse, *occasion, cause.* From anlassen, tr., '*start, cause.*'
anlegen, tr. sep., LAY or *put* ON; LAY *out, plan; land.* Hand —, *begin* (a work), *take in* HAND, *lend a* HAND.
Anlegung, f. w., LAYING ON or *out ; putting* ON; *investment ; landing.*
Anmaßung, f. w., *presumption, arrogance.* From sich anmaßen, '*presume.*' See messen, Maß.
anmelden, tr. sep., *announce.*
anmutig, adj., *attractive, pleasant, graceful.* From die Anmut, '*grace.*' B. 164, a.
annageln, tr. sep., NAIL ON.
annähen, tr. sep., *sew* ON.
annehmen, nahm —, -genommen, tr., *accept, assume;* sich —, with gen., *take charge of, interest in.*
Anno, dat. or ablative of L. ANNUS, '*year.*'
an'noch, adv., arch. for noch, *still.*
Anordnung, f. w., ORDERING, *preparation.* From anordnen, '*set in* ORDER.'
anpacken, tr. sep., *seize* ON, *collar.*
anraffeln, intr. sep., RATTLE ON, *near,* p. 118, l. 10.
anreden, tr. sep., *address, accost.*
anrennen, rannte —, -gerannt, intr. with f., *approach running ;* tr., RUN *against.*
anrühren, tr. sep., *touch.*
ans, for an das.
ansagen, tr. sep., *declare, announce.*
anschauen, tr. sep., *look at.*
anscheinend, part. adj., *apparent, seeming.* From scheinen.
anschicken, refl. sep., *set about* (a thing), *prepare.*
anschlagen, schlug —, -geschlagen, tr., *fasten, nail* ON; intr., *begin to beat, strike.*
ansehen, sah —, -gesehen, tr., *look at; regard, respect.*

Ansehen, n., -s, *look, appearance; respect, authority.*
ansetzen, tr. sep., SET *to, apply.*
Ansicht, f. w., SIGHT, *view, opinion.* From sehen.
ansiedeln, refl. sep., SETTLE. From Sedel, 'SEAT,' from the stem of sitzen.
anspannen, tr. sep., *yoke, put* (horses) *to* (a wagon), *hitch up.*
Ansprache, f. w., *address.* From ansprechen.
ansprechen, sprach —, -gesprochen, tr., *accost ;* intr. or tr., *interest, please.*
Anspruch, m., -es, ᵘe, *claim, title.* From ansprechen, in the sense of '*SPEAK for.*'
anständig, adj., *decent, proper.* From der Anstand, '*propriety,*' from anstehen, '*be proper.*'
anstellen, tr. sep., *place, appoint, arrange;* sich —, *act, behave, feign.*
anstieß, see next word.
anstoßen, stieß —, -gestoßen, tr., *hit against.*
anstrengen, tr. sep., STRAIN; sich —, *exert one's self;* angestrengt, part. adj., *severe* (labor).
Anstrengung, f. w., *exertion.*
Ant-, a rare accented pref., Eng. AN-. B. 516, 3.
anthun, that —, -gethan, tr., *put* ON; einem etwas —, *bewitch.*
Antlitz, n., -es, -e, *visage.*
antragen, trug —, -getragen, tr., *propose, offer.*
antreffen, traf —, -getroffen, tr., *meet with, encounter.*
antreten, trat —, -getreten, tr., *enter upon, commence.*
Ant'wort, f. w., ANSWER; the second element is das Wort, but fem. B. 164, e.
ant'worten, tr. (dat. of person), ANSWER.
anvertrauen, vertraute —, -vertraut without ge-, *confide to.* B. 546, 2.
anwenden, wandte —, -gewandt, tr., *apply, employ.*
anwesend, part. adj., *present.* From an old inf. wesen. See das Wesen.
Anzahl, f., *number.*
anzeigen, tr. sep., *point out, announce, advertise.*

anziehen, zog —, -gezogen, tr., *draw tight; put* ON *(clothes); attract;* sich —, *dress one's self.*

Anzug, m., -es, ᵘe, *approach; suit* (of clothes); im — sein, *be approaching.*

anzünden, tr. sep., *kindle.*

Apfel, m., -s, ⁿ, APPLE.

Apfelbaum, m., -s, ᵘe, APPLE-*tree.*

Apoll(o), APOLLO. See note to p. 12, l. 14.

Apostel, m., -s, —, APOSTLE. From Gr.

Apparat', m., -es, -e, APPARATUS. From L.

Apulien, n., -s, APULIA (in Italy).

Ära, f., pl. in -s or -en, ERA. B. 64, 2; 163, 4. From L.

A'raber, m., -s, —, ARABIAN (man); Ara'ber, *an* ARABIAN *horse.*

ara'bisch, adj., ARABIC.

Arbeit, f. w., *work, labor.*

ar'beiten, intr. or tr., *work, labor.*

Arbeiter, m., -s, —, *laborer.*

arg, adj., *bad, mischievous;* adv., *very.*

Arg, n., used like Arges, the n. of the adj.

Ärger, m., -s, *vexation, anger.* From ärgern.

ärgern, tr., *vex, ruffle;* sich — über with acc., *be vexed at.* From the compar. of arg. B. 537, *a.*

arglos, adj., *guileless.*

Argonaute, m. w., ARGONAUT. From Gr.

arm, adj., *poor, unfortunate;* die Ärmste, sup., *the poor woman,* p. 106, l. 26.

Arm, m., -es, -e, ARM.

Armee', f. w., ARMY. From Fr.

Armeekorps, n., (gen. sing. and the pl. like nom. sing., but the s is pronounced), ARMY-*division.*

Ärmel, m., -s, —, *sleeve.* From Arm.

Art, f. w., *species, kind; manner, way.* (Never Eng. 'art,' which = Kunst).

artig, adj., *well-bred, well-behaved, pretty.*

-artig, adj.-suff., *manner, nature.*

Arzt, m., -es, ᵘe, *physician.* From Gr.

Asche, f., ASHES.

aß, see essen.

Ast, m., -es, ᵘe, *branch.*

Atem, m., -s, *breath.*

Atemzug, m., -es, ᵘe, *breath, breathing.*

atlan'tisch, adj., ATLANTIC. From Gr.

atmen, intr., *breathe.*

Atmosphä're, f. w., ATMOSPHERE. From Gr.-L.

attachie'ren, tr., to ATTACH. From Fr. (ch = sch).

Attentat', n., -s, -e, ATTEMPT (on an other's life). From Fr.

auch, adv., *also, too;* after a conj., *even;* in a relat. clause, *ever;* often untranslatable.

Au(e), f. w., *meadow, wet lowland.*

auf, prep. with dat. or acc., UPON, *onto, in view of, for* (time), *toward.* Adv. UP, OPEN (cog. ?). As a sep. pref. always accented, — und ab, UP AND *down, to* AND *fro,* — und nieder, UP AND *down.*

aufaß, see aufessen.

aufbauen, tr. sep., *build* UP.

aufbieten, bot —, -geboten, tr., *call* UP, *summon; exert; publish the bans of betrothed ones.*

aufblicken, intr. sep., *look* UP.

aufboten, see aufbieten.

aufbrechen, brach —, -gebrochen, tr., BREAK *open* or UP; intr., *set out for; burst open.*

Aufbruch, m., -es, ᵘe, BREAKING UP; *setting out.* Bruch from the stem of brechen.

aufdrängen, refl. sep., *obtrude one's self.*

aufbringen, brang —, -gebrungen, tr., *force, urge* UPON (with dat. of pers.)

Aufenthalt, m., -s, -e, *delay, stay, residence.* From aufenthalten = aufhalten, 'stop.'

auferlegen, tr., erlegte —, -erlegt without ge-, LAY UPON *one* (dat.) a duty, etc.; *enjoin* UPON.

Auferstehung, f. w., *resurrection.* From auferstehen, 'rise from the dead.'

aufessen, aß —, -gegessen, tr., EAT UP.

auffallen, fiel —, -gefallen, with s. and dat., *strike, astonish.*

auffallend, part. adj., *striking.*

auffangen, fing —, -gefangen, tr., *catch* UP, *intercept.*

auffinden, fand —, -gefunden, tr., FIND *out.*

auffliegen, flog —, -geflogen, with s., FLY UP or *open; take* FLIGHT.

VOCABULARY.

aufforbern, tr. sep., *summon, call* UPON, *challenge.*
aufführen, tr. sep., *lead* UP *or out, erect* (building), *produce;* ſich —, *conduct one's self.*
Aufgabe, f. w., *delivery; proposition; task.* Gabe from geben.
aufgeben, gab —, -gegeben, tr., GIVE UP, *deliver, abandon; propose* (as a task); *serve* (soup).
aufgehen, ging —, -gegangen, with ſ., GO UP *or open; rise.*
aufging, see the above.
aufhalf, see aufhelfen.
aufhalten, hielt —, -gehalten, tr., HOLD UP, *stop, delay;* ſich —, *sojourn, dwell upon* (a matter).
aufheben, hob or hub —, -gehoben, tr., *pick* UP, *lift* UP; *preserve, keep; raise, annul.*
Aufhebung, f. w., *lifting* UP, *keeping; abolition.*
aufhelfen, half —, -geholfen (with dat.), HELP UP, *assist.*
aufhellen, tr. and refl., *clear* UP, *illuminate.*
aufhoben, see aufheben.
aufhören, intr. sep., *stop* (to listen);*cease.*
aufjagen, tr. sep., *scare* UP; *start* (tr.).
aufkeimen, sep. with ſ., *germinate, spring* UP. From der Keim, 'germ.'
aufkommen, kam —, -gekommen, with ſ., *get* UP; *thrive; come* UP (of customs).
aufkündigen, tr. sep., *give notice* (of leaving or stopping); *renounce.*
auflachen, intr. sep., *break* (out) *into a* LAUGH.
aufladen, lud —, -geladen, tr., LOAD UP *or upon.*
Auflader, m., -s, —, *packer, stevedore.*
auflaufen, lief —, -gelaufen, with ſ., *run* UP; *swell.*
auflegen, tr. sep., LAY UPON, *impose* with dat. of pers.; *serve* (food).
auflodern, sep. with ſ. or h., *blaze* UP.
auflösen, tr. sep., *untie;* ſich —, *dissolve; disperse, solve* (a question).
auflud, see aufladen.
aufmarſchieren, tr., and intr. with ſ., MARCH UP.

Aufmerkſamkeit, f. w., *attention.* From aufmerken, 'pay attention.'
aufmuntern, tr. sep., *cheer* UP, *rouse.* From munter.
aufopfern, tr. sep., OFFER UP, *sacrifice.*
aufraffen, tr. sep., *snatch* UP; ſich —, *rise by an effort, quickly.*
aufrechnen, tr. sep., *count* UP.
aufrecht, adj., UPRIGHT; — erhalten, *maintain;* -halten, HOLD UPRIGHT.
aufregen, tr. sep., *stir* UP, *excite.*
Aufregung, f. w., *stirring* UP, *agitation.*
aufrichten, tr., *raise;* ſich —, *get* UP.
Aufruf, m., -s, -e, *calling* UP, *appeal, proclamation.*
Aufruhr, m., -s, UPROAR, *riot.* Cp. rühren, 'stir.'
aufrühreriſch, adj., *seditious, like an* Aufrührer, *mutineer.*
aufs, for auf das.
aufſagen, tr. sep., *give notice to quit* (dat. of person), *renounce.*
aufſchauen, intr. sep., *look* UP.
aufſchlagen, ſchlug —, -geſchlagen, tr., *pitch* (a tent); *throw open, open.*
aufſchließen, ſchloß —, -geſchloſſen, tr., *unlock.*
aufſchneiden, ſchnitt —, -geſchnitten, tr., *cut open or* UP.
aufſchreiben, ſchrieb —, -geſchrieben, tr., *write down.*
aufſchreien, ſchrie —, -geſchrieen, intr., *cry out.*
aufſchreiten, ſchritt —, -geſchritten, with ſ., *step* UP.
aufſetzen, tr. sep., SET UP, *put on;* ſich —, *mount* (intr.).
Aufſicht, f. w., *inspection, survey.* From ſehen.
aufſparen, tr. sep., *save* UP.
aufſpielen, tr. sep., *strike* UP (music); (dat. of person), *play to.*
aufſpringen, ſprang —, -geſprungen, with ſ., *jump* UP.
aufſtehen, ſtand —, -geſtanden, with ſ., *stand* UP, *rise.*
aufſteigen, ſtieg —, -geſtiegen, with ſ., *ascend, mount.*
aufſtellen, tr. sep., *set* UP, *erect, put* UP.
aufſtrebend, part. adj., *aspiring.*

aufſuchen, tr. sep., SEEK *out, search for*, SEEK.

auftauchen, sep. with ſ., *emerge, come in sight.*

aufthun, that —, -gethan, tr., DO *open;* ſich —, *open* (intr.).

auftragen, trug —, -getragen, tr., *serve* (a meal); *charge* (with).

auftreten, trat —, -getreten, with ſ., *step forth, appear* (upon the scene).

Auftritt, m., -s, -e, *appearance; scene* (of a play).

aufwachen, sep. with ſ., WAKE UP.

aufwachſen, wuchs —, -gewachſen, with ſ., *grow* UP.

Aufwartung, f. w., *attendance; visit* (of duty), *respects.*

aufwecken, tr. sep., WAKE UP.

aufwenden, wandte —, -gewandt, tr., *apply; expend.*

aufwiegen, wog —, -gewogen, tr., *outweigh, counterbalance.*

aufzehren, tr. sep., *consume, make away with.*

aufzucken, intr. sep., *start* UP *convulsively, flash* UP. From ziehen.

Aufzug, m., -es, ᵘe, *pulling* UP, *procession; act* (of a play).

Augbraue, f. w., EYEBROW.

Auge, n., -s, -en, EYE.

Augenblick, m., -s, -e, *moment.*

augenblicklich, adj., *momentary;* adv., *instantly.*

Auguſt', m., -s, AUGUST (month); but Au'guſt, AUGUSTUS (person). From L.

aus, prep. with dat., OUT, *from, through* (reason), *of* (material); adv., *over, cease, done, to the end;* sep. pref. always accented, with the above meanings.

ausbedingen, (w. or s.), ſich (dat.), etwas, *reserve for one's self, stipulate.* The s. past part. still occurs, but it is generally a w. verb. See Bedingung.

Ausbeute, f. w., *gain,* BOOTY.

ausbilden, tr. sep., *develop, perfect, improve.*

ausbitten, bat —, -gebeten, ſich (dat.) etwas —, *ask for one's self.*

ausbleiben, blieb —, -geblieben, with ſ., *stay* OUT, *delay; fail.*

ausbrechen, brach —, -gebrochen, with ſ., BREAK OUT.

ausbreiten, tr. sep., *spread* OUT, *expand, extend.*

ausbrennen, brannte —, -gebrannt, with ſ., BURN OUT, *cease* BURNING.

ausbringen, brachte —, -gebracht, tr., BRING OUT, *divulge.*

Ausbruch, m., -s, ᵘe, BREAKING OUT. Bruch from the stem of brechen.

ausdehnen, tr. sep., *stretch, extend.*

Ausdruck, m., -s, ᵘe, *expression.*

ausdrücken, tr. sep., *press* OUT; fig., *express.*

aus'drücklich or ausdrück'lich, adj., *explicit.* Accent, B. 422, 2.

auseinan'der, adv., *apart.*

auseinan'derthun, that —, -gethan, tr. refl., *open, lay open.*

auserleſen, part. adj., *choice.* From leſen, in the sense of 'glean'; the inf. auserleſen is not used. Ausleſen is common.

auserwählt, part. adj., *chosen, elect.* The inf. auserwählen is not used. Auswählen is common.

ausfragen, tr. sep., *question closely; find* OUT *by asking.*

ausführen, tr. sep., *carry* OUT, *accomplish.*

aus'führlich or ausführ'lich, adj., *detailed.* B. 422, 2.

ausfüllen, tr. sep., FILL OUT or *completely, supply* (a place).

Ausgang, m., -s, ᵘe, GOING OUT, *exit, issue.* See ausgehen.

ausgeben, gab —, -gegeben, tr., GIVE OUT; ſich —, *pretend to be.*

ausgehen, ging —, -gegangen, with ſ., GO OUT or *abroad.*

ausgehungert, part. adj., *starved, famished.* From Hunger.

ausgelaſſen, part. adj., *unrestrained, wild.* From auslaſſen in the sense of 'not restrain.'

ausgezeichnet, part. adj., *distinguished.* See auszeichnen.

aushalten, hielt —, -gehalten, tr., HOLD OUT.

ausklingen, klang —, -geklungen, with ſ., *cease sounding, die away.*

VOCABULARY.

auślachen, tr. sep., *deride*.
auślaſſen, ließ —, -gelaſſen, tr., LET OUT, *leave* OUT.
auśleiben, litt —, -gelitten, intr., *cease suffering*.
auśnehmen, nahm —, -genommen, tr., *take* OUT, *except;* ſich —, *look*.
auśpreſſen, tr. sep., PRESS OUT, *extort*.
auśraufen, tr. sep., *pluck* OUT. See raufen under Raufbolb.
auśreichen, tr. sep., REACH OUT; intr., *suffice*.
auśreißen, riß —, -geriſſen, tr., *tear* OUT.
auśrichten, tr. sep., *perform, prepare for*.
auśrief, see auśrufen.
auśrotten, tr. sep., *exterminate*.
auśrufen, rief —, -gerufen, tr., *call* OUT; *proclaim*.
auśruhen, intr. sep., *rest* (fully).
auśſaugen, ſog —, -geſogen, tr., SUCK OUT, *drain*.
auśſchicken, tr. sep., *send* OUT.
auśſchneiden, ſchnitt —, -geſchnitten, tr., *cut* OUT.
auśſchütten, tr. sep., *pour* OUT, *spill*.
auśſchweifen, intr. sep., *roam abroad, digress; be extravagant, be dissolute*.
Auśſchweifung, f. w., *digression, excess, eccentricity*.
auśſehen, ſah —, -geſehen, intr., *look* OUT, *look;* tr., *see the end of*.
außen, adv., *on the* OUTSIDE, *without*. From auś.
auśſenden, ſandte —, -geſandt, tr., SEND OUT.
Außenwerk, n., -eś, -e, OUTWORK.
außer, prep. with dat., OUTSIDE *of, besides, beside, except*. From auś.
äußer-, adj., OUTER, *exterior*. From auś, außer.
äußern, tr., UTTER; ſich —, *express an opinion*. From auś, außer.
außerordentlich, adj., *extraordinary*. Accent also on au.

äußerſt, adj. and adv., OUTERMOST, UTMOST, *extreme*. Sup. of äußer.
Auśſicht, f. w., OUT*look, prospect.* Sicht from ſehen.
auśſpeien, ſpie —, -geſpieen, tr., SPIT OUT, SPEW OUT.
auśſprechen, ſprach —, -geſprochen, tr., SPEAK OUT, *pronounce, express*.
auśſpringen, ſprang —, -geſprungen, with ſ., *jump* OUT; with h., *cease jumping*.
Auśſtattung, f. w., *endowment, dowry,* OUT*fit.* From Statt, ſtatten, 'give a start, provide for.'
auśſtecken, tr. sep., *put* OUT, STICK OUT.
auśſtoßen, ſtieß —, -geſtoßen, tr., *push* OUT; *utter*.
auśſtrecken, tr. sep., STRETCH OUT, *extend*.
auśſtreichen, ſtrich —, -geſtrichen, tr., *cross* OUT.
auśtauſchen, tr. sep., *exchange*.
auśteilen, tr. sep., *distribute*.
auśtreten, trat —, -getreten, with ſ., TREAD, *step* OUT; *leave*.
auśtrinken, trank —, -getrunken, tr., DRINK OUT.
auśüben, tr. sep., *practise, exercise; perpetrate*.
Auśweg, m., -ś, -e, OUT*let; expedient*.
Auśwurf, m., -ś, "e, *throwing* OUT; *refuse, outcast*. See Wurf.
auśzeichnen, tr. sep., *mark* OUT, *show respect to;* ſich —, *distinguish one's self*. From Zeichen, 'mark.'
Auśzeichnung, f. w., *distinction*.
auśziehen, zog —, -gezogen, tr., *pull* OUT *or off, take off* (clothes); ſich —, *undress one's self;* with ſ., *to move, march* OUT.
Axt, f., "e, AXE; t is excrescent. B. 512, 2.

B.

Bach, m., -eś, "e, *brook*, BECK.
Backe, f. w., *cheek*. (Also m. w.)
Backofen, m., -ś, -öfen (BAKING-)OVEN.

Bad, n., -eś, "er, BATH.
baden, tr., BATHE.
Bahn, f. w., *pathway, course, orbit*.

VOCABULARY.

Bahnhof, m., -es, ⁻e, *railway station.*
Bahn = Eisenbahn, 'railway,' Hof, 'yard.'

Bahre, f. w., BIER. From the stem of gebären.

Bahrgericht, n., -s, -e, *judgment or test* at the BIER. See note to p. 56, l. 23.

Baier, m. w., BAVARIAN.

Baierland = Baiern, n., BAVARIA.

Bajonett', n., -s, -e, BAYONET; mit gefälltem —, *with fixed* BAYONET, lit. 'lowered.'

bald, adv., *soon* (originally BOLDLY). Cp. schier and its development of meaning.

Balken, m., -s, —, *beam, girder.* (BALK). B. 46, 4.

Balkon, m., -s, -e, BALCONY. From Fr., which borrowed the word from G. See the above. B. 494, 1.

Balla'de, f. w., BALLAD. From late L.

Ballen, m., -s, —, BALE.

Balsam, m., -s, -e, BALSAM, BALM. From Gr.-L.

balsamie'ren, tr., *anoint;* EMBALM.

band, see binden.

Band, n., -es, -e, BOND, *fetters;* n., -es, ⁻er, BAND, *ribbon.* B. 496; 162, 4. From the stem of binden.

Bande, f. w., BAND (of men). Cog. with Band.

bändigen, tr., *restrain, tame.* B. 539, 4. From the obsolete bändig, which is from the above.

bange, adj., ANXIOUS, *afraid.* Compd. of be and the stem of Angst, enge.

bangen, impers. with dat., *be afraid.* From bange.

Bank, f., ⁻e, BANK, BENCH; f. w., (money) BANK.

bankettie'ren, tr., BANQUET. From Fr. BANQUET, BANC, this borrowed from G. Bank.

Bär, m. w., BEAR.

-bar, adj.-suff., BEARING, *capable of.* Eng. '-able,' '-ible.' From the stem of gebären.

barfuß, adj., BAREFOOT. Not used attributively; short a, but long a in bar, BARE.

barg, see bergen.

Baron', m., -s, -e, BARON.

Bart, m., -es, ⁻e, BEARD.

Base, f. w., *aunt, cousin.*

Bastei', f. w., BASTION. See suff. -ei. From Italian.

bat, see bitten.

Batterie', f. w., BATTERY. From Fr.

Bau, m., -es, -e or -ten, *building, edifice.* B. 51.

bauen, tr., *build; cultivate* (land). Early meaning, 'to dwell.' See Nachbar.

Bauer, m., -s, -n, or w., *peasant, farmer.* From the above.

Bauernhütte, f. w., *cottage.*

Bäu(e)rin, f., -innen, *peasant woman.*

Baum, m., -es, ⁻e, *tree;* BEAM.

Baumstumpf, m., -es, ⁻e, STUMP (of a tree).

Bayer, see Baier.

be- before l only b-, insep. unaccented pref. Originally BY, *near, around.* In verbs from noun-stem, *to provide with.* Makes intr. verbs tr. See bei.

Beamt-, noun inflected as adj., *officer.* A part. adj. for beamtet, 'connected with an office.' B. 540, 3. Cp. Bedient-.

beängstigen, tr., *make uneasy.* From Angst.

beauf'sichtigen, tr., *supervise.* From Aufsicht, sehen.

bebauen, tr., *build upon or up; cultivate* (land).

beben, intr., *tremble.* (An old verb with a reduplicating present, B. 457, 3). See zittern.

Becher, m., -s, —, BEAKER. From late L.

Becken, n., -s, —, BASIN.

bedachte, see bedenken.

bedächtig, adj., *deliberate.*

bedarf, see bedürfen.

bedecken, tr., *cover, shelter.*

bedenken, bedachte, bedacht, tr., *consider;* sich —, BETHINK *one's self, hesitate.*

Bedenken, n., -s, —, *consideration, scruple.*

bedenklich, adj., *scrupulous, critical, serious.*

Bedenkzeit, f. w., TIME *to consider, respite.*

bedeuten, tr., *signify, portend.*

bedeutend, part. adj., *significant, important.*

bedienen, tr., *wait upon;* sich —, *help one's self.*
Bedient-, noun, inflected as adj., *servant.* For Bedienstet, *in service.* Cp. Beamt-. B. 295, 2.
Bedingung, f. w., *condition, terms.* From bingen, 'hire.'
bedrängen, tr., *oppress; grieve.* Der. from drängen.
Bedräugniß, f., -sse, *distress; grievance.*
bedrohen, tr., *threaten.*
Bedrückung, f. w., *oppression.* From drücken.
bedürfen, beburfte, beburft, pres. bedarf, with gen., *stand in need of, be required.*
beenden, tr., *finish.*
Beendigung, f. w., *termination.*
befähigen, tr., *enable, empower.* From fähig, 'able,' this from sahen arch. for fangen.
befallen, befiel, befallen, tr., BEFALL, *attack.*
befand, see befinden.
Befehl, m., -ß, -e, *command.*
befehlen, befahl, befohlen, tr. with dat. of the pers., *command; commend, entrust.*
befestigen, tr., FASTEN, *fortify.* From fest.
befinden, befand, befunden, refl. or tr., BE FOUND *to be, be.*
Befinden, n., -ß, *state of health.*
befindlich, adj., *situated, be* (present).
beflecken, tr., *blot, defile.* See der Fleck.
befreien, tr., *to* FREE.
Befreier, m., -ß, —, *liberator.*
Befreiung, f. w., *deliverance.*
Befreiungskrieg, m., -eß, -e, *war of liberation* (against Napoleon I.).
befühlen, tr., *examine by* FEELING.
begab, see begeben.
begann, see beginnen.
begeben, begab, begeben, refl., *repair to; happen;* with gen. of the thing, *renounce.* B. 540, 4.
Begebenheit, f. w., *occurrence.*
begegnen, with f., *meet.* From gegen, AGAINST.
Begegnung, f. w., *meeting, treatment.*
begehren, tr. or with gen., *desire, demand.* Related to gern, Eng. YEARN.

begeistert, part. adj., *inspired, enthusiastic.* From Geist.
Begeisterung, f., *inspiration, enthusiasm.*
Beginn, m., Beginnen, n., BEGINNING.
beginnen, begann, begonnen, tr., BEGIN.
Beginner, m., -ß, —, BEGINNER, *author.*
begleiten, tr., *accompany.* Compd. of be-, ge-, leiten, which see.
Begleitung, f. w., *accompaniment, escort.*
begnadigen, tr., *pardon.* From Gnade. B. 539, 4.
begraben, begrub, begraben, tr., *bury.*
begreifen, begriff, begriffen, tr., *comprehend, understand; comprise.*
Begriff, m., -eß, -e, *comprehension, idea.*
begriffen, part. adj., *occupied with, in;* im Werden —, *coming into existence.* From begreifen.
begründen, tr., *base; prove, substantiate.* From Grund.
begrüßen, tr., GREET. From Gruß.
Begrüßung, f. w., GREETING, *salutation.*
behagen, impers. with dat., *suit, gratify.* Related to Hag, 'enclosure,' hegen.
Behagen, n., -ß, *ease, complacency.*
behaglich, adj., *comfortable, cosy.*
behalten, behielt, behalten, tr., *keep.*
behandeln, tr., HANDLE, *treat.*
Behandlung, f. w., HANDLING, *treatment; arrangement.*
beharren, intr., *continue, persist.*
behaupten, tr., *assert, maintain.* Apparently from Haupt, but the meaning is remote.
Behauptung, f. w., *assertion, maintenance.*
behend', adj., HANDY, *nimble, dexterous.* From Hand.
beherrschen, tr., *rule, master.*
behexen, tr., BEWITCH. From Hexe, HAG.
behielt, see behalten.
behülflich, adj HELP*ful;* — sein, *assist.* From helfen.
behüten, tr., *guard;* Gott behüte, GOD *forbid, no* (emphatic).
bei, prep. with dat., BY, *near, at, at the house of; in view of.* Adv. and sep. pref., always accented, with similar meanings. B. 516, 4. Its unaccented form is be-.

VOCABULARY.

Beichtstuhl, m., -es, ⁿe, *confessional.* Compd. of Beichte, 'confession,' and Stuhl.

beid-, adj., BOTH; **beides,** n., *the one and the other.*

beim, for bei bem.

Bein, n., -s, -e, *leg,* BONE.

beinahe, adv., NEARLY, *almost.*

Beinkleid, n., -es, -er, *trousers.*

beisammen, adv., *together* (present at the same time).

Beisein, n., -s, *presence.*

Beispiel, n., -s, -e, *example, illustration.* Cp. -spiel, with -spel, in 'gospel.' B. 516, 4.

beißen, biß, gebissen, tr., BITE.

Beistand, m., -es, *assistance.* From beistehen, 'assist'.

beiwohnen, sep. with dat., *assist at, be present at.*

bekannt, part. adj., KNOWN, ACQUAINTED. See bekennen.

Bekannt-, inflected as adj., ACQUAINTANCE.

Bekanntmachung, f. w., *publication, notice.*

Bekanntschaft, f. w., ACQUAINTANCE.

bekehren, tr., *convert.* From kehren, 'to turn.'

bekennen, bekannte, bekannt, tr., *confess, own; profess.*

beklagen, tr., *bemoan;* sich —, *complain.*

bekommen, bekam, bekommen, tr , COME into possession of, *receive, get;* with f., (schlecht or gut), *not agree, agree well* (with one's body, health). (Never means BECOME).

beköstigen, tr., *board.* From Kost, 'food.'

bekümmern, tr., *trouble, grieve;* sich —um with acc., *trouble, concern one's self.* See Kummer.

belagern, tr., *besiege,* BELEAGUER. See Lager, 'camp.'

Belagerung, f. w., *siege.*

belaufen, belief, belaufen, refl., auf with acc., *amount to, come to.*

belehnen, tr., *invest with.* From Lehen, 'fief.'

Belehnung, f. w., *investiture.*

beleidigen, tr., *offend, insult.* From Leib.

beleuchten, tr., ILLUMINATE; fig., *throw* LIGHT *upon.* From Licht.

belieben, tr., *wish, like;* impers. with dat., *please, be pleased.*

bellen, boll, gebollen or w. intr., *bark.*

belohnen, tr., *reward.* From Lohn.

Belt, m., -s, BELT, a strait in Denmark.

bemächtigen, refl. with gen., *take possession of.* From Macht.

bemerken, tr., *note,* REMARK.

Bemerkung, f. w., *observation,* REMARK.

bemühen, refl., *take pains, try hard.*

benachbart, part. adj., NEIGHBORING. B. 540, 3. From Nachbar.

benannte, see benennen.

benehmen, benahm, benommen, tr., *take away;* sich —, *conduct one's self.*

Benehmen, n., -s, *behavior.*

beneiden, tr., *envy.* From Neid, *envy.*

benennen, benannte, benannt, tr., *give a* NAME *to, call,* NOMINATE.

benetzen, tr., *moisten, sprinkle.* From naß.

benutzen, tr., *make use of; profit by.*

beobachten, tr. insep., *observe.* From Obacht, *heed.* B. 546, 1.

Beobachtung, f. w., *observance, observation.*

bepanzern, tr., *dress in armor.*

bequem, adj., CONVENIENT, *opportune.* Cog. with kommen. B. 409, 3.

Bequem'lichkeit, f. w., CONVENIENCE, *comfort.*

berannt, see berennen.

berauben, tr., ROB. B. 185.

berechnen, tr., *calculate,* RECKON.

Bereicherung, f. w., ENRICHING.

bereit, adj., READY.

bereiten, tr., *make* READY, *prepare; procure.*

bereits, adv., ALREADY.

bereit'willig, adj., READY *and* WILLING.

berennen, berannte, berannt, tr., *blockade, assault.*

bereuen, tr., *repent.*

Berg, m., -es, -e, *mountain;* zu — stehen, STAND *on end* (of hair).

bergauf', adv., UP-*hill.*

Bergbewohner, m., -s, —, *mountaineer.*

bergen, barg, geborgen, tr., *hide, save.* [BURY].

VOCABULARY. 313

Bergeshang, m., -s, *hillside, slope.*
Berglied, n., -es, -er, *mountaineer's song.*
Berg'partie, f. w., *excursion into the mountains.*
berichten, tr., *report, relate.* From recht.
bersten, barst, geborsten, with f., BURST, *crack.*
Beruf, m., -s, -e, *calling, business.*
beruhigen, tr., *quiet.*
berühmt, part. adj., *famous.* From Ruhm, 'fame.'
berühren, tr., *touch.*
besah, see besehen.
Besatzung, f. w., *garrison.* From besetzen.
beschädigen, tr., *injure.* From Schabe(n), 'injury.'
Bescheid, m., -es, -e, *order; information; answer; knowledge;* — wissen, see note to p. 23, l. 4.
bescheiden, adj., *modest, moderate.* Old part. of next. B. 524, 4.
bescheiden, bschied, beschieden, tr., *assign; decree;* sich —, *be contented.*
Bescheidenheit, f., *modesty.*
beschenken, tr., *present with, give presents to.*
bescheren, tr., *give as a* SHARE, *confer.* From Schar, 'division, troop.'
beschirmen, tr., *protect.*
beschleunigen, tr., *quicken, accelerate.* From schleunig, 'hurried.'
beschließen, beschloß, beschlossen, tr., *conclude, finish; determine upon.*
beschmutzen, tr., *soil.* From Schmutz.
beschreiben, beschrieb, beschrieben, tr., *describe.*
Beschreibung, f. w., DESCRIPTION.
Beschuldigung, f. w., *accusation.* From Schuld.
Beschützer, m., -s, —, *protector.* From Schutz.
beschwerlich, adj., *troublesome.* From schwer.
beschwichtigen, tr., *hush up, appease.* Apparently from schweigen, but from older swiften, 'to quiet.'
beschwören, beschwor, beschworen, tr., SWEAR TO, *conju're; con'jure.*

beseelen, tr., *inspire, animate.* From Seele.
besehen, besah, besehen, tr., *look at* (closely), *inspect.*
beseligen, tr., *bless.* From selig, 'blessed.'
besetzen, tr., *occupy, garrison; trim,* BESET, *stud.*
besiegen, tr., *vanquish.*
Besiegung, f., *conquering, conquest.*
besingen, besang, besungen, tr., SING *of.*
besinnen, besann, besonnen, refl., *recollect, bethink one's self.*
Besinnung, f., *consciousness.*
Besitz, m., POSSESSION.
besitzen, besaß, besessen, tr., POSSESS.
besonder-, adj., *special, particular.*
besonders, adv., *especially; in particular.*
Besonnenheit, f., *presence of mind, discretion.* From besinnen.
Besorgnis, f., -isse, *apprehension, care.* From besorgen, Sorge.
besorgt, part. adj., *careful, uneasy.*
bespannen, tr., *put* (horses) *to; past part., drawn by.*
besser, adj., BETTER; compar. of gut. B. 439.
bessern, tr., BETTER, *improve.*
Besserung, f. w., *improvement.*
best-, adj., BEST; sup. of gut. B. 439.
bestand, see bestehen.
beständig, adj., STEADY, CONSTANT.
bestärken, tr., *strengthen, confirm.*
bestätigen, tr., *corroborate, sanction.* From stätig, STEADY. Cp. stets.
Bestätigung, f. w., *confirmation, sanction.*
bestatten, tr., *bury.* From Statt, 'place.'
bestehen, bestand, bestanden, tr., STAND *against, endure, bear;* intr., CONSIST, *persist.*
besteigen, bestieg, bestiegen, tr., *ascend.*
bestellen, tr., *arrange, order.*
bestimmen, tr., *define, determine, destine, appoint.*
bestimmt, part. adj., *definite, fixed;* adv., *for certain, certainly.*
bestrafen, tr., *punish.*
bestreben, refl., STRIVE, *exert one's self.*
Bestrebung, f. w., STRIVING, *effort.*

beſtürzt, part. adj., *amazed, bewildered.*
From ſtürzen, Sturz.
Beſtürzung, f. w., *consternation, perplexity.*
Beſuch, m., -es, -e, *visit, attendance.*
beſuchen, tr., *visit, attend* (lectures, etc.).
betäuben, tr., DEAFEN, *stun.* From taub, DEAF.
beten, intr., *pray.* Der. of bitten.
bethätigen, tr., *prove;* refl., *be active, go to work.* From That.
bethören, tr., *fool, infatuate.* From der Thor, w., 'fool.'
betrachten, tr., *consider, survey.* From trachten, 'think.'
Betragen, n., -s, *behavior.*
betrauen, tr., INTRUST *with.*
betreffen, betraf, betroffen, tr., *fall upon; concern, affect.*
betreten, betrat, betreten, tr., *set foot on* or *in;* fig., *surprise.*
betreten, part. adj., *travelled* (path); *suprised.* See the above.
betroffen, part. adj., *struck, puzzled.* See betreffen.
betrüben, tr., *sadden, trouble.*
Betrübnis, f., -iſſe, *affliction, sadness.*
betrübt, part. adj., *affected, sad.*
Bett, n., -es, -en, BED.
Bettdecke, f. w., BED-*spread.*
betteln, intr., *ask alms, beg.* From beten, bitten. B. 536, 2.
Bettſack, m., -es, "e, BED-*tick, straw-bed.*
Bettſtelle, f. w., BED-*stead.*
beugen, tr., *bend,* BOW. Causative of biegen.
Beule, f. w., BOIL, *bump.*
Beun'ruhigung, f. w., *disturbance.*
bevor, adv. and conj., BEFORE.
bewachſen, part. adj., *overgrown* (with).
Bewaffnung, f. w., *arming, armament, arms.* From bewaffnen, Waffe.
bewahren, tr., GUARD.
bewähren, tr., *prove, show;* ſich —, *show one's self to be, turn out.* From wahr.
bewährt, part. adj., *approved, tried.*
bewegen, bewog, bewogen, tr. fig., *induce;* weak verb: *move, stir;* ſich —, *move* (intr.).

Bewegung, f. w., *motion, emotion.*
beweinen, tr., *weep for,* BEMOAN.
Beweis, m., -es, -e, *proof, evidence.*
beweiſen, bewies, bewieſen, tr., *point out, prove.*
bewerk'ſtelligen, tr., *bring about.* From werkſtellig, 'effected,' Werkſtelle, 'WORK-shop.'
bewilligen, tr., *grant.*
bewohnen, tr., *inhabit.* Tr. of wohnen.
Bewunderung, f., *admiration.* From bewundern, 'admire.'
bewunderungswürdig, adj., WORTHY *of admiration, admirable.*
bewußtlos, adj., *unconscious.* From wiſſen.
Bewußtſein, n., -s, *consciousness,* lit. *being conscious.*
bezahlen, tr., *pay for, pay.*
bezaubern, tr., *enchant.*
bezeichnen, tr., *mark, point out, denote.* From zeichnen, Zeichen.
bezeigen, tr., *show, express.*
beziehen, bezog, bezogen, tr., *cover;* fig., *frequent* (a school); ſich —, *refer to.*
Beziehung, f. w., *covering; reference.*
bezwingen, bezwang, bezwungen, tr., *overcome.*
Bibel, f. w., BIBLE. From Gr.-L. B. 163, 4.
Bibelwort, n., -es, -e, BIBLE-WORD.
biegen, bog, gebogen, intr. or tr., BOW, *bend.*
Bier, n., -es, -e, BEER.
Bierkanne, f. w., *tankard.*
Bierkrug, m., -es, "e, BEER-*mug.*
bieten, bot, geboten, tr., *offer,* BID; but see B. 396, 408, 2, and bitten.
Bige, f. w., BIGA, *chariot drawn by two horses abreast.* From L. BI and JUG(UM).
Bild, n., -es, -er, *picture, likeness.*
bilden, tr., *form, figure; cultivate, civilize.* Do not associate with 'build' in meaning or etym.
bildhübſch, adj., *pretty as a picture.*
bildſchön, adj., *beautiful as a picture.*
Bildung, f. w., *formation; culture.*
billig, adj., *equitable, fair.* Suff. is -lich, not -ig, as it would seem. B. 526, 3.
billigen, tr., *approve, grant.*

VOCABULARY.

bin, 1st pers. pres. indic. of ſein.
Binde, f. w., *tie,* BANDAGE. From the stem of binden.
binden, band, gebunden, tr., BIND. B. 496.
binnen, prep. with dat., rarely with gen., *within.* Compd. of be and innen.
Birſch, f. w., *deer-hunt.* Arch., from old Fr.
bis, prep. with acc., *till, until, to, as far as;* limit in time and space, often followed by zu, an ; — auf, *except.* Conj. *till, until* = bis daß. From bi and az, BY and AT. B. 304, 1.
Bischen, n., -s, —, *little* BIT, felt as an adv. From Biß, beißen, 'BITE.'
Bischof, m., -s, ᵉe, BISHOP. From Gr.
bisher', adv., *hitherto.*
bist, from ſein.
bisweilen, *now and then.* -weilen is a dat. pl. of Weile. B. 552, 1.
Bitte, f. w., *request.*
bitten, bat, gebeten, tr., *ask, solicit.* [Eng. BID, but not in meaning. See references under bieten.]
bitter, adj., BITTER. Related to beißen, BITE.
bitterlich, adv., BITTERLY.
Blachfeld, n., -es, open *plain.* Blach is said to be related to flach, 'level.'
blähen, tr., INFLATE, BLOW.
blank, adj., *shining, white.* Related with blinken and Eng. 'BLANK, BLINK.'
blaſen, blies, geblaſen, tr., *blow.* [BLAST.]
Blatt, n., -es, ᵉer, BLADE, *leaf.*
Blättchen, n., -s, —, *leaflet.* Dim. of preceding.
blau, adj., BLUE.
Blau, n., (uninflected), BLUE *color.* B. 220, *end.*
Blauen, n., -s, BLUEness, see note to p. 154, l. 7.
Blei, n., -s, *lead.*
bleiben, blieb, geblieben with ſ., *stay, continue;* — laſſen, *leave undone, forbear.* Compd. of be and -leiben, LEAVE. It has often an inf. without zu dependent upon it, which is = Eng. pres. part.
bleich, adj., *pale, faded.* [BLEAK.]
blenden, tr., BLIND, *deceive.* From blind.
Blick, m., -s, -e, *look;* orig. *flash.*

blicken, intr., *to look.*
blieben, see bleiben.
blieſen, see blaſen.
blind, adj., BLIND.
blinken, intr., *gleam, twinkle;* BLINK.
Blitz, m., -es, -e, *lightning.* From older blitzen, *flash,* this from Blick, which see. B. 539, 3.
Blitz'ableiter, m., -s, —, *lightning-rod.* From Blitz and ableiten, 'LEAD, turn aside.'
blitzen, intr., *flash, lighten.* See Blitz.
Blitzesschnelle, f., *rapidity of lightning.*
Blitzstrahl, m., -s, -en, *flash of lightning.*
blond, adj., *fair,* BLOND.
bloß, adj., *bare, naked; mere;* adv., *merely.*
blühen, intr., BLOSSOM, BLOOM, FLOURISH.
blühend, part. adj., fig., FLOURISHING.
Blume, f. w., FLOWER. Cog. with blühen.
Blut, n., -es, BLOOD ; junges —, YOUTH.
Blüte, f. w., BLOW, BLOSSOM ; fig., *prime.*
bluten, intr., BLEED.
blütenreich, adj., FLOWERY.
blutig, adj., BLOODY.
blutigrot, adj., BLOOD-RED.
Blutritt, m., -es, -e, BLOODY RIDE, *charge.*
Blutstrahl, m., -s, -en, *jet of* BLOOD.
Böcklein, n., -s, —, *little* BUCK, especially *he-goat.* Dim. of der Bock, BUCK.
Boden, m., -s, —, BOTTOM, *ground, soil; floor; garret.*
Bogen, m., -s, ᵘ or no umlaut, BOW, *arch.*
Böhme, m. w., BOHEMIAN.
Böhmen, n., -s, BOHEMIA.
Böhmerwald, m., -es, BOHEMIAN *Forest,* mountain-range between Bavaria and Bohemia.
bohren, tr., BORE.
Bonapar'tiſch, BONAPARTEAN, *Napoleon's.*
Boot, n., -es, -e, or Böte, BOAT.
borgen, tr., BORROW ; *lend.*
Born, m., -s, -e, BOURN, BURN. Low G. and poet. for Brunnen.
Börſe, *exchange;* PURSE.
Borte, f. w., BORDER, *galloon.*
Boruſſe, m. w., PRUSSIAN. From 'Borussia,' a Latinized form of Preuße. See note to p. 225, l. 16.

böſ, böſe, adj., *bad, wicked, naughty, angry.*
Böſe, m. w., *the evil one.*
Bosheit, f. w., *wickedness, maliciousness.*
Bote, m. w., *messenger.* From bieten. B. 396, *end.*
boten, see bieten.
Botſchaft, f. w., *message, embassy.*
Brabant', tr., BRABANT, province of the Netherlands.
brachte, see bringen.
Brami'n(e), m. w., BRAHMIN.
Brand, m., -es, ⁻e, BURNING; in — ſtecken, *set fire to.* From the stem of brennen.
Brandſtätte, f. w., *place of a fire;* BURNT *district.*
Braten, m., -s, —, *roast, roast-meat.*
Brauch, m., -es, ⁻e, *custom.*
brauchbar, adj., *fit for use, serviceable, useful.*
brauchen, tr., *use, need.* [to BROOK].
braun, adj., BROWN.
brauſen, intr., *roar, bluster.*
brauſend, part. adj., *blustering, impetuous.*
Braut, f., ⁻e, *betrothed.* [BRIDE]. As to au — i, see B. 488, 5.
Bräu'tigam, m., -s, -e, BRIDEGROOM. B. 429, 1 [-groom has wrongly 'r' on account of association with groom].
bräutlich, adj., BRIDAL.
brav, adj., *worthy, good;* (rarely) BRAVE. From Fr. (v = f).
Bravo, *well done,* BRAVO. From Italian. (v = w).
brechen, brach, gebrochen, tr., *break.*
breit, adj., BROAD, *wide.*
Breite, w. f., BREADTH.
breiten, tr., BROADEN, *spread.*
breitſchulterig, adj., BROAD-SHOULDERED.
brennen, brannte, gebrannt, tr. and intr., BURN; colloq., *fire a gun.*
Brett, n., -es, -er, BOARD.
Brief, m., -es, -e, *letter.* [BRIEF].
bringen, brachte, gebracht, tr., BRING; es weit —, *become somebody;* es dahin —, daß, *reach the point,* or BRING *about,* THAT; es über ſich —, *prevail upon one's self.*

Brocken, m., -s, —, *crumb, scrap.* From brechen.
Broſchü're, f. w., *pamphlet,* BROCHURE. From Fr.
Brot, n., -es, -e (or ⁻e), BREAD.
Brücke, f. w., BRIDGE. B. 413, 4.
Bruder, m., -s, ⁻, BROTHER.
Brühe, f. w., *gravy,* BROTH. Perhaps from brauen, 'BREW,' from which BROTH.
brüllen, intr., *roar* (of animals).
brummen, intr., *buzz, growl, hum* and similar noises. An imitative word.
Brunnen, m., -s, —, *well, fountain.* From brennen, orig. 'to well up.'
Brünnlein, n., -s, —, *little spring.* Dim. of preceding.
brünſtig, adj., *ardent, fervent.* From Brunſt, brennen.
Bruſt, f., ⁻e, BREAST.
Brut, f., BROOD, *hatch.* Perhaps related to Brühe.
bruzeln, intr., *sizzle, frizzle.* An imitative word.
Bube, m. w., *boy, knave.* [BOY, BOOBY?]
Buch, n., -es, ⁻er, BOOK.
Buchhandlung, f. w., BOOKstore. See Handlung.
Büchſe, f. w., *musket;* BOX. From Gr.
Buchſtab(e), m. w., and -s, -en, *letter.* From Buche, 'beech,' Stab, STAFF, *stick,* on which runes were scratched.
bücken, refl., *stoop.* From biegen. As to ch — g, see B. 535, 1. Rem. 2.
Büffett, n., -es, -e, *side-board,* BUFFET. From Fr.
Bühne, f. w., *scaffold, stage.*
Bund, m., -es, ⁻e, or Bündniſſe, BOND, *union, treaty.* See Band.
Bundesgenoß, m. w., *confederate, ally,* -genoß from genießen.
Bundestruppen, pl., *confederate troops* of the alliance against Napoleon I.
Bündnis, n., -ſſes, -ſſe, *treaty.*
bunt, adj., *colored, gay-colored; confused.* Perhaps cog. with BUNTING, from Dutch.
Burg, f. w., *stronghold, castle, fortified town.* Perhaps related to bergen or Burg. [BOROUGH].
Bürge, m. w., *bail.* Cog. with bürgen, *bail,* and borgen.

VOCABULARY. 317

Bürger, m., -8, —, *citizen,* BURGHER. From **Burg.**
Burghof, m., -8, ⁻e, *castle-yard.*
Burgkapelle, f. w., CHAPEL *of the castle.*
Burgund',
Burgun'den, } n., -8, BURGUNDY.
Burgun'denland,
Burgunde, m. w., or **Burgunder,** m., -8, —, BURGUNDIAN.

Bursche, m. w., pl. also -e, *fellow, comrade; apprentice, boy.*
Busch, m., -es, ⁻e, BUSH, *copse, tuft.*
büßen, intr., *do penance;* tr., *atone for.* Related to BOOT (forfeit), **Buße, besser,** BETTER. B. 439, 1; 400.
Büste, f. w., BUST. From Romance languages.
Butter, f., BUTTER. From L.

C.

C = ȝ before ä, e, i, ö, y; otherwise = k, but see **Chef.**
Cäsar, m., -8, CÆSAR.
Centaur', m. w., CENTAUR.
Cent'ner, m., -8, —, HUNDREDweight, *the weight* itself of 100 pounds. From late L., centum, HUNDRED.
Cestus, m., pl. **Cesti,** CESTUS, covering for the hands of the boxer. L.
Chalif', m. w., CALIF. From Arabic.
Charak'ter, m., -8, -te're, CHARACTER. From Gr.-L. **Ch = k.**
Charak'tereigenschaft, f. w., CHARACTERISTIC.
charakteri'stisch, adj., CHARACTERISTIC.
Chef, m., -8, -8, CHIEF, HEAD. From Fr. **Ch = sch.**
-chen, noun-suff., -KIN, with dim. force, indicates neuter gender. B. 493, 4; 510.
Cherus'ker, m., -8, —, CHERUSCAN. Its **Ch** is G. **ch.**
Chor, m., -8, ⁻e, CHORUS, CHOIR (of singers); n., CHOIR (part of the church). From L.

Chorführer, m., -8, —, *leader of the* CHORUS.
Christ, m. w., CHRISTIAN. From Gr. B. 435, 3.
Christenheit, f., CHRISTENdom. B. 575, 5, *a.*
Christenlehre, f., *a kind of religious instruction.* See note to p. 98, l. 24.
christlich, CHRISTIAN.
Christus, -sti, etc., L. inflection, CHRIST.
Chro'nik, f. w., CHRONICLE.
Cigar're, f. w., CIGAR. From Fr. and Spanish.
Cigarrenkistchen, n., -8, —, *small* CIGAR-*box.*
Cimbern, pl., CIMBRI.
Citronat', m., -8, -e, (preserved) *citron.* See note to p. 45, l. 9.
Citro'ne, f. w., *lemon.* From Arabic originally.
Cleve, CLEVES.
Comptoir, n., -8, e, COUNTING-*room.* Pronounced **Komtor'.** From Fr.
Cyklop', m. w., *Cyclops.*

D.

d. h. = das heißt, THAT *is, means.*
da, adv., THERE, *on the spot;* then:conj., *when; since* (causative); *whereas.* Often in composition with prepositions, and accent uncertain. B. 423, 426. Shortened form of **bar.** Etym., B. 551. 1.
dabei, adv., THEREBY; *on hand; in connection with, at the same time.*
da'bleiben, blieb —, -geblieben, with f., *stay* THERE or *here.*

Dach, n., -es, ⁻er, *roof.* [THATCH]. Related to **decken.**
Dachstuhl, m., -8, ⁻e, *frame-work of a roof, rafters.*
dachte, see **denken.**
dadurch, adv., THROUGH, *by that.*
dafür, adv., THEREFOR, *in stead of that, in return for that, to make up for that.*
dagegen, adv., AGAINST *that; in comparison, in return.*

daheim, adv., *at* HOME.
daher, adv., *thence, for that reason, consequently; along.*
daherschwimmen, schwamm —, -geschwommen, with s., *swim along.*
da'hin, adv., *thither, that way.*
dahin', adv., *along, down, away, over, past.* Occurs in many sep. compd. verbs of motion, always accented.
dahinfallen, fiel —, -gefallen, with s., FALL *down.*
dahinfliegen, flog —, -geflogen, with s., FLY *along or past.*
dahingehen, ging —, -gegangen, with s., *walk along; pass away.*
dahingleiten, glitt —, -geglitten, with s., GLIDE *along.*
dahinraffen, tr. sep., *snatch away.*
dahinreiten, ritt —, -geritten, with s., RIDE *along.*
dahinschlendern, with s., sep., *stroll along, loiter.*
dahinschwinden, schwand —, -geschwunden, with s., *dwindle away, vanish.*
dahinziehen, zog —, -gezogen, with s., *move along or away.*
dahinter, adv., DEH'ND *that,* BEHIND.
da'malig, adj., *of that time, then.* —malig from Mal.
da'mals, adv., *at that time.*
Dame, f. w., *lady.* [DAME]. From Fr.
da'mit, adv., THERE*with, with that, by that.*
damit', conj., *in order that; to the end that.*
Dampf, m.,-es,ᵘe, *steam, vapor.* [DAMP.]
danach, adv., *after it or that;* THEREUPON.
dane'ben, adv., *by the side, near; besides, also.*
Dänemark, n., DENMARK.
danie'der, adv., *on the ground.*
danieberliegen, lag —, -gelegen, intr., LIE *low, on the ground.*
Dank, m., -es, THANKS, *acknowledgment.* From the stem of danken. See note to p. 146, l. 14.
Dankbarkeit, f., *gratitude.* From dankbar, 'grateful.'
danken, with dat., *to* THANK; *decline with* THANKS; *with acc. of object, owe gratitude, be grateful for.*
dann, adv., THEN.
dannen, adv., *in* von —, THENCE. See -en, adv.-suff.
dar, arch. for da, THERE. Preserved in compd. adverbs before a vowel and sometimes before n. In compd. verbs not uncommon. By the loss of a it becomes br- in compds.
daran, adv., THEREON, *near it or that.*
daran'gehen, ging —, -gegangen, with s., GO *at it or at the foe.*
daran'setzen, tr. sep., *risk,* SET *at stake.*
darauf, adv., THEREUPON, THEREON; *to that; afterwards.*
darauf'gehen, ging —, -gegangen, with s., *attack; perish, be spent, lost.*
daraus, adv., THEREOUT, THERE*from, out of or from that;* arch. relative, *wherefrom, out of which.*
darbringen, brachte —, -gebracht, tr., *offer.*
darein, adv., THEREINTO, INTO *it or that;* in a few intr. compd. verbs, *upon the scene, down,* or not separately translated. See note to p. 46, l. 24.
dareinblicken, intr. sep., *look down.*
dareinrufen, rief —, -gerufen, intr., *call out.*
darein'sehen, sah —, -gesehen, intr., *look, look down, have a look.*
darf, see dürfen.
dar'führen, tr. sep., *lead forward.*
darin, adv., THEREIN; IN *it, that or them.*
darnach, adv., same as danach, but more frequent.
darob', adv. arch., *on that account.*
dar'reichen, tr., REACH *forth, tender.*
darüber, adv., THEREOVER; OVER *it, that, or them; on account of it; concerning it; in the mean time; more, above.*
darum, adv., *around it, that or them; concerning,* THERE*fore.*
darunter, adv., THEREUNDER; UNDER *it, that, them; among them.*
das, n. def. art. and demonstr. pron., THE, THAT.
dasjenige, see derjenige.
daß, conj., THAT; — nicht, *lest.*

VOCABULARY. 319

baßfelbe, see berfelbe.

Dauer, f., DURATION.

bauern, intr., *last*; -b, *permanent, lasting.*

Daumen, m., -ß, —, THUMB.

bavon, adv., THEREof, THEREfrom; *by* or *of it, that* or *them.* Accent uncertain.

bavon', in compd. verbs of motion, *away, off.*

bavonreiten, ritt —, -geritten, with f., RIDE *away*.

bavonmachen, refl., *get away.*

baju, adv., THERETO; TO *it, that, them; for that purpose; besides.*

bajufommen, fam —, -gefommen, with f., COME *up, join.*

bajwifchen, adv., BETWEEN or *among them, in the midst of.*

Debat'te, f. w., DEBATE. From Fr.

Decke, f. w., *covering; ceiling.* From Dach, 'THATCH.'

Deckel, m., -ß, —, *cover, lid.* See -el.

decken, tr., *cover, screen*, DECK. From Dach, 'roof.'

Degen, m., -ß, —, *sword.* [DAGGER]. From Fr.

bein, poss. pron., THY, THINE.

bei'nethalben, -wegen, -willen, compd. with prep., t is excrescent, *on* THY *account, for* THY *sake.* B. 87.

bem, dat. of ber and baß.

bemnach, adv., *accordingly.*

be'müthigen, tr., *to humble.* From bemüthig, 'humble,' bie Demut, 'humility.'

ben, acc. of ber.

benen, dat. pl. of ber, demonstr. and relative pron.

benken, bachte, gebacht, tr. or with gen., THINK, *remember, be of opinion;* sich (dat.) —, *imagine, fancy;* — an with acc., THINK *of;* benken auf, with acc., *contemplate, contrive.*

benkwürdig, adj., *memorable.*

benn, conj., *for;* adv., THEN; arch. for als, after compar., and for bann, THAN. See note to p. 9, l. 20.

ben'noch, adv., *nevertheless, even in that case.*

ber, bie, baß, def. art., THE; B. 38, 39; demonstr. pron., THE, THAT; relative pron., *who, which.*

ber unb ber, *such and such a one; Mr. So and so.*

bereinft', adv., *some day*. [ONCE].

beren, gen. sing. of f. and gen. pl. of all genders of ber, bie, baß, as demonstr. or relative pron., *of* THAT *one, of her; of* THOSE; *whose.*

berglei'chen, indecl. pron., demonstr. and relative, *the* LIKE, *such; the* LIKE *of which.* ber is a gen.

ber'jenige, bie'jenige, baß'jenige, demonstr. pron., THE or THAT *one.* jenig from jen-.

berfelbe, biefelbe, baßfelbe, demonstr. pron., *the same; he, she, it.*

berwei'len, adv., *in the mean* WHILE. An arch. gen., of Weile.

beß, gen. of ber and baß.

beß'halb, adv., *therefore.*

beffen, gen. of ber; as demonstr. pron., *of it* or *that;* as relative pron., *whose.*

befto, adv., THE. See je. B. 442, 2, *a.*

beß'wegen, adv., *on that account.*

beucht, impers. verb, beuchte, gebeucht, with dat., *seem to.* Also w. Really a pret. of bünken. B. 119, 2; 454, 3.

Deut, m., -eß, -e, DOIT. From Dutch.

beuten, tr., *interpret;* intr., *point at.*

beutlich, adj., *clear, intelligible.*

Deutfch, n. indecl., *the German language.* [DUTCH = Holländifch].

beutfch, adj., *German;* noun decl. as adj., *a German.*

Deutfchland, n., -ß, *Germany.*

Dejember, n., -ß, DECEMBER. From L.

Diadem', n., -ß, -e, DIADEM. From Gr.

Diät, f., *way of living;* specifically, DIET. From Gr.

bich, acc. of bu, THEE.

bicht, adj., *dense,* THICK. From the stem of gebeißen, 'thrive.' See bid.

bichten, tr. and intr., *invent, contrive; write poetry* or *fiction.* From L.

Dichter, m., -ß, —, *poet.*

Dichterkunft, f., ᵘe, *the poet's art.*

Dichterruhm, m., -eß, *fame as a poet.*

bick, adj., THICK, *stout, fat.* From the stem of gebeißen. See bicht. B. 412, 2; 535, 1 Rem. *a.*

bie, see ber.

bienen, with dat., *serve.*

Diener, m., -8, —, *man-servant.*
Dienerschaft, f., *domestics.*
Dienst, m., -es, -e, *service,* außer — gehen, *leave the service.* B. 512, 3.
Dienstbote, m. w., *domestic.* Bote, 'messenger,' has lost its force in the compd.
Dienstleistung, f. w., *rendering of a service, active service* (in the army).
Dienstleute, pl. of Dienstmann, *servants.* B. 172.
Dienstmagd, f., "e, MAID-*servant.*
Dienstmannen, pl., *vassals.* B. 58, *end.*
Dienstag, m., -s, -e, *TuesDAY.* From THINXUS, the god of popular meetings.
dies, n., dieser, diese, dieses, THIS. B. 443.
Ding, n., -es, -e, THING.
dir, dat. of du, *to* THEE.
direkt', adj., DIRECT. From L.
disputieren, intr., DISPUTE. From Fr.
doch, adv., THOUGH, *for all that; surely, I hope; I beg you, do* (with imp. or optative).
Doktor, m., -s, -o'ren, DOCTOR. From L.
Dom, m., -es, -e, *cathedral.* [DOME]. From L. DOMUS.
Do'mino, m., -s, -s, DOMINO. From Italian.
Donau, f., DANUBE.
Donner, m., -s, THUNDER.
Donnerhall, m., -s, *noise of* THUNDER.
donnern, intr., THUNDER.
Donnerstag, m., -s, THURSDAY; lit. 'DAY of the god THOR or DONAR.'
doppelt, adj., *double.* t is excrescent. B. 531, 1. From Fr.
Dorf, n., -es, "er, *village.* [THORP].
Dörfchen, n., -s, —, *small village.* Dim. of Dorf.
Dorfmusik, f., *village-*MUSIC.
Dorfwirt, m., -es, -e, *country inn-keeper.*
Dorn, m., -s, -en, or "er, THORN. B. 63, 1 *end.*
Dornenhecke, f. w., THORN-HEDGE.
Dornröschen, n., -s, lit. '*briar-*ROSE,' *Sleeping Beauty.* See introductory note on p. 246.
dort, adv., *yonder,* THERE. From the stem of ba. B. 551, 1.
dorthin, adv., THITHER, *yonder.*

Dose, f. w., *box.* From Dutch.
Drache, m. w., DRAGON. Originally from Gr.
Dra'chenei, n., -s, -er, DRAGON'S EGG.
Drachenzahn, m., -s, "e, DRAGON'S TOOTH.
Drahtsieb, n., -es, -e, *wire-*SIEVE. Draht from drehen, 'to turn.' Cp. THREAD.
dran, see daran.
drang, see bringen.
Drang, m., -es, *crowding,* THRONG; *impulse.*
drängen, tr., *crowd; urge, hurry.* Der. of bringen.
Dränger, m., -s, —, *oppressor.*
dräuen, arch. for drohen.
drauf, see darauf.
draus, see daraus.
draußen, adv., OUT *of doors.* Compd. of bar, aus, -en.
Drehbrücke, f. w., *turning or swinging* BRIDGE.
drehen, tr., *turn;* refl., *turn, revolve.*
drei, num. adj., THREE.
dreifach, adj., THREEfold.
Dreifuß, m., -es, "e, TRIPOD. As to the consonants, see B. 410, 414.
dreihundert, num. adj., THREE HUNDRED.
dreijährig, adj., *of* THREE YEARS, TRIennial.
dreimal, adv., THREE *times.*
drein, see darein.
dreißig, num. adj., THIRTY. As to -ig, see B. 529, 1.
dreitägig, adj., *lasting* THREE DAYS.
dreizehn, num. adj., THIRTEEN.
dreizehnt-, adj., THIRTEENTH.
drin, for darin.
bringen, brang, gebrungen, with f., *penetrate, enter by force, rush in;* with h., *crowd, urge,* with in and acc.
dringend, part. adj., *urgent, pressing.*
drinnen, adv., *within.* Compd. of bar in, -en.
dritt-, adj., THIRD. B. 530.
drob, see darob.
droben, adv., *up* THERE *or yonder.*
drohen, with dat., *threaten.*
dröhnen, intr., *roar, ring, reverberate.* From Dutch.

drüben, adv., OVER THERE, *beyond*. Compd. of bar and üben, which is related to über, as hinten to hinter, unten to unter.

Druck, m., -es, -e, *pressure; print*.

drucken, tr., *print*. This form is South G. and has a specialized meaning. B. 535, 2.

drücken, tr., *press, oppress*.

drückend, part. adj., *oppressive*.

du, pers. pron., THOU.

ducken, refl., *stoop;* fig., *humble one's self*. Cog. with tauchen. Its b is Low G., Eng. DUCK.

Duft, m., -es, "e, *vapor; scent, fragrance*.

duftig, adj., *fragrant*.

dulden, tr., *endure, suffer*.

Dulder, m., -s, —, *sufferer*.

dumm, adj., *stupid, foolish*. [DUMB].

dumpf, adj., DAMP, *musty; dull, hollow* (sound); *gloomy*.

Düne, f. w., DUNE, DOWN. From Low G. [Eng. adv. DOWN].

düngen, tr., *fertilize*. [DUNG.]

dunkel, adj., *dark, obscure*. [DANK].

Dunkel, n., -s, *darkness*.

dunkeln, intr., *grow dark*.

dunkelrot, adj., *dark* RED.

dünken, with acc., rarely with dat., *seem, appear;* mich dünkt, METHINKS. See deucht.

dünn, adj., THIN, ATTENUATED.

Dunstkreis, m., -es, -e, *atmosphere*. Compd. of Dunst, 'vapor,' and Kreis, 'circle.'

durch, prep. with acc., THROUGH, referring to time, space, means; sep. and insep. pref., accented and unaccented. B. 549, 1.

durchaus', adv., THROUGHOUT; *absolutely;* — nicht, NOT *at all*.

durchbe'ben, tr. insep. *thrill* THROUGH.

durchbre'chen, -brach, -brochen, tr., BREAK THROUGH; durch'brechen, sep. with f., *force one's way* THROUGH.

durchdrin'gen, -drang, -drungen, tr. insep., *penetrate, fill with;* durch'dringen, intr. sep. with f., *get* THROUGH; fig. *prevail*.

durcheinan'der, adv., *pell mell, in confusion;* lit. THROUGH ONE ANOTHER.

durch'fahren, fuhr —, -gefahren, with f., *ride* or *pass* THROUGH.

durch'fliegen, flog —, -geflogen, with f., FLY THROUGH.

durch'führen, tr. sep., *lead* THROUGH, *carry* THROUGH (to the end).

durch'gehen, ging —, -gegangen, with f., GO THROUGH; *run away, bolt*.

durch'lassen, ließ —, -gelassen, tr., LET THROUGH.

Durch'laucht, f. w., *Serene Highness*. -laucht, from the stem of Licht, leuchten.

durchlauch'tigst-, adj., *most serene*.

durch'laufen, lief —, -gelaufen, with f., *run* THROUGH, *trickle* THROUGH; durch-lau'fen, tr. insep., *run* THROUGH, *traverse*.

durchlö'chern, tr. insep., *make holes* THROUGH, *perforate, pierce*.

durch'machen, tr. sep., *go* THROUGH *with*.

durchs, for durch das.

durchschie'ßen, -schoß, -schossen, tr. insep., SHOOT THROUGH, *pierce*.

durch'schlafen, schlief —, -geschlafen, refl., *save one's self by* SLEEPING THROUGH (it).

durchschwei'fen, tr. insep., *rove about* or THROUGH, *wander all over*.

durch'schwimmen, schwamm —, -ge-schwommen, with f., SWIM THROUGH.

durch'segeln, sep. with f., SAIL THROUGH.

durch'setzen, tr. sep., *carry* THROUGH, *achieve; go* or *plunge* THROUGH.

durchstrei'fen, tr. insep., *roam all* THROUGH *or over*.

durchsu'chen and durch'suchen, tr., *search* THROUGH *or* THOROUGHLY.

durchwei'chen, tr. insep., *soak* THOROUGHLY.

durchzie'hen, -zog, -zogen, tr. insep., *march* or *wander* THROUGH; durch'-ziehen, sep. tr., *pull* THROUGH; intr., *march* or *pass* THROUGH.

dürfen, (pres. sing. darf), durfte, gedurft, pret.-pres. and modal auxiliary verb, *have permission, authority, desire,* or *confidence* (to do a certain thing), *may, trust one's self, can*. B. 267, 2, 4.

dürr(e), adj., *dry, dried up; meagre*.

Durst, m., -es, THIRST.

VOCABULARY.

dürften, impers. with acc., *be* THIRSTY; fig., *long for.*
durftig, adj., THIRSTY.
düfter, adj., *gloomy, dusky, sad.*

E.

-e, adv.-suff. See note to p. 127, l. 23.
eben, adj., EVEN, *smooth, plain;* adv., EVENLY, *precisely; just now;* preceding an adv., *just right, just as.*
ebenfalls, adv., *in like case, likewise.*
Ebene, f. w., *plain.*
ebenso, adv., *just so;* ebenso ... wie, *just ... as.*
ebensowenig, adv., AS *little.*
Echo, n., -s, -s, ECHO. From Gr.-L.
Ecke, f. w., EDGE, *corner.* B. 413, 4.
Ecktisch, m., -es, -e, *table fitting in the corner of a room, corner-table.*
Eckturm, m., -s, ⁻e, *corner-*TOWER, *pavilion.*
edel, adj., *noble, generous; precious.* From Abel.
Edelfalke, m. w., FALCON-*gentil.*
Edelfrau, f. w., *nobleman's lady, lady.*
Edelmann, m., -es; pl., Edelleute or -männer, *noble*MAN.
Edelstein, m., -s, -e, *precious* STONE, *jewel.*
ehe, conj., *before,* ERE; adv., *formerly,* more frequent as compar., eher, *sooner, rather.*
Ehe, f. w., *marriage, matrimony.*
Ehebund, m., -es, ⁻e, *marriage* (-*union*). See Bund.
ehelich, adj., *matrimonial, conjugal; legitimate.*
ehemals, adv., *formerly.*
ehern, adj., *brazen.* Related to Erz, ORE; h has been wrongly inserted.
Ehre, f. w., *honor.*
ehren, tr., *honor.*
Ehrenbezeigung, f. w., *homage, mark of honor.*
Ehrenkreuz, n., -es, -e, CROSS *of honor.*
Ehrenstelle, f. w., *position of honor.*
ehrenvoll, adj., *honorable.*
Ehrenvorrecht, n., -es, -e, *honorable privilege.*
ehr'erbietig, adj., *reverential.* From bieten, lit. 'showing honor.'

Dutzend, n., -s, -e, DOZEN. From Fr.
duzen, tr., *thee and thou.* From du and z, der.-suffix.

E.

ehrlich, adj., *honorable, honest.*
ehrlos, adj., *dishonorable.*
ei, an exclamation of surprise, *why.*
Ei, n., -s, -er, EGG.
-ei, noun-suff., Eng. Y, older than the cog. -ie. Always accented. B. 498, 3. From L. -IA.
Eichbaum, m., -s, ⁻e, OAK-*tree.*
Eiche, f. w., OAK.
Eichelhäher, m., -s, —, *jay.* Eichel — *acorn.*
eichen, adj., OAKEN, OAK.
Eichenstuhl, m., -s, ⁻e, OAK *chair.*
Eid, m., -es, -e, OATH.
Eifer, m., -s, *zeal, passion, emulation.*
eifrig, adj., *zealous, eager in.*
eigen, adj., OWN, *peculiar.* B. 471, 6.
Eigenschaft, f. w., *quality, peculiarity.*
Eigensinn, m., -s, *wilfulness.*
eigentlich, adj., *proper; exact;* adv., *properly speaking.* t is excrescent.
Eigentum, n., -s, ⁻er, *property, possession.* Pl. is rare.
ei'gentümlich, adj., *belonging to;* eigentümlich, *peculiar to.* Accent, B. 422, 2.
eilen, intr. with h. or f., *hasten, hurry.*
eilig, adj., *hasty, speedy.*
Eimer, m., -s, —, *pail, bucket.* From ein- and bar, from the stem of BEAR, 'BORNE by one handle.' B. 398.
ein, indef. art., A, AN; numeral, einer, eine, eins, ONE; indef. pron., ONE, A *person, people.*
ein-, adv. and sep. accented pref., IN, INTO; *down, to ruin; asleep, to sleep.*
einan'der, indecl. pron., ONE ANOTHER, often compd. with prep., aus-, an-, etc.
Einbildung, f. w., *imagination, conceit.*
einbringen, brachte —, -gebracht, tr., BRING IN, *yield profit.*
einbüßen, tr. sep., *be deprived of, lose.*
eindämmen, tr. sep., DAM *up, check.* From der Damm, 'DAM.'
eindringen, drang —, -gedrungen, with f., *penetrate, enter by force.*

Eindruck, m., -es, ⁻e, *impression.*
eindrücken, tr. sep., *press* IN; *close tightly* (the eyes).
einerlei', indecl., *the same.*
einfach, adj., *single, simple.*
Einfall, m., -s, ⁻e, FALLING IN, *ruin, invasion;* fig., *fancy, idea.*
einfallen, fiel —, -gefallen, with f., FALL IN, *collapse;* fig. with dat. of pers., *occur, strike.*
einfangen, fing —, -gefangen, tr., *catch* (and shut up), *capture.*
einfinden, fand —, -gefunden, refl., *appear* (and be present), *turn up.*
einflößen, tr. sep., with dat. of pers., *instil, prompt; inspire with.* -flößen is causative of fließen.
Einfluß, m.,-ffes, ⁻ffe, *Influx, influence, sway.*
einführen, tr., *lead* IN, *introduce, import.*
Eingang, m., -s, ⁻e, *entrance, entry; beginning.* From eingehen.
Eingangsthür, f. w., DOOR *of entrance.*
eingeboren, part. adj., INBORN; *native.* From ein and gebären, 'BEAR.'
eingedenk, adj., only in pred. with gen., *mindful of, remembering.*
eingehen, ging —, -gegangen, with f., GO IN; tr. or auf with acc., *agree to;* — in, with acc., *search* INTO.
eingestehen, gestand —, -gestanden, tr., *confess, grant.*
einheimsen, tr. sep., *gather* IN (crops), *harvest.* From heim. See -sen.
einholen, tr. sep., *overtake, come up with; make up.*
einhotzeln, sep. with f., *shrivel up.* From Hutzel, 'dried fruit.'
einig, adj., UNITED, ONE; indef. pron., *some,* ANY.
einigemal, adv., *several times.*
Einigkeit, f., UNITY, *concord.*
Einigung, f., UNION, UNIfication. From einigen, 'UNITE.'
Einkehr, f., *putting up at an inn, entertainment.*
einkehren, sep. with f., *put up, stop at an inn.*
einkerkern, tr. sep., INCARCERATE. See Kerker.

Einkünfte, f., pl., *revenues.* B. 174, c.
einladen, lud —, -geladen, tr., *invite.*
einlassen, ließ —, -gelassen, tr., LET IN; *admit.*
einlaufen, lief —, -gelaufen, with f., *run* IN, *enter* (of a ship).
einleiten, tr. sep., LEAD IN, *introduce;* fig., *bring about.*
ein'mal, adv., ONE *time,* ONCE; einmal', ONCE *upon a time;* auf —, *all at* ONCE.
einnehmen, nahm —, -genommen, tr. *take* IN, *capture; take possession of; fill.*
Einquartierung, f. w. (the act of) QUARTERING; *the soldiers* QUARTERED.
einreden, sep. with dat. of pers., *talk* INTO, *persuade to.*
einreiben, rieb —, -gerieben, tr., *rub* IN or *thoroughly.*
einreißen, riß —, -gerissen, tr., *tear down.*
einrichten, tr. sep., *arrange, order, institute;* refl., *settle down, make one's self at home.*
einrücken, sep. with f., *move or march* INTO; tr., *insert;* zum Militär—, *present one's self for* MILITARY *service, join the army.*
eins, n., see ein(er), ONE, *the same.*
einsam, adj., LONEsome, *solitary.*
einsargen, tr. sep., *put* IN *a coffin.* From der Sarg, 'coffin.'
einschenken, tr. sep., *pour out, fill* (the cup, glass).
einschlafen, schlief —, -geschlafen, with f., *fall* ASLEEP.
einschlagen, schlug —, -geschlagen, tr., *beat* IN, *strike* INto (a path); intr., *strike* (of lightning).
einschleichen, schlich —, -geschlichen, with f., or refl., *steal* INto.
einschlief, see einschlafen.
einschließen, schloß —, -geschlossen, tr., *lock* IN, *enclose.*
einschlummern, sep. with f., *fall into a* SLUMBER.
einschlürfen, tr. sep., *sip* IN, *lap up.*
einschränken, tr. sep., *confine, restrict.* From Schranke, 'limit.'
einschütten, tr. sep., *pour* IN.
einsehen, sah —, -gesehen, tr., SEE INto, *get an* INSIGHT INto, *comprehend.*

einfeßen, tr. sep., SET IN, *insert*; SET up, *hazard*; *install.*
Einfeßung, f. w., SETTING INTO, *investiture*; *establishment.*
Einſicht, f. w., INSIGHT.
einſingen, ſang —, -geſungen, tr., SING *to sleep.*
einſperren, tr. sep., *pen* IN, *cage.* From der Sparren, 'SPAR.'
einſprechen, ſprach —, -geſprochen, with dat. of pers., *Instil by words*; Mut —, *encourage.*
einſt, adv., ONCE, *at a future time.* Apparently sup., but like ONCE, gen. of ein, ONE. B. 531, 2.
einſtauen, tr. sep., STOW *away, pack* IN.
einſtecken, tr. sep., *pocket, sheathe.*
einſteigen, ſtieg —, -geſtiegen, with ſ., *step* IN, *get* IN.
einſtig, adj., *future.* From einſt.
einſtimmig, adj., *with* ONE *voice*; UNANIMOUS. See Stimme.
Einſturz, m., -es, ²e, *falling down, ruin.*
eintanzen, tr. sep., DANCE *to sleep.*
eintauſchen, tr. sep., *obtain by barter.*
einteilen, tr. sep., *divide.*
eintragen, trug —, -getragen, tr., *carry* or *bring* IN; *yield* (profit).
eintreffen, traf —, -getroffen, with ſ., *arrive, coincide with, happen, come true.*
eintreten, trat —, -getreten, with ſ., *step* IN, *enter*; *occur.*
eintrug, see eintragen.
einverſtanden, part. adj. in pred. only, *agreed.* From ein, ONE, and verſtehen.
einweihen, tr. sep., *consecrate, use for the first time.*
einwickeln, tr. sep., *wrap up.* From die Wickel, 'wrap.'
einwiegen, tr. sep., *rock to sleep.*
einwilligen, intr. sep., *consent to.* From Wille.
Einwilligung, f. w., *consent.*
Einwohner, m., -s, —, *inhabitant.*
Einzelhof, m., -es, ²e, *isolated farm* (away from the village).
einzeln, adj., *single, isolated, individual, private.*
einziehen, zog —, -gezogen, tr., *draw* IN, *pull* IN, *confiscate*; with ſ., *move* IN.

einzig, adj., ONLY, *sole,* UNIQUE.
Einzug, m., -es, ²e, *entry, entrance.* From einziehen.
Eis, n., -es, ICE.
Eisberg, m., -es, -e, ICEBERG.
eiskalt, adj., ICE-COLD. Accent, B. 422, 4.
Eiſen, n., -s, —, IRON.
Ei'ſenbahnwaggon, m., -s, -s, *railway car.* Die Eiſenbahn, 'railway.' Waggon is from Fr., but orig. borrowed from G. B. 494, 1.
eiſern, adj., IRON; fig., *durable, unfeeling.* From ISARN, doublet of ISAN, Eiſen.
eitel, adj., *useless, vain,* IDLE; *conceited*; uninflected, *mere, nothing but.* B. 212, 1.
-el, noun-suff. Denotes instruments and diminutives. Indicates masc. gend. as a rule. B. 499.
Elaſtizität', f., ELASTICITY. From L.
Elend, n., -s, *misery*; originally only *exile.* B. 401, *end.*
elend, adj., *miserable, wretched.* Cog. of the above.
Elephant', m. w., ELEPHANT. From Byzantine Gr. Other spelling Elefant.
Elephan'tenbein, n., -s, -e, *leg of an* ELEPHANT.
Elfenbein, n., -s, *ivory.* Lit. ELEPHANT'S BONE.
elfe, elf, ELEVEN. See note to p. 16, l. 1.
elfenbeinern, adj., *of ivory.*
elft-, ELEVENTH.
-eln, verb-suff. It has iterative and dim. force. B. 536, 2.
Eltern, pl., *parents,* (ELDERS). Really compar. of alt. B. 404.
elyſä'iſch, adj., ELYSIAN. From Gr.-L.
emp-, insep. pref. for ent before ſ. See ent-.
empfand, see empfinden.
Empfang, m., -s, *reception, receipt*; in — nehmen, *receive.*
empfangen, empfing, empfangen, tr., *receive.* From ent and fangen.
empfäng'lich, adj., *susceptible* or *alive to.*
empfinden, empfand, empfunden, tr., *feel, experience.* From ent and finden

empfind'lich, adj., *sensible, sharp; sensitive, touchy.*
Empfind'lichkeit, f. w., *sensibility, sensitiveness.*
empfingen, see empfangen.
empha'tisch, EMPHATIC. From Gr.
Empor, n., -8, -e, *raised seat; organ-loft, choir.* The next word used as a noun.
empor, adv. and sep. accented pref., *upward, aloft.* Origin?
emporarbeiten, refl. sep., *to work one's way up.*
emporbäumen, intr. sep., *rear up.* From empor and Baum, the idea is 'erect as a tree.'
empören, tr., *stir up, revolt;* sich —, *rebel.* Cog. with empor, but doubtful.
Empörer, m., -8, —, *rebel.*
emporhalten, hielt —, -gehalten, tr., HOLD *up.*
emporheben, hob —, -gehoben, tr., *lift up.*
emporreißen, riß —, -gerissen, tr., *raise by force.*
emporschauen, intr. sep., *gaze upwards.*
emporspringen, sprang —, -gesprungen, with f., *jump up.*
emporstarren, intr. sep., STARE *upward.*
emporstreifen, tr. sep., *roll up,* STRIP *bare.*
emporteilen, refl., *rise and divide,* in l. 6, p. 132.
Empörung, f. w., *sedition, rebellion.* From sich empören.
emsig, adj., *industrious, active.* Perhaps related to Ameise, 'EMMET.'
-en, adj. suff., denoting material, -EN. B. 524, 2.
-en, adv. suff. See hin, bannen. B. 551.
Ende, n., -8, -n, END, *issue, aim, object;* am —, *finally, at last;* zu — sein, *be over, have finished.*
enden, tr. and intr., END.
endigen, same as enden.
endlich, adj., *finite, final;* adv., *at last.*
ener'gisch, adj., ENERGETIC. From Gr.
enge, adj., *narrow, tight, confined.* Cog. with Angst, which see.
Engel, m., -8, —, ANGEL. From Gr.
England, n., -8, ENGLAND.

Engländer, m., -8, —, ENGLISHman.
englisch, ENGLISH; same word, from Engel = ANGELIC.
Enkel, m., -8, —, *grandson; descendants.*
-ens, adv. suff., added to sup. and ordinals. B. 555, 2.
ent-, insep., unaccented pref. Its force is *opposite, in return, away from, negation, transition, origin, beginning.* B. 541. Its accented form is Ant- in Ant's wort, Ant'liß. In advs. and in a few other cases ent- has excrescent t and = en, IN. See entlang, entgegen. The compd. verbs often govern a dat. of removal.
entbehren, tr. or with gen., *do without.*
entbieten, entbot, entboten, tr. and dat. of pers., *announce, send word;* acc. only, *command to come, summon.*
entdecken, tr., *discover, detect, reveal* (a secret).
entfernen, tr., *remove;* sich —, *withdraw.*
entfernt, part. adj., *distant.*
Entfernung, f. w., *removal; distance.*
entflammen, tr. and intr., INFLAME, *kindle.*
entfleischt, part. adj., FLESHLESS.
entfliehen, entfloh, entflohen, with f., *run away, escape.*
entführen, tr., *carry off.*
entge'gen, prep. with preceding dat., AGAINST, *to meet;* as sep. pref. always accented, with the same meaning. See ent- at the end.
entgegenhalten, hielt —, -gehalten, with dat. of pers. and acc. of the thing, HOLD *up* AGAINST, *oppose.*
entgegenjubeln, sep. with dat., *exult at the sight of.*
entgegenlaufen, lief —, -gelaufen, with f. and dat., *run to meet.*
entgegenreiten, ritt —, -geritten, with f. and dat., RIDE *to meet.*
entgegenkommen, kam —, -gekommen, with f. and dat., COME *to meet.*
entgegenrufen, rief —, -gerufen, with dat., *call out toward.*
entgegenschlagen, schlug —, -geschlagen, with dat., *beat at meeting,* or *for welcome.*

entgegenstarren, sep. with dat., *stare one in the face*.
entgegnen, tr. and intr., *reply*, GAINSAY.
entgelten, entgalt, entgolten, tr., *pay for, suffer for*.
entgleiten, entglitt, entglitten, with s., GLIDE *away, escape*.
enthalten, enthielt, enthalten, tr., *contain* (ent=en, IN); WITHHOLD; *keep away* (ent=away from); sich —, with gen. of privation, *abstain*.
enthaupten, tr., BEHEAD. B. 540, 4.
entlang, adv., ALONG, *the* LENGTH *of*. See ent- at the end.
entlassen, entließ, entlassen, tr., *dismiss; release, absolve*, with gen. of privation.
entledigen, tr., *deliver from, exempt;* sich — with gen., *acquit one's self of*.
entnehmen, entnahm, entnommen, tr. with remoter object in dat., *take from, deliver from; conclude, infer*.
entquellen, entquoll, entquollen, with s., *burst from*.
entreißen, entriß, entrissen, tr., *snatch away, rescue*.
entrüsten, tr., *provoke;* sich —, *grow angry*. The opposite of rüsten, 'prepare, arm, compose one's self.'
entsagen, with dat., *renounce*.
entsaugen, entsog, entsogen, tr., SUCK *from*.
entscheiden, entschied, entschieden, tr., *decide, pass judgment;* sich —, *resolve upon, be decided*.
Entscheidung, f. w., *decision, judgment*.
entschieden, part. adj., *decided, decisive*.
entschlafen, entschlief, entschlafen, with s., *fall* ASLEEP; euphemistic for *to die*.
entschleiern, tr., *unveil*. From der Schleier, 'veil.'
entschließen, entschloß, entschlossen, refl., *resolve*.
entschlossen, part. adj., *resolute*.
Entschluß, m., -sses, "sse, *resolution*. From entschließen.
entschuldigen, tr., *excuse*. From Schuld.
entsenden, entsandte, entsandt, tr., SEND *away* or *off*.
entsetzen, tr., *displace*, with a gen. of removal; *relieve* (a fortress); sich —, *be terrified at, shudder*.

Entsetzen, n., -s, *terror*.
entsetzlich, adj., *terrible*.
entsprießen, entsproß, entsprossen, with s., SPROUT *forth, spring from*.
entspringen, entsprang, entsprungen with s., *run away, escape; arise*.
entstehen, entstand, entstanden, with s., *arise, originate*.
entstellt, part adj., *disfigured*.
enttäuschen, tr., *undeceive*.
entweder ... oder, conj., EITHER ... OR. Its ent- = ein; be? Lit. ONE *of two*.
entweihen, tr., *desecrate*.
entwerfen, entwarf, entworfen, tr., *sketch, project*.
Entwickelung, f. w., *development*. From entwickeln, 'unfold, evolve.'
entziehen, entzog, entzogen, tr., *withdraw;* sich —, with dat., *avoid, abandon*.
entzücken, tr., *transport* (with delight), *enrapture, charm*.
Entzücken, n., -s, *rapture*.
entzünden, tr., *set on fire; inflame*.
entzwei, adv., IN TWO; t is excrescent.
entzwei'springen, sprang —, -gesprungen, with s., SPRING or *break in two*.
er, pers. pron., *he*.
er-, insep. unaccented pref. Its force is *origin, out from, transition* (into another state), *completion, intensity* and *success* (of the action of the verb). See ur-. B. 542.
erbärmlich, adj., *pitiful, woe-begone*. Related to das Erbarmen, 'pity,' sich erbarmen, 'take pity upon.' Origin?
erbauen, tr., *erect;* fig., *edify*.
Erbe, m. w., *heir*.
Erbe, n., -s, —, *inheritance; estate*.
erbeben, intr., *tremble*.
erben, tr., *inherit*.
erbeten, tr., *obtain by praying;* also part. of erbitten, which see.
erbeuten, tr., *get as* BOOTY, *capture*.
erbieten, erbot, erboten, refl., *offer*.
Erbin, f., -innen, *heiress*.
erbitten, erbat, erbeten, tr., *obtain by asking, beg for*.
erbittert, part. adj., *exasperated, very* BITTER.
erbleichen, erblich, erblichen, with s., *grow pale*. See bleich.

erblicken, tr., *descry, catch sight of.*
erbötig, adj., *ready* (to do). Der. from erbieten.
Erbteil, n., -s, -e, *share* (of an inheritance).
Erbbeben, n., -s, —, EARTHquake.
Erde, f. w., EARTH.
Erbenherrlichkeit, f., *splendor of this world.*
erdenken, erdachte, erdachte, tr., *devise, excogitate.*
Ereignis, n.,-sses, -sse, *event, occurrence.* From *eróugnis*, 'what comes in sight,' this from Auge, EYE. But wrongly associated with eigen, OWN.
ereilen, tr., *overtake.*
erfahren, erfuhr, erfahren, tr., *to exPERIence, undergo, learn* (by experience); part. adj., EXPERIenced.
Erfahrung, f. w., EXPERIence.
erfechten, erfocht, erfochten, tr., *gain* (by FIGHTING).
erfinden, erfand, erfunden, tr., *invent, contrive,* FIND *to be.*
Erfinder, m., -s, —, *inventor.*
Erfolg, m., -s, -e, *result, success.*
erfolgen, with f., FOLLOW (from), *ensue.*
erfreuen, tr., *gladden;* refl. with gen., *enjoy* (the use of), *possess.*
erfrischen, tr., REFRESH, *revive.*
erfroren, part. adj., FROZEN (to death).
erfüllen, tr., FILL (FULL); fig., FULFIL.
Erfüllung, f. w., FULFILMENT.
ergänzen, tr., *make whole, complete, supplement.* From ganz.
ergeben, ergab, ergeben, refl., *surrender; devote one's self; show itself; result from, happen.*
ergeben, part. adj., *devoted; humble;* -ft, adv., *most humbly.*
Ergebnis, f., -sses, -sse, *result, upshot.*
ergehen, erging, ergangen, with f., GO *forth, fare;* sich —, *take a walk; indulge in.*
ergetzen, tr., *please, delight, gratify.* Opposite of vergessen, *to* FORGET. As to ţ and ss, B. 535, 1, Rem. 2.
ergießen, ergoß, ergossen, refl., *pour forth, overflow, discharge (into);* fig., *break out.*

ergötzen, same as ergetzen. As to ö and e, see B. 489, 1.
ergreifen, ergriff, ergriffen, tr., *seize upon*
ergrimmen, intr., *grow furious.*
erhalten, erhielt, erhalten, tr., *receive, obtain; keep, support.*
erhandeln, tr., *get by trading.* See note to p. 24, l. 30.
erheben, erhob, erhoben, tr., *lift up, raise, relieve;* sich —, *arise, rise up against,* HEAVE *up.*
Erhebung, f. w., *raising, collecting; rise.*
erhellen, tr., *illuminate;* intr., *become evident, be clear.*
erhob, see erheben.
erhöhen, tr. *raise, exalt.* From hoch.
erholen, refl., *rest, recover.*
Erholungsreise, *journey for recreation, pleasure-trip.*
erhören, tr., HEAR *of; listen to, grant.*
erinnern, acc. of pers., *remind;* sich —, with gen., *remember.* From Inner-, 'INNER sense.'
Erinnerung, f. w., *reminding, remembrance, memory; admonition,* on p. 37, No. 8.
Erinnerungshalle, f. w., *memorial* HALL.
erjagen, *get by hunting, hunt down;* fig., *get by effort.*
erkennen, erkannte, erkannt, tr., *perceive, recognize.* For cog., see kennen.
erklären, tr., *make* CLEAR, *explain, deCLARE.* See klar.
Erklärung, f. w., *explanation,* DECLARATION.
erklingen, erklang, erklungen, with f., *sound, resound.*
erkoren, part. adj., CHOSEN. From next.
erküren, erkor, erkoren, tr., CHOOSE. Intensive of kiesen, küren. See Kurfürst, kosten 2.
erlangen, tr., *get by reaching after, attain, acquire.* Cog. with gelangen.
Erlaß, m., -sses, -sse, *rescript; remission, pardon.*
erlauben, tr., *permit;* [LEAVE]. For cog., see lieben.

Erlaubniß, f., -ffe, *permission.*
erleben, tr., LIVE *to see, experience.*
erlegen, tr., LAY *low, slay.*
erleiden, erlitt, erlitten, tr., *suffer, undergo.*
Erlenkönig, Erlkönig, KING *of the elves.* Erl-, is a mistake of Herder for the Danish word meaning 'ELF-KING.'
erlesen, erlas, erlesen, tr., *pick out;* part. adj., *chosen, picked.*
erliegen, erlag, erlegen, with f., *succumb.*
erlöschen, erlosch, erloschen, with f., *be extinguished, die out.*
erlösen, tr., *redeem, ransom;* lit., 'make LOOSE.'
Erlösung, f. w., *redemption, deliverance.*
ermahnen, tr., ADMONISH, *exhort.* Intensive of mahnen, of the same meaning.
Ermahnung, f. w., ADMONITION.
ermatten, with f., *grow weary.* See matt.
ermessen, ermaß, ermessen, tr., *measure, estimate; recognize fully.*
ermorden, tr., MURDER. Intensive of morben.
ermüden, tr., *weary;* with f., *be* or *get tired.*
-ern, adj.-suff. from -en, -EN. B. 524, 3; verb-suff., with iterative and causative force, -ER. B. 537, 2.
ernennen, ernannte, ernannt, tr., NOMINATE, *appoint.*
Ernennung, f. w., NOMINATION.
erneuen, tr., RENEW, *repeat;* refl., *be* RENEWED.
erneuern, tr., RENOVATE, *repair, make* NEWER. B. 537, 2, *a*.
Erniedrigung, f. w., *humiliation, degradation.* From nieber.
Ernst, m., -es, EARNEST, *seriousness.*
ernst, adj., EARNEST, *serious, sober.*
ernstlich, adj., EARNEST, *serious* (illness), *severe.*
Ernte, f. w., *harvest, crop.*
Erntefest, n., -es, -e, *harvest-home.*
ernten, tr., *harvest, gather;* fig., EARN.
Eroberer, m., -s, —, *conqueror.*
erobern, tr., OVERCOME, *conquer, gain.* Der. from ober, über.

Eroberung, f. w. (the act of) *conquering, taking, conquest.*
Eröffnung, f. w., OPENING; *disclosure.*
erraten, erriet, erraten, tr., *guess; hit upon.*
erregen, tr., *excite, stir up; raise.*
Erregung, f. w., *emotion, excitement.*
erreichen, tr., REACH, *attain, gain.*
erretten, tr., *save, rescue.*
erringen, errang, errungen, tr., *gain by exertion or struggle.*
erröten, with f., *grow* RED, *blush.* From rot.
Ersatzmann, m., -s, "er, *substitute.* From ersetzen, 'replace, substitute.'
erschallen, erscholl, erschollen, (also w.), with f., *resound.*
erschauen, tr., *catch sight of, see.*
erscheinen, erschien, erschienen, with f., *come in sight, appear.*
Erscheinung, f. w., *appearance, phenomenon; apparition.*
erschlagen, erschlug, erschlagen, tr., *strike dead, kill;* SLAY.
erschließen, erschloß, erschlossen, tr., *unlock.*
erschöpfen, *drain, exhaust;* erschöpft, part. adj., *fagged, exhausted.*
erschrecken, erschrak, erschrocken, with f., *be frightened;* tr. and w., *frighten, startle.*
erschrecklich, adj., *frightful.*
erschrocken, part. adj., *aghast at.* See erschrecken.
erschüttern, tr., *shake, convulse.* Schüttern is an iterative of schütten. B. 537, 2.
ersehnt, part. adj., *longed for.*
ersparen, tr., *hoard, save.*
erst-, adj., *first, leading.* Long e.
erst, adv., *first, only; not till;* followed by adv., *but, only.* Sup. of ehe. [ERST.]
erstarken, with f., *grow strong.*
erstarren, with f., *grow stiff, numb.*
erstaunen, with f., *be* ASTONISHED.
Erstaunen, n., —, ASTONISHMENT.
erstehen, erstand, erstanden, with f., *originate, rise;* tr., *buy, purchase.*
ersterben, erstarb, erstorben, with f., *die away, die.*
ersticken, tr., *choke, stifle;* with f., *choke to death;* lit., 'stuff full.' Der. from stechen, 'stab, STICK.'

VOCABULARY. 329

Erſtickungsgefahr, f. w., *danger of choking to death.*
erſtlich, adv., *firstly.*
erſtrecken, tr., *extend,* STRETCH *out;* ſich —, *extend, go.*
Erſtürmung, f. w., STORMING (*of a city, etc.*).
erteilen, tr., DEAL *out, impart; confer.*
ertönen, intr., *resound.*
Ertrag, m., -s, ⁻ᵉe, *produce, revenue.*
ertragen, ertrug, ertragen, tr., *produce, support; endure.*
ertrinken, ertrank, ertrunken, with ſ., *be* DROWNED.
erwachen, with ſ., AWAKE.
erwachſen, erwuchs, erwachſen, with ſ., *grow up, grow out of, proceed.*
erwählen, tr., *elect.*
erwähnen, tr., *mention;* also with gen.
erwarten, tr., *expect.*
erwecken, tr., WAKEN, *rouse.* Der. from machen.
erwehren, refl. and with gen., *defend one's self against.*
erweiſen, erwies, erwieſen, tr., *show, exhibit, do, render* (a favor).
erweitern, tr., *make* WIDER, *expand, amplify.*
erwerben, erwarb, erworben, tr., *acquire, earn.*
erwi(e)dern, tr., *return, reply.*
erwirken, tr., *make out, effect.*
erwiſchen, tr., *catch quickly, surprise.*
Erz, n., -es, -e, ORE, *brass, bronze.* [ORE?]

Erzbiſchof, m., -s, ⁻ᵉe, ARCHBISHOP. From Gr.-L.
erzählen, tr., *relate,* TELL.
Erzählung, f. w., *account,* TALE.
Erziehung, f. w., *raising,* EDUCATION. From erziehen, 'bring up,' EDUCATE.
erzittern, with ſ., *tremble.*
erzürnen, tr., *make angry.* From Zorn.
erzwungen, part. adj., *forced, affected.* From erzwingen, 'gain by force.'
es, pers. pron., IT; *there;* nom., acc. and old gen. B. 82.
Eſel, m., -s, —, ASS, *donkey.*
Eſskober, *lunch-basket.* -kober related to Koben, 'COVE.'
eſſen, aß, gegeſſen, tr., EAT.
Eſſen, n., -s, EATING; *victuals, meal.*
Eſtrich, n., -s, -e, *tile* or *cement floor.* From late L., ASTRICUS, ASTER, Gr. form of STELLA, STAR; so called from the figures in the floor.
etlich-, adj., *some, any.*
etwa, adv., *perhaps, possibly.* Et- is an obscure pref., wa = wo. B. 489, 3.
etwas, indecl. pron., SOMEWHAT, *something.*
euch, dat. and acc. of ihr, YOU.
euer, gen. of ihr, *of* YOU; also poss. pron., YOUR.
Eu'phrat, m., -s, EUPHRATES.
Ew., for Eure or Euer.
ewig, adj., ETERNAL, *perpetual.*
Exiſtenz', f. w., EXISTENCE. From L.

F.

Fach, n., -es, ⁻ᵘer, *compartment, pigeonhole, panel.*
-fach, adj.-suff., *-fold.* From the above.
Fackel, f. w., *torch.*
Faden, m., -s, ⁻ᵘ, *thread;* pl., Faden, FATHOM.
Fadendrehen, n., -s, *twisting of the* THREAD. Cp. der Draht, 'THREAD, wire.'
Fahne, f. w., *flag, standard,* [VANE].
Fahnenflüchtling, m., -s, -e, *deserter;* lit. 'fugitive from the standard.' See Flüchtling.

fahren, fuhr, gefahren, with ſ. or haben, *drive* (in a vehicle); indef. motion, *go, proceed,* FARE. P. 117, l. 20, *stroke.*
Fährmann, m., -s, ⁻ᵘer, FERRY-MAN.
Fähre = FERRY, from fahren.
Fahrt, f w., *drive, journey, voyage.* From fahren.
Fahrweg, m., -s, -e, *carriage-*WAY or *road.*
Fakultät', f. w., FACULTY (of a University). From L.
Falke, m. w., FALCON.
Fall, m., -s, ⁻ᵉe, FALL, *descent, ruin; case.*

Falle, f. w., *trap, snare, pit-*FALL.
fallen, fiel, gefallen, with f., FALL, *descend, decline.*
fällen, tr., FELL. From fallen. B. 535, 1.
Fallthür, f. w., *trap-*DOOR.
falsch, adj., FALSE, *perfidious.*
Falschheit, f., FALSEHOOD, *guile.*
falten, tr., FOLD.
-falt, -fältig, adj.-suff., -FOLD. From Falte, FOLD; forming compds. with numerals. B. 535, 1. See Sorgfalt, which stands alone.
Fami'lie, f. w., FAMILY. From L. FA-MILIA.
fand, see finden.
Fang, m., -s, ⁻e, *capture, draught* (of fish); FANG. From the stem of fangen.
fangen, fing, gefangen, tr., *catch, capture.*
Farbe, f. w., *color, complexion.*
färben, tr., *color, dye.*
Fasan', m., -s,-e, PHEASANT. From Gr.-L.
Faß, n., -sses, ⁻sser, *barrel, cask, tun,* VAT. As to v — f compare Fahne, VANE. From the stem of fassen.
fassen, tr., *seize, catch; contain; comprehend;* sich —, *compose one's self.*
Fassung, f. w., *setting; composure.*
fast, adv., *well-nigh, almost.* Orig. ' FAST, strong.' Corresponding to fest, adj., as schon to schön. B. 554, 1, a.
fasten, intr., FAST.
faul, adj., *rotten,* FOUL; *lazy.*
Faulheit, f. w., *laziness.*
Faust, f., ⁻e, FIST.
Fausthandschuh, m., -es, -e, *mitten.* Lit. ' glove for the FIST.'
Februar', m., -s, FEBRUARY. From L.
fechten, focht, gefochten, intr., FIGHT, *fence.*
Feder, f. w., FEATHER, *plume, pen.*
fehlen, intr., FAIL, *make a mistake; be lacking, be absent.* From Fr.
Fehler, m., -s, —, FAULT, *mistake, defect.*
Fehlgriff, m., -es, -e, *mistake, blunder.* Fehl-, ' mis-' occurs in compds. See Griff.
fehlschlagen, schlug —, -geschlagen, with f. or h., *miscarry;* lit. ' miss one's blow,' ' not hit.'

Feier, f. w., *cessation from work, rest, holiday; celebration, solemnity.* From old FIRA, this from L. FERIÆ.
Feierkleid, n., -es, -er, *holiday garment.*
feierlich, adj., *festive, solemn.*
feiern, intr., *rest from work;* tr., *celebrate.*
Feiertag, m.,-es,-e, HOLIDAY, SAINT'S DAY.
feig(e), adj., *cowardly.*
Feige, f. w., FIG. From L.
Feigenbaum, m., -es, ⁻e, FIG-*tree.*
fein, adj., FINE, *delicate; pretty; acute;* REFINED; *astute.*
Feind, m., -es, -e, *enemy, opponent.* [FIEND]. Really a pres. part. B. 505. Cp. Freund.
feind, adj. only in the pred., *hostile.* See note to p. 10, l. 12.
feindlich, adj., *hostile.*
Feindschaft, f. w., *hostility.*
Feindseligkeit, f. w., *hostility.* See -selig, -keit.
feist, ad., FAT, *plump.*
Feld, n., -es, -er, FIELD; *panel.*
Feldbrunnen, m., -s, —, *well in the* FIELDS, *spring.*
Feldgeschrei, n., -es, -e, *war-cry, watchword.*
Feldherr, m. w., *general.*
Feldherrnruhm, m., -s, *fame of a general.*
Feldmarschall, m., -s, -e, FIELD-MARSHAL.
Feldstein, m., -s, -e, *common* STONE; lit. FIELD-STONE.
Feldzug, m., -es, ⁻e, *campaign.*
Fell, n., -es, -e, *skin, hide,* PELT. [FELL, PELL].
Fels, m. w., *rock.* Old noun, from which the next. B. 46, 4.
Felsen, m., -s, *rock.*
Felsenbruch, m., -es, ⁻e, *quarry.* -bruch cog. with brechen.
Felsenhang, m., -es, ⁻e, *precipice.*
Felsenkrone, f. w., *rocky peak.*
Felsenriff, m., -es, -e, *rocky* REEF.
Felsenschlund, m. -es, ⁻e, *chasm* (between rocks). For -schlund see schlingen 2.

VOCABULARY. 331

Felſenſpalte, f. w., *cleft in a rock.*
Felſenwand, f., ⁿe, *rocky wall.*
Feldvorſprung, m., -8, ⁿe, *projecting rock.*
Fenſter, n., -8, —, *window.* From L.
fern, adj., FAR, *remote.*
Ferne, f., FARNESS, *distance in space and time.*
ferner, adv., *further, moreover.*
Fernrohr, n., -8, -e, *spy-glass, telescope.* Rohr, Röhre = ' tube.'
fertig, adj., *ready, prepared; practiced, done, finished.* — bringen, *finish, accomplish;* — rupfen, *finish picking or plucking.* From die Fahrt, lit. 'ready to set out.'
feſſeln, tr., FETTER; fig. *captivate.* From Feſſel, 'FETTER.' Cog. with Fuß, 'FOOT.'
feſt, adj., FAST, *firm, solid, steady, fixed.* In compds, *-proof,* e. g. feuerfeſt.
Feſt, n., -es, -e, FEAST, FESTIVAL. From L. FESTUM.
feſtbinden, band —, -gebunden, tr., BIND FAST.
feſtdrücken, tr. sep., *press or squeeze so as to be fast or tight.*
Feſte, f. w., *stronghold, prison.*
feſtgebannt, part. adj., *rooted to the spot.* From bannen, 'enchant.'
Feſtgeſang, m., -es, ⁿe, FESTAL SONG.
feſthalten, hielt —, -gehalten, tr., HOLD FAST.
Feſtlichkeit, f. w., FESTIVITY.
feſtſetzen, tr. sep., *fix, establish; lay down.*
feſtſtehen, ſtand —, -geſtanden, intr., STAND *fixed or firm.*
Feſtung, f. w., *fortress.*
Feſtungsbau, m., -es, *the building of fortresses; fortification.*
Fett, n., -es, FAT, *grease.* Low G. for feiſt, of which it is a cog.
feucht, adj., *moist, damp;* — verklärt, CLARI*fied by the moisture.*
Feuer, n., -s, —, FIRE; fig. *passion.*
Feuereſſe, f. w., *forge, chimney.* -eſſe from a stem meaning 'to glow.'
feuerfeſt, adj., FIRE*proof.*
Feuerhaken, m., -s, —, FIRE-HOOK.
Feuerherd, m., -s, -e, HEARTH.
Feuerjo, (cry of) FIRE, HO!

feuern, intr., FIRE, *glow;* tr., *kindle; make* FIERY.
Feuerreiter, m., -s, —, *a* RIDER, *who summons help at a fire, messenger.*
Feuerſäule, f. w., FIERY *column.*
Feuerſchlund, m., -es, ⁿe, *cannon.* For -ſchlund see ſchlingen 2.
Feuersglut, f. w., GLOW or *color of* FIRE.
Feuerſtrahl, m. w., *lightning* (poet.).
feuerumkränzt, adj., *surrounded with* FIRE (as with a wreath). See Kranz.
feurig, adj., FIERY, *passionate.*
Fichte, f. w., *pine.*
Fichtenbaum, m., -es, ⁿe, *pine-tree.*
Fichtennadel, f. w., *pine-*NEEDLE.
Fichtenzweig, m., -s, -e, *pine-branch.*
Fieber, n., -s, —, *fever.* From L.
fiel, see fallen.
Filz, m., -es, -e, FELT; FELT *hat.*
finden, fand, gefunden, tr., FIND; ſich —, *be* FOUND, *be;* (with in) *accommodate,* refl.
fing, see fangen.
Finger, m., -s, —, FINGER.
Fingerring, m., -es, -e, FINGER-RING.
Fink, m. w., FINCH.
finſter, adj., *dark, gloomy; sad, sullen.*
Finſternis, f., -ſſe, *darkness; eclipse.*
Fiſch, m., -es, -e, FISH.
Firmament', n., -es, -e, FIRMAMENT. From L.
Fiſcher, m., -s, —, FISHERMAN.
Fiſcherei', f. w., FISHING, FISHERY.
Fiſchlein, n., -s, —, *little* FISH. Dim. of Fiſch.
Flachs, m., -es, FLAX. Related to flechten.
Flachsſpinnen, n., -s, SPINNING OF FLAX.
flackern, intr., FLICKER.
Flagge, f. w., *flag.* From Dutch. B. 443, 3.
Flamme, f. w., FLAME. From L.
Flammenpyramide, f. w., PYRAMID OF FLAME.
Flammenzeichen, n., -s, —, *beacon.*
flammen, intr., FLAME, *blaze.*
Flaſche, f. w., *bottle,* FLASK.
flattern, intr., FLUTTER, FLITTER. [FLATTER].
flechten, flocht, geflochten, tr., *braid,* PLAIT.

Fleck, m., -es, -e, *spot, stain.*
Fleckchen, n., -s, —, *little spot, dot.* Dim. of Fleck.
Flecken, m., -s, —, *borough, town* (large, compact village, with some of the privileges of a city). Between Stadt and Dorf.
Fleisch, n., -es, FLESH, *meat.*
Fleischer, m., -s, —, *butcher.*
Fleiß, m., -es, *diligence, industry.*
fleißig, adj., *diligent.*
flicken, tr., *patch.* From Fleck. See note to p. 158, l. 22.
Fliege, f. w., FLY.
fliegen, flog, geflogen, with f., FLY.
fliehen, floh, geflohen, with f., FLEE; tr., FLEE *from, shun.*
fließen, floß, geflossen, with f., *flow.*
flink, adj., *nimble, lively.* From Low G.
Flinte, f. w., *musket, fire-lock,* [FLINT]. From Scandinavian.
flogen, see fliegen.
floh, see fliehen.
Floß, n., -es, ⁻e, *raft,* FLOAT. Long o.
Fluch, m., -es, ⁻e, *curse.*
fluchen, with dat., *curse.*
Flucht, f. w., FLIGHT. From fliehen.
flüchtig, adj., *fugitive, transitory, fleet, runaway.* From Flucht.
Flüchtling, m., -s, -e, *fugitive.*
Flügel, m., -s, —, *wing* (of bird, door, window, army). From Flug, FLIGHT, fliegen.
Flügelhorn, m., -s, -er, *bugle*(-HORN). Flügel here = wing of an army or of a chase.
Flur, f. w., *plain;* m., -s, -e, FLOOR, *hall* (of a house).
Fluß, m., -sses, ⁻sse, *river.* From the stem of fließen.
Flut, f. w., FLOOD; *tide;* poet., *water.* Cog. with FLOW.
Folge, f. w., *sequel; order; result; conclusion;* — leisten, *comply, obey.*
folgen, with dat. and f., FOLLOW, *succeed; result from; obey.*
folgendermaßen, adv., *in the* FOLLOWING *manner.* A gen. See Maß.
Förderer, m., -s, —, *promoter.*
förderlich, adj., *conducive, useful, beneficial.*

fordern, tr., *demand, require.* Cog. with förbern.
fördern, tr., FURTHER, *advance.* Der. from vor, fort. B. 76, 2, a.
Form, f. w., FORM, *shape, model.*
-förmig, adj.-suff., *shaped like, -shaped.* From Form.
förmlich, adj., FORMAL; adv., FORMALLY, *actually, really.*
forschen, intr., *search, investigate.* B. 457, 4.
Forschung, f. w., *investigation.*
Förster, m., -s, —, FOREST-*warden.* From der Forst, FOREST.
Försterei', f. w., FORESTER's *lodge.*
fort, adv. and sep. accented pref., FORTH, *onward; gone, away; on, continuously.* Der. of vor, für.
fortan', adv., HENCEFORTH.
fortfahren, fuhr —, -gefahren, with f., *drive away;* with h., *continue* (intr.), *proceed* (in a speech), *go on with.*
fortfließen, floß —, -geflossen, with f., *flow away, on.*
fortführen, tr. sep., *lead away, carry away.*
fortgehen, ging —, -gegangen, with f., GO *away, set out; continue.*
fortjagen, tr. sep., *drive away.*
fortkommen, kam —, -gekommen, with f., *get off; advance; make progress, prosper.*
fortlassen, ließ —, -gelassen, tr., LET *go,* LET *pass on; leave out.*
fortnehmen, nahm —, -genommen, tr., *take away.*
fortpflanzen, tr. sep., *propagate, transmit;* sich —, *spread, be handed down.*
fortreißen, riß —, -gerissen, tr., *carry on, away, along* (with haste and by force).
fortreiten, ritt —, -geritten, with f., RIDE *on, away.*
fortschaffen, tr. sep., *remove, transport.*
fortschlummern, intr. sep., *continue to* SLUMBER.
fortschreiten, schritt —, -geschritten, with f., *stride* FORWARD, *advance, go ahead.*
Fortschritt, m., -es, -e, *progress.*
fortsetzen, tr. sep., *put out of the way;* fig., *continue, prosecute.*

VOCABULARY.   333

Fortsetzung, f. w., *continuance, prosecution.*

fortspinnen, spann —, -gesponnen, tr., *continue* SPINNING; sich —, *continue* (*to exist*). Cp., sich entspinnen, 'begin to exist' = entspringen.

fortspringen, sprang —, -gesprungen, with s., *jump away, leap on.*

forttragen, trug —, -getragen, tr. sep. *carry away.*

forttreiben, trieb —, -getrieben, tr., DRIVE *on, away.*

forttrug, see forttragen.

fortwährend, adv., *continually.* Orig. pres. part. of fortwähren, 'last on, continue.'

Frachtwagen, m., -s, —, FREIGHT-WAGON.

Frage, f. w., *question.*

fragen, (frug or fragte), tr., *ask, inquire.* See note to p. 112, l. 5.

frank, adj., FRANK, *free.* Reborrowed from Fr. B. 494, 1.

Franke, m. w., FRANK. A G. tribe. -könig, KING *of the* FRANKS.

Franken, n., -s, FRANCONIA, a German province.

Frankenreich, n., -s, *empire of the* FRANKS.

Frankfurt, n., -s, FRANKFORT (the city). Lit., 'FORD *of the* FRANKS.'

fränkisch, adj., FRANKISH; FRANCONIAN.

Frankreich, n., -s, FRANCE.

Franz, gen. -ens, FRANCIS, FRANK. From Fr.

Franzose, m. w., FRENCHman. From Fr. FRANÇOIS.

französisch, adj., FRENCH. From Franzose.

fraß, see fressen. (Long a.)

Frau, f. w., *mistress, Mrs.; woman; wife; lady.*

Frauenkopf, m., -es, ᵘe, *a woman's head.*

Fräulein, n., -s, —, *young lady; Miss.* Dim. of Frau.

frech, adj., *insolent.* [FREAK].

frei, adj., FREE, *unhindered.* Cog. of freien.

Freie, n., dat. -en, *the open air.* From frei.

freien, tr., *marry;* — um with acc., *woo, sue for.*

Freiheit, f. w., FREEdom, *liberty.*

freiheitliebend, part. adj., *liberty-*LOVING.

Freiheitslied, w., -es, -er, *song of liberty.*

freilich, adv. *only, to be sure, I confess.* B. 554, 2, *a.* Lit., 'FREELY admitted.'

Freimut, m., -s, *frankness, candor.*

Freischar, f. w., *corps of volunteers.*

freispielen, refl. sep., *draw a winning number.* See note to p. 100, l. 6.

Freitag, m.,-s, -e, FRIDAY. Lit., 'DAY of Freia,' 'goddess of love.'

freiwillig, adj., VOLUNTARY, *spontaneous.* Used as a noun, VOLUNTEER.

fremd, adj., *strange; an other's; unusual; unaccustomed.* Cog. with FROM, older G. FRAM, 'far, away.'

Fremd-, infl. as adj., *stranger.*

Fremde, f., *foreign country, abroad.*

Fremdherrschaft, f. w., *foreign rule.*

fressen, fraß, gefressen, tr., EAT (said of animals); EAT *greedily.* Compd. of ver and essen, ge- was added by mistake. B. 108, 3.

Freude, f. w., *joy, gladness.* Der. from freuen. B. 488, 5, *Ex. end.*

Freudenruf, m., -es, -e, *shout of joy.*

Freudenjähre, f. w., TEAR *of joy.*

freudig, adj., *joyful, glad.*

freuen, refl. with gen., or über with acc., *be glad, rejoice;* -auf with acc., *look forward to with pleasure.*

Freund, m., -es, -e, FRIEND. Really a pres. part. from a verb meaning 'to love.' B. 505. Cp. Feind. See Friebe.

Freundin, f., -innen, (female) FRIEND.

freundlich, adj., FRIENDLY; *cheerful, pleasing.*

Freundlichkeit, f., FRIENDLINESS, *affability.*

Freundschaft, f. w., FRIENDSHIP.

freundschaftlich, adj., *amicable.*

Freundschaftsdienst, m., -es,-e, FRIENDLY *turn.*

Freveltat, f. w., *act of violence.* Der Frevel = 'wickedness, outrage.'

freveln, intr., *be wicked;* with an, gegen, *offend, outrage.*

Friede and **Frieden,** m., -ẽ, pl. of both
—n, *peace, quiet of mind.* Cog. with
frei, freien, Freund.
Friedel, FREDDIE, nickname for Friedrich,
FREDERICK. -el is dim. suff.
Friedensjahr, n., -eẽ, -e, YEAR *of peace.*
Friedenskuß, m., -ſſeẽ, ͧſſe, KISS *of peace.*
Friedensſtörer, m., -ẽ, —, *disturber of
the peace.*
friedlich, adj., *peaceable, peaceful, quiet.*
Friedrich, -ẽ, FREDERICK; lit. 'prince
of peace.' -rich is cog. of Reich, 'empire.'
frieren, fror, gefroren, intr with ſ., *con-
geal;* with h., FREEZE, *form ice;* impers.
with acc., *feel cold, chilly.* As to r =
Eng. z, B. 416.
friſch, adj., FRESH; *recent, new; lively,
brisk.*
Friſche, f., FRESHNESS.
Friſt, f. w., *set time, respite, delay.*
friſten, tr., *grant delay, prolong.*
Fritz, FRED, nickname for Friedrich.
froh, adj. with gen. or a prep. and its case,
glad, joyful.
fröhlich, adj., *hilarious, merry.* [FROLIC
is borrowed from Dutch.]
Fröhlichkeit, f. w., *merriness, hilarity.*
frohlocken, intr. insep., *exult, shout.* B.
547, 3. -locken is not cog. of locken, but
of unknown origin.
fromm, adj., *pious, benevolent, hearty,
worthy; tame, innocent, harmless.* See
note to p. 151, l. 20.
Froſch, m., -eẽ, ͧe, FROG.
Froſt, m., -eẽ, ͧe, FROST. From the stem
of frieren, 'FREEZE.'
Frucht, f, ͧe, FRUIT, *crop;* fig., *result,
outcome.* From L.
fruchtbar, adj., FRUITFUL, *prolific.*
fruchtlos, adj., FRUITLESS, *vain.*
frug, see fragen.
früh, adj., *early, premature.*
Frühjahr, n., -eẽ, -e, *spring;* lit. 'early
(part of the) YEAR.'
Frühling, m., -ẽ, -e, *spring;* fig., *youth.*
Frühſtück, n., -eẽ, -e, *breakfast, lunch;*
lit. 'early piece or bite.'
frühvollen'det, part. adj., *died early,
or young.*

Fuchs, m., -eẽ, ͧe, FOX.
fügen, tr., *fit together, unite, add;* ſich
—, *be convenient; accomodate one's
self to; happen.*
fühlbar, adj., *sensible, palpable.*
fühlen, tr., FEEL, *perceive.*
Fuhre, f. w., *load, turn;* lit., 'what can
be carried at one time.' From fahren.
führen, tr., *carry; lead; guide; carry
on* (war, business). Der. from fahren.
Fuhrmann, m., -ẽ, ͧer or Fuhrleute,
carrier, driver.
Fuhrmannswagen, m., -ẽ, —, (carrier's)
WAGON, (any large wagon.)
Führung, f. w., *guidance, leadership,
management.*
Fülle, f., *plenty,* FILL.
füllen, tr., FILL. From voll. B. 535, 1.
fünf, FIVE.
fünft-, FIFTH.
fünfundzwanzig, TWENTY-FIVE.
fünfzehn, funfzehn, FIFTEEN. See note
to p. 16, l. 4.
fünfzehnt-, FIFTEENTH.
fünfzig, FIFTY.
fünfzigjährig, adj., FIFTY YEARS *old.*
Funke, m. w., or Funken, m., -ẽ, —,
spark.
funkeln, intr., *sparkle, glitter.*
für, prep. with acc., FOR; *instead of; as;*
cog. of vor which see.
Furcht, f., *fear,* FRIGHT.
furchtbar, adj., *formidable, terrible.*
fürchten, tr., *fear;* ſich —, *be afraid.*
fürchterlich, adj., FRIGHTFUL.
furchtlos, adj., FEARLESS.
fürlieb'nehmen, nahm —, -genommen,
intr., *be content with; put up with;
take pot-luck.* See note to p. 164, l. 22.
fürs for für das.
Fürforge, f. w., *care,* FORESIGHT.
Fürſt, m. w., PRINCE, *ruler;* in rank next
to duke, Herzog.
Fürſtenkind, m., -eẽ, -er, *child of a*
PRINCE'S *family.*
Fürſtin, f., -innen, PRINCESS.
fürſtlich, adj., PRINCELY.
fürwahr', adv., FORSOOTH.
Füſilier'compagnie, f. w., COMPANY *of*
FUSILEERS. From Fr., but g is silent.

VOCABULARY.

Fuß, m., -es. "e, FOOT; *base;* FOOT-ING.
Fußbreit, m., -es, FOOT-BREADTH.
Fußvolk, n., -s, *Infantry,* FOOT.

Futter, n., -s, —, FODDER; FOOD (for animals); FEED.
Futtersack, m., -es, "e, FODDER-*bag*.
füttern, tr., FEED.

G.

gab, see geben.
Gabe, f. w., GIFT, *present; talent, endowment.* From geben.
gähnen, intr., YAWN.
Galawagen, m., -s, —, *state-carriage.*
Gala—GALA. From Spanish.
Galizien, n., -s, GALICIA, an Austrian province.
Galopp, m., -es, -e, GALLOP. From Fr.
Gang, m., -s, "e, *walk, gait; corridor,* GANG*way.* From the stem of gehen, ging, gegangen. B. 474, 2.
Gans, f., "e, GOOSE.
Gänsefettbrot, n. -es, BREAD and GOOSE-FAT. Cp. Butterbrot, n., BREAD *and* BUTTER.
ganz, adj., *whole, entire;* Ganz-, decl. as adj., *the whole;* adv., *quite, very.*
gänzlich, adj., *whole, total, full.*
gar, adv., *very, mightily, quite.* Frequent before other adv., especially negatives, e. g. — nicht, *not at all;* — nichts, *nothing whatever,* etc. As adj., *finished, ready, done* (especially of meat). Cp. obsolete YARE, 'ready,' gerben, 'dress (hides), tan.'
Garde, f. w., GUARD (soldier). From Fr., this borrowed from warten, which see.
Garderegiment, n., -s, -er, REGIMENT *of the* GUARD, *of* GUARDS.
Garn, n., -s, YARN, *net, snare.*
garstig, adj., *repulsive,* HORRID, *ugly; filthy, foul.* The first meanings favor connection with Gerste (barley), L. HORDEUM. h=g, B. 408, 3.
Garten, m. -s, ⸗, GARDEN.
Gärtner, m., -s, —, GARDENER.
Gasse, f. w., *street, lane.* [GATE?]
Gast, m., -es, "e, GUEST.
Gasthaus, n., -es, "er, *Inn.*
Gastmahl, n., -es, -e, *banquet;* lit., 'MEAL at which GUESTS are present.'
Gaststube, f. w., *public room* (of an inn).

Gatte, m. w., *husband, spouse, mate.*
Gattin, f., -innen, *wife, spouse.* From Gatte, perhaps related to GATHER, GOOD, gut.
Gau, m., -es, -e, *district, county.*
Gaumen, m., -s, —, *palate, taste.* [GUMS].
ge-, before l and n g-, insep. pref., whose original idea seems to have been *together, in company.* Thus it helps form many collective nouns. Its force is not always apparent now. Sign of the past part., B. 108, 453, 2.
gebar, see gebären.
Gebärde, f. w., *gesture;* BEARING. Derived from the stem of gebären. Cp. sich gebaren, *demean one's self.*
gebären, gebar, geboren, tr., BEAR, *give* BIRTH *to.* The simple verb is lost. B. 398, *Examples.*
Gebäude, n., -s, —, *building.* From bauen, 'build.'
Gebein, n., -s, -e, BONES; *remains.* Collective noun from Bein, ' BONE.'
geben, gab, gegeben, tr., GIVE; sich —, *yield* (to treatment), *subside;* es giebt, with the acc., *there is, are.*
Geberde, see Gebärde.
Gebet', n., -es, -e, *prayer.* From bitten.
Gebiet, n., -s, -e, *district, dominion, province, territory.*
gebieten, gebot, geboten, with dat. of pers., *command, rule, control.*
Gebirge, n., -s, — *mountain-range.* Collective noun from Berg.
geboren, see gebären.
Gebot, n., -es, -e, BIDDING, *commandment.* From bieten.
gebrach, see gebrechen.
gebrauchen, tr., *use, employ.*
gebrechen, gebrach, gebrochen, impers., dat. of pers. and an with dat., *lack, be wanting.* Cp. in meaning Abbruch, also from brechen, 'deduction, damage.'

Gebrüll, n., -ß, roaring.
Gebühr, f. w., duty; decorum; dues; taxes. From the stem of 'BEAR,' see **Gebärde**.
gebühren, with dat., be due; refl. and impers., be proper, fit.
Geburt, f. w., BIRTH, descent. From the stem of gebären, BEAR.
Geburtstag, m., -es, -e, BIRTH-DAY.
gedacht, part. adj., mentioned. See **gedenken**.
Gedächtnis, n., -sses, -sse, memory, remembrance. From denken.
Gedanke, m. w., gen. also -ens, THOUGHT. From denken.
Gedärme, n. pl., bowels.
Gedeck, n., -ß, -e, cover, plate (at table). From decken, 'set the table.'
gedenken, gedachte, gedacht, with gen., be mindful of, remember; mention.
Gedicht, n., -es, -e, poem. From dichten, 'make verses, invent.'
Gedränge, n., -ß, -e, THRONG, crowd. Der. from Drang, bringen.
Geduld, f., patience, forbearance. From dulden, 'suffer.'
geduldig, adj., patient, forbearing.
gedungen, part. adj., hired, bribed. From dingen, 'hire.'
Gefahr, f. w., danger, PERIL. For older VARE, Eng. FEAR. As to p. and f., see B. 410, 2.
gefährlich, adj., dangerous, PERILOUS.
gefahrlos, adj., not PERILOUS, safe.
Gefährte, m. w., companion (in travel), comrade. From fahren, 'go, travel.'
gefallen, gefiel, gefallen, with dat., please, like; lit., 'fall in with;' sich (dat.) etwas gefallen lassen, put up with; lit., 'let something please one.'
Gefalle(n), m., -ns, favor, pleasure.
gefällig, adj., pleasing, agreeable; ist Ihnen gefällig? would you like (at table), will you have?
gefangen, part. adj., imprisoned, detained, prisoner.
Gefangen-, noun declined as adj., prisoner. From fangen.
Gefangenschaft, f., imprisonment, captivity.

Gefecht, n., -ß, -e, FIGHT, skirmish.
gefiel, see gefallen.
Gefolgsmannschaft, f., retinue. Mannschaft means 'force, troop.'
Gefühl, n., -ß, -e, FEELING, sensation.
gegen, prep. with acc., AGAINST, toward; in comparison with; in exchange for; indef. time and number, near, about. [AGAIN].
gegeneinander, adv., toward or AGAINST ONE ANOTHER.
Gegend, f. w., region; lit., 'what lies opposite.'
Gegengeschenk, n., -es, -e, return-present.
Gegenstand, m., -es, "e, object.
Gegenteil, n., -ß, -e, contrary; im —, on the contrary.
gegenüber, prep. with dat., opposite, over AGAINST; adv., opposite.
Gegenwart, f., presence, the present. -wart, cog. of -wärts, which see.
gegenwärtig, adj., present.
Gegenwehr, f., resistance, defense.
gegessen, see essen.
Gegner, m., -ß, —, opponent, rival. From an old verb GEGENEN, 'oppose.'
Gehege, n., -ß, —, preserve, HEDGE or fence (enclosing it). Collective noun from Hag.
geheim, adj., secret, private. From Heim, HOME; lit., 'what is kept at HOME, private.'
Geheimrat, m., -ß, "e, privy counsellor, (a title).
Geheimnis, n., -sses, -sse, secret, secrecy.
gehen, ging, gegangen, with s., GO, move; go on well, answer. See Gang. From ge- and the stem I. 'GO.' Cp. L. IRE. B. 474, 1.
gehenkelt, part. adj., provided with a ring or ear, for attaching a string or chain. From Henkel, 'handle, ear,' this from hangen, 'HANG.'
Gehöft, n., -es, -e, premises of a farm, farm. Collective of Hof, 'yard.'
geholfen, see helfen.
gehorchen, with dat., obey. Der. of hören.

VOCABULARY. 337

gehören, with dat., *belong to;* with zu and dat., *be a part of;* refl. and impers., *it is proper.*

gehorſam, adj., *obedient, dutiful.* From hören.

Gehorſam, m., -8, *obedience, duty.* From the above adj.

Geiſel, m., -8, — or -n, *hostage.*

Geißel, f. w., *lash, scourge;* fig., *sarcasm.* From a stem meaning 'stick.' Cp. Ger, *spear*, Eng. GOAD.

Geiſt, m., -es, -er, *spirit, mind;* GHOST.

Geiſterchor, m., -8, ⁿe, *spirit* CHOIR.

geiſtig, adj., *spiritual, mental, immaterial.*

geiſtlich, adj., *clerical;* used as a noun, *clergyman.*

Geiſtlichkeit, f. w., *clergy.*

geiſtreich, adj., *ingenious, clever, witty.*

Gekläff, n., -8, *yelping, barking.* From Klaff, 'CLAP,' kläffen, 'yelp.'

Gelächter, n., -8, —, LAUGHTER. From lachen. B. 508, 2.

Gelag, n., -es, -e, *feast, drinking-bout.* From legen; lit., 'what is put before one.' Cp. 'collation.'

gelangen, with ſ., *obtain, come to, arrive at.* From langen, 'reach, suffice,' this from lang, 'LONG.'

gelaſſen, part. adj., *resigned, composed, calm.* From laſſen, ſich —, 'be resigned' (an older meaning).

gelb, adj., YELLOW. As to b and w, see B. 490, 6, *end.* See Golb.

Geld, n., -es, -er, *money.* Cog. of gelten.

Geldbeutel, m., -8, —, *money-bag.*

Geldſtück, n., -es, -e, *piece of money.*

gelegen, part. adj., *situated;* with dat., *convenient, opportune;* with an. and dat., *be material, signify, care for.* From liegen and obsolete gelegen.

Gelegenheit, f. w., *opportunity, occasion, means.*

gelehrt, part. adj., LEARNED; Gelehrt-, noun declined as adj., LEARNED *man, savant.*

geleiten, tr., *accompany, escort.* From leiten.

Geleitsbrief, m., -es, -e, *letter of safeconduct, passport.*

Gelenk, n., -8, -e, *joint.* From lenken, 'to bend.'

Geliebt-, declined as adj., LOVER; fem., *sweetheart.*

gelinde, adj., *soft, mild,* LENIENT, *indulgent.* [LITHE].

gelingen, gelang, gelungen, with ſ. and dat., *prosper, succeed.* See mißlingen.

gellen, intr., *shrill,* YELL.

geloben, tr., *vow, promise;* lit. 'to approve of,' loben.

gelt, adv., *truly, not so?* Orig. pres. subj. of gelten, 'let it stand,' 'shall it pass?' 'agreed?'

gelten, galt, gegolten, intr., *to be worth, current, valid, tell, pass;* with dat. of pers. or acc. of the thing, *to be aimed at, concern; be at stake.*

gelungen, see gelingen.

Gemach, n., -es, ⁿer, *apartment, room.* From machen; orig. 'comfort.'

gemächlich, adj., *comfortable, easy, gentle, slow.*

Gemächlichkeit, f. w., *comfort, easiness, commodity.*

Gemahl, n., -8, -e, *spouse,* either husband or wife, generally the latter; m., *husband.* n. is arch. Both used in elevated style. From old MAHAL, 'meeting,' 'contract.'

Gemahlin, f., -innen, *wife.*

Gemälde, n., -8, —, *picture, painting.* From malen, 'to paint.'

gemäß, prep. with dat., *according to.* Really an adj., preceding or following the noun. From meſſen, Maß, 'measure.'

gemein, adj., *in* COMMON *with,* COMMON; MEAN, *low.*

Gemeinde, f. w., COMMUNITY, *congregation.*

gemeinſam, adj., *in* COMMON, *joint.*

Gemurmel, n., -8, MURMURING, *buzz.* From murmeln, an imitative word.

Gemurr, n., -es, *muttering, grumbling.* From murren.

Gemütsruhe, f., *tranquillity of mind.* Das Gemüt, 'mind, disposition,' from Mut.

gen, prep. with acc., *toward.* From gegen. Now obsolete except in certain phrases.

genannt, see nennen.

genau, adj., *exact, close;* eß — nehmen, *be exact, particular.*

General', m., -ß, ᵘe or -e, GENERAL. From Fr.

Generation, f. w., GENERATION. t = ȝ. From L.

genießen, genoß, genoffen, tr., *enjoy, make use of; take, taste* (food).

Genoß, m. w., *mate, companion.* From genießen.

genug, adv., ENOUGH; with a noun, *plenty,* ENOUGH.

genügen, intr., *be* ENOUGH; with dat., *satisfy.* From genug.

genung, dialect form for genug.

Genuß, m., -ffes, ᵘe, *enjoyment, gratification; taking* (of food). From genießen.

Gepolter, n., -ß, (tumbling, rumbling) *noise.* From poltern, 'tumble,' an imitative word.

Gepraffel, n., -ß, *crackling, rattling.* From praffeln, 'crackle.'

gerade, adj., *straight, upright; outspoken;* adv., *directly, straight, precisely, just.* As to word-order with —, see note to p. 26, l. 10.

geraten, geriet, geraten, with f., *get, come, fall into;* turn out, *prove;* with dat. of pers., *succeed, prosper.* Connection with raten, 'guess,' 'advise,' is not cleared up.

geraten, part. adj., *advised, advisable.* From raten.

geräumig, adj., *large, spacious,* ROOMY. From Raum, 'ROOM.'

Geräufch, n., -es, -e, *noise, rustling.* From raufchen, 'rustle.'

geräufchlos, adj., *noiseless.*

geräufchvoll, adj., *noisy.*

gerecht, adj., RIGHTEOUS, *just; fit.*

Gerechtigkeit, f. w., RIGHTEOUSNESS; *justness.*

gereichen, intr. with zu, *turn, redound.* From reichen.

Gericht, n., -ß, -e, *judgment, sentence; tribunal.*

Gerichtsrat, m., -es, ᵘe, *counsellor of Justice.* A title. See Juftizrat.

Gerichtsrätin, f., -innen, *wife* of the above.

geriet, see geraten.

gering, adj., *small, slight, insignificant.*

gern, adv., *willingly, fain, gladly.* From the same stem as begehren, 'desire.'

gefalzen, part. adj., SALTED, *corned.* Excepting this, falzen is now weak.

Gefamtdeutschland, n., -ß, *all Germany.* Gefamt-, 'whole, joint.' See fammeln.

Gefamtschaft, f. w., *body, corporation.*

Gefandt-, noun inflected as adj., *messenger, ambassador.* From fenden.

Gefandtschaft, f. w., *embassy, legation.*

Gefang, m. -eß, ᵘe, SINGING, SONG.

Gefchäft, n., -ß, -e, *business, employment; firm.* From fchaffen, ' work.'

gefchäftig, adj., *busy, active, fussy.*

gefchehen, gefchah, gefchehen, with f., *happen, come to pass, befall;* — fein um etwas, *be done with, forfeited.*

gefcheit, adj., *clever, sensible.* Cog. of fcheiden, 'distinguish.'

Gefchenk, n., -ß, -e, *gift, present.* From fchenken.

Gefchichte, f. w., *history, narrative, story.* Orig. the 'event' itself. From gefchehen, ' happen.'

Gefchichtsfchreiber, m., -ß, *historian.*

Gefchick, n., -eß, -e, *fate, lot; skill, address.* From fchicken, ' send.'

gefchickt, part. adj., *fit, apt; skilful, clever* (at). Orig. 'arranged,' 'fitted,' from fchicken, ' dispose.'

Gefchlecht, n., -eß, -er, *race, generation; extraction; sex, gender.* Derived from fchlagen, but the meanings are not easily connected.

Gefchmack, m., -eß, -e, *taste, flavor.* From fchmecken.

Gefchmeide, n., -ß, *trinkets; jewelry.* From fchmieden, ' work in metal.'

Gefchöpf, n., -eß, -e, *creature.* From fchaffen, ' create.' As to pf and ff, see B. 535, 1, Rem. 2.

Gefchrei, n., -ß, -e, SCREAM, *outcry, shout.* From fchreien, ' cry.'

gefchweige, conj. or adv., *not to mention, let alone, much less.* Really the 1st

VOCABULARY. 339

pers. sing. pres. indic. of geschwiegen, 'say nothing of.' B. 233, 1.

geschwind, adj., *swift, prompt, without delay.* Origin?

gesegnen, tr., *bless* (on parting). From segnen. (Poet.)

Gesell(e), m. w., *companion; journeyman.* From Saal, 'hall;' lit. 'sharing the same hall.'

gesellen, refl., *associate one's self with, join.*

Gesellschaft, f. w., *company, society, party.*

Gesetz, n., -es, -e, *law, statute, precept.* From setzen, 'SET down, fix.'

Gesicht, n., -es, -er, SIGHT, *face;* pl., -e, *apparition.* From sehen.

gespannt, part. adj., *intense; intent.*

Gespiele, m. w., *playmate.* From spielen.

gesponnen, see spinnen.

Gespräch, n., -es, -e, *conversation, talk.* From sprechen.

Gestade, n., -s, —, *bank, seaside.* Cog. of stehen, Statt.

Gestalt, f. w., *shape, figure, form.* From stellen, 'place.'

gestand, see gestehen.

Geständnis, -sses, -sse, *confession, avowal.* From gestehen, 'confess.'

gestatten, tr., *allow, grant.* From Statt. 'STEAD.'

gestehen, gestand, gestanden, tr., *confess, own;* lit., 'STAND up to,' 'STAND and admit.'

gestern, adv., YESTER*day.*

gestickt, part. adj., *embroidered, wrought;* STITCHED. From sticken, 'STITCH,' this from stechen.

Gestirn, n., -s, -e, CONSTELLATION, STAR.

gestoßen, see stoßen.

gestreckt, part. adj., STRETCHED; in -em Galopp, *at full speed.*

gestrig, adj., *of* YESTER*day.*

Gestühl, n., -s, -e, *pews; stand, seats.* See Stuhl.

Gesumm, n., -s, *humming.*

gesund, adj., SOUND, *healthy; healthful.*

Gesundheit, f. w., *health; wholesomeness.*

Gesundheitspflege, f., *care of health, regimen.*

gethan, see thun.

Getrabe, n., -s, (incessant) *trotting.* From Trab, 'trot.'

getreu, adj., *faithful, loyal.*

getrost, adj., *confident, of good cheer;* adv., *confidently, cheerfully, fondly; safely, without hesitation.* Really the weak past part. of trösten. B. 455, 3.

Getümmel, n., -s, *tumult, riot.* From tummeln, 'cause to TUMBLE, move in a circle.' Cog. of taumeln, 'stagger.'

getümmelvoll, adj., *tumultuous.*

geübt, part adj., *practiced, versed.*

Gevatter, m., -s, —, *god*FATHER, *gossip,* colloq. *neighbor.*

Gewächs, n., -es, -e, *growth, plant.* From wachsen, 'grow.'

gewachsen, part. adj., *a match for, equal to, up to* (the mark); lit. 'grown up to.'

Gewaffen, n., -s, *armor, arms.* A rare collective noun.

Gewähr, f., GUARANTY, *surety;* — leisten, *give bail.* From gewähren.

gewähren, tr., WARRANT, *fulfil, grant, afford.* From wahren, 'guard, keep.'

Gewalt, f. w., *power, dominion, force, violence.* From walten, 'rule.'

gewaltig, adj., *powerful, violent; very great, mighty.*

Gewand, n., -es, ⁼er and -e, *garment, drapery;* arch., *armor.* From winden, 'WIND about.'

gewandt, part. adj., *versatile, active, dexterous.* From wenden, 'turn.'

gewann, see gewinnen.

geweckt, part. adj., *lively.* From wecken.

Gewehr, n., -s, -e, *weapon; sword, musket.* From wehren, 'ward off, defend.'

gewesen, see sein, das Wesen.

Gewicht, n., -s, -e, WEIGHT; fig. *importance, consequence.* From wiegen, 'WEIGH.'

Gewimmel, n., -s, *swarm.* From wimmeln, 'swarm, crawl.'

gewinnen, gewann, gewonnen, tr., WIN, *profit, acquire.*

gewiß, adj., *certain, sure of; certain — some,* with indef. force. Orig. a past part. of the stem from which come wissen, weise. B. 412, 2; 453, 1.

Gewissen, n., -8, *conscience.* Orig. an infin.
gewissenhaft, adj., *conscientious.*
gewissermaßen, adv., *in a (certain) manner, to some extent.* Really an adv. gen.
Gewitter, n., -8, —, *thunder and lightning, thunder-storm.* Collective from Wetter.
gewogen, part. adj., *favorable, well disposed.* From the stem of bewegen; lit., 'moved in favor of.'
gewöhnen, tr., *accustom.* Related to wohnen, 'dwell.'
Gewohnheit, f. w., *custom, habit, way.*
gewöhnlich, *customary, usual, common.*
gewohnt, adj., WONT, WONTED. With the two preceding words from an old adj. GEWON, to which t has been added so that it looks like a past part. It is also spelt gewöhnt, as if past part. of gewöhnen, as on p. 112, l. 18.
Gewölbe, n., -8, —, *vault, cellar.* From wölben, 'arch.'
Gewühl, n., -es, -e, *rooting up, confusion; throng.* From wühlen.
Gewürz, n., -es, -e, *spice, condiment.* From Wurz, 'WORT,' würzen, 'to season.'
gewußt, see wissen.
Ghibelli'ne, m. w., GHIBELLINE. Italian form of Waiblingen.
gieb or **gib**, imp. of geben.
gießen, goß, gegossen, *pour, shed; cast* (metal). [GUSH.]
Gift, n., -es, -e, *poison.* From geben. (A GIFT for a special purpose.)
Giftmischerin, f., -innen, *poisoner;* lit., 'a woman MIXING poison.'
gilt, see gelten.
ging, see gehen.
Gipfel, m., -s, —, *summit, top.*
glänzen, intr., *glitter, shine.* From Glanz, 'lustre, splendor.'
Glas, n., -es, ⁻er, GLASS.
glatt, adj., *smooth, polished, sleek.* [GLAD, the German is the older meaning.]
Glaube(n), m., -ns, BELIEF, *faith, trust.*
glauben, with dat. of pers., BELIEVE *trust;* an with acc., BELIEVE *in*, *put faith in.* For cog. see lieben. See pref. ge-.

gleich, adj., ALIKE, *level, equal, same;* adv., *equally, alike;* if for sogleich, *immediately, directly;* with a conj. or in an inverted clause without a conj., *although.* B. 339.
gleichen, glich, geglichen, with dat., *be* LIKE; tr. and w., *make* LIKE, LIKEN.
-gleichen, in composition with a pron. which stands in the gen., *the* LIKE *of,* LIKE. B. 87.
Gleichgewicht, n., -es, -e, *equilibrium, balance;* lit., 'LIKE WEIGHT.'
gleichviel', adv., *no matter* (because 'of equal value or amount').
gleichwohl', adv. and conj., *nevertheless.*
gleichzeitig, adj., *contemporary, at the same* TIME.
gleiten, glitt, geglitten, with f., GLIDE, *slip.*
glich, see gleichen.
Glied, n., -es, -er, LIMB, *joint; member; file* (of soldiers); ins — treten, *enter the line, the army.* G- is the pref. ge-.
Gliedmaßen, pl., *members* (of the body). See Maß.
Globus, m., —, pl. -en or -usse, GLOBE. From L.
Glöckchen, n., -s, —, *little bell.* Dim. of Glocke.
Glocke, f. w., *bell.* [CLOCK.]
Glöckner, m., -s, —, *bell-ringer, sexton.* As to n see B. 502, 1 a.
glorreich, adj., GLORIOUS; lit., 'RICH in GLORY.' From L.
Glück, n., LUCK, *fortune, success, happiness.* See pref. Ge-.
Glückshaut, f., *caul.*
glückwünschend, part. adj., *congratulating, congratulatory.*
glücklich, adj., LUCKY, *successful, happy;* (arrive) *safely.*
glücklicherweise, adv., LUCKILY. Really a gen.
glühen, intr., GLOW.
glühend, part. adj., GLOWING, *fiery.*
Glut, f. w., GLOW, *heat, flame.*
Gnade, f. w., *grace, favor, mercy.* See pref. Ge-, but orig.?
gnädig, adj., *gracious, merciful.*
Gold, n., -es, GOLD. Cog. with gelb, not with gelten, Geld.

golbburchwirkt, part adj., *interwoven with* GOLD. See wirken.
golden, adj., GOLDEN, GOLD. From Golb.
goldfarben, adj., GOLD-*colored*.
Gold-Orangen, see note to p. 45, l. 10.
goldrot, adj., GOLDEN *color;* lit., 'GOLD-RED.'
gönnen, tr., *grant readily, not envy, not grudge;* nicht —, *grudge, envy.*
Gott, m., -es, ⁼er, GOD, GOD.
Gottesdienst, m., -es, -e, *divine service.*
Gotteshaus, n., -es, ⁼er, HOUSE of GOD, *church.*
Göttin, f., -innen, GODDESS.
Gottlob', interjection, *praise* (be) *to* GOD, *thank* GOD. Gott is dat.
Göße, m. w., *Idol, image of a god.* Perhaps from gießen, 'cast.'
Grab, n., -es, ⁼er, GRAVE, *tomb.* Cog. with graben, 'dig.'
Grabgeläute, n., -s, *knell.* From läuten, 'ring the bell.'
graben, grub, gegraben, tr., *dig.*
Graben, m., -s, ⁼, *ditch.*
grab', for gerabe.
Grad, m., -es, -e, GRADE, *degree.* From L. GRADUS.
Graf, m. w., *count.* See Markgraf.
Gral, m., -s, GRAIL.
Gram, m., -es, *grief, sorrow, melancholy.* Related to grimm.
grämen, refl., *grieve.* From Gram.
gramumwölkt, adj., *clouded with grief.* From umwöl'ken, Wolke, 'cloud.'
Grana'tenschnur, f. w., *string of* GARNET, GARNET-*necklace.*
Granit', m., -s, -e, GRANITE. From Fr.
Gräschen, n., -s, *spear of* GRASS. Dim. of das Gras, 'GRASS.'
grau, adj., GRAY; fig., *aged.*
1. **grauen,** intr., *turn* GRAY, *to dawn.* From grau.
2. **grauen,** impers. with dat., and vor with dat., *dread, be in horror of.* This and the following words come from a stem meaning 'to frighten,' not from grau, 'GRAY.'
Grauen, n., -s, *horror.*
grauenerregend, adj., *causing horror, horrible.*

grauenvoll, adj., FULL of *horror.*
gräulich, adj., *horrible,* GRUESOME.
grausam, adj., *terrible; cruel, inhuman.*
Grausamkeit, f. w., *cruelty, barbarity.*
graufen, imper. with dat., *shudder.* From grauen.
Gra'zie, f. w., GRACE, *charm;* GRACE. (3 syll.).
greifen, griff, gegriffen, tr., *lay hold of, seize, snatch;* intr. with zu, nach, *grasp after, take up,* [GRIPE].
greis, adj., *gray,* GRIZZLED; *aged.*
Greis, m., -es, -e, *old man.*
grell, adj., *glaring* (color); *shrill* (sound).
Grenadier', m., -s, -e, GRENADIER. From Fr.
Grenze, f. w., *boundary.* From Slavic.
grenzenlos, adj., *boundless.*
Grenzwächter, m., -s, —, *boundary-guard* (for customs or police).
Griechenland, n., -s, GREECE.
griechisch, adj., GREEK.
Griff, m., -es, -e, GRIPE, GRIP, *hold; handle, hilt.* From the stem of greifen.
Griffel, m., -s, —, *style* (for engraving); *slate-pencil.* Associated with greifen, Griff, but perhaps a borrowed word.
grimm, adj., *enraged,* GRIM.
Grimm, n., -es, *fury, rage.* Cog. of gram, which meant originally 'angry.'
grimmig, adj., *furious, fierce.*
grob, adj., *coarse, rude;* GRUFF (which is from Dutch).
Groll, m., -es, *rancor, ill-will.*
grollen, intr., GROWL; with dat., *bear ill-will.*
groß, adj., GREAT, *large, tall.*
Groß-, noun decl. as adj., *noble, grandee.*
großartig, adj., *grand, magnificent.*
Großbritannien, n., -s, GREAT BRITAIN.
Großmutter, f., ⁼, *grand*MOTHER.
größt-, sup. of groß.
Großthat, f. w., *exploit;* lit., 'GREAT DEED.'
Großvater, m., -s, ⁼, *grand*FATHER.
Gruft, f., ⁼e, *sepulchre, vault.* Either from graben, or, better, borrowed from late L. GRUPTA, 'CRYPT.'
grün, adj., GREEN. Derived from a stem meaning 'to GROW.'

Grund, m., -es, ᵘe, GROUND, *bottom;
valley, lowland;* fig., *basis,* GROUNDS;
ju — richten, *ruin utterly.*
gründen, tr., *found, establish;* GROUND;
sound; sich —, *rest upon.*
grünen, intr., GROW GREEN.
Grundsaß, m., -es, ᵘe, *principle, maxim.*
Gruppe, f. w., GROUP. From Fr.
Gruß, m., -es, ᵘe, GREETING, *salute.*
grüßen, tr., GREET, *salute.*
gucken, intr., *peep; look.*
Guelfe, m. w., GUELPH. Italian form of
Welf, which see.
Guitar're, f. w., GUITAR. From Romance languages; u is silent.
gülden, adj., arch. for golden, GOLDEN.
B. 524, 2.

Ha, interjection expressing surprise, HA.
Haar, n., -es, -e, HAIR.
Hab(e), f., *property.* For Hab und Gut,
see note to p. 185, l. 9.
Haber, m., South G., and older form for
Hafer, *oats.*
haben, hatte, gehabt, tr., HAVE.
Habicht, m., -es, -e, HAWK.
Häckerling, m., -es, *cut straw* (for fodder).
From hacken, 'HACK.'
Hader, m., -s, *quarrel, dispute.*
Hafer, m., -s, *oats.*
-haft, adj.-suff., denoting *possession,
similar to.* Etym. doubtful. B. 526, 2.
-haftig, adj.-suff., = -haft. Accent doubtful. B. 422, 2.
Hag, m., -es, -e, HEDGE, *enclosure, grove.*
[HAW.]
halb, adj., HALF.
-halb or **-halben** in comp. with prons., *on
account of, in* BEHALF *of.* B. 87.
halblaut, adv., HALF LOUD, *in an undertone.*
halbmast, adv., at HALF-MAST.
halbnackt, adj., HALF NAKED.
halbzerfallen, part. adj., HALF *in ruins.*
Halde, f. w., *hillside.*
half, see helfen.
Hälfte, f. w., HALF; *middle.* From halb.
Halle, f. w., HALL; *stall or shop.*
hallen, intr., *sound.* Cog. with hell,
'clear.'

Gunst, f., *favor, kindness, good-will.*
Cog. with gönnen.
günstig, adj., *favorable, propitious.*
Gürtel, m., -s, —, GIRDLE, *sash.*
gut, adj., GOOD, *proper, pleasant, friendly;* -machen, MAKE GOOD; zu gute kommen, with dat., *be of service, of advantage.*
Gut, n., -es, ᵘer, *estate,* GOODS, *property.*
B. 221, 4, *a.*
Güte, f., *kindness, bounty.*
gütig, adj., *kind, benign, gracious.*
Gutnachtgruß, m., -es, ᵘe, *bidding* GOOD
NIGHT.
Gutsbesißer, m., -s, —, *owner of an
estate, landlord, farmer.*

Halm, m., -s, -e, *stalk, stem* (of grain or
grass). [HALM.]
Hals, m., -es, ᵘe, *neck, throat.*
Halsbinde, f. w., *cravat, neck-cloth.*
Halsgericht, n., -s, -e, *criminal court;*
lit., 'court that decides upon life and
death.'
Halsleiden, n., -s, —, *throat-disease.*
Halt, m., -s, -e, HOLD, *support; stop,
halt.*
halt, interjection, *halt, ho, stop.*
halten, hielt, gehalten, tr., HOLD, *keep,
maintain; deem, consider;* intr., *stop,
halt, last;* — auf, with acc., *lay stress
upon;* sich —, *keep one's self.*
Haltung, f. w., HOLDING, *keeping; carriage, attitude.*
Hand, f., ᵘe, HAND.
Handel, m., -s, ᵘ, *trade; affair; quarrel.*
From handeln.
handeln, intr., *trade; act;* impers., es handelt sich um, with acc., *... is involved, the
question is.* [HANDLE]. From Hand.
handfest, adj., *strong, sturdy.*
Handgriff, *grasp;* HANDLE; *knack.*
handgroß, adj., *as large as a* HAND.
handhaben, handhabte, gehandhabt, tr.,
HANDLE; *administer; manage.*
Händler, m., -s, —, *dealer, trader.* From
Handel.
Handlung, f. w., *action; transaction;
business, firm.*

VOCABULARY. 343

Handschuh, m., -es, -e, *glove.* See **Schuh**.
Handvoll, f., HANDFUL.
Handwerk, n., -s, -e, *trade; craft,* HANDICRAFT.
hangen, hing, gehangen, intr., HANG, *be suspended.*
hängen, tr., HANG, *suspend.* From hangen. Confounded with hangen.
Hans, **Hänschen**, JOHN, JOHNNIE, *Jack.* From Johannes. From Hebrew.
Hansastadt, f., ⸚e, HANSE-*town.* Die Hansa means 'league, association.'
hantieren, intr., *manage, stir about.* From Fr. HANTER, Engl. HAUNT, though felt by the people as coming from Hand. B. 538, 3.
Härchen, n., -s, —, *little* HAIR. Dim. of Haar.
Harfe, f. w., HARP.
Harmonie', f. w., HARMONY. From L. (3 syll.)
Harnisch, m., -es, -e, HARNESS, *armor.*
Harpy'e, f. w., HARPY. From Gr.
harren, intr., *wait, be in suspense, hope;* with gen. or auf and acc., *wait for.*
hart, adj., HARD, *stiff;* fig. *severe,* HARSH; *difficult, laborious.*
Härte, f., HARDNESS; HARSHNESS; *crudeness.*
hartnäckig, adj., *stiff-*NECKED.
Haß, m., -sses, HATE, *enmity.*
hassen, tr., HATE.
hast, 2d pers. sing. pres. ind. of haben.
hastig, adj., HASTY; fig. *choleric.* From die Hast, 'HASTE.'
hatte, see haben.
Häubchen, n., -s, —, *little hood, cap* (woman's). Dim. of Haube, cog. with Haupt.
Hauch, m., -es, -e, *breath, whiff; breeze.*
hauchen, intr., *breathe;* tr., *exhale.*
hauen, hieb, gehauen, tr., HEW, *cut, strike.*
Haufe, m. w., or **Haufen**, m., -s, —, HEAP, *pile; great number.*
häufig, adj., *abundant, frequent;* lit., 'in HEAPS.'
Häuflein, n., -s, —, *little HEAP; a company* (of warriors). Dim. of Haufe.

Haupt, n., -es, ⸚er, HEAD; CHIEF, *leader.* In compds. the accent is often doubtful. Cp. Ober-.
Hauptangriff, m., -es, -e, *principal attack.*
Hauptfestung, f. w., *principal fortress.*
Hauptkunstgriff, m., -es, -e, *principal trick; knack.* Kunstgriff, m., lit. 'artistic or artful hold; trick.'
Hauptsprecher, m., -s, —, CHIEF SPEAKER.
Hauptstadt, f., ⸚e, CAPITAL; lit., 'CHIEF city.'
häuptlings, adv., HEAD*foremost.* -lings, adv. suff., has the force of '-ward.' Cp. rücklings, 'backward.' B. 553, 1.
Haus, n., -es, ⸚er, HOUSE; HOUSEHOLD; *family.*
Hausanzug, m. -es, ⸚e, HOUSE-*suit.*
Häuschen, n., -s, —, *little* HOUSE.
hausen, intr., HOUSE, *live; manage, proceed, go on* (generally implying 'badly,' 'destructively').
Hausflur, m., -s, -e, or f. w., *entrance-hall, hall* (of a house).
Hausfrau, f. w., *lady* or *mistress of the* HOUSE.
Hausfreund, m., -es, -e, FRIEND *of the family.*
Hauskapelle, f. w., *private* CHAPEL.
Hauskleid, n., -es, -er, HOUSE-*dress.*
Hausknecht, m., -es, -e, *hired man, hostler.*
Häusler, m., -s, —, *cottager.* -ler is a secondary suff. Cp. Künstler.
häuslich, adj.-suff., *domestic, home-bred, frugal.*
Häuslichkeit, f., *domesticity; frugality.*
Hausmädchen, n., -s, —, HOUSE-MAID.
Hausordnung, f. w., *rule* or *regulation of the* HOUSEHOLD.
Haustier, n., -es, -e, *domestic animal.*
Haut, f., ⸚e, HIDE, *skin; membrane.*
heben, hob or hub, gehoben, tr., HEAVE, *raise, lift; improve, remove.* e is umlaut of a. B. 457, 1.
Hecke, f. w., HEDGE. (Also das Heck.) Der. from Hag, 'HAW.'
Heer, n., -es, -e, *host; army.*
Heerfahrt, t. w., *expedition.*

Heerführer, m., -8, —, *leader of an army.*

Heergeselle, m. w., *companion in war, warrior.*

Heerhaufe, m. w., *division, corps.*

Heerschau, f., *review* (of an army).

heften, tr., *fasten, tie, stitch.* Der. from haften, 'cling to,' Haft, 'arrest.'

heftig, adj., *vehement, passionate, furious.* Its older meaning was 'pertinacious,' 'clinging to.' Cog. with heften.

Heftigkeit, f., *vehemence, impetuosity.*

hegen, tr., HEDGE *about, fence in;* fig., *foster, cherish.* From Hag, 'HEDGE.'

hehr, adj., *venerable, august, sublime, exalted.* [HOARY.]

Heide, f. w., HEATH.

Heide, m. w., HEATHEN. This has lost an n, by which it was derived from the preceding. B. 435, 3. Cp. heidnisch.

Heideland, n., -es, HEATH-LAND, HEATH.

heidnisch, adj., *pagan,* HEATHENISH. From der Heide.

Heil, m., -8, *welfare, happiness, salvation,* HEALTH. [WHOLE.] As an exclamation, HAIL! Cp. heilen, 'HEAL.'

heilig, adj., HOLY, *sacred, enviable.* From Heil, but the meanings are difficult to connect.

heiligen, tr., HALLOW, *consecrate.*

Heiligkeit, f., HOLINESS, *sacredness.*

Heilung, f. w., HEALING, *cure.* See Heil.

heim, adv., HOME, HOMEward. Frequent in compds. Really an acc. of das Heim.

Heimat, f., HOME, *native land;* –at is a rare ending. B. 511, 2 *a*. Cp. Monat.

Heimatland, n., -es, "er, *native* LAND.

Heimatsdorf, n., -es, "er, *native village.*

heimbringen, brachte —, -gebracht, tr., BRING or *take* HOME.

Heimgarten, see note to p. 99, l. 22.

heimgehen, ging —, -gegangen, with f., GO HOME; euphemistic for *die.*

Heimkehr, f., *return* HOME.

heimkehren, with f. sep., *turn* HOMEward, *return* HOME.

heimkommen, kam —, -gekommen, with f., COME HOME.

heimlich, adj., *private, secret;* HOMELIKE, *comfortable.* Cp. geheim.

Heimreise, f. w., HOMEward *journey or voyage.*

heimsuchen, tr. sep., *visit, haunt;* lit., 'SEEK in one's very HOME.'

heimtückisch, adj., *malicious, sneaking.* See tückisch.

heimwärts, adv., HOMEWARD.

Heimweg, m., -es, -e, HOMEward WAY.

Heinrich, m., -8, HENRY; lit., 'HOMEruler;' compd. of Heim and Reich.

Heirat, f. w., *marriage, match.* Compd. of older HIU, 'a couple,' and Rat, which see. B. 511, *a*.

heiraten, tr., *marry.* From Heirat.

heiser, adj., HOARSE.

Heiserkeit, f., HOARSENESS.

heiß, adj., HOT, HEATED; fig., *ardent, vehement.*

heißen, hieß, geheißen, intr., *be called or named, be;* tr., *command;* impers., *it is said.* See note to p. 1, l. 1.

-heit, noun-suff., -HOOD, -HEAD. Orig. an independent noun, meaning 'character,' 'nature.'

heiter, adj., *serene, bright; jolly.*

Heiterkeit, f., *serenity; merriment.*

Held, m. w., *hero; champion.*

Heldenblut, m., -es, BLOOD *of heroes.*

Heldenbuch, n., -es, "er, BOOK *of heroes.*

Heldenfeuer, n., -8, *heroic enthusiasm.*

heldenhaft, adj., *heroic.*

Heldenhaupt, n., -es, *heroic* HEAD, CHIEF.

Heldenkraft, f., "e, *heroic strength.*

Heldenleib, m., -es, -er, *body of the hero.*

Heldenmut, m., -es, *heroic courage.*

heldenmütig, adj., *of heroic spirit.*

Heldenruhm, m., -es, *heroes' fame.*

Heldenthat, f. w., *heroic* DEED, *exploit.*

Heldentod, m., -es, DEATH *of a hero.*

helfen, half, geholfen, with dat., HELP.

Helios, Gr. name of the *sun, sun-god.*

hell, adj., *clear* (of sound and color); cog. with hallen. See note to p. 68, l. 24.

Heller, m., -8, —, *a small copper coin;* perhaps *penny, farthing, cent* would answer in Eng. See note to p. 157, l. 16.

Helm, m., -es, -e, HELMET. From the stem of hehlen, 'conceal, cover.'

VOCABULARY. 345

hem, HEM. An imitative word.

Hemb, n., -es, -en, *shirt;* CHEMISE.

Henker, m., -s, —, HANGMAN. From henken, hängen, hangen, 'HANG.'

her, adv., HITHER; near and toward the speaker, HERE. Often follows a prep. and case. After an acc. of time, *ago,* e. g. 14 Tage her, *a fortnight ago.* Forms many compds. as sep. accented pref., but compounded with another adv. it is unaccented. Cog. with hin, hier. From the demonstr. stem HI. B. 443, 2.

herab', adv. and sep. accented pref., *down from; down.*

herabgehen, ging —, -gegangen, with f., GO or *come down.*

herabgießen, goß —, -gegossen, tr., *pour down.*

herabhangen, hing —, -gehangen, intr., HANG *down.*

herablassen, ließ —, -gelassen, tr., LET *down;* sich —, *condescend.*

herabnehmen, nahm —, -genommen, tr., *take down.*

herabschauen, intr. sep., *look down.*

herabschießen, schoß —, -geschossen, tr., SHOOT *down;* with f., *dart, pour down.*

herabsehen, sah —, -gesehen, intr., *look down.*

herabstürzen, with f., sep., *plunge down;* tr., *precipitate.*

herabtönen, intr. sep., *sound, be heard from above.*

herabwerfen, warf —, -geworfen, tr., *throw down.*

heran', adv. and sep. accented pref., ON; *near; up to,* toward the speaker or point in question.

herankommen, kam —, -gekommen, with f., COME ON, *approach.*

herannahen, with f., sep., *draw* NEAR.

heranreiten, ritt —, -geritten, with f., RIDE *up to, come* RIDING ON.

heransprengen, with f., sep., *come on riding fast.*

heranspringen, sprang —, -gesprungen, with f., *come jumping near* or ON.

herantreten, trat —, -getreten, with f., *step near;* fig., *approach* (a subject).

heranwachsen, wuchs —, -gewachsen, with f., *grow up, shoot up.*

heranziehen, zog —, -gezogen, with f., *approach;* tr., *train, bring up.*

herauf', adv. and sep. accented pref., UP-WARDS, UP, toward the speaker or point in question.

heraufbeschwören, beschwor —, -beschworen, tr., *conjure* UP.

heraufspringen, sprang —, -gesprungen, with f., SPRING UP.

heraufsteigen, stieg —, -gestiegen, with f., *climb* UP, *ascend.*

heraus', adv. and sep. accented pref., OUT *from,* OUT *of,* OUT. Stands often after aus and the dat. for expressiveness, when it may be considered as the pref. of a sep. compd. verb. See fuhr aus ... heraus, p. 6, l. 24, 25.

herausbringen, brachte —, -gebracht, tr., BRING OUT; fig., *decipher, solve.*

herausfahren, fuhr —, -gefahren, with f., *drive* OUT, *rush* OUT; — mit, *burst out with, blurt out.*

herausfordern, tr. sep., *challenge.*

heraushauen, hieb —, -gehauen, tr., HEW OUT; sich —, *cut one's way* OUT.

herausholen, tr. sep., *fetch* OUT, *pull* OUT.

herauskommen, kam —, -gekommen, with f., COME OUT or *forth;* — auf etwas, *amount to the same thing.*

herausnehmen, nahm —, -genommen, *take* OUT; sich (dat.) etwas —, *presume.*

herausrauschen, with f., sep., *come* RUSHING (lit. 'rustling') OUT.

herausschauen, intr. sep., *look* OUT (from).

herausspringen, sprang —, -gesprungen, with f., SPRING, *leap forth.*

herausstecken, tr. sep., *stick* OUT, *put* OUT.

heraussteigen, stieg —, -gestiegen, with f., *climb* OUT.

herausstoßen, stieß —, -gestoßen, tr., UTTER *with an effort; kick, thrust* OUT.

herausthun, that —, -gethan, tr., *put forth, take* OUT.

herausträufeln, with f., sep., DRIP or *trickle* OUT. From träufen, this from triefen, 'DRIP.'

heraustreten, trat —, -getreten, with f., *step forth* or OUT.

herauswachsen, wuchs —, -gewachsen, with f., *grow* OUT *from,* OUTGROW.
herausziehen, zog —, -gezogen, tr., *pull* OUT, *draw forth.*
herb(e), adj., *harsh, sour, astringent.*
herbei', adv. and sep. accented pref., *to the spot* (or speaker), *this way, up, on.*
herbeibringen, brachte —, gebracht, tr., BRING *to the spot, adduce.*
herbeieilen, with f., sep., *come up hastily.*
herbeiführen, tr. sep., *bring on or to the spot.*
herbeikommen, kam —, -gekommen, with f., COME *up.*
herbeischaffen, tr. sep., *bring to the spot, furnish.*
herbeischwimmen, schwamm —, -geschwommen, with f., *come* SWIMMING *near.*
herbeiströmen, with f., sep., *pour in, come pouring in.*
herbeistürzen, with f., sep., *rush to the spot.*
herbeitragen, trug —, -getragen, tr., *carry to the spot.*
Herberge, f. w., *inn, public-house;* like HARBOR, orig. 'shelter for an army,' Her- from Heer, 'army;' -berge, from bergen, 'hide, shelter.'
Herbst, m., -es, -e, *autumn,* HARVEST.
Herd, m., -es, -e, HEARTH. Long e.
Herde, f. w., HERD.
Herdfeuer, n., -s, —, FIRE *on the* HEARTH.
herein', adv. and sep. accented pref., IN HITHER, INTO, IN; *walk* IN!
hereinbringen, brachte —, -gebracht, tr., BRING IN.
hereinfliegen, flog —, -geflogen, with f., FLY IN.
hereinhängen, tr. sep., HANG (in a room).
hereinkommen, kam —, -gekommen, with f., COME IN.
hereinlassen, ließ —, -gelassen, tr., LET IN.
hereinschleichen, schlich —, -geschlichen, with f., *steal or sneak* IN.
hereinstellen, tr., *place, put* IN.
hereintreten, trat —, -getreten, with f., *enter, step* IN.
herfliegen, flog —, -geflogen, with f., FLY *near, come* FLYING.

herfließen, floß —, -geflossen, with f., *flow on; flow from.*
herfordern, tr. sep., *summon* HITHER.
herführen, tr. sep., *lead, carry* HITHER.
Hergang, m., -s, "e, *walk* HITHER; fig., *procedure, story.* Cog. with hergehen, 'happen.'
hergeben, gab —, -geben, tr., *deliver,* GIVE *up.*
hergehen, ging —, -gegangen, with f. or h., *walk along; happen,* GO *on, be carried on.*
herjagen, with f., sep., *hurry along* (HITHER).
herkehren, intr. sep., *turn toward* (the speaker).
herkommen, kam —, -gekommen, with f., COME HITHER; *proceed from.*
Herkunft, f., *descent, birth.* Cp. Ankunft.
herlocken, tr. sep., *entice, allure* (to the spot).
Hermes, m., HERMES, *Mercury.* See note to p. 1, l. 12.
hernach', adv., *afterwards.*
hernie'der, adv. and sep. accented pref., *downward,* HITHER *down.* (Poet.)
herniederrauschen, intr. sep., *come rustling or pouring down.* See p. 28, l. 26.
Herold, m., -s, -e, HERALD.
He'ros, m., pl. Hero'en, HERO. From Gr.
Herr, *master, ruler; lord,* Lord; *sir, Mr.* Orig. a compar. of hehr, 'exalted.'
herreiten, ritt —, -geritten, with f., RIDE *along, come* RIDING *up.*
herrichten, tr. sep., *fit up, arrange.*
Herrin, f., -innen, *mistress, lady.*
herrlich, adj., *lordly, splendid, magnificent.*
Herrlichkeit, f. w., *glory, splendor.*
Herrschaft, f. w., *lordship, dominion, sovereignty, power; master and mistress.* See note to p. 87, l. 22.
herrschen, intr., *be lord, rule, govern.* -schen for -sen. B. 539, 2.
Herrscher, m., -s, —, *ruler, governor, monarch.*
Herrscherhaus, n., -es, "er, *reigning family, dynasty.*
Herrschsucht, *strong desire for ruling, for power, ambition.* -sucht means

VOCABULARY. 347

'mania, disease,' cog. with fled, 'SICK.' B. 396.

herrühren, intr. sep., *proceed from* (as a result).

herstellen, tr. sep., *place* HERE; fig., *restore*.

Herstellung, f. w., *restoration*.

hertreiben, trieb —, -getrieben, tr., DRIVE *along* or HITHER.

herü'ber, adv. and sep. accented pref., *across* HITHER *to this side*, OVER, *toward the speaker or point in question*.

herüberklingen, intr. sep., *sound across, from the other side*.

herüberkommen, kam —, -gekommen, with f., COME *across* or OVER.

herüberlegen, refl. sep., LAY *one's self toward, lean toward*.

herüberschaffen, tr. sep., *bring across* or OVER.

herübertönen, intr. sep., = herüberklingen, which see.

herum', adv. and sep. accented pref., *around, round about*. Often follows a prep. and case.

herumbrehen, refl. sep., *turn around*.

herumfahren, fuhr —, -gefahren, with f., *drive about; dart about*.

herumgehen, ging —, -gegangen, with f., *walk around; go about*.

herumklettern, with f. or h., sep., *climb about* or *around*.

herumspringen, sprang —, -gesprungen, with f., *jump about*.

herumwandern, with f., sep., WANDER *about*.

herun'ter, adv. and sep. accented pref., *down from, downward, down*.

herunterfallen, fiel —, -gefallen, with f., FALL *down, drop*.

herunterhangen, hing —, -gehangen, intr. sep., HANG *down*. Also herunterhängen. See hängen.

herunterkommen, kam —, -gekommen, with f., COME *down*.

herunterrieseln, intr. sep., *come rippling* or *drizzling down; run down*, p. 85. l. 5.

herunterreißen, riß —, -gerissen, tr., *tear down*.

heruntersteigen, stieg —, -gestiegen, with f., *descend*.

hervor', adv. and sep. accented pref., FORTH, *out from, out*, FORWARD.

hervorblicken, intr. sep., *look* FORTH *from*.

hervorbrechen, brach —, -gebrochen, with f., BREAK FORTH.

hervorgehen, ging —, -gegangen, with f., GO, *come* FORTH, *follow* (from), *proceed* (from).

hervorgrinsen, intr. sep., GRIN (from out or under).

hervorholen, tr. sep., *fetch out, draw* FORTH.

hervorkommen, kam —, -gekommen, with f., COME FORTH or *to the surface*.

hervorpressen, tr. sep., PRESS *out, utter with an effort*.

hervorragen, intr. sep., *project, to tower, be prominent*.

hervorrauschen, intr. sep., *come up rustling, come to the surface*.

hervorrennen, rannte —, -gerannt, with f., RUN *out from*.

hervorrufen, rief —, -gerufen, tr., *call* FORTH, *evoke*.

hervorsehen, sah —, -gesehen, intr. sep., *look out* (from under).

hervorsteigen, stieg —, -gestiegen, with f., *climb out from*.

hervorstoßen, stieß —, -gestoßen, tr., *thrust out, utter* (tone, etc.).

hervorsuchen, tr. sep., SEEK *out; endeavor to find*.

hervorthun, that —, -gethan, refl., *put one's self* FORWARD*; distinguish one's self*.

hervortreten, trat —, -getreten, with f., *step* FORTH, *appear*.

hervorwinken, intr. sep., *beckon* (out) *from*.

hervorziehen, zog —, -gezogen, tr., *draw* FORTH, *pull out*.

herwandeln, with f. sep., *walk along*.

herwehen, über etwas, intr. sep., *be blown over and past, float over and beyond*.

Herz, n., -ens, -en, HEART; *courage*.

Herzblut, n., -es, HEART'S BLOOD.

Herzbruder, m., -s, ⸚, *favorite* BROTHER.

Herzeleid, n., -es, *sorrow of the* HEART, *deep grief*.

herzen, tr., *press to the* HEART.
herzlich, adj., HEARTY, *cordial, affectionate.*
Herzog, m., -s, -e or ⁻e, DUKE. From Heer, 'army,' and -zog, from the stem of ziehen, 'march, guide.'
Herzogin, f., -innen, DUCHESS.
Herzogtum, n., -s, ⁻er, DUKEDOM.
herzu', adv. and sep. accented pref., HITHER, *to this place*, to the speaker or point in question.
herzueilen, with f. sep., *hasten* HITHER *or to the spot.*
herzuführen, tr. sep., *lead* HITHER, *to this place.*
herzurufen, rief —, -rufen, tr., *call* HITHER *or up.*
herzuspringen, sprang —, -gesprungen, with f., *jump* HITHER (to the spot).
herzutreten, trat —, -getreten, with f., *step up.*
herzzerreißend, part. adj., HEART-*rending.*
Heu, n., -s, HAY, Der. from hauen, 'cut.'
Heuernte, f. w., HAY-*harvest.*
heuer, adv., (*in*) *this* YEAR. From HIU JARU, 'of this YEAR.' B. 443, 2.
heulen, intr., HOWL, *scream.*
heut(e), adv., TO-DAY. From HIU TAGU, '*of this* DAY.' Cp. heuer.
heutig, adj., *of this* DAY; *modern.*
Hexerei, f. w., *witchcraft.* From Hexe, 'HAG.'
Hieb, m., -es, -e, *stroke, cut.* Cog. with hauen, hieb, 'HEW.'
hieb, see hauen.
hielt, see halten.
hienie'den, adv., HERE *below, on earth.*
hier, adv., HERE. Frequent in compds. with other advs. For etym. see her. If emphasized, it has the accent. B. 426.
hie'rauf, adv., HEREUPON.
hie'raus, adv., OUT *of this*, HENCE.
hier'bei, adv., HEREWITH.
hier'her, adv., HITHER, *this way.*
hie'rin, adv., HEREIN.
Hiersein, n., -s, *presence, being* HERE.
hieß, see heißen.
Hilfe, f., HELP. Cog. with helfen, 'HELP.'
Hilferuf, m., -es, *cry for* HELP.

hilfsbereit, adj., READY TO HELP.
Hilfstruppen, pl., *auxiliary* TROOPS.
Himmel, m., -s, —, HEAVEN; *clime.*
himmlisch, adj., HEAVENLY.
hin, adv. and sep. pref., *thither,* HENCE, *along, away;* hin und her, *to and fro,* HITHER *and thither.* Unaccented in compd. advs., elsewhere accented. For cog. see her. Often after a prep. and case.
hinab', adv. and sep. accented pref., *down, from up* HERE.
hinabfahren, fuhr —, -gefahren, with f., *drive down, dart down.*
hinabfallen, fiel —, -gefallen, with f., FALL *down.*
hinabführen, tr. sep., *lead down.*
hinablaufen, lief —, -gelaufen, with f., *run down.*
hinabnehmen, nahm —, -genommen, tr., *take down, carry down.*
hinabplumpen, with f., sep., *fall down* PLUMP.
hinabreißen, riß —, -gerissen, tr., *carry along down.*
hinabschreiten, schritt —, -geschritten, with f., *walk down.*
hinabsteigen, stieg —, -gestiegen, with f., *descend.*
hinabstürzen, with f. or tr., *plunge down.*
hinan', adv. and sep. accented pref., *upward, up to* (the point in question).
hinaneilen, with f. or h., *hasten up.*
hinangehen, ging —, -gegangen, with f., GO *up to or toward.*
hinanklettern, with f. or haben, *climb up.*
hinauf', adv. and sep. accented pref., UP *toward,* UP *hence,* UP *to* (the point in question.)
hinaufbringen, brachte —, -gebracht, tr., BRING UP.
hinauffahren, fuhr —, -gefahren, with f., *drive* UP.
hinaufführen, tr. sep., *lead* UP.
hinaufhelfen, half —, -geholfen, with dat., HELP UP.
hinaufkommen, kam —, -gekommen, with f., COME UP *to* (a point).
hinauflachen, intr. sep., LAUGH UP *into, greet with a* LAUGH.
hinauflocken, tr. sep., *entice* (to go) UP

VOCABULARY. 349

hinaufschauen, intr. sep., *look* UPWARDS.
hinaufsteigen, stieg —, -gestiegen, with f., *ascend*.
hinaus', adv. and sep. accented pref., OUT HENCE, *forth from* (here), OUT, *beyond, far away*.
hinausblasen, blies —, -geblasen, tr., *blow, puff* OUT.
hinausgehen, ging —, -gegangen, with f., GO OUT *or forth*.
hinauslassen, ließ —, -gelassen, tr., LET OUT.
hinausreisen, with f., sep., *travel* HENCE *or* OUT *Into*.
hinausschmettern, tr. sep., *warble* OUT *or forth*.
hinaussehen, sah —, -gesehen, intr., *look* OUT (at).
hinausstarren, intr. sep., *stare* (at nothing, into the air, into vacancy).
hinausstürzen, with f., sep., *rush* OUT.
hinaustreiben, trieb —, -getrieben, tr., DRIVE OUT.
Hinblick, m., -es, *regard*.
hinblicken, intr. sep., *look*.
hindann', adv., HENCE *and away*. A rare word.
hinderlich, adj., HINDERING, *troublesome*. From hinter, '*behind*.'
hindern, tr., HINDER. From hinter.
hindurch', adv. and sep. accented pref., THROUGH, THROUGH *and out*; after an acc. of time, THROUGHout, *during*.
hindurchfallen, fiel —, -gefallen, with f., FALL THROUGH.
hindurchgehen, ging —, -gegangen, with f., GO THROUGH.
hindurchlassen, ließ —, -gelassen, tr., LET THROUGH.
hindurchschwimmen, schwamm —, -geschwommen, with f., SWIM THROUGH.
hinein', adv. and sep. accented pref., IN, INTO. Often used after a prep. and its case, when it is hardly translatable.
hineinbringen, brachte —, -gebracht, tr., BRING IN.
hineindringen, drang —, -gedrungen, with f., *penetrate*.
hineinfallen, fiel —, -gefallen, with f., sep., FALL IN.

hineinfressen, fraß —, -gefressen, intr., EAT INTO.
hineinfahren, fuhr —, -gefahren, with f., *drive or dart* INTO.
hineinführen, tr. sep., *lead* IN.
hineinfunkeln, intr. sep., *sparkle*.
hineingehen, ging —, -gegangen, with f., GO IN.
hineinhauchen, intr. sep., *breathe, blow* INTO.
hineinkommen, kam —, -gekommen, with f., COME IN *or* INTO.
hineinkriechen, kroch —, -gekrochen, with f., *creep* IN *or* INTO.
hineinlassen, ließ —, -gelassen, tr., LET IN.
hineinrauchen, intr. sep., *smoke* (and blow the smoke into something).
hineinschauen, intr. sep., *look* IN.
hineinschleichen, schlich —, -geschlichen, with f., *steal* IN.
hineinsehen, sah —, -gesehen, intr., *look* IN.
hineinsetzen, tr. sep., SET *or* put IN.
hineinthun, that —, -gethan, tr., *put* IN.
hineintragen, trug —, -getragen, tr., *carry* IN.
hineintreten, trat —, -getreten, with f., *step* IN.
hineinwickeln, tr. sep., *wrap* IN, *roll up*.
hinfahren, fuhr —, -gefahren, with f., *drive to, depart;* über etwas —, intr., *sweep or pass over something*.
hinfallen, fiel —, -gefallen, with f., FALL down; *decay, perish*.
Hinfälligkeit, f., *frailty, perishableness*.
hinfliegen, flog —, -geflogen, with f., FLY *there, toward, away*.
hing, see hangen.
hingeben, gab —, -gegeben, tr., GIVE *away, resign;* sich —, GIVE *one's self up to, devote one's self*.
hingehen, ging —, -gegangen, with f., GO (to a place); *elapse;* — über etwas, *pass over something*.
hinkommen, kam —, -gekommen, with f., *get*, COME (to a place).
hinkriechen, kroch —, -gekrochen, with f., *creep* (to a spot).
hinlaufen, lief —, -gelaufen, with f., *run* (to a place), *run away*.

hinlegen, tr. sep., LAY *down, aside;* sich —, LIE *down.*
hinnehmen, nahm —, -genommen, tr., *take, receive.*
hinnen, adv., HENCE. Generally von hinnen. See bannen.
hinreichen, tr. sep., REACH *forth, hand over;* intr., *suffice.*
hinreißen, riß —, -gerissen, tr., *carry along by force;* fig., *transport.*
hinreiten, ritt —, -geritten, with f., RIDE (*to a place*).
hinrichten, tr., *execute.* From richten, 'judge, sentence.'
hinrollen, with f., sep., ROLL *away, along.*
hinscheiden, schied —, -geschieden, with f., *depart; die.*
Hinscheiden, n., -s, *death.*
hinschicken, tr. sep., *send* (to a place or person).
hinschieben, schob —, -geschoben, tr., SHOVE *away, toward.*
hinsehen, sah —, -gesehen, intr., *look.*
hinsetzen, tr. sep., SET *down or away;* sich —, SIT *down.*
Hinsicht, f., *respect, view;* in —, with gen. or auf with acc., *in respect to, as to.* See hinsehen.
hinsinken, sank —, -gesunken, with f., SINK *down or away.*
hinspringen, sprang —, -gesprungen, with f., *jump* (to a place).
hinstellen, tr., *put or set down;* sich —, *place one's self.*
hinstürzen, with f., sep., *tumble down; rush forward.*
hinten, adv., BEHIND, *in the background of the stage.* Cog. with hinter.
hinter, prep. with acc. or dat., BEHIND, *beyond.* As pref. with the same force, sep. and accented or insep. and unaccented. B. 549, 2.
hinterbrin'gen, -brachte, -bracht, tr., *inform secretly of.*
hinterdrein', adv., *after, behind.*
hinterdreinspringen, sprang —, -gesprungen, with f., *leap after* (something).
Hinterfuß, m., -es, "e, HINDFOOT.
Hintergrund, m., -es, "e, backGROUND.

Hinterhaus, n., -es, "er, *backbuilding.*
hinterher', adv., (*along*) BEHIND.
hinterher'gehen, ging —, -gegangen, with f., *walk along* BEHIND.
hinterlas'sen, -ließ, -lassen, tr., *leave* BEHIND, *bequeath.*
hinterm, for hinter dem.
hinü'bergehen, ging —, -gegangen, with f., GO OVER or *across.*
hinun'ter, adv. and sep. accented pref., *downward, down.* Often after a noun or prep. and case.
hinunterfahren, fuhr —, -gefahren, with f., *drive or dart down.*
hinunterfallen, fiel —, -gefallen, with f., FALL *down.*
hinunterlaufen, lief —, -gelaufen, with f., *run down.*
hinuntersegeln, with f. or h., sep., SAIL *down.*
hinuntersehen, sah —, -gesehen, intr., *look down.*
hinunterspringen, sprang, —, -gesprungen, with f., *leap down.*
hinunterstürzen, with f., sep., *plunge or fall down.*
hinunterzeigen, intr. sep., *point downward.*
hinweg'führen, tr. sep., *lead hence or* AWAY. Hinweg, lit. 'HENCE and AWAY.'
hinwegtreiben, trieb —, -getrieben, tr., DRIVE AWAY.
hinwerfen, warf —, -geworfen, tr., *throw down or away.*
hinzu', adv. and sep. accented pref., TOward, TO, *near, in addition.*
hinzufügen, tr. sep., *join, add.*
hinzukommen, kam —, -gekommen, with f., COME *up, approach; be added.*
hinzuthun, that —, -gethan, tr., *add, increase.*
Hirsch, m., -es, -e, *stag,* HART. B. 490, 1, δ.
Hirt, m. w., HERDSman, shepHERD. From Herde, 'HERD.'
Hirtenknab, m. w., shepHERD *boy.*
histo'risch, adj., HISTORICAL. From L.
Hitze, f., HEAT; *passion.* Cog. with heiß, 'HOT.' B. 414, 1.
hm, interjection, HM, expressing doubt.

VOCABULARY. 351

hob, see heben.

Hobel, m., -s, —, *plane* (of a carpenter).

Hobelbank, f., -bänke, *carpenter's* BENCH.

hoch, adj., HIGH; under inflection hoh-. Long o.

hochangesehen, part. adj., HIGHLY *respected, of* HIGH *standing.*

hochbeglückt, adj., HIGHLY *blessed.*

hochfürstlich, adj., PRINCELY, *most illustrious.*

Hochgebirge, n., -s, —, HIGH *mountain range,* HIGH*lands.*

hochgesinnt, part. adj., HIGH-*minded.* From der Sinn, 'mind.'

höchlich, adv., HIGHLY.

hochnotpeinlich, adj., *invested with high criminal jurisdiction.*

hoch'schätzen, tr. sep., *esteem* HIGHLY.

höchstens, adv., *at the most; at best.* See -ens.

hochwürdig, adj., HIGHLY *venerable, most reverend.*

Hochzeit, f. w., *wedding;* once *festival* in general. Short o.

Hochzeitfest, n., -es, -e, *marriage*-FEAST.

Hochzeitgast, m., -es, "e, *wedding*-GUEST.

Hof, m., -es, "e, *farm, yard, court* in the various Eng. senses.

Hofbäuerin, f., -innen, *wife of the farmer of an estate.*

hoffärtig, adj., *haughty, insolent;* lit., 'HIGH-FARING.' Not related to Hof, 'court.' Short o.

hoffen, tr., HOPE; intr. — auf, with acc., HOPE *for, look forward to with longing.*

Hoffnung, f. w., HOPE.

hoffnungsreich, adj., RICH in HOPES, *sanguine.*

Hoflager, n., -s, —, *temporary or permanent residence of the court.* Perhaps *assembly*, p. 60, l. 27.

Hofleute, pl., *courtiers.* See note to p. 6, l. 12.

Höfling, m., -s, -e, *courtier.* From Hof.

Höflingsschar, f. w., *group, crowd of courtiers.*

Hofstaat, m., -es, *household of a prince.* Staat, 'STATE.' From L.

Hofthür, f. w., *yard-gate.*

hoh-, see hoch.

Höhe, f. w., HIGHNESS, HEIGHT; *summit; hill.*

Hohenstaufen, pl., *dynasty of the* HOHENSTAUFEN.

Hohenstaufisch, adj., *of the* HOHENSTAUFEN.

Hohenzollern, pl., *dynasty of the* HOHENZOLLERN, rulers of Prussia and Emperors of Germany.

Hohenzollernmuse'um, m., -s, HOHENZOLLERN-MUSEUM.

höher, adj., compar. of hoch, 'HIGH.'

Höhle, f. w., HOLLOW, HOLE, *cave.*

hohlwangig, adj., HOLLOW-*cheeked.*

Hohn, m., -s, *scorn, sneer.*

höhnisch, adj., *scornful.*

hold, adj., *propitious, gracious, amiable; with* dat. and sein, *favor, be fond of.*

holen, tr., *fetch, go for,* HAUL.

Hölle, f. w., HELL. Perhaps cog. with hehlen, 'hide,' Hülle, 'covering.'

Holz, n., -es, "er, WOOD, *fuel; forest,* [HOLT].

hölzern, adj., *wooden;* fig., *stiff.* See -ern, the suff.

holzgetäfelt, part. adj., *wainscoted.* Das Getäfel, 'wainscoting,' from die Tafel, 'TABLET.'

Holzschläger, m., -s, —, *wood-cutter.* -schläger from schlagen, 'to split,' rather than 'to cut.'

Honig, m., -s, HONEY.

hopp, hopp interjection, HOP, *get up* (to animals).

horchen, intr., *listen,* HEARKEN. From hören, 'HEAR.' As to ch, B. 536, 1.

hören, tr., HEAR; — auf, with acc., *listen to or for.*

Hörer, m., -s, —, HEARER; pl., *audience.*

Horizont', m., -s, HORIZON. From Gr.-L.

Horn, n., -s, "er, HORN.

Hosenbandorden, m., -s, —, ORDER of the Garter. Hose is 'HOSE,' breeches.' See Band.

hu, interjection, HU! UGH! expressing horror.

huben, see heben.

hübsch, adj., *pretty, nice.* From Hof. As to u and o, see B. 405.

VOCABULARY.

Hüfte, f. w., HIP; t is excrescent. B. 430, 1.

Hügel, m., -s, —, hillock, hill. From the same stem as hoch, 'HIGH.'

Hügelreihe, f. w., chain of hills.

Huhn, n., -s, ⁻er, fowl, HEN. Cog. with Hahn, 'cock.'

Huld, f., graciousness, favor. Cog. with hold.

huldigen, with dat., pay homage; devote one's self.

Hülfe, allowable doublet of Hilfe. B. 489, 2.

Hülfsheer, n., -s, -e, auxiliary army. See Hilfstruppen.

Hülle, f. w., veil, covering, wrapping. Cog. with Hölle. [HULL].

hüllen, tr., cover, wrap up.

humanitär', HUMANITARIAN. From L.

Hund, m., -es, -e, dog, HOUND.

Hundert, n., -s, -e, HUNDRED. As cardinal, invariable.

hundertjährig, adj., CENTENARY, lasting a HUNDRED YEARS.

hunderttausend, HUNDRED THOUSAND.

Hunger, m., -s, HUNGER; fig., violent desire.

hungern, impers. with acc., be HUNGRY.

hungrig, adj., HUNGRY.

Hunne, m. w., HUN.

hüpfen, intr., skip, HOP.

hurtig, adj., quick, nimble.

husch, interjection, quick. An imitative word.

husten, intr., cough, [WHEEZE.] Long u.

Husten, m., -s, cough.

Hut, m., -es, ⁻e, HAT, [HOOD.] Cog. with the next. Long u.

Hut, f., HEED, guard, care.

Hütchen, n., -s, —, little HAT. Dim. of der Hut.

hüten, tr., watch, guard. Cog. of die Hut.

Hüter, m., -s, —, guard, keeper.

Hütte, f. w., HUT.

I.

Ich, pers. pron., I.

-ie, noun-suff., -n; doublet of the older -ei. From L. and Romance -IA, -IE. Always accented, but see Familie. B. 493, 2.

-ieren, verb-suff., -n. Of Romance origin. Always accented. B. 538. The verbs take no ge- in the past part. B. 108.

-ig, adj.-suff., -n. B. 525.

ihm, dat. of er, to him, to it.

ihn, acc. of er, him, it.

ihnen, dat. pl. of sie, to them; Ihnen, to you.

ihr, dat. sing. of sie, to her; nom. pl., YOU; poss. pron., her, their; Ihr, poss., your.

ihren, poss. pron., her; their; Ihren, your.

ihrer, gen. sing. of sie, of her; gen. pl. of them; with capital, of you; gen. sing. and pl. of poss. pron., of her, of their; with capital of your.

ihresgleichen, their or her LIKE; with capital, your LIKE. See -gleichen.

im, for in dem.

Im'biß, m., -sses, -sse, lunch; lit., 'a BIT or BITE,' from in and Biß, beißen.

immer, adv., EVER, always, constantly; in a dependent clause, EVER. From je and mehr.

immerdar, adv., always, emphatic and in elevated style. Accent doubtful.

immerfort, adv., EVER on, all the time.

immerzu, adv., EVER on, constantly.

in, prep. with dat. or acc., IN, INTO. Occurs as pref. in home and foreign words, accent doubtful, except in compd. nouns, when it is always accented.

-in, noun-suff., forming fem. nouns from masc., e. g. König, Königin. In the pl., always -innen.

indem', conj., denoting contemporaneousness, while; because; adv., meanwhile, doing that.

indes', indes'sen, adv., meanwhile; however; conj., while. B. 330. Spelling, B. 89.

Indien, n., -s, INDIA. 3 sylls.

Indisch, adj., INDIAN = HINDOO.

Infanterie', f., INFANTRY. From Fr.

infol'ge, infolgedes'sen, adv., consequently; lit., 'as a result from that.'

Ingesinde, n., -s, domestics, menials.

VOCABULARY. 353

from the stem of jenben, lit., 'followers.'

Inhalt, m., -8, -e, *contents; purport.*

Initiati'be, f., INITIATIVE. From L. The first ti = ji.

in'ne, adv. and sep. accented pref., *within;* IN *mind;* — werben, with gen., later acc., *become aware of.* From iu.

innehalten, hielt —, -gehalten, intr., *stop.* Lit., 'HOLD IN.'

in'nen, adv., *within.*

in'ner-, adj., INNER, IN*trinsic.* B. 76, 2, a.

innerlich, adj., INNER; fig., *cordial.*

Innigkeit, f., *sincerity; fervor;* IN*timacy.*

inniglich, adv., *cordially;* IN*timately.*

ins, for in bas.

In'schrift, f. w., INSCRIPTION.

Insel, f. w., *island,* ISLE. From L.

inspirieren, tr., INSPIRE, *prompt.* From Fr.

Invasion', f. w., INVASION. From Fr.

in'wendig, adj., IN*ward,* IN*ternal.* From wenden, 'turn.'

irdisch, adj., EARTHLY; *temporal.* From Erbe, 'EARTH.'

irgend, adv. preceding prons. and advs. with the force of *any, some, -ever, -soever,* e. g. — wo, *any*WHERE; — ein, *any* ONE. From 10, je; HWAR, WHERE, wo, and GIN a suff., L. -CUN. B. 260; b is excrescent.

Irland, n., -8, IRELAND.

irren, intr., ERR, *go astray;* tr., *cause to* ERR, *trouble.*

-isch, adj.-suff., -ISH. B. 525, 4.

issest, 2 pers. sing., pres. ind. of essen.

ist, 3 pers. sing., pres. ind. of sein.

Ister, L. name of the Danube. See Donau.

Italie'ner, m., -8, —, ITALIAN. From Fr. 5 sylls., the accented e = long ä.

italie'nisch, adj., ITALIAN. 5 sylls. From ITALIA, and influenced by the Fr. ITALIEN.

J (Consonant, jot.)

Ja, adv., YES, YEA; unaccented in a sentence it is a modal adv., *surely; you know.* Its force may then be given by *do, did,* as on p. 22, l. 12.

jach, adj., *hasty, rash.* Doublet of jäh. As to ch = h, B. 490, 3, b.

Jacke, f. w., JACKET. From Fr.

Jagd, f. w., *chase.* From jagen.

Jagdgewand, n., -es, -e, *hunting suit.*

Jagdhund, m., -es, -e, HOUND.

jagen, tr. or intr., *chase, drive* (before, after one); *hunt, race.* Pret. sometimes jug. B. 129.

Jäger, m., -8, —, *hunter.*

jäh, adj., *hasty, sudden; precipitous.* [GAY, JAY, borrowed from Fr., which borrowed from G.]

Jahr, n. -es, -e, YEAR.

jahrelang, adj , *lasting for* YEARS.

Jahrhun'dert, n., -8, -e, CENTURY. As to accent, B. 422, 1

-jährig, in composition with numerals = YEARS (*old, long*).

jährlich, adj., YEARLY.

jähzornig, adj., *quick to wrath; choleric.*

Jammer, m., -8, *misery; lamentation; pity.*

jämmerlich, adj., *miserable, pitiable.*

jammern, intr., *grieve, lament;* tr., *move to pity;* impers., *to be moved to pity.*

Jasch, Polish nickname for JOHN, *Jack.*

jauchzen, intr., *exult.* From juch, juchhe an interjection, expressing delight. See j.

Jawort, n., -8, -e, *consent;* lit., 'the WORD YES;' — geben, *say* YES, *consent.*

je, EVER, *at any time,* AYE; von je her, *from all time.* Before a compar. *the;* correlative of another je or of besto, *the ... the.* B. 334.

je'her, contracted of je and her, which see.

jed-, EITHER, EVERY, EACH. Compd. of je and weber, WHETHER exactly corresponding with EITHER; je lies also in EVERY, EACH. B. 445, 1.

jedenfalls, adv., *at all events.* Really a gen.

jedermann, gen. -8, EVERY *one.* Jeder is invariable.

jederzeit, adv., *at any time, always.* Really a gen.

jedeêmal, adv., EVERY time.
jedoch', adv., however, nevertheless.
jeglich-, adj., EVERY, EACH. From je and glich = gleich). B. 445, 1.
Jeho'va, -ŝ, JEHOVAH. From Hebrew.
je'malŝ, adv., EVER, at any time.
jemand, anybody, somebody. From je, man and excrescent b. B. 445, 1.
jen-, pron., VON, that; the former.
jenſeit, prep. with gen. or dat., BEYOND.
jenſeitŝ, adv., on the other SIDE; in the next world.
jeŧig, adj., present. From jeŧt.
jeŧt, adv., now. From je, zu and excrescent t. Cp. Eng. YET, from ge and TO (?). Jeŧt never means 'yet.'
Joch, n., -eŝ, -e, YOKE.
Johann, m., -ŝ, JOHN. See Hanŝ. Accent doubtful.
Juan', m., -ŝ, JOHN. From Spanish.
Jubel, m., -ŝ, exultation, JUBILation. From L., from Hebrew.
jubeln, intr., exult.
Jubiläumŝfeier, f., JUBILEE (celebration).

Judä'a, n., -ŝ. JUDEA.
Jugend, f., YOUTH; YOUNG people.
jugendkräftig, adj., of YOUTHful strength.
Jugendleben, n., -ŝ, LIFE of YOUTH.
jugendlich, adj., YOUTHful.
jung, adj., YOUNG.
Junge, m. w., boy; n. declined as adj., YOUNG of animals.
Jungfer, f. w., YOUNG woman; virgin; old maid. From the following; in older sense 'a young noblewoman.' Cp. Junker, YOUNG nobleman, from jung and Herr.
Jungfrau, f. w., virgin, maiden; the holy Virgin.
Jungfrauenblüte, f., BLOOM of maidenhood.
Jüngling, m., -ŝ, -e, YOUTH. [YOUNGLING].
jüngſt, adv., very lately. Apparently a sup., but perhaps a gen., with excrescent t. B. 555, 2, a. Cp. einſt.
Juni, m., -ŝ, JUNE. From L.
Juſtiz'rat, m., -eŝ, ᵘe, counsellor (of JUSTICE).

K.

Kachelofen, m., -ŝ, -öfen, stove of Dutch tile. Compd. of Kachel, 'tile,' Ofen, 'OVEN.'
Kaffee, m., -ŝ, COFFEE. From Fr., from Arabic.
kahl, adj., bald; CALLOW; fig., barren.
Kahn, m., -ŝ, ᵘe, skiff, boat.
Kaiſer, m., -ŝ, —, emperor. From L. CÆSAR.
Kaiſerburg, f. w., emperor's castle.
Kaiſerhauŝ, n., -eŝ, ᵘer, imperial HOUSE or family.
Kaiſerhof, m., -eŝ, ᵘe, imperial court.
Kaiſerin, f., -innen, empress.
Kaiſerkrone, f. w., imperial CROWN.
Kaiſerkrönung, f. w., CORONATION of an emperor.
kaiſerlich, adj., imperial; die Kaiſerlichen, pl., imperialists.
Kaiſerpaar, n., -eŝ, -e, two emperors.
Kaiſer-Ornat, m., -ŝ, = Kaiſerſchmuck, which see. Ornat' is from L. 'ORNATUS.'

Kaiſerreich, n., -eŝ, -e, empire.
Kaiſerſaal, m., -ŝ, ᵃe, imperial hall.
Kaiſerſchmuck, m., -eŝ, -e, imperial ornaments.
Kaiſertitel, m., -ŝ, —, TITLE of emperor.
Kaiſerwürde, f. w., imperial dignity.
Kalen'der, m., -ŝ, —, CALENDAR. From L.
Kalif', m. w., CALIF. From Arabic.
kalt, adj., COLD; fig., reserved. Cog. with kühl, 'COOL.' Etym., B. 409, 3.
Kälte, f., COLD, COLDness; chill; indifference.
kam, see kommen.
Kamerad', m. w., COMRADE. From Fr.
Kamm, m., -eŝ, ᵘe, COMB.
kämmen, tr., to COMB.
Kammer, f. w., CHAMBER, room. From Romance languages, from Gr.
Kämmerer, m., -ŝ, —, CHAMBERLAIN.
Kammerherr, m. w., CHAMBERLAIN.
Kampf, m., -eŝ, combat; struggle. [CAMP = older Eng. 'battle.'] From L.

VOCABULARY. 355

Kampfbegier, f., *strong desire to fight.* -begier, from the stem of begehren, 'desire.'

kämpfen, tr. or intr., *fight, combat.*

Kämpfer, m., -ŝ, —, *combatant;* CHAMPION. [*in battle.*

kampferfahren, part. adj., *experienced*

Kampfeŝehre, f. w., *honors of war.*

Kampf(eŝ)luft, f., *desire to fight.*

Kampfplaß, m., -eŝ, -pläße, PLACE of *combat, battlefield.*

Kampffpiel, n., -ŝ, -e, *prize-combat; tilting.*

Kanal', m., -ŝ, ⁼e, CANAL. From L.

Kana'rienvogel, m., -ŝ, ⁿ, CANARY-*bird.*

kann, see können.

Kanne, f. w., *tankard, mug,* CAN.

Kano'ne, f. w., CANNON. From Fr.

Kano'nendonner, m., -ŝ, CANNONADE, THUNDERING of CANNON.

Kano'nengebrüll, n., -ŝ, *roaring of* CANNON.

Kanzel, f. w., CHANCEL; *pulpit.* From late L.

Kanzler, m., -ŝ, —, CHANCELLOR.

Kapellan', m., -ŝ, Kap(el)lä'ne, CHAPLAIN.

Kapel'le, f. w., CHAPEL. From late L.

Kapellenthür, f. w., CHAPEL DOOR.

Käppchen, n., -ŝ, —, *little* CAP. Dim. of bie Kappe, 'CAP.'

Karfun'kel, m., -ŝ, —, CARBUNCLE. From L. f for b, as if it were related to funkeln, 'sparkle.'

Karl,-ŝ, CHARLES. Cog. with Kerl, CHURL.

Karpa'then, pl., CARPATHIAN *hills.*

Karren, m., -ŝ, —, CART, *wheel-barrow.* From L.

Käſe, m., -ŝ, —, CHEESE. From L. B. 428, 5.

Kasta'nie, f. w., CHESTnut. From Gr. ultimately. 4 sylls.

Kasten, m., -ŝ, —, *chest;* prov., *garret.*

Kaße, f. w., CAT.

kaufen, tr., *buy.* Cog. with 'CHEAP.'

Kaufmann, m., -eŝ, -männer, or -leute, *merchant;* [CHAPMAN].

kaum, adv., *hardly, narrowly.*

keck, adj., *lively, forward, pert, bold.* [QUICK]. B. 403.

kegelförmig, adj., *cone-shaped.* From ber Kegel, 'cone.'

Kehle, f. w., *throat.*

1. kehren, *turn;* ſich —, *turn.* [CHAR, CHORE].

2. kehren, tr., *sweep.*

kein, NO, NONE; *no one.* Orig. of k?

-keit, noun-suff. compd. of -ig, adj.-suff., and -heit, which see. B. 515, 2.

Keller, m., -ŝ, —, CELLAR. From L.

kennen, kannte, gekannt, tr., KNOW, *be* ACQUAINTED *with.* Cog. of können.

Kenntniŝ, f., -ſſe, KNOWLEDGE, *acquirement.*

Kerker, m.,-ŝ, —, *jail, dungeon.* From L.

Kerkergitter, n., -ŝ, —, *prison-bars.* –gitter, lit., 'grating, lattice.'

Kerl, m., -ŝ, -e, *fellow;* CHURL; [CARL].

Kern, m., -ŝ, -e, KERNEL; *seed, pit (of fruits).* Cog. with Korn, 'CORN.'

kernfest, adj., *solid;* lit. ' of firm KERNEL.'

Kerze, f. w., *candle.*

kerzengerade, adj., *as straight as a pin;* lit., 'as a candle.'

Kette, f. w., CHAIN, *fetter; line* (of men). From L. CATENA. As to loss of n, B. 435, 4.

Keßer, m., -ŝ, —, *heretic.*

Keule, f. w., *club; cudgel.* Cog. with Kugel, ' ball.'

kiefen, see küren.

Kind, n., -eŝ, -er, *child.*

Kinderei, f. w., *childish trick.*

Kindtauffchmauŝ, m., -eŝ, *christening-feast.*

Kinn, n., -ŝ, -e, CHIN.

Kirche, f. w., CHURCH. From Gr.

Kirchenbank, f., ⁼e, *pew;* lit., 'CHURCH-BENCH.'

Kirchenglocke, f. w., CHURCH-*bell.*

Kirchhofgraŝ, n., -eŝ, *cemetery* GRASS; lit., ' CHURCH-*yard*-GRASS.'

Kirchturm, m., -ŝ, ⁼e, *steeple.*

Kirchturmspiße, f. w., (top of the) *spire.*

Kirmeŝ, f. w., *fair.* From Kirche, ' CHURCH ' and Messe, ' MASS.' Originally 'mass at the dedication of a church,' then 'anniversary of such a dedication,' 'celebration with a fair,' at last any 'fair.' Cp. Messe.

Kiste, f. w., CHEST, *box.*
Klafter, f. w. or n. s., *cord, fathom.*
Klage, f. w., *lament, complaint; grievance.*
Klagelied, n., -es, -er, *lamentation, dirge.*
klagen, tr., *mourn, complain about;* intr., *moan.*
kläglich, adj., *plaintive; lamentable; miserable.*
Klang, see klingen.
Klang, m., -es, ⁻e, *sound, ringing;* [CLANG, CLANK]. From the stem of klingen.
klanglos, adj., *soundless.*
klar, adj., CLEAR. From L. CLARUS.
Klasse, f. w., CLASS. From L. CLASSIS.
klatsch, imitative exclamation, CLASH, *slap.*
klatschen, intr., *clap, applaud; splash.* From the preceding.
Klaue, f. w., CLAW, *talon.*
Klavier', n., -s, -e, *piano.* From Fr.
kleben, intr., *cling,* CLEAVE; tr., *glue.*
Klee, m., -s, CLOVER.
Kleid, n., -es, -er, *garment, dress;* pl., CLOTHES, *raiment.*
kleiden, tr., CLOTHE, *dress;* intr., *fit, become.*
klein, adj., *small, little; insignificant, mean.* [CLEAN, one of the old meanings.]
Kleina'sien, n., -s, ASIA *Minor.*
Klein'gewehrfeuer, n., -s, *firing of musketry.* Kleingewehr, 'small arms.'
Kleinod, n., -es, -e or -ien, *jewel, ornament.* From klein, 'little, neat.' B. 511, a.
klettern, intr., *climb, scramble.*
klingeln, intr., *ring* (a small bell). From the next word.
klingen, klang, geklungen, intr., *sound, ring.* For cog., see Klang.
klirren, intr., *clink, rattle.* An imitative word.
klopfen, intr., *knock, rap; beat, throb* (of the heart).
Kloster, n., -s, ⁻, *cloister, convent.* From L. CLAUSTRUM.
Kluft, f., ⁻e, CLEFT, *gap, split.* Der. from klieben, 'CLEAVE, split.'

klug, adj., *intelligent, prudent, artful.*
Klumpen, m., -s, —, *lump, cluster,* CLUMP. From Low G
Knabe, m. w., *boy, lad,* see note to p. 40, l. 17. [KNAVE.]
Knabenstreich, m., -s, -e, *boyish trick.*
knacken, tr. or intr., *crack, break;* [KNOCK.] An imitative word.
knallen, intr., *crack, give a report.* [KNELL.]
Knappe, m. w., *squire, attendant.* Cog. of Knabe. As to b and p, B. 413, 3.
knarren, intr., *creak, jar.* An imitative word.
Knecht, m., -es, -e, (*man*) *servant; vassal;* "*hired man.*" [KNIGHT].
Knechtschaft, f., *bondage, servitude.*
Kneipe, f. w., slang for Wirtshaus, *inn, saloon.* See note to p. 225, l. 15.
Knie, n., -s, — or -e, KNEE.
knieen, intr., KNEEL.
knirschen, intr. or tr., *gnash.*
knittern, intr., *crackle.* An imitative word.
Knochengesicht, n., -s, -er, *bony face.* Knochen, 'bone, [KNUCKLE].'
Knochenhand, f., ⁻e, *bony* HAND.
Knopf, m., -es, ⁻e, *button,* [KNOB].
Ko'bold, m., -es, -e, *brownie, goblin.*
Koch, m., -es, ⁻e, COOK. Related to kochen, Küche, Kuchen (?). All from L.
Kochbuch, n., -es, ⁻er, COOK-BOOK.
kochen, tr. or intr., *cook, boil.*
Köcher, m., -s, —, QUIVER.
Kochgesetz, n., -es, -e, *law, rule of* COOKING.
Köchin, f. n., -innen, (*woman*) COOK.
Kochkunst, f., ⁻e, *art of* COOKING.
Kochofen, m., -s, -öfen, COOKING-*stove.*
Kohle, f. w., COAL.
kohlschwarz, adj., *as black as* COAL.
Kolcher, m., -s, —, COLCHIAN.
Kolik, f., COLIC. From Gr. ultimately.
Kolleg', n., -s, -ien, *lecture* (at the university); [COLLEGE.] From L.
Kolon'ne, f. w., COLUMN (of troops). From Fr.
komisch, adj., COMICAL. From Gr.-L.
Kommando, n., -s, -s, COMMAND; *detachment* (of troops). From Italian.

VOCABULARY. 357

kommen, kam, gekommen, with f., COME;
occur; — laſſen, tr., send for. B. 409, 3.
Kommiliton(e), m. w., fellow-student.
From L.; lit., 'fellow-soldier.'
Kompott, n., -es, -e, preserved fruit.
From Fr.
Kongreß', m., -ſſes, -ſſe, CONGRESS.
From L.
König, m., -s, -e, KING.
Königin, f., -innen, queen.
königlich, adj., royal.
Königreich, n., -s, -e, KINGdom.
königsfeindlich, adj., hostile to a KING,
democratic.
Königsſohn, m., -s, ᵘe, SON of a KING,
prince.
Königstochter, f., ᵘ, DAUGHTER of a
KING, princess.
können, konnte, gekonnt, pres. sing., kann;
pret.-pres. and modal auxiliary verb,
CAN, be able, may. Cog. with kennen.
Konrad, m., -s, CONRAD. Compd. of
kühn and Rat; lit., 'bold in council.'
konſtatie'ren, tr., ascertain. From Fr.
Konſultation', f. w., CONSULTATION.
From L. ti = ʒi.
konzentrie'ren, tr., CONCENTRATE. From
Fr.
Kopf, m., -es, ᵘe, head; fig., mind.
[Cor, CUP, Kopf from the shape of the
skull].
Köpfchen, n., -s, —, little head. Dim.
of Kopf.
Kopfkiſſen, n., -s, —, pillow; lit., 'head-
cushion.'
Kopfnicken, n., -s, nod of the head.
kopfſchüttelnd, part. adj., shaking one's
head.
Korbwagen, m., -s, —, basket-WAGON,
the body of which is wicker-work. Der
Korb, 'basket.'
Korinthe, f. w., dried CURRANT. From
Fr. Named for CORINTH in Greece.
Korn, n., -s, ᵘer, CORN, GRAIN. Cog.
with Kern, 'KERNEL.'
Körnchen, n., -s, —, GRANULE, GRAIN.
Dim. of Korn.
Körper, m., -s, —, body; substance;
[CORPSE]. From L. As to gender, B.
163, 2.

Kor'ridor, m., -s, -s or -e, CORRIDOR.
From Italian.
1. Koſt, f. w., only in pl., COST. Related
to koſten 1. From L. 'CONSTARE.'
2. Koſt, f., food, board. Related to
koſten 2.
koſtbar, adj., COSTLY, expensive. From
Koſt 1.
1. koſten, tr. or intr., COST, require. See
Koſt 1.
2. koſten, tr., taste, try (by tasting).
Der. of kieſen, CHOOSE; L. GUSTARE.
Etym., B. 416, 1; 411.
köſtlich, adj. (from Koſt 1), precious,
COSTLY, charming; (from Koſt 2), dainty,
delicious.
Krach, m., -es, -e, crash.
krachen, intr., crash, CRACK.
krächzen, intr., CROAK. From Krach,
krachen.
Kraft, f., ᵘe, strength, power, vigor,
virtue; man of ability. [CRAFT.]
kraft, prep. with gen., by virtue of. For
in Kraft, a dat.
Kraft'anſtrengung, f. w., great exertion,
STRAIN. From anſtrengen, 'STRAIN.'
kräftig, adj., strong, vigorous, nourishing;
fig., efficient, lawful, valid.
kräftiglich, adv., vigorously.
kraftlos, adj., powerless, feeble.
kraftvoll, adj., FULL of strength, vigorous.
Kragen, m., -s, —, collar, cape of a
cloak; colloq., neck. [CRAW, CRAG,
'neck.']
Kralle, f. w., claw, talon.
krank, adj., ill, sick. [CRANK, old meaning 'failing,' 'frail;' CRINGE, old meaning 'fall in battle,' 'succumb.']
Kranf-, noun decl. as adj., patient, sick.
kränken, tr., grieve, mortify, hurt the
feelings.
Krankenhaus, n., -es, ᵘer, hospital.
Krankenſtube, f w., sick-room.
Krankheit, f. w., illness, disease.
Kränkung, f. w., grieving, mortifica-
tion.
Kranz, m., -es, ᵘe, garland, wreath.
obsolete CRANTS; circle, galaxy.
Kraut, n., -es, ᵘer, herb, plant, weed.

Krebs, m., -es, -e, CRAWFISH, CRAB; cancer.
krebsartig, adj., cancerous.
Krebsdiagnose, f. w., cancer-DIAGNOSIS. From Gr.
Kreis, m., -es, -e, circle; district; sphere (of influence, of work).
kreischen, krisch, gekrischen, intr., scream.
Kreisel, m., -s, —, (peg-) top.
kreisen, intr., move in a circle, go or pass around.
Kreuz, n., -es, -e, CROSS. From L. CRUX.
Kreuzchen, n., -s, —, little CROSS. Dim. of Kreuz.
kreuzen, tr., mark with a CROSS; sich —, CROSS ONE'S SELF.
Kreuzfahrer, m., -s, —, CRUSADER.
Kreuzheer, n., -es,-e, army of CRUSADERS.
kriechen, kroch, gekrochen, intr., creep; fig., cringe.
Krieg, m., -es, -e, war. Krieg(e)s- enters many compds., = 'military,' 'war-.'
kriegen, tr., colloq., get, catch; intr., make war. The oldest meaning is 'strive,' 'exert one's self.' 'War' is the latest meaning.
Krieger, m., -s, —, warrior, soldier.
kriegerisch, adj., warriorlike, martial.
Kriegsakademie, f. w., military ACADEMY.
Kriegsdienst, m., -es, -e, military service.
kriegserfahren, part. adj., experienced in war.
Kriegserklärung, f. w., DECLARATION of war.
Kriegsgefangenschaft, f., captivity (of war).
Kriegsgesang, m., -es, ⁿe, war-SONG.
Kriegsgeschwader, n., -s, —, SQUADRON (of war).
Kriegsgewand, n., -es, armor.
Krieg(e)sgezelt, n., -es, war-tent, camp.
Kriegsheld, m. w., great warrior.
Kriegshorn, n., -es, ⁿer, war trumpet.
Kriegskunst, f., ⁿe, art of war.
Kriegslied, n., -es, -er, war-song.
Krieg(es)lust, f., eager desire for war.

Kriegsmann, m., -es, ⁿer or -leute, warrior.
Kriegsmantel, m., -s, ⁿ, war-MANTLE.
Kriegsmusik, f., martial MUSIC.
Kriegsschule, f. w., military SCHOOL.
Kriegszucht, f., military discipline. See Zucht.
Kriegszug, m., -es ⁿe, military expedition; troop. See Zug.
krochen, see kriechen.
Krokodil', n., -s, -e, CROCODILE. From Gr.-L.
Krokodilromanze, f. w., CROCODILE story.
Krone, f. w., CROWN; fig., climax, on p. 173, l. 23. From L.
krönen, tr., CROWN; fig., 'reward.' From the above.
Kronprinz, m. w., CROWN-PRINCE.
Krug, m., -es, ⁿe, jug, mug.
krümmen, tr., crook, curve. From krumm, 'bent.' [CRIMP, CRAMP, CRUMPLE.]
Küche, f. w., kitchen. See Koch. As to loss of n, B. 435, 4.
Kuchen, m., -s, —, CAKE. Both related to Koch (?).
Küchenjunge, m. w., KITCHEN-boy.
Küchenthür, f. w., KITCHEN-DOOR.
Kugel, f. w., ball, globe.
Kuh, f., ⁿe, COW.
Kuhfleisch, n., -es, BEEF; lit., 'FLESH of the COW.'
kühl, adj., COOL. Cog. with kalt.
kühn, adj., bold, daring. [KEEN]. From the stem of können, kennen.
Kühnheit, f. w., boldness, audacity.
kühnlich, adv., boldly.
Kummer, m., -s, grief, trouble. [CUMBER.]
kümmern, tr., grieve, concern; sich —um, be concerned about.
Kunde, f., KNOWLEDGE; intelligence. From the stem of kennen.
-kunft, in many compds., COMING. From the stem of kommen. See Auskunft, etc.
künftig, adj., future, COMING. From the preceding word.
Kunst, f., ⁿe, art, skill; CUNNING. From the stem of kennen.
Kunstfleiß, m., -es, industry.

VOCABULARY. 359

Kunst′gewerbemuseum, n., -s, -seen, MUSEUM of the industrial arts.
Künstler, m., -s, —, artist. From künsteln, Kunst. B. 500, 4.
kunstreich, adj., ingenious.
Kunststück, n. -es, -e, sleight of hand, trick.
kunstvoll, adj., artistic.
Kunstwerk, n., -s, -e, WORK of art.
kupfern, adj., of COPPER, COPPER. From das Kupfer, 'COPPER,' from L.
Kuppel, f. w., CUPOLA, dome. From Italian.
Küraffier′, m., -s, -e, cuirassier. From Küraß, 'CUIRASS,' from Fr.
Kurfürst, m. w., elector (of an emperor). Kur, 'CHOICE,' from the stem of kiesen. See kosten 2.

kurrig, adj., droll, merry.
Kürschner, m., -s, —, furrier. From Slavic?
kurz, adj., short, concise, CURT. From L.
kurzum, adv., in short.
Kurzweil, f., pastime. Opposite of Langweil, 'tedium, bore.' Cp. Eng. 'pastime' (pass-the-time) and Fr. passe-temps.
Kuß, m., -sses, ⸗sse, KISS.
küssen, tr., KISS.
Küster, m., -s, —, sexton. From late L.
Kutsche, f. w., COACH. From Hungarian.
Kutscher, m., -s, —, COACHman.
Kutschpferd, n., -es, -e, COACHhorse.

L.

Labe, f., refreshment.
laben, tr., refresh, restore.
Labung, f., refreshing; comfort.
lächeln, intr., smile. From lachen. See -eln.
lachen, intr., LAUGH.
Lachen, n., -s, LAUGHING, LAUGHTER. The infin. used as a noun.
lächerlich, adj., ridiculous, ludicrous.
1. laden, lud, geladen, (also weak), tr., LADE, LOAD, burden.
2. laden, (also strong), tr., invite, summon. The two are of different origin, but hopelessly confounded. Cp. hangen and hängen.
lag, see liegen.
Lage, f. w., situation, site; condition, state. From the stem of liegen, 'LIE.'
Lager, n., -s, —, couch; camp; magazine. Cog. of Lage, legen, liegen.
lagern, refl., LIE down; encamp. From the preceding.
lähmen, tr., to LAME, cripple. From lahm, 'LAME.'
lallen, intr., speak imperfectly; stammer. An imitative word.
Land, n., -es, ⸗er or (poetic) -e, LAND; country; soil.
Landbesitzer, m., -s, —, LAND-holder.
Landesherr, m. w., reigning prince.
Landesmark, f. w., boundary of the LAND.

Landgraf, m. w., LANDGRAVE.
Landsleute, pl., countrymen; sing., Landsmann.
Landschaft, f. w., LANDSCAPE. B. 515, 4.
Landsprache, f. w., diet, assembly of the estates of the LAND.
Landstraße, f. w., highway.
Landwehr, f. w., a kind of militia. As it is peculiar to Germany, the word need not be translated. The same is true of the next word.
Landwehrmann, m., -es, ⸗er, a member of the "LANDWEHR."
Landwirt, m., -es, -e, landlord; farmer.
lang, adj., LONG; tall. Often added after an expression of time. See note to p. 6, l. 4.
lange, adv. of time, LONG.
Länge, f. w., LENGTH; tallness; der — nach, at full LENGTH.
längs, prep. with gen. or dat., ALONG.
langsam, adj., slow; slack.
längst, adv., long ago. Parallel to jüngst, which see.
Lanze, f. w., LANCE. From Fr.
Lappen, m., -s, —, flap, rag. [LAP.]
Lärche, f. w., LARCH. From L.
Larifari, indecl., nonsense. Orig.?
Lärmen, n. or m., -s, noise, ALARM. From Fr.
lärmen, intr., make a noise.
lärmend, part. adj., noisy.

laſſen, ließ, gelaſſen, tr., LET; *leave undone; relinquish; cause* (to be done); *allow* (to be done). B. 267, 7; 272.

Laſt, 'f. w., LOAD, *burden;* pl. *taxes.* From laden. As to ſ see B. 412, 2.

laſten, intr., *weigh, oppress.*

Latein', n., indecl., LATIN.

lateiniſch, adj., LATIN.

Laub, n., -eš, *foliage,* LEAVES.

lauern, intr., LURK, *lie in wait.* [LOWER.]

Lauf, m., -eš, ᴜe, *run, course.*

laufen, lief, gelaufen, with ſ. or h., *run.* [LEAP, LOAF.]

lauſchen, intr., *listen.*

laut, adj., LOUD; *public.* Etym., B. 396.

Laute, f. w., LUTE. From Arabic.

läuten, tr. or intr., *ring.* From laut.

lauter, adj., *clear, pure;* fig. and uninflected, *mere, nothing but.* B. 212, 1.

lautloš, adj., *soundless; mute.* From der Laut, 'sound.'

Lazarett', n., -eš, -e, *hospital.* From Italian.

leben, intr., LIVE.

Leben, n., -š, LIFE. Really the inf. See Weſen, Leiden.

Lebensart, f. w., *mode of* LIFE.

Lebensbild, n., -eš, -er, *biography;* lit., 'picture of a LIFE.'

Lebensfreude, f. w., *joy of* LIFE.

lebensgefährlich, adj., *dangerous to* LIFE.

Lebensretter, m., -š, —, *rescuer.*

Lebewohl, n., -š, *farewell.*

lebhaft, adj., LIVELY, *active.*

Lebtag, m., -š, -e, DAYS *of* (one's) LIFE.

lecken, tr., LICK.

lecker, *dainty, delicate.* From the stem of lecken.

Leckerei', f. w., *tid-bit, dainty.*

Leder, n., -š, LEATHER.

Ledermütze, f. w., LEATHER *cap.*

leer, adj., *empty, vacant.*

leeren, tr., to *empty, clear.*

legen, tr., LAY; ſich —, LIE *down; subside, abate.* Der. from liegen.

Legion', f. w., LEGION. From L.

Leh(e)n, n., -š, —, *fief.* [LOAN.] From the stem of leihen, 'LEND.'

Lehnsherr, m. w., *suzerain, feudal lord.*

lehnen,'tr., LEAN; ſich —, RECLINE, LEAN *against.* As to L. c and loss of h before l, see B. 415, 3, *end.*

Lehre, f. w., *doctrine, precept.* [LORE.]

lehren, tr., *teach, instruct.* Cog. with lernen, 'LEARN,' leiſten, 'accomplish.'

Lehrmeiſter, m., -š, —, *teacher, tutor.*

-lei, noun-suff., orig. a fem. noun, meaning 'kind,' 'sort.'

Leib, m. -eš, -er, *body; belly.* From the stem of leben. Its older, now obsolete, meaning is 'LIFE.'

Leibliedchen, n., -š, —, *favorite song.* Leib- in many compds. has this force, implying 'near and dear' to one, e. g. Leibgarde, 'body-GUARD,' Leibkutſcher, 'private COACHMAN.'

Leiche, f. w., *corpse.* Cog. with -leich in gleich and -lich, which see.

Leichenkonduft, m., -š, -e, *funeral procession;* lit., 'accompanying the corpse.'

Leichnam, m., -š, -e, *dead body* = Leiche.

leicht, adj., LIGHT, *easy, slight.*

leichtbeſchwingt, part. adj., LIGHT-*winged.* Die Schwinge, 'wing.'

leid, adj. (or adv.), *sorrowful, regretful;* — ſein, — thun, impers. with dat., *to regret, be sorry for;* similarly — werden, *repent, become a source of sorrow or regret.* Really identical with the noun Leid.

Leid, n., -eš, *sorrow, grief, injury.* See note to p. 36, l. 8.

leiden, litt, gelitten, tr., *suffer; permit.* As to b-t, B. 411, 416.

Leiden, n., -š, —, *suffering; calamity.* The inf. has become a complete noun. Cp. Weſen, Leben.

Leidenſchaft, f. w., *passion.*

leidenſchaftlich, adj., *passionate.*

leider, adv., *unfortunately, alas!* The compar. of leid.

Leier, f. w., LYRE. From Gr.

-lein, a diminutive suff. like -chen, but rarer. Always indicates neuter gender. B. 500, 1; 493, 4.

leinen, adj., LINEN. From der Lein, 'flax.'

Leinwand, f., LINEN *cloth.* -wand stands by folk-etymology for WAT, 'clothing, WEEDS.'

Leinwandbecke, f. w., LINEN *cover or spread.*
leise, adj., *soft, low; slight.*
leisten, tr., *perform, accomplish, do, render.* [LAST, 'endure.'] From the stem of lehren, lernen; cp. bie Lift.
leiten, tr., LEAD.
Leiter, f. w., LADDER. From the stem of lehnen, 'LEAN against.'
Leiterbaum, m., -es, ⁿe, *skids*, i. e. the BEAMS or *side-pieces* of a LADDER (used for loading or unloading barrels, etc.).
Leitung, f., LEADING, *guidance, direction.*
Lenz, m., -es, -e, *spring.* Poet. and dialectic for ber Frühling. [LENT.]
Leopard', m. w., LEOPARD. From L.
Lerche, f. w., LARK.
lernen, tr., LEARN. Cog. with lehren.
lesen, las, gelesen, tr., *read, gather.* [LEASE = glean.]
lest, adj., LATEST, LAST. Orig. the sup. of an adj., laß, 'tired.' Cp. Eng. LATE, LET (hinder). B. 439, 2.
Leu, m. w., LION; arch. doublet of Löwe. As to u and w, see B. 490, 6.
leuchten, intr., LIGHT, *shine.* Der. from Licht, 'LIGHT.'
Leute, pl., *people, men.* In compds. instead of the pl. of -mann, but with a distinction. B. 172.
-lich, adj.-suff., -LY, -LIKE. Also adv. suffix -LY. B. 526, 3; 554, 2. See note to p. 51, l. 17. Cog. of gleich, Leiche.
licht, adj., LIGHT, *bright.* Cog. with the next word.
Licht, n., -es, -er, LIGHT; pl., -e, *candle.* Etym., B. 396, 488, 3, 4.
Lichtglanz, m., -es, *brilliancy* (of LIGHT), LUSTRE.
Lichtpunkt, m., -es, -e, LUMINOUS POINT, *focus.*
Lichtung, f. w., *clearing.* From lichten, 'make clear or LIGHT.'
lieb, adj., *dear,* BELOVED, *precious;* — sein with dat., *please;* — haben, tr., *hold dear, to like;* — gewinnen, *become fond of.* [LIEF.]
Lieb, n., -es, LOVE, *sweetheart.* The adj. has become a noun.

Liebchen, n., -s, —, *sweetheart.* Dim. of bas Lieb, 'LOVE.'
Liebe, f., LOVE.
lieben, tr., LOVE. This and loben, 'to praise,' glauben, 'to BELIEVE,' with their derivatives, come from the same stem. B. 496, *end.*
liebenswürdig, adj., WORTHY OF LOVE, LOVABLE.
Liebenswürdigkeit, f. w., *amiableness;* pl., *amiable acts or words.*
Liebesblick, m., -es, -e, *affectionate look.* The -s is a connective, orig. sign of the gen. B. 518, 3.
Liebesglut, f., *passion of* LOVE.
Liebesweise, f. w., *song of* LOVE.
lieblich, adj., LOVELY.
Liebling, m., -es, -e, *favorite.*
liebst-, adj., sup. of lieb, as a noun, *dearest, favorite;* am liebsten sein, with dat., *like best;* with other verbs, *prefer to, like most or best of all.*
Lied, n., -es, -er, *song.*
Liedchen, n., -s, —, *little song, ditty.* Dim. of Lied.
liefen, see laufen.
liegen, lag, gelegen, intr., LIE, *be situated;* es liegt einem an, with dat., *one cares for, thinks important;* es liegt an, with dat., *it* LIES *with, is the fault of.*
ließ, see lassen.
Linde, f. w., LINDEN.
Lindenblatt, n., -es, ⁿer, LINDEN-*leaf.*
Linderung, f., *alleviation, soothing.* For cog. see gelinde.
-ling, noun-suff., -LING. Indicates masc. gend. B. 500, 3.
-lings, adv. suff., -LING, -LONG in *sideling, headlong.* B. 553, 1.
link-, adj. used attributively only, *left;* bie Linke, decl. as w. adj., *the left hand.*
links, adv., *on the left, to the left.*
Linnentuch, n. -es, ⁿer, LINEN *cloth or sheet.* Linnen is the Low G. form of Lein, 'LINEN.'
Lippe, f. w., LIP. From Low G. B. 414, 2 *a.*
List, f. w., *cunning, craft, wiles.* Related to leisten.
listig, adj., *artful, cunning.*

VOCABULARY.

Lithauer, m., -s, —, LITHUANIAN.

Lob, n., -es, *praise, commendation.* For cog. see lieben.

loben, tr., *praise.*

löblich, adj., *praiseworthy.* Short ö.

Loch, n., -es, "er, *hole.* [LOCK.] In older G., 'hiding place,' 'prison.'

Locke, f. w., LOCK, *curl.*

locken, tr., *entice, decoy.*

locker, adj., *loose, spongy;* fig., *dissolute.* Cog. of Loch, Lücke, 'gap.'

lobern, intr., *blaze, flare.*

Löffel, m., -s, —, *spoon.* For Leffel, der. from a verb extant in Eng. LAP (lick up). As to ö and e see ergötzen.

log, see lügen.

Log'gia, f. pl., -ien, LOGGIA. From Italian, where it is a Germanic loan-word, viz., G. Laube, *arbor.* The singular is still pronounced Italian, ggi = j, in judge. See note to p. 8, l. 5.

lohen, intr., *blaze, burn.* From the stem of Licht, leuchten.

Lohn, m., -s, *reward;* n., -s, "e, *pay.*

lohnen, tr., *reward;* impers., es lohnt der Mühe (gen.), 'it is worth while.'

Lombar'de, m. w., LOMBARD. From Longobarde.

Lombardei', f., LOMBARDY.

lombar'disch, adj., LOMBARDIC.

Longobar'de, m. w., LONGOBARD. Seemingly from lang and Bart, LONG, BEARD, but orig.?

Longobar'benreich, m., -es, *kingdom of the* LONGOBARDS.

Lorbeer, m., -s, -n, LAUREL. -beer is 'BERRY.'

Lo'rle, nickname for Lorenz, LAURENCE. From L.

Los, n., -es, -e, LOT; *fate.*

los, adj., LOOSE, *disengaged.* This and its derivatives come from the same stem as verlieren, LOSE. As adv. or sep. accented pref. = *un-, off,* LOOSE, *toward, away.* See note to p. 163, l. 10.

-los, adj.-suff., -LESS. The same as the above.

löschen, tr., *extinguish.*

lösen, tr., LOOSEN; *redeem; solve* (a riddle). From los.

losgehen, ging —, -gegangen, with s., *come* LOOSE, GO *off.*

loskriegen, tr. sep., *get the hang or knack of;* lit., 'get LOOSE.' Colloq.

loslassen, ließ —, -gelassen, tr., LET LOOSE, LET *go.*

loslaufen, lief —, -gelaufen, with s and auf with acc., *rush upon.*

losmachen, tr. sep., LOOSEN; sich —, *disengage one's self.*

lossagen, refl. sep., *renounce;* lit., 'declare one's self LOOSE from.'

losspringen, sprang —, -gesprungen, with s., *jump away;* — auf, with acc. and s., *rush* UPON.

losstürzen, with s., sep., *dash away or upon.*

Lostag, m., -es, -e, DAY *of drafting.* From Los, 'LOT.'

Losung, f. w., *sign; pass-word.* From los, lösen.

Lot, n., -es, -e, *half ounce;* lit., 'a weight of LEAD.' Long o.

Lothar', m., -s, LOTHAIR; lit., 'famous in war,' compd. of laut and Heer, 'army.' The inherited form is Luther.

Lothringen, n., -s, LORRAINE. From Lothar.

Löwe, m. w., LION. Cp. Leu.

Löwengarten, m., -s, ", LION-*park or -pit.*

Löwenfamilie, f. w., FAMILY *of* LIONS.

Lücke, f. w., *gap, defect.* For cog. see locker.

Ludwig, m., -s, LOUIS; lit., 'famous in strife.' Lud- is cog. with laut. See Luther. Long u.

Luft, f., "e, *air, atmosphere; vent; breeze.* [LOFT, dialectic LIFT].

luftig, adj., *airy, breezy;* fig., *flighty.*

Luftröhrenschnitt, m., -es, -e, *laryngotomy;* lit., 'cut into the windpipe.'

Lüge, f. w., LIE.

lügen, log, gelogen, tr. or intr., LIE.

Lügner, m., -s, —, LIAR.

Luise, f., -ns, LOUISE. G. spelling of Fr. LOUISE, from late L. LUDOVICIA, fem. of LUDOVICUS, which is the L. for Ludwig.

Lust, f., "e, *pleasure; fancy, mind;* LUST.

lustig, adj., *merry, gay.*

VOCABULARY.   363

luftigyrün, adj., *gaily-*GREEN.
Luftspiel, n., -8, -e, *comedy;* lit.,
'pleasure-play.'

M.

machen, tr., MAKE, *produce; do;* sich auf
den Weg —, *set out;* sich auf die Beine
—, *start, set out;* lit., 'get on one's
legs'; sich (dat.) viel, wenig, nichts aus
etwas —, *care much, little, nothing
for.*
Macht, f., "e, MIGHT, *power, force.* From
the stem of mag, mögen.
Machtgebot, n., -8, -e, *despotic command, dictation.*
mächtig, adj., MIGHTY. From Macht.
Mädchen, n., -8, —, *girl,* MAIDEN,
MAID; *daughter.* Dim. of Magd, Maid.
Mädel, n., -8, —, *girl.* Dialectic dim. of
Magd.
mag, pres. sing. ind. of mögen.
Magd, f., "e, MAID-*servant;* in elevated
style *virgin, holy Virgin.*
Magen, m., -8, — (or "), *stomach,* MAW.
mähen, tr., MOW.
Mahl, n., -e8, -e, MEAL. Perhaps
identical with Mal.
Mahlzeit, f. w., MEAL-TIME, MEAL.
Mähne, f. w., MANE.
Mähre, f. w., MARE.
Mai, m., -8, MAY. From L.
Maid, f., poet. for Mädchen, MAIDEN.
Maienlicht, n., -8, LIGHT *of* MAY.
Mai(en)tag, m., -e8, -e, MAY-DAY.
Mailand, n., -8, MILAN, city in Italy.
Mailänder, m., -8, —, MILANESE.
Mainz, f., MAYENCE, city in Germany.
Majestät', f. w., MAJESTY, MAJESTY (in
address). From L.
Makel, m., -8, —, *stain, blot; fault.*
From L.
Mal, n., -e8, -e, (or "er), *time, bout;
mark, sign, spot.*
-mal, in many compds. where it is acc. or
abbreviated dat. pl. B. 531, 2.
mal, for einmal', adv., *once.*
man, indecl. pron., *one, a* MAN, *they.*
Only nom., B. 98.
man, adv., *only.* It is Low G., for the
older wan, 'except, only.'

Luther, m., -8, LUTHER. See Lothar.
Short u.

manch-, indef. pron., MANY *a;* MANY.
B. 100. ch stands for -ig, which see.
Cp. mannigfach. From Mann?
mancherlei, adj. uninflected, *of various
kinds, diverse;* as a noun, *various.
diverse things.* Really a gen.
manchmal, adv., MANY *a time.*
Mandel, f. w., ALMOND. From Gr.
Mangel, m., -8, ", *want, defect, penury;*
pl., *shortcomings.*
Mann, m., -e8, "er, MAN; *husband;*
pl., Mannen, *vassals, warriors.* B. 58, 59.
Männerarm, m., -8, -e, ARM *of a* MAN.
Männerherz, n., -ens, -en, MANLY
HEART.
Männerwürde, f., *dignity of* MAN.
mannigfach, adj., MANIfold, *various.*
männlich, adj., *masculine;* MANful.
Mantel, m., -8, ", MANTLE. From L.
Mäntelchen, n., -8, —, *little cloak.*
See note to page 23, l. 22. Dim. of
Mantel.
Mär(e), f. w., *tale, story; tidings, news.*
Less common in the first sense than the
next word, its dim.
Märchen, n., -8, —, *tale, story, fairy
tale.* See Märe.
Marcus-Kirche, f., ST. MARK'S (CHURCH)
in Venice.
1. Mark, n., -e8, MARROW, *pith.*
2. Mark, f., MARK. Perhaps the same as
die Marke, *token.* See note to p. 80, l. 24.
3. Mark, f. w., MARCH, *boundary;
border-land, boundary-province,* then
any *province,* like Brandenburg, Altmark, etc. [MARGIN.]
Märker, m., -8, —, inhabitant of the
MARK Brandenburg and of the "MARK"
par excellence, which is now a part of
Westphalia.
Markgraf, m. w., MARGRAVE; lit.,
'count of the border-land.'
Markomanne, m. w., MARCOMANNI.
Markt, m., -8, "e, MARKET, MART, *fair;*
MARKET-*place.* From L.

marmelſteinern, adj., *of* MARBLE, MARBLE. Arch. for marmorſteinern.

Marmor, m., -ß, MARBLE. From L.

Marmorbild, n., -eß, -er, MARBLE statue or bust.

marmorn, adj., *of* MARBLE, MARBLE.

Marmorſäule, f. w., MARBLE *column*.

Marmorſtein, m., -ß, -e, MARBLE (STONE).

Marmortiſch, m., -eß, -e, MARBLE *table*.

Marſch, f., ⁻e, MARCH, *route*. From Fr.

Marſchall, m., -ß, -ſchälle, MARSHAL. Lit., 'horse-servant,' 'groom,' because Mar-, -horse and -ſchall for -ſchalk = Knecht, 'servant.' See die Mähre, 'MARE,' ber Schalk, 'rogue.' In the Middle Ages it meant 'master of the horse,' 'quarter-master.'

Marſe, m. w., MARSIAN. Name of an old G. tribe on the North coast, MARSI in L.

Marthe, -nß, MARTHA. From Hebrew.

März, m., -eß, MARCH. From L.

Maſchi'ne, f. w., MACHINE, *engine*. From Fr.

Maß, n., -eß, -e, (or f w.), *measure, size; proportion;* MODERATION The fem. occurs often in compds. See folgen= bermaßen. Long a.

Maſſe, f. w., MASS, *heap*. From L.

mäßig, adj., MODERATE; *frugal; middling*. Occurs in compd. adjs. See regelmäßig.

Mäßigkeit, f., MODERATION, *temperance; mediocrity*.

Maßregel, f. w., *measure(s)*, REGULATION.

Maſt, m., -eß, -en, MAST (of a ship).

matt, adj., *faint, exhausted;* MATE (at chess). From Arabic and Persian.

Matte, f. w., MEAD, MEADOW. Der. from mähen (?).

Mauer, f. w., *wall*. From L.

Maul, n., -eß, ⁻er, MOUTH (not proper now speaking of man; Munb has taken its place).

Maultier, n., -eß, -e, MULE. See note to p. 46, l. 2. From L.

Max, MAX, abbreviation of Maximilian.

Meer, n., -eß, -e, *sea*. [MERE = 'lake.']

Meerenge, f. w., *strait;* lit., 'narrowness of the sea.'

mehr, adj., MORE. Used as compar. of viel. Compar. in pl., *several*. B. 76.

meiden, mied, gemieden, tr., *avoid, shun*.

Meierhof, m., -eß, ⁻e, *farm*. Meier means 'steward,' 'farmer.' From L. MAJOR (domus).

mein, poss. pron., MY, MINE; also arch. gen. of ich.

meinen, tr. or intr., MEAN, *think*, MEAN *to say, intend; signify; remark*.

meiner, gen. of ich; also gen. sing. fem. and pl. of mein.

Meinung, f. w., MEANING, *opinion; Intent*.

Meiſe, f. w., *t/t*MOUSE, which is a folk-etymology for TITMAS, a small bird.

meiſt, adj., MOST. Used as sup. of viel. Sup. of the stem of mehr; am meiſten, 'MOSTLY, MOST.'

meiſtens, adv., MOSTLY.

Meiſter, m., -ß, —, *master*. From L.

Meiſterſchaft, f., MASTERY; *superiority*.

melden, tr., *announce*.

melken, molk, gemolken, (also w.), tr., MILK.

Melodei', *melody*. From Gr. Doublet of the later and more common Melobie'. B. 498. 3.

Menge, f. w., *quantity, plenty, heap*. Cog. of manch, mannig-, 'MANY.'

Menſch, m. w., MAN, *human being*. Really an adj. with the suffix -iſch from Mann.

Menſchenbruſt, f., *human* BREAST.

Menſchengeſchlecht, n., -eß, *human race*.

Menſchengröße, f. w., *human* GREATNESS; *size of a* MAN.

Menſchenherz, n., -enß, -en, *human* HEART.

Menſchenliſt, f. w., *human wiles*. See Liſt.

menſchenmöglich, adj., *possible to* MAN, *within human power*.

Menſchenſtrom, m., -ß, ⁻e, STREAM *of people*.

Menſchenwitz, m., -eß, *human* WITS; ber Witz, 'WIT,' from the same stem as wiſſen.

Menſchenwohnung, f. w., *habitation of* MAN.

VOCABULARY.

Menschheit, f., MANkind.
menschlich, adj., human, humane.
Menschlichkeit, f., humaneness, humanity.
merken, tr., MARK, notice, REMARK. From die Marke, 'MARK.' See Mark 2.
merkwürdig, adj., WORTHY of notice, REMARKABLE.
Messe, f. w., MASS; fair, because occurring on a Saint's day, when special mass was celebrated. See Feiertag and Kirmes. From L.
Messer, n., -s, —, knife.
Messerstich, m., -es, -e, stab (of a knife).
Messingknopf, m., -es, "e, brass button.
Metall', n., -es, -e, METAL. From Gr.-L.
metallen, adj., of METAL, METAL.
Metzger, m., -s, —, butcher. From late L. (?)
meuchlings, adv., stealthily, maliciously, assassin-like. From a stem meaning 'secret.'
mich, ME, acc. sing. of ich.
Mieder, n., -s, —, bodice.
Miene, f. w., MIEN, air. From Fr.
Miete, f., MEED, pay; rent.
Milch, f., MILK. Cog. with melken.
mild(e), adj., MILD, indulgent, benign; charitable.
Milde, f., MILDNESS, benignity; charity.
mildern, tr., mitigate, soften; extenuate.
Militär', n., -s, army, soldiery. From Fr.
Militärdienst, m., -es, -e, MILITARY service.
Militär'gouverneur, m., -s, -e, MILITARY GOVERNOR. From Fr. See note to p. 221, l. 25.
Militär'reorganisation, f. w., REORGANIZATION of the army. From Fr. and L.
Million', f. w., MILLION. From Fr.
minder, adj., less, [MINOR]. A compar., the positive of which is not extant. Used as compar. of wenig. Cp. mehr. B. 439.
Mini'ster, m., -s, —, MINISTER (cabinet-officer). From L.
Minne, f. w., love. Only arch. and poet. [MIND.]

minniglich, adj., loveable, lovely.
Minu'te, f. w., minute. From late L.
Minyer, m., -s, —, MINYAN.
mir, to ME, dat. of ich.
miß-, -MIS-, generally insep. pref., accented in nouns and their derivatives, unaccented in verbs, but often the accent is doubtful. Orig. a past part. of the stem of meiden. Etym., B. 453, 1. (If miß- is accented in a verb, the past part. sometimes has ge- before miß or after it, or the accent shifts to the stem-syll. and then there is no ge-, e. g. gemiß'-billigt or mißbil'ligt.)
miß'billigen, tr., disapprove. See remarks above.
missen, tr., MISS. Der. of meiden, 'shun.'
mißglü'cken, with f., insep., fail, be a failure.
mißhan'deln, tr. insep., ill-treat, abuse. See note to p. 193, l. 7.
mißlin'gen, -lang, -lungen, with f., MIScarry, turn out a failure. Cp. the opposite gelingen, 'turn out a success.' The simple verb lingen does not occur now.
Miß'trauen, n., -s, MISTRUST.
mit, prep. with dat., with; adv. and sep. accented pref. with the force of with, along, likewise, with others, also.
mitbringen, brachte —, -gebracht, tr., BRING or take along.
miteinan'der, indecl. with ONE ANOTHER.
mitfeiern, tr. sep., celebrate (with the rest), help celebrate.
mithelfen, half —, -geholfen, with dat., HELP (with others), lend a hand.
Mitleid, n., -s, sympathy, compassion.
mitmachen, tr. or intr., join in, do the like; take part.
mitnehmen, nahm —, -genommen, tr., take, carry along.
Mitreise, f. w., participation in travels.
mitschöpfen, tr. sep., help SCOOP, or help draw water.
Mittag, m., -s, -e, MIDDAY; South.
mittags, adv., at noon.
Mittagsbrot, -essen, n., -s, dinner.
Mittagstafel, f. w., (formal) dinner.
Mitte, f. w., MIDDLE, MIDST.

mit'teilen, tr. sep., *communicate, impart.*
Mittel, n., -s, —, MEANS; ſich ins — legen, MEDIATE.
Mittelpunkt, m., -es, -e, *centre.* Lit. 'MIDDLE POINT.'
mittels, prep. with gen., *by means of.* Really a gen. of das Mittel.
mitten, adv., *in the* MIDST, MIDDLE. Preceding prepositions and strengthening the force of the same, e. g. mitten unter..., *right among*...; mitten durch..., *through the very centre.* From Mitte.
Mitternacht, f., "e, MIDNIGHT. Really dat. sing. fem. of the obsolete adj. mitte and Nacht.
Mittwoch, m., -s, *Wednesday;* lit., 'MID-WEEK.' Gender, B. 164, *d.*
mitziehen, zog —, -gezogen, with ſ., *march, go along;* tr., *help pull.*
Möbel, n., -s, —, or -n, *piece of furniture;* pl., *furniture.* From Fr.
möchte, pret. subj. of mögen.
Moder, m., -s, *mould, decay.* [MUD, MOTHER.]
mögen, mochte, gemocht, pres. sing. mag, pret.-pres. and modal auxiliary verb, MAY; *like; be able.*
möglich, adj., *possible;* ſein Möglichſtes thun, *do one's utmost.*
Mohammeda'ner, m.. -s, —, MOHAMMEDAN.
Mohrenfleiſch, n., -es, *flesh of a* MOOR, which is from Gr.-L.
Moment', m., -s, -e, MOMENT. From Fr.
Monat, m., -s, -e, MONTH. As to -at see Heimat.
Mönch, m., -s, -e, *monk.* From Gr.
Mönchlein, n., -s, —, *little* MONK. Dim. of Mönch.
Mond, m., -es, -e, MOON; pl., -en, MONTH (poet.).
Mondenpracht, f., *splendor of the* MOON.
Mondfinſternis, f., -ſſe, *eclipse of the* MOON.
Mondlicht, n., -es, MOONLIGHT.
monoton', adj., MONOTONOUS. From Gr.
Montſalvatſch, lit., 'MOUNT *of* SALVATION' in the legend of the holy Grail.
Moos, n., -es, -e, MOSS.

mooſig, adj., MOSSY.
morden, tr. or intr., MURDER. From der Mord, 'MURDER.'
Mörder, m., -s, —, MURDERER.
mörderiſch, adj., MURDEROUS.
Mordſucht, f., *strong desire for* MURDER; *bloodthirstiness.* See –ſucht.
morgen, adv., TO-MORROW. The dat. of the noun.
Morgen, m., -s, —, MORNING; *East.*
Morgenland, n., -es, *eastern country; Orient.*
Morgenrot, n., -s, MORNING *twilight; sunrise;* lit., 'MORNING-RED.'
Morgenſonne, f. w., MORNING SUN.
morſch, adj., *rotten, decaying.*
Moskau, n., -s, Moscow.
Möve, f. w., *sea-gull,* MEW.
müde, adj., *tired, weary.* From the stem of the next word.
Mühe, f. w., *pains; toil; trouble;* ſich (dat.) — geben, *take trouble* or *pains.*
mühevoll, adj., *laborious, toilsome.*
Mühle, f. w., MILL. From the stem of mahlen, 'grind.'
Mühl(en)rad, n., -es, "er, MILL-*wheel.*
Mühlknappe, m. w., MILLER-*boy.* See Knappe.
mühſam, adj., *arduous; pains-taking; laborious.*
Mühſeligkeit, f. w., *hardship.* From die Mühſal, 'difficulty,' 'hardship.' B. 525, 2, *a.*
Müller, m. ,-s, —, MILLER. From die Mühle.
Müllertracht, f. w., MILLER's *clothes.* See Tracht.
Mund, m., -es, MOUTH; *opening.*
munden, with dat., *to relish.*
munkeln, intr., *whisper.*
munter, adj., *lively, awake, brisk, gay.*
Münze, f. w., *coin;* MINT. From L.
murmeln, intr., vor ſich (dat.) hin —, MURMUR *to one's self.* An imitative word.
murren, intr., MURMUR, *grumble.*
mürriſch, adj., *surly, glum, cross.*
Muſchel, f. w., MUSCLE (fish); *shell; knob* or *button* (from its shape). See p. 93, l. 5. From L.

Muſe'um, n., -ß, -ſe'en, MUSEUM. From Gr.-L.
Muſik', f., MUSIC. From Gr.-L.
müſſen, mußte, gemußt, pret.-pres. and modal auxiliary verb, MUST, have to.
müßig, adj., at leisure; idle. (Short ů.) From bie Muße, 'leisure,' which comes from the same stem as müſſen, the older meaning of which is 'have occasion for.' Muße has long u.
Muſter, n., pattern, type; sample. From Italian.
Mut, m., -eß, courage, spirit; MOOD, humor; ʒu mute ſein, with dat., feel.
Is in compds. masc. and fem. B. 164, a.
mutig, adj., courageous, spirited.
Mutter, f., ⸗, MOTHER. As to t — th, cp. Vater, FATHER. B. 411.
Mütterchen, n., -ß, —, little MOTHER; good old woman. Dim. of Mutter.
Mutterhauß, n., -eß, original source; lit., MOTHER-HOUSE (poet.).
mütterlich, adj., MOTHERLY; on the MOTHER'S side.
Müße, f. w., cap.
Myrte, f. w., MYRTLE. From Gr.-L.
Mythe, f. w., MYTH. From Gr.

N.

Na, an exclamation, well, how now. Colloq.
nach, prep. with dat., after, behind; according to; to (things, not persons); for, about. Stands often before adverbs. Sep. accented pref. with the same force. Nach und nach, by degrees. Doublet of nahe, adj., 'NIGH.'
Nach'bardorf, n., -eß, ⸗er, NEIGHBORING village. Der Nachbar, 'NEIGHBOR,' from nahe and -bar = Bauer, 'dweller.'
Nach'barſchaft, f., NEIGHBORhood; NEIGHBORS.
nachdem', conj., after, according as; adv., afterwards.
nachdenkend, part. adj., pensive. From nach'denken über etwaß, 'ponder.'
nacheilen, sep., with ſ. and dat., hasten after.
Nachfolger, m., -ß, —, FOLLOWER, successor.
Nachforſchung, f. w., Inquiry, search. From nachforſchen, 'inquire into.'
nachgeben, gab —, -gegeben, with dat., GIVE way to, yield.
nachher', adv., subsequently.
Nachhut, f., rear-guard (of an army). See die Hut, 'guard.'
nachkommen, kam —, -gekommen, with ſ. and dat., COME after, follow.
nach'malig, adj., subsequent, later. -malig, from baß Mal, 'time.'
Nachmittag, m., -ß, -e, afternoon; -ß, adv., in the afternoon; P. M.
Nachricht, f. w., information, news.
-richt has the force of Bericht, 'report,' berichten, 'inform.'
nachſagen, sep., with dat. of the pers. and acc. of the thing, say of one, repeat.
nachſchwimmen, ſchwamm —, -geſchwommen, with ſ. and dat., SWIM after.
nachſehen, ſah —, -geſehen, with dat. of pers., look after; with dat. (and acc.), be indulgent toward; acc. alone or no case, look into, review.
nächſt-, sup. of nahe, NEXT; noun but declined as adj., NEIGHBOR, fellow-man; adv., NEXT, NEXT to.
nachſtehen, ſtand —, -geſtanden, with dat. and h., STAND after; fig., be inferior.
Nachſtellung, f. w., pursuit, waylaying, snares. From nachſtellen, 'pursue,' 'waylay.'
nachſuchen, intr. or tr., sep., search; — um etwaß, apply for.
Nacht, f., ⸗e, NIGHT. Etym., B. 429, 1.
nach'teilig, adj., disadvantageous, hurtful. From der Nachteil, 'disadvantage,' cp. der Vorteil, 'advantage.'
Nachtigall, f. w., NIGHTINGALE; lit., 'NIGHT-SINGER.' B. 429, 1.
nächtlich, adj., NIGHTLY.
Nachtlied, n.,-eß,-er, NIGHT-song (poet.).
nachtß, adv., by NIGHT. Really a gen., occurring even with the masc. art., beß Nachtß. B. 429, 1.
nachweiſen, wieß —, -gewieſen, tr., prove, establish; lit., 'point out,' 'refer.'

nackend, adj., NAKED, doublet of nackt.
Nacken, m., -s, —, NECK, nape.
nackt, adj., NAKED. Orig. a weak past part.
Nabel, f. w., NEEDLE, pln. From the stem of nähen, 'sew.'
Nagel, m., -s, ⁻, NAIL.
nageln, tr., to NAIL.
nah(e), adj., NIGH, NEAR, NEIGHboring. Doublet of nach. See nächst.
Nähe, f., NEARNESS, NEIGHborhood.
nahen, refl., approach.
nähen, tr., sew.
nähern, refl., come NEARER, approximate; resemble.
nahmen, see nehmen.
nähren, tr., nourish, feed, support; foster, cherish. Der. from genesen, 'recover'; lit., 'cause to recover.'
Nahrung, f., nourishment, food.
Name(n), -ns, -n, NAME; -ns, adv. gen., by NAME, of the NAME.
na'mentlich, adv., by NAME; especially; t is excrescent, and namen is the full stem of the noun. Cp. nämlich, which has not the en.
nämlich, adj., (the) same; adv., viz., to wit. Short ä. See the preceding.
nannte, see nennen.
Nase, f. w., NOSE.
naß, adj., wet.
Nation, f. w., NATION. t = z. From L.
Natter, f. w., ADDER, viper. Eng. adder has lost an n.
Natur', f. w., NATURE, being. From L.
Naturgenuß, m., -sses, ⁻e, enjoyment of NATURE.
natür'lich, adj., NATURAL.
Nea'pel, n., -s, NAPLES.
Nebel, m., -s, —, mist, fog. For cog. see note to p. 1, l. 2.
nebelgrau, adj., GRAY like fog or vapor.
Nebelschleier, m., -s, —, veil of mist.
Nebelstreif, m., -s, -e, streak of mist.
neben, prep. with dat. or acc., by the side of. From 'ENEBEN,' 'INEBEN'; lit., 'in a line with,' 'EVEN with.'
nebenherlaufen, lief —, -gelaufen, with s., run along by the side of.
nebst, prep. with dat., along with, including. From nebenst, this from Low G. NEVENS, with excrescent t. Cog. with neben.
Neffe, m. w., NEPHEW.
nehmen, nahm, genommen, tr., take, accept. Obsolete NIM.
neidisch, adj., envious, grudging. From der Neid, 'envy.'
neigen, tr., tilt, incline; sich —, bow, be inclined, decline.
nein, adv., NO. Compd. of NE, negative particle and ein, lit., 'NO ONE, NONE.' See note to p. 30, l. 10.
nennen, nannte, genannt, tr., NAME. From der Name, 'NAME.'
Netz, n., -es, -e, NET. Probably from nähen, 'sew.'
netzen, tr., wet, moisten. From naß.
neu, adj., NEW; recent; modern; von neuem, aufs neue, ANEW.
Neugierde, f., curiosity; lit., 'desire for the NEW,' -gierde from the stem of begehren, 'desire.'
neun, NINE.
neunt-, NINTH.
neunzehn hundert, NINETEEN HUNDRED.
neutral', adj., NEUTRAL. From L.
neuvermählt, part. adj., NEWLY married. From sich vermählen, 'marry.' See Gemahl.
nicht, adv., NOT. Orig. a noun, compd. of NE and Wicht, as NAUGHT is of NA and WIHT, WIGHT.
nichts, indef. pron., NOUGHT, nothing. Orig. the gen. of the noun Nicht.
nicken, intr., nod. Der. of neigen; cp. bücken from biegen.
nie, adv., NEVER. Compd. of NE and je.
niebesiegt, part. adj., NEVER beaten.
nieder-, adj., NETHER, lower. B. 76, 2, a. Adv. and sep. accented pref., down, downward.
niederbeugen, tr. sep., BOW, stoop down.
niederdrücken, tr. sep., press down, oppress.
niederfallen, fiel —, -gefallen, with s., FALL down.
niederhalten, hielt —, -gehalten, tr., HOLD, keep down.
niederknieen, intr. sep., KNEEL down.

VOCABULARY.   369

Niederlage, f. w., *defeat;* -lage from liegen.
Niederlande, pl., *the* NETHERLANDS.
niederlaffen, ließ —, -gelaffen, tr., LET *down;* sich —, *sit down, alight; settle.*
niederlegen, tr. sep., LAY *down, put down; resign;* sich —, LIE *down.*
niederliegen, lag —, -gelegen, intr., LIE *low, prostrate.*
niederneigen, refl. sep., *stoop down.*
niederreißen, riß —, -geriffen, tr., *tear down, demolish.*
niederreiten, ritt —, -geritten, tr., RIDE *over and trample down;* with f., RIDE *down* (from).
niederfäufeln, intr. sep., *come rustling down.*
niederfchauen, intr. sep., *look down.*
niederfenken, tr. sep., *cause to* SINK *down, lower;* sich —, SINK *down.*
niederfetzen, tr. sep., SET *down;* sich —, SIT *down.*
niederfitzen, faß —, -gefeffen, intr., SIT *down.*
niedersteigen, stieg —, -gestiegen, with f., *descend.*
niederstrecken, refl. sep., *lie down* STRETCHED *out.*
niederwerfen, warf —, -geworfen, tr., *throw down.*
niedlich, adj., *neat, pretty, delicate.*
niedrig, adj., *low; vulgar; humble; abject.* From nieder.
niemals, adv., NEVER. Compd. of NE, je, mal.
niemand, indef. pron., NO ONE. Compd. of NE and jemand.
Nil, m., -s, NILE. Long i.
Nilfchlamm, m., -s, *mud of the* NILE.
Nilusstrand, m., -es, *bank of the* NILE. Nilus is the L. form of the name.
nimmer, adv., NEVER; lit. and prov., NO MORE, as on p. 97, l. 23; 155, l. 16. Compd. of NE and immer.
nimmermehr, adv., NEVER MORE; *by no means.*
nirgend(s), adv., NOwhere. Compd. of NE and irgend.
-nis, noun-suff., -NESS. B. 503.
nit, dialectic for nicht, NOT.

1. **noch**, adv., *yet, still; more;* — nicht, *not yet;* — so, before an adj., *ever* or *never* so. Compd. of NU, 'NOW' and -H, L. QUE.
2. **noch**, conj., correlative of weder or any other negative, *nor.* Compd. of NE and -H, but early coinciding in form with noch, adv.
nochmals, adv., *again. once more.*
Nord(en), m., -ens, NORTH.
Nordarmee, f., -n, ARMY *of the* North.
Nordlichtschein, m., -es, *glow of the* NORTHERN LIGHTS.
Nordpol, m., -s, NORTH POLE.
Nordfee, f., *German Ocean;* lit., 'NORTH SEA.'
Not, f., dat. pl., Nöten, NEED, *want; compulsion; trouble, distress.* — thun, *be necessary;* with dat., *be in* NEED *of, want.*
Notfall, m., -s, ᵘe, *case of necessity.*
nötig, adj., NEEDFUL, *necessary;* — haben, with acc. or older gen., *to* NEED, *be in* NEED *of.*
Notlüge, f. w., *white* LIE; *fib.*
notwendig, adj., *necessary, indispensable.* The second element is either active 'warding off necessity,' or passive 'driven by necessity.'
November, m., -s, NOVEMBER. From L. v = w.
nudeln, tr., *cram, fatten* (geese), with Nudeln, balls made of flour or meal.
nun, adv., NOW, *well;* conj., NOW *that, since.* The second n is adv. suff.
nunmehr, adv., *by this time;* lit., 'NOW MORE' (than ever). An emphatic nun.
nur, adv., *only, but, simply;* in a clause beginning with relat. pron. or adv., *ever, soever.* Compd. of NE and WAERE, 'WERE IT NOT.'
Nuß, f., ᵘsse, NUT.
Nußknacker, m., -s, —, NUT-*cracker.* Knacker from knacken, 'crack.'
nutzen, nützen, tr., *use;* intr., *be of use.* As to the confounding of the two, see note to p. 84, l. 19. From the stem of genießen, 'have the use of, enjoy.' As to ß — tz, B. 535, 1, Rem. 2.

O.

1. **ob**, prep. with gen. or dat., *on account of;* with dat., *above.* This is the stem of oben, ober, über, etc.
2. **ob**, conj., *whether;* when auch, gleich, wohl, schon are in the same clause as modal adverbs, *although, albeit, even.* Orig. the dat. of a noun, IBA, 'doubt.'

oben, adv., ABOVE, *at the top, on high.* From ob.

obendrein, adv., OVER *and* ABOVE; *into the bargain.*

ober-, adj., UPPER; in compds. *chief, supreme.* Accent doubtful, B. 422, 7.

Oberhaupt, n., -es, "er, *supreme* HEAD.

Oberlehns'herrlichkeit, f., *sovereign jurisdiction, suzerainty.*

oberkommandierend-, *chief* COMMANDING; as noun, *chief officer in* COMMAND.

oberst-, adj., UPPERMOST, *supreme.* Used as a noun but declined as adj., *superior, chief,* p. 110, l. 27. Sup. of ober-.

Oberst, m., -en, pl., -e, (or -en), *colonel.* The adj. has taken a pl. like a strong noun. Cp. the preceding.

obgleich', conj., *although.*

Obla'te, f. w., *wafer.* From late L.

Obstgarten, m., -s, ", ORCHARD. Das Obst, 'fruit' (of trees and tree-like shrubs).

obwohl, conj., *although.*

O'cean, m., -s, -e, OCEAN. From Gr.-L. c = z.

Oce'anus, prop. name, OCEANUS, which according to the ancients flowed around the earth.

Ochs, m. w., OX.

öde, adj., *waste, desolate.*

Öde, f. w., *desert.*

oder, conj., OR, *else;* also correlative of entweder, which see.

Ofen, m., -s, ", OVEN, *stove.*

offen, adj., OPEN; *ouvert; frank.*

offenba'ren, tr. insep., *manifest, disclose.* From the adj. offenbar', 'manifest, obvious.'

Öf'fentlichkeit, f., *publicity.* From the adj. öffentlich, this from offen with excrescent t.

Offizier', m., -s, -e, *officer* (of the army). From Fr.

öffnen, tr., OPEN. From offen.

Öffnung, f. w., OPENING.

oft, adv., OFTEN.

öfters, adv., *quite* OFTEN. A compar. of oft with adv. s.

oh, interjection, OH.

Oheim, m., -s, -e, *uncle.* [Proper name EAMES.]

ohne, prep. with acc., *without; destitute of; except;* — daß, *but that;* with inf. and zu, equivalent to Eng. 'without' and pres. part.

ohnedies, adv., *without that, anyhow.*

ohnmächtig, adj., *impotent; swooning.* From die Ohnmacht, 'swoon.' Apparently from ohne and Macht, 'without power.' Etym., B. 516, 10.

oho, interjection, OHO.

Ohr, n., -s, -en, EAR.

Ohrfeige, f. w., *box on the* EAR. Folk-etymology, as if from Feige, 'FIG,' but from fegen, 'sweep,' Low G. 'strike.'

Oktober, m., -s, OCTOBER. From L.

Operation', f. w., OPERATION. From L. t = z.

Opfer, n., -s, —, OFFERING, *sacrifice; victim.* From opfern.

opfern, tr., *sacrifice,* [OFFER]. From L. OFFERRE.

Ora'kel, n., -s, —, ORACLE. From L.

Oran'ge, f. w., ORANGE. From L., this from the Orient. See note to p. 45, l. 10.

Orden, m., -s, —, ORDER. From L.

ordentlich, adj., ORDERLY, *proper; in* ORDINARY. t is excrescent. See namentlich.

ordnen, tr., ORDER, *dispose, set in* ORDER. From Orden.

Ordnung, f. w., ORDER, *regulation; class, kind.*

Orgel, f. w., ORGAN. From late L.

Orgelbauer, m., -s, —, ORGAN-*builder.*

Orgelklang, m., -es, "e, *note of the* ORGAN.

Orkan', m., -s, -e, HURRICANE. From Caribbean.

VOCABULARY. 371

Ornat', m., -es, -e, ORNAMENT, *state.* From L.

Ort, m., -es, "er or -e, *spot. place.* Gen. pl. Orten is common.

Osirisfeier, f., *festival of* OSIRIS.

Österreich, n. -s, AUSTRIA; lit., 'EASTERN REALM.'

Österreicher, m., -s, —, AUSTRIAN.

österreichisch, adj., AUSTRIAN.

Ostertag, m., -es, -e. EASTER DAY. From

Oster, generally pl. Ostern, 'EASTER.' Cog. of Osten, 'EAST,' 'AUSTRO,' a goddess, 'AURORA.'

Osterzeit, f., EASTER TIME.

Östreich, see Österreich.

Ostsee, f., *the Baltic;* lit., 'EAST SEA.' Cp. Nordsee.

Otterfell, n , -es, -e, OTTER *skin.*

Ovation', f. w., OVATION. From L. v = w.

P.

Paar, n., -es, -e, PAIR, *couple;* undeclined indef. numeral, ein paar, *a few, two or three.*

Päckchen, n., -s, —, *little* PACKET. Dim. of das Pack, 'PACK.'

packen, tr., PACK, PACK *up; seize;* sich —, PACK *up and leave.*

paff, exclamation, *bang.* An imitative word.

Page, m. w., PAGE. From Fr. g = s in 'pleasure.'

Palais, n., —, —, (but s pronounced in pl.), PALACE. Very modern, from Fr.

Palast', m., -es, -äste, PALACE. Early loan-word from Fr. See Papst as to t.

Palme, f. w., PALM. From L.

Pa'nisbrief, m., -es,- e, *benefice;* lit., 'bread-letter.' See note to p. 161, l. 24. From L.

Panther, m., -s, —, PANTHER. From L.

Panzer, m., -es, —, *coat of mail.* From Italian; lit., 'PAUNCH-*protector.*'

Panzerring, m., -es, -e, RING *of the coat of mail.*

Papier', n., -s, -e, PAPER. From Gr.-L.

Papier'boot, n., -es, -e, "e, PAPER BOAT.

Papst, m., -es, "e, POPE. t is excrescent, as in Art, Saft, Palast. From late L.

päpstlich, adj., PAPAL.

Para'bel, f. w., PARABLE. From Gr.

Para'de, f. w., PARADE. From Fr.

Pardon', m., -s, PARDON. From Fr.

Pari'ser, m., -s, —, PARISIAN.

Parnassus, m., —, PARNASSUS. From Gr.

Paro'le, f. w., *watch-word, pass-word.* From Fr.

Partei', f. w., PARTY, *faction;* — nehmen, *take sides.* See -ei. From Fr.

parteilos, adj., IMPARTIAL, *neutral.*

Parteiname, m. -s, -n, PARTY-*name.*

Partie', f. w., PART; PARTY; *company; rubber* (at cards); *match* (in marriage). Borrowed later than Partei from Fr.

Pass, m., -sses, "sse, PASS, PASSAGE; PASSPORT. From Dutch.

passen, tr., *adapt;* intr., *fit, be suitable;* sich —, *be fit.* From Fr.

passend, part. adj., *suitable, fit, pertinent.*

Pater, m., -s, pl. Patres, FATHER, title of a priest. From L.

Patient', m. w., PATIENT. From Fr. t = s. 3 sylls.

Pause, f. w., PAUSE. From Fr.

peinlich, adj., PAINFUL; (legal phrase) *criminal, capital.* From die Pein, 'PAIN,' 'PUNISHMENT'; from L.

Pelz, m., -es, -e, PELT; *fur coat.* From L.

Pelzmütze, f. w., *fur cap.*

Pelzstiefel, m., -s, — (or -n), *fur boot.*

Persien, n., -s PERSIA.

Person', f. w., PERSON. From L.

Pest, f. w., PEST, *plague.* From L.

Peterskirche, f., ST. PETER'S (CHURCH) in Rome.

Petro'leumlampe, f. w., PETROLEUM LAMP.

Pfad, m.,-es. -e, PATH.

Pfäfflein, n., -s, —, (*little* or) *good priest.* Dim. of der Pfaffe, the fully Germanized form of Italian PAPA. Cp. Papst. See note to p. 156, l. 19.

Pfand, n., -es, "er, *pledge, token,* PAWN, *forfeit.*

Pfarrer, m., -s, —, *parson, curate.* From die Pfarre,' PARISH,' '*parsonage.*' From L. ?

Pfeife, f. w., PIPE; *whistle.* From L.

pfeifen, pfiff, gepfiffen, intr. or tr., PIPE, whistle. A loan-word that has become a strong verb. Cp. preisen, schreiben.

Pfeifenstummel, m., -s, —, short PIPE.

Pfeil, m., -s, -e, arrow, bolt. From L.

Pfeiler, m., -s, —, PILLAR. From late L.; cog. with Pfeil.

Pferd, n., -es, -e, horse. [PALFREY.] From late L., from Keltic.

Pferdeblut, n., -es, BLOOD of horses.

Pferdefleisch, n., -es, horse-FLESH.

Pferderennen, n., -s, —, horse-race.

pfiffig, adj., artful, clever. From der Pfiff, 'trick' (from the whistle of the fowler and the mountebank). Cog. of Pfeife, pfeifen.

Pfingstfest, n., -es, -e, PENTECOST, Whitsuntide. From late L. Cp. Pfingsten pl. with Ostern pl., Weihnachten pl.

pflanzen, tr., PLANT. Like die Pflanze, 'PLANT,' from L.

Pflanzenteil, m., -s, -e, part of the PLANT.

Pflaster, n., -s, —, pavement; PLASTER. From Gr.-L.

Pflasterstein, m., -s, -e, paving-STONE.

Pflege, f., care, nursing, fostering. Cog. with pflegen.

pflegen, w. tr., tend, take care of; sich —, take good care of one's self, pamper one's self; — pflog, gepflogen, tr. or with gen., attend to, administer, see Rat; enjoy, cultivate, maintain; be accustomed, be apt.

Pflicht, f. w., duty, allegiance. From pflegen. [PLIGHT].

Pflock, m., -es, "e, PLUG, stake; wooden pin, bolt.

pflücken, tr., PLUCK, pick.

Pflug, m., -es, "e, PLOUGH.

pflügen, tr., to PLOUGH.

Pforte, f. w., gate, PORTAL; (side-) door. From L.

Pfühl, m., -es, -e, bolster, PILLOW. From L.

Pfund, n., -es, -e, POUND. From L.

pfuschen, tr., botch; — in, with acc., meddle with, dabble in.

phantasiereich, adj., imaginative; lit.,

'RICH in PHANTASY.' Die Phantasie', FANCY. From Gr.

phantasie'ren, intr., rave, be delirious.

phanta'stisch, adj., FANTASTIC.

piff paff, exclamation, PIFF PAFF, bang. Imitative words.

Pilger, m., -s, —, PILGRIM. From late L.

plagen, tr., PLAGUE, torment. From die Plage, 'PLAGUE.' From L.

Plan, m., -es, "e, PLAIN, PLANE, PLAN. From Fr.

Planet' m. w., PLANET. From Gr.-L.

Platschfuß, m., -es, "e, large, flat FOOT; lit. 'a foot that comes down platsch, flat, slap or splash.' An imitative word.

Platz, m., -es, "e, PLACE; space, room; seat; — nehmen, take a seat. Through the Romance languages from Gr.-L.

Platzregen, m., -s, —, splashing or pouring RAIN. This Platz- is related with platzen, 'explode', platschen, 'splash.'

plaudern, intr., chatter, prattle. An imitative word.

plötzlich, adj., sudden. From der Plotz, 'sudden fall, plump'; plotzen, 'fall plump.' Imitative words.

plündern, tr., PLUNDER. From der Plunder, 'trumpery', 'PLUNDER.' From Low G.

Plünderungszug, m., "e, expedition for PLUNDER.

pochen, intr., knock, hammer; bluster, boast. [POKE].

Pole, m. w., POLE.

Polen, n., -s, Polenland, n., -es, POLAND.

polieren, tr., POLISH. From L.

poli'tisch, adj., POLITICAL; POLITIC. From Gr.-L.

Pommer, m., -s, — or w., POMERANIAN.

Pommern, n., -s, Pommernland, n., -es, POMERANIA.

Portion', f. w., PORTION. t = z. From Fr.

1. prachern, intr., bluster, brag. Related to Pracht.

2. prachern, intr., be importunate, higgle. From Low G., but orig. ?

Pracht, f., splendor, pomp. Its oldest

VOCABULARY. 373

meaning is 'noise,' 'ado.' See prachern 1. From prangen, 'to be splendid.'

prächtig, adj., *splendid, stately, sumptuous.*

prachtvoll, adj., *gorgeous.*

Prag, n., -8, PRAGUE.

Prahlerei', f. w., *ostentation, bragging.* From prahlen, 'boast,' 'shine.'

praktisch, adj., PRACTICAL. From die Praktik, 'PRACTICE.' From Gr.-L.

Prälat', m. w., PRELATE. From late L.

prangen, intr., *be resplendent, showy, to parade.*

präsentie'ren, tr., PRESENT; *present arms.* From Fr.

predigen, tr. or intr., PREACH. From L.

Predigt, f. w., PREACHING, *sermon.* From predigen.

1. Preis, m., -es, -e, PRAISE, PRICE. From Fr. PRIX, L. PRETIUM.

2. Preis, m., -es, -e, PRIZE. From Fr. PRISE, L. PRISA, PRENDERE. Cp. preis geben, *expose, part with;* lit., 'GIVE as a PRIZE,' 'to stake.'

preisen, pries, gepriesen, tr., PRAISE, *commend.* Cog. with Preis 1. From Fr. Cp. pfeisen, schreiben.

Presse, f. w., PRESS; (*printing-*) PRESS; *journals.* From late L. In the last senses from Fr.

pressen, tr., PRESS; *urge.* From L. PRESSARE.

Preuße, m. w., PRUSSIAN.

Preußen, n., -s, Preußenland, n., -es, PRUSSIA.

preußisch, PRUSSIAN, (adj.).

Priester, m., -s, —, PRIEST. From Gr.-L.

Priesterin, f., -innen, PRIESTESS.

Prinz-Gemahl, m., -s, PRINCE *Consort* (Albert of England).

Prinz, m. w., PRINCE, *son of a sovereign.* From Fr.

Prinzessin, f., -innen, PRINCESS.

prinzlich, adj., PRINCELY.

Prinzregent', m. w., PRINCE REGENT.

Prosa, f., PROSE. From L.

Protek'tor, m., -s, -o'ren, PROTECTOR. From L.

Provinz', f. w., PROVINCE. From L.

prüfen, tr., *examine,* PROVE, *try.* From Fr.

Prügel, m., -s, —, *cudgel;* pl., *blows, whipping.*

psycholo'gisch, adj., PSYCHOLOGICAL. From Gr.

Pudding, m. -s -e, (or -s), PUDDING. From Eng.

Pulver, n., -s, —, POWDER. From L.

Punsch, m., -es, -e, PUNCH. From Eng.

Puppe, f. w., PUPA (of insects), *larva;* PUPPET, *doll.*

pur, adj., PURE, *unmixed.* From L. [l..

Purpurmantel, PURPLE MANTLE. From

Purzelbaum, m., -es, -bäume, *somersault.* Origin?

Pyrenä'en, pl., PYRENEES.

Q.

Quadri'ge, f. w., QUADRIGA, *chariot drawn by* FOUR *horses.* From L.

Qual, f. w., *pain, torment.* Cog. of QUAIL, QUELL.

qualvoll, adj., *painful, distressful.*

Quartier', n., -s, -e, QUARTER; QUARTERS; *pardon.* From Fr.

Quell, m., -s, Quelle, f. w., *spring, source.*

Quellwasser, n., -s, *spring-*WATER.

quetschen, tr., *bruise, squeeze, crush.*

quittie'ren, tr., *liquidate, receipt.* From Fr.

R.

Rabe, m. w., RAVEN. As to the loss of n, see B. 435, 3.

Rache, f., *vengeance, revenge.* Cog. with rächen.

Rachegeist, m., -es, -er, *avenging spirit.*

rächen, tr., *avenge;* sich —, WREAK *vengeance.* As to w see B. 417, 2.

Rachsucht, f., *vindictive spirit.*

Rad, n., -es, "er, *wheel.*

ragen, intr., *to project, jut, tower.* Cog. of regen, rege.

Rahmen, m., -s, —, *frame, border.*

Ranb, m., -es, ⁼er, *edge,* RIM.
rafch, adj., *quick, speedy,* RASH.
rafen, intr., *rage, rave.* [RACE?]
Rafen, m., -s, —, *turf, sod.*
rafenb, part. adj., *raging, furious.*
raffeln, intr., RATTLE, *rumble, clank.*
Raftlieb, n., -es, -er, *song of* REST.
raftlos, adj., RESTLESS. From bie Raft, 'REST.'
Rat, m., -es, ⁼e, *council; counsel, counsellor; consultation; expedient, provision.* Cp. with the last and oldest meaning Borrat, 'stock,' 'store.' — pflegen, *take council;* ju Rate ziehen, *consult.* From the stem of raten.
raten, riet, geraten, with dat. of the person, *advise;* tr., *guess, solve.*
Rätfel, n., -s, —, RIDDLE, *mystery.* From raten, 'to guess.' Long ä.
rätfelhaft, adj., *like a* RIDDLE; *enigmatical; mysterious.*
Raub, m., -es, ROBBERY; *spoil, prey.*
rauben, tr., ROB, *pillage, take away by force.* [REAVE in BEREAVE.]
Räuber, m., -s, —, ROBBER.
Raubmörder, m., -s, —, ROBBER and MURDERER.
Raubritter, m., -s, —, ROBBER-*knight.*
Raubtier, n., -es, -e, *beast of prey.*
Rauch, m., -es, *smoke,* REEK. From the stem of riechen, 'smell.'
rauchen, intr. or tr., *smoke; steam,* REEK; *smoke* (a pipe).
Raucher, m., -s, —, *smoker.*
räuchern, tr., *fumigate; smoke* (meat). Frequentative of rauchen.
Rauchwolke, f. w., *cloud of smoke.*
Raufbolb, m., -es, -e, *brawler, rowdy.* From raufen, 'to brawl and fight,' and -bolb = old balt, 'BOLD.'
rauh, adj., ROUGH, *harsh.*
Raum, m., -es, ⁼e, ROOM, *space;* fig., *occasion.*
Raufch, m., -es, ⁼e, *drunkenness, intoxication; roaring* (of waters).
raufchen, intr., *rustle; roar;* with f., RUSH.
räufpern, intr. or refl., *hawk;* [ERUCTATE].
Rebe, f. w., *vine, grape-vine.*

Rebenhügel, m., -s, —, *vine-clad hill.*
Rechenfchaft, f. w., RECKONING, *account.* From the stem of rechnen.
rechnen, tr., RECKON, *count; compute;* — zu with dat., *rank, class among;* — auf with acc., *count upon.*
Rechnung, f. w., RECKONING, *calculation; bill, score.*
recht, adj., RIGHT; DIRECT; *straight, just,* CORRECT; *real; fitting, agreeable;* adv., RIGHTLY, *greatly, quite, very; really.*
Recht, n., -es, -e, RIGHT, *justice; claim; law;* pl., *jurisprudence;* — haben, *be* RIGHT; — fprechen, with dat., *judge.*
Rechte, f., declined as a w. adj., RIGHT *hand.*
recht'fertigen, tr. insep., *account for, justify, vindicate.* From rechtfertig, 'justified'; lit., 'set RIGHT before the law.'
Rechtlichkeit, f., RECTITUDE.
rechts, adv., *on or to the* RIGHT *hand.*
Rechtsftreitigkeit, f. w., *legal dispute or controversy.*
rechtzeitig, adj., *at the* RIGHT TIME, TIMELY.
Recke, m. w., *warrior, hero.* From the stem of rächen, 'WREAK,' meaning orig. 'outcast,' 'adventurer,' 'WRETCH.'
recken, tr., *stretch,* RACK; *forge.*
Rebe, f. w., *speech; talk, discourse, oration;* ber — wert, WORTH *mentioning;* — ftehen, *give account;* bie Rebe ift von... *the talk is of, the question is.*
reben, intr. or tr., *speak, make a speech; talk.*
Rebensart, f. w., *phrase, term;* lit., 'way of speaking.'
reblich, adj., *candid, honest* (in speech); older meaning 'eloquent,' 'RATIONAL.'
Reformation', f. w., REFORMATION. t = z. From L.
Regel, f. w., RULE, REGULATION, *axiom.* From L.
regelmäßig, adj., REGULAR, *normal.*
regeln, tr., REGULATE.
regen, tr., *stir, move;* fich —, *stir, be stirring.* Related to ragen, 'project.'
Regen, m., -s, RAIN.
Regenbogenglanz, m., -es. RAINBOW *splendor.*

VOCABULARY.

Regensburg, n., -⁸, *Ratisbon,* city in Bavaria.
Regent'ſchaft, f. w., REGENCY. From L.
regieren, tr., RULE, *govern, guide, manage.* From L.
Regierung, f. w., *government,* RULE.
Regiment', n., -⁸, -er, REGIMENT (in the army); *government.*
regnen, intr., RAIN. From Regen.
regſam, adj., *lively, active.* From regen, 'stir.'
reiben, rieb, gerieben, tr., *rub, grate.*
Reich, n., -es, -e, *empire,* REALM, *domain.*
reich, adj., RICH, *opulent, abundant.* Cog. with Reich.
reichen, tr., REACH, *present;* intr., REACH, *suffice.*
reichlich, adj., *copious, plentiful.* From reich.
Reichsacht, *ban of the empire.* From Acht 2.
Reichsgulden, m., -⁸, —, *imperial florin.* –gulben for golben, 'GOLDEN,' 'GUILDER.'
Reichskanzler, m., -⁸, —, CHANCELLOR *of the empire.*
Reichskleinodien, pl., *insignia of the empire.*
Reichstag, m., -es, -e, *(imperial) diet.*
Reichsverſammlung, f. w., *meeting of the states of the empire.*
Reichtum, m., -es, ⁻er, RICHES, RICHNESS.
Reif, m., -⁸, -e, or Reifen, m., -⁸, —, *hoop, ring.* [ROPE].
reif, adj., RIPE.
Reifchen, n., -⁸, —, *little hoop, ring.* Dim. of Reif.
reifen, with ſ., RIPEN; tr., *mature.* [REAP].
Reigen, Reihn, m., -⁸, —, *dance.* [turn.
Reihe, f. w., ROW; *rank, file; series;*
rein, adj., *pure, clean, clear.*
1. Reis, n., -es, -er, *twig.*
2. Reis, m., -es, -e, RICE. From late L.
Reiſe, f. w., *journey, trip, travel.*
Reiſeflaſche, f. w., *travelling*-FLASK.
reiſen, with ſ. or h., *set out for, travel, go on travels.* The first meaning is the oldest, cp. RISE, RAISE, REAR.

Reiſewagen, m., -⁸, —, *travelling carriage.*
Reiſig, n., *brush-wood,* (lopped) *branches.* From bas Reis, 'twig,' 'shoot.' -ig for -ich.
reiſig, adj., *mounted.* Not clear whether from Reiſe, 'expedition,' or from the stem of reiten, 'RIDE.'
Reispudding, m., -⁸, -e or -⁸, RICE PUDDING.
reißen, riß, geriſſen, tr., *tear, snatch away, pull violently;* with ſ., *tear, tear along, rush.* [WRITE; cp. ritzen, 'scratch,' reißen, 'sketch,' 'draw.']
reißend, part. adj., *rapid, violent.*
reiten, ritten, geritten, with ſ. or h., RIDE, *go on horseback.*
Reiter, m., -⁸, —, RIDER; *trooper.*
Reiterei', f., *cavalry, horse.*
Reiz, m., -es, -e, *impulse; attraction, charm.* From reizen.
reizen, tr., *incite; irritate; entice, charm.* Der. from reißen, as in hinreißen, 'carry along' or ' away.'
Religionsſtreitigkeit, f. w., RELIGIOUS *controversy.*
rennen, rannte, gerannt, with ſ., RUN, *race, rush.* Der. from rinnen, 'RUN' (of water).
Repertoir', n., -⁸, -⁸, REPERTORY. From Fr. and pronounced Fr.
repräſentativ', adj., REPRESENTATIVE. From Fr.
Reſidenz', f. w., RESIDENCE. From Fr.
Reſt, m., -es, -e, *remainder,* REST.
retten, tr., RID, *save, rescue.*
Retter, m., -⁸, —, *rescuer, savior.*
Rettung, f. w., RIDDANCE, *deliverance, rescue.*
reuen, impers. with acc. of pers. and gen. of the object, RUE, *regret.*
Reveille, f. w., REVEILLE. From Fr. and pronounced Fr.
Revolutions'jahr, n., -es, -e, YEAR *of the* REVOLUTION. t = ȝ.
Rhein, m., -⁸, RHINE.
Rheinbrücke, f. w., RHINE-BRIDGE.
Rheinbund, m., -es, *Confederation of the* RHINE.
Rheinſage, f. w., RHINE *legend.*

375

Rheinstrom, m., -es, *river* RHINE.
Rheinufer, n., -s, —, *bank of the* RHINE.
richten, tr., *set* RIGHT, DIRECT; ERECT; *judge, censure.* From recht, 'right.'
Richter, m., -s, —, *judge.*
richtig, adj., RIGHT, CORRECT, *accurate, punctual.*
Richtschnur, f., ⁼e, *levelling-line;* fig., RULE *of conduct.*
Richtung, f. w., DIRECTION.
rieb, see reiben.
rief, see rufen.
Riese, m. w., *giant.*
rieseln, intr., *ripple; drizzle.*
Riesenbach, m., -es, ⁼e, *fierce torrent;* lit., 'giant BECK, *brook.*'
Riesenbiene, f. w., *large* BEE.
Riesenkampf, m., -es, ⁼e, *battle of the giants, gigantic struggle.*
riesig, adj., *gigantic.*
riet, see raten.
Rind, n., -es, -er, *heifer, bullock;* pl., *cattle.*
Rinderherde, f. w., HERD *of cattle.* The second e is long.
Ring, m., -es, -e, RING, *circle.*
ringen, rang, gerungen, tr., WRING, *twist;* intr., *wrestle, struggle.*
Ringlein, n., -s, —, RINGLET. Dim. of Ring.
rings, adv., *in a circle, around.* It often precedes um, herum = *all around, round about.*
ringsherum, ringsum, ringsumher, adv., *round about.*
rinnen, rann, geronnen, intr., RUN (of water), *flow, drop.*
Rinnstein, m., -es, -e, *gutter* (of STONE).
Rinnsteinbrücke, f. w., *gutter*-BRIDGE.
ritt, see reiten.
Ritt, m., -es, -e, RIDE. From reiten.
Ritter, m., -s, —, *knight, chevalier, champion* (in the tournament).
ritterlich, adj., *knightly, chivalrous.*
röcheln, intr., *rattle in the throat.* An imitative word (?).
Rock, m., -es, ⁼e, *coat; petticoat.*
Rockschoß, m., -es, ⁼e, *flap or tail of a coat.*

Rocktasche, f. w., *coat-pocket.*
roh, adj., RAW; *rude, coarse.*
Rohheit, f. w., RAWNESS; *rudeness.*
rollen, tr. or intr. with f., ROLL. From Fr.
Rom, n., -s, ROME. [large wine-glass.
Römer, m., -s, —, ROMAN; RUMMER, a
Römerin, f., -innen, ROMAN *woman.*
römisch, adj., ROMAN.
rosafarben, adj., ROSE-*colored.* Rosa is the L. form for rosen-.
Rose, f. w., ROSE. From L.
rosig, adj., ROSY.
Rosi'ne, f. w., RAISIN. From Fr.
Roß, n., -sses, -e, HORSE, *steed.*
rostig, adj., RUSTY. From ber Rost, 'RUST,' from the stem of rot, 'RED.'
rot, adj., RED, *blushing.*
Rotbart, m., -es, ⁼e, *man with a* RED BEARD; REDBEARD, *Barbarossa.*
Röte, f., REDNESS; *blush.*
röten, tr. or intr., REDDEN.
Rotkehlchen, n.,-s,—, *robin-*RED-*breast;* lit. 'little RED-*throat.*'
rötlich, adj., REDDISH.
rotie'ren, intr., ROTATE. From L.
rücken, tr., *move, stir* (a little); intr. with f. or h., *move along, move, march, proceed.* [To ROCK.]
Rücken, m., -s, —, *back;* RIDGE, *hummock.*
Rückkehr, f., *return.*
Rücklehne, f. w., *back* (of a chair, etc.).
Rücksicht, f. w., *regard, respect, consideration.* Die Sicht, 'SIGHT,' from sehen.
rücksichtslos, adj., *regard*LESS, *inconsiderate.*
Rücksitz, m., -es, -e, *back*-SEAT.
Rückzug, m., -es, ⁼e, *retreat; return.*
Ruder, n., -s, —, *oar; helm,* RUDDER. From the stem of 'to ROW.'
Ruderstange, f. w., *oar* (long, pole-like). Die Stange, 'pole.'
Ruf, m., -es, -e, *call, cry; calling; reputation, fame.*
rufen, rief, gerufen, tr. or intr., or with dat. of pers., *call, summon.*
Ruh(e), f., *quiet, rest; calm, peace.*
ruhen, intr., *rest, repose; be calm, at peace.*

VOCABULARY. 377

ruhevoll, adj., RESTFUL, calm.
ruhig, adj., quiet, at rest, composed.
Ruhm, m., -es, renown, glory.
rühmen, tr., commend; extol; fich —, with gen., boast of, glory in.
ruhmvoll, adj., renowned, glorious.
rühren, tr., stir; beat (drums); fig., touch, move (the feelings); fich —, be active, be astir.
rührend, part. adj., touching, pathetic.
rührig, adj., active, busy. From rühren.
Rui'ne, f. w., ruin. From L.
'rum for herum.
rund, adj., ROUND. From Fr.
Runde, f. w., circle, neighborhood; ROUNDS, patrol.

rundum, adv., all AROUND; in a circle.
rupfen, tr., pluck (a fowl).
Ruprecht, m., -s, RUPERT, ROBERT. It means 'of brilliant fame.'
Ruffe, m. w., RUSSIAN.
ruffifch, adj., RUSSIAN.
Rußland, n., -s, RUSSIA.
rüften, tr., prepare, equip; intr., arm, prepare for war.
rüftig, adj., prepared (for work), active, vigorous.
Rüftung, f. w., preparation; equipment; armor.
rütteln, tr., jar, jolt, shake.

S.

's, for es and das.
-s, adv.-suff., orig. sign of the gen. B. 552.
-f, verb-suff., see -fen.
Saal, m., -es, Säle, large room, hall; drawing-room; SALOON.
Saalthür, f. w., DOOR of a hall, SALOON, etc.
Saat, f. w., SEED; SOWING; crop. From the stem of fäen, ' sow.'
Saatenland, n., -es, SOWN or cultivated LAND.
Saatgefild, n., -es,-e, SOWN or cultivated FIELDS. Das Gefilde, is a collective noun from Feld, 'FIELD.' As to e — i, B. 403, 1.
Säbel, m., -s, —, SABRE.
Sache, f. w., thing, affair, concern; pl., things. [SAKE].
Sachfen, n., -s, SAXONY. Sachfenland, n., -es, LAND of the (old) SAXONS.
Sachwalter, m., -s, —, attorney; administrator.
Sack, m., -es, ⁎e, SACK, bag; prov., pocket.
fäen, tr., SOW.
Saft, m., -es, ⁎e, SAP, juice. As to t, cp. Papft, Ägt.
faftig, adj., juicy; succulent.
Sage, f. w., SAYING, SAW, report; legend, fable. From the stem of fagen.
fagen, tr., SAY, tell; speak.
fah, see fehen.

Saite, f. w., string; poet., music. From the same stem as Seil, 'rope.'
Saitenfpiel, n., -s, -e, stringed instrument, as a harp or lute.
-fal, noun-suff., indicates mostly neut. gend. B. 500, 1. Cp. -fel.
Salat', m., -s, -e, lettuce, SALAD. From Italian. Cog. with Salz, 'SALT.'
falben, tr., anoint, SALVE.
Salsa L. and Romance, from which Sauce. Cog. with the next words.
Salz, n., -es, -e, SALT.
falzen, tr., to SALT.
Salz'monopol, n., -s, -e, SALT-MONOPOLY.
-fam, adj.-suff., –SOME. Denotes identity, combination. [SAME].
fammeln, tr., gather, lay up, pile up; fich —, collect, ASSEMBLE. From the stem 'SAM,' like the above, meaning ' together.'
Sammetdecke, f. w., velvet cover. Der Samm(e)t, from late L. and Gr.
Sammtumhüllung, f.w., velvet covering.
fämtlich, adj., all (together). From famt, prep., cog. with fammeln.
Sand, m., -es, SAND.
fandte, see fenden.
fanft, adj., SOFT, smooth, mild.
fänftig, adj., SOFT, gentle. (A rare word).
fänftigen, tr., SOFTEN, assuage. From fanft. Befänftigen is more common.

sanftselig, adj., *gentle and blessed*; lit.
  '*gently blessed.*'
Sang, m., -es, ⁻e, SONG. From the stem
  of singen.
Sänger, m., -s, —, SINGER, *minstrel.*
Sängergreis, m., -es, -e, *aged minstrel.*
Sängerpaar, n., -es, -e, PAIR *of* SIN-
  GERS.
Sängertum, n., -s, MINSTRELSY.
Sanft, undeclined, SAINT. From L.
Sarg, m., -es, ⁻e, COFFIN.
saß, see sitzen.
satteln, tr., SADDLE. From ber Sattel,
  '*SADDLE.*' From the stem of sitzen,
  '*SIT.*'
Satz, m., -es, ⁻e, *sentence; leap*. From
  the stem of sitzen.
Sau, f., ⁻e, *sow; hog.*
Sauce, f. w., SAUCE. From Fr. Cp.
  SALSA. c = surd s and au = o. 2 sylls.
sauer, adj., SOUR, *acid; harsh, hard*
  (work); einem — werben, *be hard work*
  for ONE; *to toil.*
Sauerkraut, n., -es, *pickled cabbage;*
  SOUR-KROUT.
Säule, f. w., *column.*
Säulengang, m., -es, ⁻e, *colonnade.*
Säulensaal, m., -es, -säle, *pillared hall.*
säumen, intr., *tarry, linger.*
säuseln, intr., *rustle*. Dim. of sausen.
sausen, intr., *whiz, buzz, roar.*
Scepter, n., -s, —, SCEPTRE. From Gr.-
  L. Sc = ß.
-sch, from -isch, which see.
Schacht, m., -es, -e, SHAFT (in a mine).
  Low G. form of ber Schaft, '*SHAFT.*'
  B. 493, 4.
Schachtel, f. w., *box, band-box*. From
  Italian.
schabe, only in the pred. after sein, *pity*.
  See Schaben.
Schädel, m., -s, —, *skull.*
Schaden, m., -s, ⁻, *damage, hurt; dis-*
  advantage, SCATH. B. 48, 1.
schaben, with dat., *hurt, harm, damage,*
  SCATHE.
schabhaft, adj., *injured, spoiled* (wares).
Schaf, n., -es, -e, SHEEP.
Schäfer, m., -s, —, SHEPherd.
schaffen, schuf, geschaffen, tr., *create;*
  w. verb, *work, bring about, furnish,*
  procure, convey. Both from the same
  stem. [SHAPE].
-schaft, noun-suff., fem. gend., -SHIP.
  From the stem of schaffen. B. 515, 4.
Schalk, m., -s, ⁻e, *wag, rogue*. See Marschall.
Schall, m., -s, ⁻e, *sound, tone.*
schallen, scholl, geschollen and also w., intr.,
  sound, echo.
schalten, intr., *dispose, direct, rule.*
Scham, f., *modesty,* SHAME.
schämen, refl. and with gen., *be* ASHAMED
  of.
Schande, f. w., *disgrace, ignominy.*
schänden, tr., *disfigure, mar;* fig., *dis-*
  grace, revile.
Schandfleck, m., -es, -e, *blot, stain* (upon
  the character).
Schanze, f. w., *redoubt,* SCONCE.
Schar, f. w., *troop, band; crowd.*
scharen, refl., *form in bands, flock to-*
  gether.
scharf, adj., SHARP, *acute; severe;*
  strict.
Schatten, m., -s, —, SHADOW, SHADE.
schattig, adj., SHADY, SHADOWY.
Schatz, m., -es, ⁻e, *treasure; fund, store;*
  tax.
Schätzchen, n., -s, —, *sweetheart;* lit.
  '*little treasure*.' Dim. of Schatz.
schätzen, tr., *set store by, esteem, value.*
  From Schatz.
Schätzlein, n., -s, —, *little treasure*,
  = Schätzchen.
Schatzung, f. w., *taxation; tribute.*
  From schatzen, Schatz, '*tax.*'
schauderhaft, adj., *awful, causing* SHUD-
  DERING. From ber Schauber, '*SHUD-*
  DERING.'
schaudern, intr. or impers., SHUDDER.
schaudervoll, adj., *horrible.*
schauen, intr. or tr., *look, see.* [SHOW].
Schauer, m., -s, —, SHOWER, *gust;* fig.,
  shudder, tremor, horror. In the last
  senses wrongly associated with Schauber.
Schaum, m., -es, ⁻e, SCUM, *foam.*
Schauplatz, m., -es, ⁻e, *stage, scene*
  arena. From bie Schau, '*SHOW.*'
schaurig, adj., *horrible*. From Schauer.

Schauspiel, n., -s, -e, *spectacle,* SHOW; *play.*

-sche, suff. of surnames, = isch. B. 514, *a.*

scheckig, *pied, party-colored;* CHECKERED (cog?).

Scheibe, f. w., *disk, pane;* SHIVE; *target.*

scheiden, schied, geschieben, tr., *separate;* with s., *part, depart.* [SHED as in water-SHED].

Schein, m., -s, -e, SHINE, *brightness, sheen; appearance, semblance, pretense.* From the stem of scheinen.

scheinbar, adj., *apparent, seeming, specious.*

scheinen, schien, geschienen, intr., SHINE, *seem.*

Scheitel, m., -s, —, *crown* (of the head); *top, vertex.* From scheiben, '*part,*' (from the parting of the hair).

scheitern, with s., *be wrecked, be dashed in pieces.* From das Scheit, pl. Scheiter, 'SHIDE, split wood, piece of wood.' From the stem of scheiben, '*separate.*'

Schemen, m., -s, —, *shadow, phantom.* From the stem of scheinen.

Schenke, f. w., *ale-house, tavern.* From schenken in its oldest sense, ' to pour, retail liquor.'

schenken, tr., *to pour, give to drink; give, present.*

Schenkung, f. w., *donation.*

Scherbe, f. w., or Scherben, m. -s, *sherd, fragment.*

Schere, f. w., *scissors,* SHEARS. From the stem of scheren, 'SHEAR.' As to sing. and pl., see note to p. 9, l. 8.

scheren, schor, geschoren, tr., SHEAR, *shave;* w., fig., *fleece, trouble, pester; concern.*

Scherenschleifer, m., -s, —, *scissors-grinder.*

Scherer, m., -s, —, SHEARER, *barber.*

Schermesser, n., -s, —, *razor.* From scheren and das Messer, 'knife.'

scherzen, intr., *jest, joke; play with.*

Scheu, f., SHYNESS, *reserve; reverence.*

scheu, adj., SHY, *timorous; skittish.*

scheuen, tr., *fear, shun;* sich —, *be shy, be timid.*

Scheune, f. w., *barn, shed.*

schicken, tr., *send, dispatch;* sich —, *prepare one's self, set about; be fit, proper.* Der. from the strong verb geschehen, 'happen;' orig. 'cause to happen,' 'bring about,' 'dispose.' See geschickt. As to ck—h, B. 535 1, *Rem.* 2.

Schicklichkeit, f. w., *suitableness; propriety.* From schicklich, 'proper,' this from sich schicken, 'be proper.'

Schicksal, n., -s, -e, *fate, lot.* From schicken, 'cause to happen.'

schieben, schob, geschoben, tr., SHOVE, *push, slide.*

schied, see scheiben.

schien, see scheinen.

schier, adv., *almost, nearly.* Orig. 'quickly.' Cp. bald, 'BOLD,' then 'soon,' 'almost.'

schießen, schoß, geschossen, tr. or intr., SHOOT, *discharge* (fire-arms); ben Zügel — lassen, *give the reins.*

Schiff, n., -es, -e, SHIP; *nave* (of a church). As to gender, see note to p. 9, l. 11.

Schiffer, m., -s, —, *sailor, mariner, boatman; master.*

Schifflein, n., -s, —, *little* SHIP, *boat.* Dim. of Schiff.

Schiffmeister, m., -s, —, *navigator,* MASTER.

1. Schild, m., -es, -e, SHIELD; *escutcheon.*

2. Schild, n., -es, -er, SHIELD; *signboard.* A modern variant of der Schild, B. 58.

Schildwach(e), f. w., *sentinel;* lit., 'guard with a SHIELD,' 'armed guard.'

Schimmel, m., -s, —, *gray horse;* older meaning, *(white) mould.* Probably from the stem of scheinen.

Schimmer, m., -s, *glimmer,* SHIMMER. From the stem of scheinen. [MER.

schimmern, intr., *glimmer, glisten,* SHIM-

Schimpf, m., -es, *disgrace, dishonor;* arch., *joke.*

Schirmherr, m. w., *protector.* From der Schirm, 'protection.'

Schlacht, f. w., *battle, fight.* From schlagen, 'give a blow;' sich —, 'fight.' [ONSLAUGHT.]

schlachten, tr., SLAY, SLAUGHTER, butcher.
Schlachtfeld, n., -es, -er, battle-FIELD.
Schlachtordnung, f. w., battle-array.
Schlaf, m., -es, SLEEP, repose. From the stem of schlafen.
schlafen, schlief, geschlafen, intr., SLEEP.
schläf(e)rig, adj., SLEEPY. From schläfern.
schläfern, impers. with acc., be drowsy, be SLEEPY. Frequentative of schlafen.
Schlafzimmer, n., -s, —, SLEEPING apartment.
Schlag, m., -es, ⁻e, stroke. hit, shock, beat (of pulse); kick; kind, sort; door (of a carriage).
schlagen, schlug, geschlagen, tr., strike, beat, hit, kick (of horses, cows); put (around); defeat. [SLAY]
Schlange, f. w., snake, serpent. From the stem of schlingen, ' to wind.'
schlank, adj., slender, slim. From the stem of the preceding.
schlecht, adj., bad, base, low; arch., plain, simple. See schlicht. [SLIGHT.]
Schlegel, m., -s, —, drum-stick, mallet. From the stem of schlagen, lit. 'instrument for striking.' [SLEDGE-hammer.]
schleichen, schlich, geschlichen, with s., sneak, creep, slink.
schleichend, part. adj., sneaking; lingering, low (disease).
schleifen, schliff, geschliffen, tr., whet, grind. Really 'sharpened by letting slide, SLIP over something.'
schleifen, tr., drag, raze. Der. of schleifen.
Schleifer, m., -s, —, grinder.
Schleifmühle, f. w., MILL for cutting glass or sharpening tools, etc.
Schleppe, f. w., trail, train (of a dress). From Low G. See next word.
schleppen, tr., drag along, trail. Cog. with schleifen.
Schlesien, n., -s, SILESIA.
Schlesier, m., -s, —, SILESIAN.
schleudern, tr., sling, hurl.
Schleuse, f. w., SLUICE; sewer. From Low G.; this from late L.
schlicht, adj., SLEEK, plain, homely. A doublet of schlecht.

schlichten, tr., to smooth; fig., settle (a quarrel). From schlecht.
schlief, see schlafen.
schließen, schloß, geschlossen, tr., lock, close, shut; bring to a close, finish; fig., infer, conclude.
schließlich, adv., to conclude, lastly. From the preceding.
schlimm, adj., bad, evil; arch. wicked; sore. [SLIM.]
1. schlingen, schlang, geschlungen, tr., wind, twist, entwine, SLING.
2. schlingen, schlang, geschlungen, tr., swallow greedily, devour. For schlinben, confounded with the first schlingen. Cp. Schlund, 'throat.'
Schloß, n., -sses, ⁻er, lock; keep; castle; palace. From the stem of schließen, 'to lock.' Short o.
Schloßhof, m., -es, ⁻e, castle-yard, palace-court.
Schloßkapelle, f. w., private chapel (in a castle).
Schloßportal, n., -s, -e, PORTAL of a castle.
Schlosser, m., -s, —, locksmith. From Schloß.
Schlucht, f. w., ravine, gorge, defile. Low G. for Schluft, which is from schliefen, schloff, geschloffen, 'glide, SLIP.' [SLOUGH]. As to ch = f, see B. 493, 4.
schluchzen, intr., sob. Der. from schlucken, 'swallow.'
Schluchzen, n., -s, sobbing, sob.
schlug, see schlagen.
Schlummer, m., -s, SLUMBER; fig., torpor.
schlummernd, part. adj., dormant, undeveloped.
schlüpfen, with s., SLIP, glide away. Der. of schliefen under Schlucht.
Schlupfloch, n., -es, ⁻er, loop-hole, hiding-place. Schlupf- from schlüpfen.
Schluß, m., -sses, ⁻sse, close; CONCLUSION. From the stem of schließen.
Schlüssel, m., -s, —, key. From Schluß, schließen, lit., 'instrument for locking.'
Schmach, f., ignominy, disgrace. See next word. Long a.
schmachten, intr., pine, languish. From

VOCABULARY. 381

the stem of Schmach, which meant 'small,'
'contemptible,' hence lit., 'pine away,'
'dwindle.' Short a.
schmal, adj., *narrow, slender.* [SMALL].
Schmaus, m., -es, ᵘe, *feast, banquet.*
schmecken, tr. or intr., *taste, taste of,*
SMACK. Cp. Geschmack.
schmelzen, schmolz, geschmolzen, with f.,
MELT; tr. and generally weak, SMELT.
Schmerbauch, m., -es, ᵘe, *big paunch.*
From Schmer, 'fat,' Bauch, 'belly.' Cp.
schmieren.
Schmerz, m., -es, -en, *pain,* SMART;
grief.
schmettern, tr., *dash, smash;* intr.,
bray (of trumpets), *warble* (of birds).
[SMATTER].
Schmied, m., -es, -e, SMITH.
schmieden, tr., *forge.*
schmieren, tr., SMEAR. Cog. with Schmer
in Schmerbauch.
schmollen, intr., *pout.* From the stem of
schmeicheln and Eng. SMILE.
schmölze, see schmelzen.
Schmuck, m., -es, *ornament; finery.*
From the stem of schmiegen, 'bend';
lit., 'what is wrought.'
schmuck, adj., *neat, trim, fine,* SMUG,
which is from Scandinavian, but cog.
with the noun.
schmücken, tr., *adorn;* sich —, *dress up.*
From der Schmuck.
Schmutz, m., -es, *dirt, filth,* SMUT; fig.,
scandal.
Schnabel, m., -s, ⁻, *bill, beak.*
schnalzen, intr., *smack, snap* (with finger
or whip). Cog. with schnell.
Schnaps, m., -es, ᵘe, *dram.* See note to
p. 104, l. 10.
schnaufen, intr., *breathe, wheeze.* Intensive of schnauben, schnieben.
Schnecke, f. w., SNAIL.
Schnee, m., -s, SNOW.
schneeweiss, adj., SNOW-WHITE.
Schneide, f. w., *edge* (of the sword,
knife). From the stem of schneiden.
Cog. with SNITHE, SNATH, SNATHE.
schneiden, schnitt, geschnitten, tr. or intr.,
cut.
schnell, adj., *quick, swift; hasty.* [SNELL].

Schnelligkeit, f. w., *swiftness, velocity.*
schnieben, schnob, geschnoben, intr., SNUFF,
snort. Inf. also schnauben.
Schnitt, see schneiden.
schnitzen, tr., *whittle, carve.* Dim. from
schneiden, 'cut.'
schnob, see schnieben.
Schnupftabak, m., -s, SNUFF. Cog. of
schnieben.
Schnupftabaksdose, f. w., SNUFF-*box*.
Schnur, f., ᵘe, *string, cord, lace.*
[SNARE].
Schnürchen, n., -s, —, *little string.*
Dim. of Schnur.
schnurren, intr., *hum, whiz.* An imitative
word. Cp. the next.
schnurrig, adj., *droll, waggish, comical.*
From die Schnurre, 'rattle'; fig., 'droll
story,' 'fib.'
schob, see schieben.
scholl, see schallen.
Scholle, f. w., *clod* (piece of earth, ice).
Cog. with Schale, SHELL, SCALE, SHALE.
schon, adv., *already;* as modal adv., *well,
indeed, no doubt;* ob —, wenn —, *although, even if.* Corresponding to the
adj. schön; cp. fast — fest.
schön, adj., *beautiful, fine, handsome.*
Orig. 'SHEEN,' 'SHOWY,' from the stem
of schauen.
Schöne, f. w., *fair one, belle;* (abstract
noun), *beauty.*
Schönheit, f. w., *beauty; beautiful
person.*
Schonung, f., (the act of) *sparing, saving;
forbearance.* From schonen, 'spare,'
'indulge'; orig., 'treat well.' Schonen
from the stem of schön.
schöpfen, tr., *scoop up, draw* (water,
breath, etc.); *take in; obtain, draw
from, derive.* Der. of schaffen, 'procure.' As to pf — f, see B. 535, 1,
Rem. 2.
Schöpfung, f. w., *creation, universe,
nature.* Der. of schaffen, 'to create';
cp. Geschöpf, 'creature.'
Schoss, m., -es, ᵘe, *lap;* fig., *bosom;*
euphemistic for 'womb,' cp. Eng.
'stomach — belly'; *coat-tail.* [SHEET.]
Long o.

1

Schoß, m., -sses,-sse, SHOOT, sprig; scion; tax, SCOT. From the stem of schießen, 'SHOOT.' Short o.

schoß, see schießen.

Schottland, n., -s, SCOTLAND.

Schrank, m., -es, ⁻e, cupboard, chest, shrine. Lit., 'an enclosed space.' See Schranke.

Schranke, f. w., barrier, bounds; pl., lists (at games). This and the preceding cog. with schränken, 'to limit.'

Schreck, m., -es, -e, terror, fright.

schrecken, tr., frighten, startle.

Schrecken, m., -s, —, same as Schreck.

Schreckensstätte, f. w., place of horror.

schrecklich, adj., frightful, dreadful.

Schrei, m., -es, -e, cry, call. From the stem of schreien.

schreiben, schrieb, geschrieben, tr., write. From L. Cp. pfeifen, greifen.

schreien, schrie,' geschrieen, intr., cry, SCREAM, SHRIEK.

Schreihals, m., -es, ⁻e, bawler; lit., 'crying from full throat.'

schreiten, schritt, 'geschritten, with s., stride, step, stalk.

schrie, see schreien.

Schrift, f. w., writing, letters; (written) work; SCRIPTURE. From schreiben.

schriftlich, adj., written, in writing.

schrill, adj., SHRILL.

Schritt, m.; -es, -e, pace, step; gait; — thun, take a step; — halten, keep step. From the stem of schreiten.

schroff, adj., rugged; precipitous; fig., brusque.

Schub, m., -es, ⁻e, SHOVE, push. From the stem of schieben.

Schubkarren, m., -s, —, wheel-barrow. See Schub.

Schuh, m., -es, -e, SHOE. From a stem meaning 'to cover' (?).

Schuld, f. w., debt; guilt, crime; schuld sein, be guilty of, be to blame for, the cause of. From the stem of sollen.

schuldig, adj., due, indebted; guilty.

Schuldigkeit, f. w., indebtedness, due; duty.

Schuldnerin, f., -innen, (female) debtor.

Schule, f. w., SCHOOL. From L.

Schüler, m., -s, —, SCHOLAR. From L.

Schulter, f. w., SHOULDER.

Schulterblatt, n., -es, ⁻er, SHOULDER-BLADE.

schultern, tr., to SHOULDER.

Schultheiß, m. w., justice, mayor (of a village). Compd. of Schuld and heißen, lit., 'one who commands duties.' Sometimes declined strong.

Schulz(e), m. w., = the above in meaning with different, much reduced form.

Schurke, m. w., wretch, villain.

Schürze, f. w., apron. [SHORT, SHIRT, SKIRT.]

Schuß, m., -sses, ⁻sse, SHOT. From the stem of schießen.

Schüssel, f. w., dish, platter. [SCUTTLE.] From L. SCUTULA.

Schutt, m., -es, (heap of) rubbish, ruins; mound. From schütten, 'spill.'

schütteln, tr., shake, toss, stir. Der. from schütten, of which 'shake' is the oldest meaning.

schütten, tr., shed, pour.

Schutz, m., -es, protection, shelter. Der. from Schutt, whose older meaning is 'alluvial soil,' 'mound.' Cog. of schützen.

schützen, tr., protect, shelter, defend. Orig. ' protect with an earthwall.' Cog. of Schutz.

Schützer, m., -s, —, protector. From schützen.

Schutzherr, m. w., patron, protector.

Schwaben, n., -s, Schwabenland, n., -es, SUABIA. From Sueven, L. SUEVI.

schwäbisch, adj., SUABIAN.

schwach, adj., weak, feeble.

schwächen, tr., weaken, debilitate. From schwach.

Schwadron', f. w., SQUADRON, SQUAD. From Italian.

schwammen, see schwimmen.

Schwan, m., -s, ⁻e, SWAN.

schwang, see schwingen.

Schwank, m., -es, ⁻e, prank, merry tale. From the stem of schwingen in the earlier sense of 'hit,' 'scourge.' Cp. Eng. 'hit, thrust at any one.'

schwanken, with s. or h., to rock, swing,

VOCABULARY. 383

stagger; fig., *vacillate, hesitate.* From the stem of ſchwingen.

Schwanz, m., -es, ᵘe, *tail.*

Schwarm, m., -s, ᵘe, SWARM, *throng.*

ſchwarz, adj., *black,* SWARTHY: fig., *gloomy.*

Schwarzbrot, n., -es, -e or ᵘe, *rye-*BREAD; lit., 'black BREAD.' Co. Weiß=brot, *'wheat-*BREAD.'

ſchweben, with ſ. or h., *be suspended, hover, poise.* Related to ſchweifen (?).

Schwede, m. w., SWEDE.

Schweif, m., -es, -e, *tail, train.* From the stem of ſchweiſen.

ſchweifen, intr., *fluctuate,* SWEEP; *rove, stray.* [SWOOP.]

ſchweigen, ſchwieg, geſchwiegen, intr., *be silent, still; refrain from speaking.*

Schweigen, n., -s, *silence.*

ſchweigend, part adj., *silent.*

Schwein, n., -s, -e, *pig, hog,* SWINE.

Schweinchen, n., -s, —, *little pig.* Dim. of Schwein. [fig., *toll.*]

Schweiß, m., -es, SWEAT, *perspiration;*

Schweiz, f., SWITZERland.

Schweizer, m., -s, —, *Swiss.*

Schweizerland, n., -es, SWITZERLAND, poet. for bie Schweiz.

ſchwelgeriſch, adj., *luxurious, riotous.* From ſchwelgen, 'gormandize, revel,' cog. of ' to SWALLOW.'

Schwelle, f. w., SILL, *threshold.*

ſchwellen, ſchwoll, geſchwollen, with ſ., SWELL, *increase; rise* (of waters).

ſchwer, adj., *heavy;* fig., *difficult, hard, oppressive, grievous.*

ſchwerkrank, adj., *very ill.*

ſchwerlich, adv., *hardly.*

Schwert, n., -es, -er, SWORD.

Schwertgeklirr, n., -es, *clash of* SWORDS. Das Geklirr from klirren, 'clank, clink.'

Schwertſtreich, m., -es, -e, SWORD-STROKE.

Schweſter, f. w., SISTER.

Schweſterſohn, m., -es, ᵘe, SISTER'S SON, *nephew.*

ſchwieg, see ſchweigen.

Schwieger- is used in compds. to denote the Eng. 'in-law,' but it meant orig. only 'mother-in-law.'

Schwiegerſohn, m., -s, ᵘ, SON-*in-law.*

Schwiegervater, m., -s, ᵘ, FATHER-*in-law.*

ſchwierig, adj., *difficult, hard to please.* Orig. only 'festering,' from ſchwören, 'fester,' but associated with ſchwer.

ſchwimmen, ſchwamm, geſchwommen, with ſ. or h., SWIM.

ſchwindeln, intr. or impers. with dat., *be dizzy; cheat.* [SWINDLE, borrowed from G.] Der. from ſchwinden, 'vanish.'

ſchwinden, ſchwand, geſchwunden, with ſ., *disappear, dwindle, die away* (of sound).

ſchwingen, ſchwang, geſchwungen, tr. or intr., SWING, *brandish, wave; vibrate.*

ſchwirren, intr., *whiz, whir, chatter.* An imitative word.

ſchwören, ſchwor, (ſchwur), geſchworen, tr. or intr., SWEAR, *vow, take oath.*

ſchwül, adj., *sultry, sweltry;* fig., *in great dread, in a bad fix.* Cog. (?)

Schwüle, f., *close air, sultriness.*

Schwulität, f. w., *anxiety.* A jocose mixture of G. and L..

ſchwur, see ſchwören.

Schwur, m., -s, ᵘe, SWEARING, *oath.* From the stem of ſchwören.

ſechs, SIX.

ſechſt-, SIXTH.

ſechsundachtzig, EIGHTY-SIX.

See, f. w., SEA; m., -s, -en, *lake.*

Seele, f. w., SOUL.

ſeelenfroh, adj., *heartily glad.*

Seelengröße, f., GREATNESS of SOUL.

Segel, n., -s, —, SAIL.

ſegeln, with ſ. or h., SAIL. From Segel.

Segen, m., -s, —, *benediction, blessing; bliss.* [SIGN (of the cross).] From L.

ſegnen, tr., *make the* SIGN *of the cross; bless.* From Segen.

ſehen, ſah, geſehen, tr., SEE, *perceive.* Etym., B. 410, 3.

Sehne, f. w., SINEW, *tendon; string* (of a bow).

ſehnen, refl., *long, hanker, be very desirous, anxious.*

Sehnſucht, f., *ardent desire, longing, yearning.* See -ſucht.

ſehnſüchtig, adj., *longing, anxious.*

ſehnſuchtsvoll, adj., FULL *of longing.*

VOCABULARY.

ſeḣr, adv., *very, much, greatly,* SORELY.
ſelben, adj., *silk(en).* From die Seibe, 'silk.' From L. .
Seiſe, f. w., SOAP.
Seiſenwaſſer, n., -ẞ, SOAP WATER.
Seil, n., -ẞ, -e, *rope, cord.*
ſein, *war, geweſen,* with ſ., *be, exist.* (Pret. WAS, WERE). Etym., B. 473, 1.
ſein, ſeiner, gen. sing. of er, eẞ, *of him, of it.*
ſein, poss. pron., *his.*
ſeinig-, poss. pron., *his;* Seinig-, n., *his property, due;* pl., *his friends, family.*
ſeit, prep. with dat., SINCE; conj., SINCE.
ſeitdem, adv., SINCE THEN or THAT.
Seite, f. w., SIDE; *flank; page; line, parentage;* von — n, *on the part of.*
Seitenweg, m., -eẞ, -e, *by-WAY.*
Sekun'de, f. w., SECOND. From L.
-ſel, noun-suff., indicates n. gend. B. 500, 1.
ſelb-, inflected like an adj., SELF, *the same.*
ſelber, undeclined, SELF preceded by the pronoun required by the context, him-SELF, *your*SELVES, etc.; von —, *of it-*SELF, etc.
ſelbig-, adj., *same.*
ſelbſt, undeclined pron., = ſelber; adv., *even,* preceding the word it qualifies; von —, *of itself,* etc., *freely.* From the gen. ſelbeẞ with excrescent t.
Selbſtverleugnung, f. w., SELF-*denial.* Verleugnung, verleugnen, 'deny,' this from lügen, 'LIE.'
ſelbſtverſtändlich, adj., SELF-*evident, a matter of course.* Verſtänblich from verſtehen, which see.
ſelig, adj., *blissful, happy; saved* (in heaven), *late* (= deceased). [SILLY, with much changed meaning]. Not from Seele as is stated, B. 528, 2, *a*.
-ſelig, adj.-suff., 1. from the preceding adj., *happy.* 2. from the noun-suff. -ſal, and adj.-suff. -ig. Added later to nouns without -ſal, e. g., in Feinbſeligkeit.
Seligkeit, f., *bliss, salvation.*
ſelten, adj., *rare, scarce;* adv., SELDOM.

ſeltſam, adj., *strange, curious; odd.* Cog. with ſelten. [539, 1.
-ſen, verb-suff., -SE, as in 'cleanse.' B.
ſenden, ſandte (ſendete), geſandt (geſendet), tr., SEND. Der. of a strong verb SINDAN, that appears in Ingeſinde, which see.
ſenken, ſenkte, geſenkt, tr., SINK; ſich —, SINK, *fall.* Causative of ſinken.
Sennhütte, f. w., *herdsman's* HUT. Senne, 'herdsman,' is only South G. and Swiss.
Senſe, f. w., SCYTHE (which stands for older Eng. SITHE). From a stem meaning 'to cut.'
Senſenmann, m., -eẞ, ⸚er, SCYTHE-MAN, i. e., militia armed with SCYTHES.
ſetzen, tr., SET, *put, place.* Causative of ſitzen. Aufs Spiel —, *to stake.*
ſeufzen, intr., SOB, *sigh, groan.* From the stem of ſaufen, 'drink in,' 'draw in the air.' [SIP, SUP].
Seufzer, m., -ẞ, —, SOB, *sigh, groan.*
ſich, refl. pron., invariable, *himself, herself,* etc.; reciprocal pron., *each other, one another.*
Sichel, f. w., SICKLE. Cog. with Senſe.
ſicher, adj. with gen., SECURE, *safe,* SURE. From L. SECURUS.
Sicherheit, f., SECURITY, *safety,* ASSURANCE.
ſicherlich, adv., SURELY.
ſichtbar, adj., *visible, conspicuous.* From Sicht, 'SIGHT,' ſehen, 'to SEE.'
Sici'lien, n., -ẞ, SICILY. c = z.
ſie, *she; her; they; them,* nom. and acc. of the pers. pron., 3d pers. sing. and pl.; Sie, *you,* nom. and acc.
Sieb, n., -eẞ, -e, SIEVE.
ſieben, SEVEN.
ſiebent-, SEVENTH.
ſiebzig, SEVENTY.
Siechtum, n., -ẞ, SICKNESS; *chronic disease.* Siech, 'SICK,' is cog. with -ſucht.
Sieg, m., -eẞ, -e, *victory, triumph.*
Siegel, n., -ẞ, —, SEAL. From L.
ſiegen, intr., *to triumph, be victorious.*
Siegesjubel, m., -ẞ, *exultation over a victory.*

VOCABULARY. 385

Siegeslaune, f. w., *exhilaration over a victory.* Die Laune, 'humor.' From L. LUNA, as if the moon influenced the state of mind. Cp. LUNACY, LUNATIC.

Siegesnachricht, f. w., *news of victory.*

Siegeszeichen, n., -s, —, TOKEN *of victory, trophy.*

siegreich, adj., *victorious.*

sieh, siehe, imp. of sehen. As to siehe, see note to p. 56, l. 27.

Silber, n., -s, SILVER.

Silberhaar, n., -s, -e, SILVER-*white* HAIR.

silbern, adj., *of* SILVER, SILVER. [VER.

silberschwer, adj., *heavy with, full of* SILVER.

sind, 1st or 3d pers. pl. pres. ind. of sein.

singen, sang, gesungen, tr., SING.

sinken, sank, gesunken, with s., SINK.

Sinn, m., -es, -e, *sense, mind.* From the stem of sinnen.

sinnen, sann, gesonnen, intr., *think, meditate ;* — auf, with acc., *plot.*

Sitte, f. w., *custom, practice ;* pl., *manners, morals.*

Sittlichkeit, f., *morality.*

sittsam, adj., *modest ; decent.*

Sitz, m., -es, -e, SEAT, *chair.* From the stem of sitzen.

sitzen, saß, gesessen, intr., SIT; *stay ; suit, fit ;* sitzend, part. adj., SEDENTARY. As to e — i, see B. 457, 1.

Sirchen, an exclamation, *zounds.* See note to p. 158, l. 20.

Sklavenschritt, m., -es, -e, *tread. of* SLAVES. Der Sklave, from SLAV, SLAVIC. v = f.

so, adv., so, *thus ;* arch. conj., *if ;* so ... wie, *as . . . as ;* so ein, SUCH A ; arch. for relative pron.

sobald ... als, conj., AS SOON AS.

sodann, adv., THEN, *in that case.*

sofort, adv., *immediately, on the spot.*

sogar, adv., *even.*

sogleich, adv., *immediately.*

Sohle, f. w., SOLE (of a shoe). From L.

Sohn, m., -es, ⁻e, SON.

Söhnlein, n., -s, —, *little* or *dear* SON. Dim. of Sohn.

solch-, adj., SUCH, *the same.* Compd. of so and -lich.

Soldat', m. w., SOLDIER. From Fr.

sollen, pret.-pres. and modal auxiliary, SHALL, *ought ; be obliged ; be said, reported to ; be intended, destined to.*

somit, adv., *consequently.*

Sommer, m., -s, —, SUMMER.

Sommerhaus, n., -es, ⁻er, SUMMER-HOUSE, *pavilion.*

Sommertag, m., -es, -e, SUMMER DAY.

sonderbar, adj., *singular, strange, whimsical.* [ASUNDER.]

sondern, conj., *but.* Cog. with the preceding.

Sonne, f. w., SUN.

sonnen, tr., *expose to the* SUN; sich —, *bask.*

Sonnenfinsternis, f., -isse, *solar eclipse.*

Sonnenlicht, n., -es, SUNLIGHT.

Sonnenschein, m., -s, SUNSHINE.

Sonnenuntergang, m., -es, ⁻e, SUNSET. Accent either on o or n.

sonnig, adj., SUNNY.

Sonntag, m., -es, -e, SUNDAY; -s, adv., *of a* SUNDAY.

Sonntagskind, n., -es, -er, *child born on* SUNDAY; *lucky child.*

sonst, adv., *else; besides ; in other respects; at other times; formerly.*

Sorge, f. w., *care, concern, uneasiness ;* arch. SORROW.

sorgen, intr., *care, take care, be solicitous, apprehend.*

Sorgfalt, f., *carefulness, solicitude.* See -falt, suff. of numerals. Cp. die Einfalt, 'simplicity.'

sorgsam, adj., *careful, mindful.*

soviel, adv., *so much.*

soweit, adv., *so far.*

sowie, conj., *just* AS ; AS SOON. AS well AS.

sowohl ... als auch, conj., AS WELL AS, *both ... and.*

sozial'ökonomisch, adj., SOCIAL *and* ECONOMICAL. From Gr.-L.

Spalt, m., -es, -e, *split, cleft, chink ;* -e, f. w., with the same meaning.

Span, m., -s, ⁻e, *chip, splint, shaving.* [(Wooden) SPOON.]

Spanien, n., -s, SPAIN.

spann, see spinnen.

spannen, tr., SPAN, *strain, bend, harness ;*

cock (a gun); fig., *put under mental strain, make intent;* see geſpannt.

ſparen, tr., SPARE, *save, economize.*

ſpärlich, adj., SPARING, *scanty, frugal.*

Spaß, m., -es, ⁿe, *jest, fun, sport.* From Italian. Long a.

ſpät, adj., *late, backward.*

Spazier'gang, m., -es, ⁿe, *walk* (for pleasure).

ſpazieren, with ſ. of h., *walk* (for-pleasure); in connection with a verb of motion it denotes 'for pleasure, exercise,' e. g. — gehen, 'walk,' — fahren, 'drive,' etc. From Italian.

Speer, m., -s, -e, SPEAR.

Speerſtange, f. w., SPEAR-*shaft.*

ſpeien, ſpie, geſpieen, intr., SPIT, SPEW.

Speiſe, f. w., *food, viand; dish.* From late L.

Speiſehaus, n., -es, ⁿer, *dining-rooms, restaurant.*

ſpeiſen, tr., *give food;* intr., *take food; take* (*dinner* or *supper*). From Speiſe.

Spezial'arzt, m., -es, ⁿe, SPECIALIST in some branch of medicine.

Sphinr, f., -e, SPHINX. From Gr.

Spiegel, m., -s, —, *looking-glass, mirror.* From late L.

Spiegelglas, n., -es, ⁿer, *mirror*-GLASS, *plate* GLASS.

ſpiegelklar, adj., CLEAR *as a mirror.*

ſpiegeln, tr., *reflect;* ſich —, *be reflected;* intr., *shine, glitter.*

Spiel, n., -s, -e, *play, amusement, game; playing* (of several instruments).

ſpielen, intr., *play; trifle; sparkle* (of diamonds); tr., *play* (music, etc.).

Spielmann, m., -es, ⁿer or -leute, *musician;* arch., *minstrel.*

Spielzeug, n., -es, *toys;* lit., *playthings.* See Zeug.

Spieß, m., -es, -e, *spear, lance,* SPIT.

Spindel, f. w., SPINDLE. Der. from ſpinnen.

ſpinnen, ſpann, geſponnen, tr., SPIN.

Spinnerin, f., -innen, SPINSTER.

Spinngewebe, n., -s, —, SPIDER-WEB.

Spinnrad, n., -es, ⁿer, SPINNING-WHEEL.

Spiritus, m., —, SPIRITS, SPIRITUS.

ſpitz, adj., *pointed, sharp;* fig., *shrewd,*

cunning, as in the next word. Der. from der Spieß, 'SPIT.'

Spitzbube, m. w., *rogue, thief.* See ſpitz.

Spitze, f. w., *point, tip; head.*

ſplittern, intr., *be shattered, splintered.* Der. from ſpleißen, 'SPLIT.'

ſpornen, tr., SPUR, *urge on.* From der Sporn, 'SPUR.'

Sporteln, pl., *fees.* From Italian.

Spott, m., -es, *mockery. scorn; object of derision.*

ſpotten, with gen., *mock, scorn.*

ſpottwohl'feil, adj., *ridiculously cheap, dog-cheap.* Feil, 'for sale,' wohlfeil, 'cheap.'

ſpöttiſch, adj., *mocking, scornful, ironical.*

ſprach, see ſprechen.

Sprache, f. w., SPEECH, *language.* From the stem of ſprechen.

ſprachlos, adj., SPEECHLESS.

ſprang, see ſpringen.

ſprechen, ſprach, geſprochen, intr. or tr., SPEAK, *talk; pronounce, declare.*

Sprecher, m., -s, —, SPEAKER.

ſprengen, tr., *cause to* SPRING, *gallop;* SPRINKLE; *scatter; cause to burst, burst open;* with ſ. or h., *ride full speed,* Causative of ſpringen.

ſpringen, ſprang, geſprungen, with ſ. or h., SPRING, *jump; leap, gush* (of water).

Spritze, f. w., *syringe; fire-engine,* For Sprütze, which is related to 'SPIRT.'

ſpritzen, tr., SPIRT. Der. from ſprießen, 'SPROUT,' *shoot forth.*

Spritzenmeiſter, m., -s, —, *head fireman;* lit., 'MASTER of the fire-engine.'

Spruch, m., -es, ⁿe, *sentence* (of a judge); *saying, adage; apothegm.* From the stem of ſprechen.

Sprung, m., -es, ⁿe, SPRING, *bound, leap.* From the stem of ſpringen.

Spur, f. w., *track, trail; trace, mark,* SPOOR. Cog. with Sporn, 'SPUR.'

ſpüren, tr., *trace, track; perceive, feel.* Cog. with Spur.

Sr., abbreviation for Seiner, *his* (in titles).

Staatsanzeiger, m., -s, —, STATE or *official gazette.* Compound of Staat,

'STATE' (from L.), and Anzeiger, from anzeigen, 'announce.'

Staatsministerium, m., -s, -ien, MINISTRY of STATE.

Stab, m., -es, "e, STAFF, stick; STAFF (of an army). [STAVE.]

stach, see stechen.

Stachel, m., -s, —, STING, prick. From the stem of stechen, 'STING.'

Stadel, m., -s, —, shed, barn. From the stem of stehen, 'STAND.' Cp. 'STABLE' from the same stem.

Stadt, f., "e, city. Doublet of Statt, 'STEAD.'

Städtchen, m., -s, —, little city. Dim. of Stadt.

Stadtsoldat, m. w., town-SOLDIER.

Stahl, m., -s, -e, STEEL.

Stall, m., -es, "e, stable, STALL.

Stamm, m., es, "e, STEM, stalk; stock, race, family, tribe.

stammen, with f., come, descend from. From Stamm.

Stammgut, n., -es, "er, family estate.

stämmig, adj., stocky, strapping.

Stammschloß, n., -sses, "er, family castle.

Stammsitz, m., -es, -e, family SEAT or estate.

stampfen, intr., STAMP, pound.

Stampfmühle, f. w., STAMPING-MILL.

stand, see stehen.

Stand, m., -es, "e, STAND, position; rank, class (of people); pl., ESTATES, STATES (of a realm); zu — kommen, COME to pass.

standhaft, adj., CONSTANT, STEADY, stanch.

standhalten, hielt —, -gehalten, intrans. or with dat., withSTAND, STAND out (against).

starben, see sterben.

stark, adj., strong, vigorous, robust; hard. [STARK.]

Stärke, f. w., strength, sturdiness, energy; forte. From stark.

stärken, tr., strengthen, corroborate, support, confirm.

starr, adj., stiff, rigid; benumbed, STARRING, fixed (look); fig., obstinate.

Starrkopf, m., -es, "e, stubborn, headstrong person.

Statt, f., STEAD, place. From the stem of stehen. Doublet of Stadt.

statt, prep. with gen., INSTEAD of, for. Cp. kraft. For anstatt.

stattfinden, fand —, -gefunden, intr., take place.

Statthalter, m., -s, —, vice-regent, governor, STADTHOLDER.

stattlich, adj., STATELY, excellent, important. From Statt in the sense of 'good STEAD' and associated with Staat, 'STATE, pomp.'

Staub, m., -es, dust. From the stem of stieben.

staunen, intr., be ASTONISHED, wonder at.

stechen, stach, gestochen, tr., STING, prick, pierce.

stecken, tr., STICK, put, set, fix; intr., STICK or remain fast; be hidden, not put in an appearance. Causative of stechen.

stehen, stand (arch. stund), gestanden, intr., STAND, stop, remain.

stehlen, stahl, gestohlen, tr., STEAL.

Steierland, n., -es, STYRIA; a province in Austria.

steif, adj., STIFF; fig., constrained, formal.

Steigbügel, m., -s, —, STIRRUP. Bügel, 'hoop,' 'ring,' from the stem of biegen.

steigen, stieg, gestiegen, with f., rise, ascend, climb.

steigern, tr., cause to go up, raise, heighten. Frequentative of steigen.

steil, adj., steep. From the stem of steigen.

Stein, m., -es, -e, STONE.

Steinbock, m., -s, "e, ibex.

steinern, adj., STONY, of STONE.

Steinhaufen, m., -s, —, HEAP of STONES.

steinig, adj., STONY, full of STONES.

Steinpflaster, n., -s, —, STONE pavement.

Stelle, f. w., spot, place; position, office. From stellen.

stellen, tr., put (in upright position); set, stop (a wheel); station, arrange, arraign; sich —, present one's self; act as if. Cog. with Stall.

Stellung, f. w., *putting, position; posture, situation.*

Stellvertretung, f. w., *substitution; representation.*

Stempel, m., -s, —, STAMP, *die.* From ſtampfen. From Low G.

ſterben, ſtarb, geſtorben, with ſ., *die;* vor Hunger —, STARVE *to death.*

Sterben, n., -s, *dying, death.*

ſterblich, adj., *mortal.*

Stern, m., -s, -e, STAR.

Sternlein, n., -s, *little* STAR. Dim. of Stern.

Sterz, m., -es, -e, *plough-handle.* [START = *tail.*]

ſtets, adv., *continually,* STEADILY. Orig. gen. of the adj. ſtät, ſtet, 'STEADY.' From the stem of ſtehen. Long e.

Stich, m., -es, -e, STING, *prick, stab;* im Stiche laſſen, *leave in the lurch.* From the stem of ſtechen.

ſtieben, ſtob, geſtoben, tr. or intr., *scatter like dust, fly like dust; be dusty.*

Stiefbruder, m., -s, ", STEPBROTHER. Stief- in this and in similar compounds comes from a stem that means 'to bereave.'

Stiefel, m., -s, —, or -n, *boot.* From Italian.

Stiefmutter, f., ", STEPMOTHER.

Stiefvater, m., -s, ", STEPFATHER.

ſtieg, see ſteigen.

Stier, m., -es, -e, *bull,* STEER.

ſtießen, see ſtoßen.

Stift, n., -s, -e, (charitable) *foundation; institution; monastery.* From ſtiften.

ſtiften, tr., *found, institute, cause.*

ſtill, adj., STILL, *silent, calm.*

Stille, f., STILLNESS, *calm.*

ſtillen, tr., *to* STILL, *silence; compose, satisfy.*

ſtillſchweigen, ſchwieg —, -geſchwiegen, intr., *keep* STILL, *be silent.*

Stimme, f. w., *voice, sound;* vote.

ſtimmen, tr., *tune;* fig., *dispose, induce;* intr., *accord, be correct.*

Stimmung, f. w., *frame of mind, mood; accord.*

Stirn, f. w., *brow, forehead.*

ſtob, see ſtieben.

Stock, m., -es, "e, *stick, cane, stem;* STOCK; *story* (of a building).

ſtocken, intr., *stop, stagnate; hesitate, falter.* Lit., 'turn solid, stiff like a stick.'

Stockwerk, n., -s, -e, *story, floor.* See note to p. 28, l. 5.

Stöhnen, n., -s, *groaning.*

ſtolz, adj., *proud, haughty; splendid, magnificent.* From the stem of Stelze, 'STILT,' hence 'STILTED.'

Stolz, m., -es, *pride, arrogance.*

ſtopfen, tr., *stuff,* STOP, *jam, fill.*

ſtören, tr., *trouble, disturb,* STIR *up.*

ſtörrig, adj., *stubborn, refractory.*

Stoß, m., -es, "e, *thrust, shock, lunge.* From the stem of ſtoßen.

ſtoßen, ſtieß, geſtoßen, tr., *thrust at, strike against; pound; push;* intr., *jolt* (of a horse), *butt; blow* (into a horn); — auf, with acc., *come or hit upon;* — zu, with dat., *join;* ſich —, *hit against.*

Strafe, f. w., *punishment, penalty.*

ſtrafen, tr., *punish; rebuke.*

Strafgericht, n., -es, -e, *punishment; criminal court.*

Strafrede, f. w., *severe lecture.*

Strahl, m., -s, -en, *beam, ray; lightning.*

ſtrahlen, intr., *beam, radiate.* From Strahl.

Strand, m., -es, STRAND, *beach.*

Straße, f. w., STREET, *highway, road.* From late L.

Straßenjunge, m. w., STREET-*boy.*

ſtraucheln, with ſ., *stumble.*

Strauß, m., -es, "e, *bunch* (of flowers, feathers, etc.); *nosegay.*

ſtreben, intr., STRIVE, *endeavor;* — nach, *aspire to.*

Streben, n., -s, STRIVING; *endeavor; effort, tendency.*

Strecke, f. w., STRETCH, *extent, distance.* From ſtrecken.

ſtrecken, tr., STRETCH, *extend, fell to the ground.*

Streich, m., -es, -e, STROKE, *blow, lash; prank, trick.* From the stem of ſtreichen.

ſtreicheln, tr., STROKE, *caress.* Dim. of ſtreichen.

VOCABULARY.

ſtreichen, ſtrich, geſtrichen, tr., STROKE, graze, touch; rub, spread.
ſtreifen, tr., STRIPE, STRIP; skin; graze; with f. or h., go on a (STRIPPING, predatory) excursion, make inroads, rove.
Streit, m., -es, -e, combat, contention, quarrel. From the stem of ſtreiten.
ſtreiten, ſtritt, geſtritten, intr. or refl., contend, strive, dispute. Cp. 'STRIDE,' which also once meant 'strive.'
Streiter, m., -s, —, combatant; champion.
ſtreitig, adj., controverted, at issue, debatable.
ſtreng, adj., strict, harsh, severe. Eng. 'STRONG' is the oldest meaning, but extinct in G.
ſtrich, see ſtreichen.
Strich, m., -es, -e, line, STROKE, dash. — durch die Rechnung machen, thwart. From the stem of ſtreichen.
Strick, m., -es, -e, cord, rope; fig., snare.
ſtricken, tr. or intr., knit. From Strick.
ſtritten, see ſtreiten.
Stroh, n., -s, STRAW.
Strom, m., -es, ᵘe, STREAM, current.
ſtrömen, intr., STREAM, gush, pour.
Strömung, f. w., current.
ſtromweiſe, adv., as a STREAM, in torrents.
Stübchen, n., -s, —, little room. Dim. of die Stube.
Stube, f., room, sitting-room. Orig. a 'heatable room, bath-room.' [STOVE.]
Stubenthür, f. w., DOOR of a room.
Stück, n., -es, ᵘe, piece, fragment; play; feat; trick. Cog. with Stock.
Stückchen, n., -s, —, small piece, morsel. Dim. of Stück.
Student', m. w., STUDENT. From L.
ſtuden'tiſch, adj., STUDENT-like.
Studienjahr, n., -es, -e, YEAR of STUDY.
ſtudieren, tr. or intr., STUDY: go to the University.
Stufe, f. w., STEP; grade.

Stuhl, m., -s, ᵘe, chair, seat, STOOL. From the stem of Stall, ſtellen.
ſtumm, adj., dumb; silent.
Stummel, m., -s, —, STUMP (of an object); short pipe. Related to ſtumpf and STUMP.
ſtumpf, adj., dull, blunt; fig., insensible [STUMPY].
ſtund, arch. for ſtand. See ſtehen.
Stunde, f. w., hour; arch. STOUND.
Stündlein, n., -s, —, short hour. Dim. of Stunde.
Sturm, m., -s, ᵘe, STORM; assault; fig., passion; — läuten, ring the alarm.
Sturmglocke, f. w., alarm-bell, fire-bell. See note p. 41, l. 12.
Sturz, m., -es, ᵘe, sudden and violent fall, plunge; ruin, overthrow.
ſtürzen, intr. with f., tumble, fall; tr., precipitate, hurl headlong; overthrow. From Sturz.
Stütze, f., stay; support. From ſtützen.
ſtützen, tr., prop, support; bear up.
ſuchen, tr., SEEK, look for; be in quest of.
-ſucht, noun-suff., disease; inordinate desire, mania. Cog. with ſiech, 'SICK.' See Siechtum.
Süd, m., -s, Süden, m., -s, SOUTH.
ſüdlich, adj., SOUTH, SOUTHERN.
Sueven, pl., SUEVI. v = w. Cp. Schwaben.
Sühne, f., atonement, reconciliation. From the stem of verſöhnen. As to ü—ö, B. 489, 4.
Summe, f. w., SUM. From L.
ſummen, intr., hum, buzz. An imitative word.
Sünde, f. w., SIN.
Suppe, f. w., SOUP. From Low G. Cog. with ſaufen, 'drink.' [SIP, SUP, SOP.]
ſüß, adj., SWEET, delightful.
Sylphi'de, f. w., SYLPH. From Gr.
ſympathe'tiſch, adj., SYMPATHETIC. From Gr.
Symplega'den, pl., Symple'gades. See note to p. 4, l. 27.

VOCABULARY.

T.

-t, noun-suff., Eng. -T preceded by a spirant. Indicates fem. gend. B. 512, 1.
-t is excrescent i. e. of secondary development after n and s. B. 491, 2; 512, 2, 3.
Tabagie', f. w., *public smoking-room, coffee-house.* From Fr., from TABAC. g = z in 'azure.'
Ta'bak, m., -s, -e, TOBACCO. From Indian.
Tabaksbeutel, m., -s, —, TOBACCO-*pouch.*
Tabaksrauch, m., -s, TOBACCO-*smoke.*
tadeln, tr., *blame, censure.* From der Tadel, 'blame.'
Tafel, f. w., *slate; dining-*TABLE; (formal) *dinner.* From L.
Tag, m., -es, -e, DAY, DAY*light, open air; publicity; diet, session.*
Tagelöhner, DAY-*laborer.* -löhner from Lohn, 'pay.'
tagen, intr., DAWN; *hold a session, sit.*
Tagesanbruch, m., -s, DAYBREAK.
taghell, adj., *bright as* DAY.
täglich, adj., DAILY.
Talent', n., -es, -e, TALENT, *capacity.* From Gr.
Ta'lisman, m., -s, -e, TALISMAN. From Persian.
Tambour, m., -s, -e, *drummer.* From Fr.
Tannenbaum, m., -es, "e, *fir-tree, Christmas-tree,*
Tante, f. w., AUNT. From Fr.
tanzen, intr., DANCE.
Tänzerin, f., -innen, *partner* (at the dance); DANSEUSE.
Tanzmusik, f., DANCE-MUSIC.
tapfer, adj., *valiant, brave.* [DAPPER.]
Tapferkeit, f., *valor, prowess.*
Tarnkappe, f. w., *magic cloak* or CAPE.
Tarn- comes from a stem meaning 'to cover, hide,' which appears in 'TARNISH.'
Tasche, f. w., *pocket.*
Tatze, f .w., *paw, claw.*
1. Tau, m., -s, DEW.
2. Tau, n., -es, -e, TOW, *rope.* From Low G.
Taube, f. w., DOVE.

tauchen, intr., DUCK, *dive;* tr., *immerse.*
taufen, tr., DIP, *baptize.* From the stem of tief, 'DEEP.'
taugen, intr., *be fit, good* (for something), DO, *answer* (a purpose). Cog. with Tugend, tüchtig, which see.
taumelig, adj., *reeling, giddy.* From taumeln.
taumeln, intr., *reel, stagger.*
Tausch, m., -es, *exchange.* From tauschen.
tauschen, tr., *exchange, swap.*
täuschen, tr., *delude, disappoint.* Not related to tauschen.
Täuschung, *delusion, disappointment; illusion.*
Tausend, n., -s, -e, THOUSAND. As cardinal invariable.
tausendmal, adv., *a* THOUSAND *times.*
Techniker, m., -s, —, TECHNOLOGIST, *engineer.* From Gr.
Teich, m., -es, -e, *pond, reservoir.* [DITCH, DIKE.]
Teil, m. or n., -s, -e, *share,* DEAL, *part.*
teilen, tr.. *divide, part,* DEAL. From Teil.
teilhaftig, adj., *sharing, participating in.* See -haftig.
teilnehmen, nahm —, -genommen, an with dat., *participate, sympathize.*
teils, adv., *in part.*
Telegramm', n., s, -e, TELEGRAM. From Gr.
Teller, m., -s, —, PLATE.
Tellerwechseln, n., -s, *changing of plates.*
Tempel, m., -s, —, TEMPLE. From L.
Tempo, n., -s, -s or -i, *time, movement* (in music).
Termin', m., -s, -e, *set time,* TERM. From L.
Terri'ne, f. w., TERRENE (TUREEN). From Fr., from L. ; lit., 'earthen dish.'
teuer, adj., DEAR, *costly; precious, beloved.*
Teufel, m., -s, —, DEVIL. From Gr.-L.
Teufelei, f. w., DEVILTRY.
Teuto'ne, f. w., TEUTON.
Thal, n., -s, "er, DALE,'*valley.*

VOCABULARY. 391

thalein, adv., INTO *the valley*.
Thaler, m., -ß, —, DOLLAR.
Thalerſtück, n., -es, -e DOLLAR.
Thalgrund, m., —es, ᵘe, *bottom of a valley; bottom-land*.
That, f. w., DEED, *act*. From the stem of thun.
that, see thun.
thät, arch. for that. B. 476, 2.
thätig, adj., *active*. From That.
Thätigkeit, f. w., *activity*.
Theba, f. pl. or Theben, n., -ß, THEBES.
Theba'ner, m., -ß, —, THEBAN.
Theſſa'lien, n., -ß, THESSALY.
1. Thor, n., -ß, -e, *gate*. Cog. with Thür.
2. Thor, m. w., *fool*.
Thräne, f. w., *tear*. [DRAIN.] [Gr.-L.
Thron, m., -ß, -e or -en, THRONE. From
Thronbeſteigung, f. w., *accession to the* THRONE.
thronen, intr., *be* ENTHRONED. From Thron.
thun, that, gethan, tr., DO, *make*; intr., *act*; gethan ſein um etwas, *be* DONE *with, ruined*.
Thunichtgut, m., invariable, but pl. -e, *ne'er-*DO-*well.* B. 521, 3.
Thür, f. w., DOOR. Cog. with Thor 1.
Thüringer, s. NOUN or indecl. adj., THURINGIAN.
Thusnelda, f., -ß, THUSNELDA; Thuß = Anglo-Saxon THYRS, 'giant,' and Hilda, 'fighter.' (?)
tief, adj., DEEP, *profound*.
Tiefe, f. w., DEPTH, *profoundness*.
tiefſinnig, adj., *profound, melancholy;* lit.. 'DEEP-minded.'
Tier, n., -es, -e, *animal, brute*. DEER.
Tierchen, n., -ß, *little animal*. Dim. of Tier.
Tiger, m., -ß, —, *tiger*. From Gr.-L.
Tigertier, n., -es, -e, TIGER. See note to p. 46, l. 2.
-tion, foreign noun-suff., —TION. t = z. Accent is always on o.
Tirol, n., -ß, TYROL. Also Tyrol.
Tiſch, m., -es, -e, *table, board*. [DISH, DISK.] From Gr.-L.
Titelchen, n., -ß, —, *a little dot, speck*. See note to p. 157, l. 24.

toben, intr., *rage, storm, bluster*. Cog. with taub, 'DEAF;' bumm, 'DUMB.'
Tochter, f., ᵘ, DAUGHTER.
Tod, m., -es, DEATH.
Todesglut, f., *fatal* GLOW (poet.). See p. 132, l. 12.
Todeskampf, m., -es, ᵘe, DEATH *agony*.
todeskühn, adj., *bold unto* DEATH.
Todesritt, m., -es, RIDE *into* DEATH.
Todesverachtung, f., *contempt for* DEATH.
Todeswunde, f. w., *mortal* WOUND.
Todeszeichen, n., -ß, —, *sign of* DEATH.
Todfeind, m., -es, -e, *mortal enemy*. Used also adj. in the predicate only. See feind.
todmüde, adj., *tired to* DEATH.
todwund, adj., *mortally* WOUNDED.
Toilet'te,. f. w., TOILET. From Fr. and pronounced Fr., but 3 sylls.
toll, adj., *mad, rabid*. [DULL.]
Ton, m., -ß, ᵘe, TONE, *sound;* TUNE. From Gr.-L.
Tonchen, TONY, pet name for Anton, ANTONY.
tönen, intr., *sound, give a sound*. From Ton.
Tonne, f. w., TUN, *cask, barrel*.
Tonnenreifen, m., -ß, —, *barrel-hoop*.
Topf, m., -es, ᵘe, *pot, vessel*.
tot, adj., DEAD.
töten, tr., KILL. From tot.
Totenklage, f. w., *lamentation for the* DEAD, *dirge*.
tot'machen, tr. sep., *kill*.
totſchlagen, ſchlug —, -geſchlagen, tr., *strike* DEAD.
Trab, m., -es, *trot*.
traben, intr., *to trot*.
Tracht, f. w., *load; clothes, dress*. From tragen.
tragen, trug, getragen, tr., *carry, wear*.
Träger, m., -ß, —, *carrier, porter*.
tragiſch, adj., TRAGICAL. From Gr.
Tragö'die, f. w., TRAGEDY. From Gr. (4 sylls.)
Tragweite, f. w., *range* (as far as a gun will carry).
Trank, m., -ß, ᵘe, DRINK. From the stem of trinken.

Trara, TRARA, imitating the sound of the bugle.
trat, see treten.
Traube, f. w., *bunch of grapes, grape*.
Traubenduft, m., -es, *fragrance of the grape*.
Trauer, f., *mourning, sorrow*.
Trauerflor, m., -s, ⁻e, *crape*.
Trauerglocke, f. w., *funeral bell*.
Trauerkleid, n., -es, -er, *mourning-garb*.
trauern, intr., *mourn, grieve*.
Trauerweide, f. w., *weeping willow*.
traulich, adj., *familiar, cordial, cosy*. Cog. with treu.
Traum, m., -es, ⁻e, DREAM, *fancy*. From the stem of trügen, 'deceive.'
träumen, intr. or impers. with dat., *to* DREAM. From Traum.
traurig, adj., DREARY, *mournful, sad*. From Trauer. [of treu.
traut, adj., *dear, beloved*. From the stem
treffen, traf, getroffen, tr. or intr., *hit upon, hit, strike, meet; affect, befall*.
trefflich, adj., *hitting the mark, excellent, capital*. From treffen.
treiben, trieb, getrieben, tr., DRIVE, *urge on; carry on* (a business); intr. with f. or h., DRIFT, *float; shoot forth, develop*.
trennen, tr., *separate, sever*.
treten, trat, getreten, intr. with f. or h., TREAD, *walk, step*.
treu, adj., *faithful*, TRUE, *loyal*. See traulich, traut.
Treue, f., *fidelity, loyalty*.
treulich, adv., *faithfully*, TRULY.
Treulosigkeit, f., *faithlessness, perfidiousness*.
trieb, see treiben.
triefen, w., or troff, getroffen, intr., DRIP, DROP, *trickle*.
Trier, n., TREVES, a city in the Rhine province, Prussia.
trinken, trank, getrunken, tr., DRINK.
Trinkgefäß, n., -es, -e, DRINKING *vessel*. Gefäß is cog. with Faß, 'VAT;' fassen, '*contain*.'
Trinkspruch, m., -es, ⁻e, *toast*.
Tritt, m., -es, -e, TREAD, *step*.
Triumph', m., -es, e, TRIUMPH. From Gr.-L.

Triumphzug, m., -es, ⁻e, TRIUMPHAL *procession*.
trocken, adj., DRY, *arid; dull*.
Trommel, f. w., DRUM.
Trompe'te, f. w., TRUMPET. From Fr.
Trompe'ter, m., -s, —, TRUMPETER.
Tropfen, m., -s, —, DROP. From the stem of triefen.
tropfen, intr., DRIP, DROP. From Tropf, Tropfen.
Trost, m., -es, *consolation, comfort, hope*, TRUST. Long o. From the stem of treu, etc.
trösten, tr., *comfort, cheer up*.
tröstlich, adj., *a comfort, comforting*.
trostlos, adj., *disconsolate, wretched*.
trostreich, adj., *full of comfort, consoling*.
Trotz, m., -es, *defiance, scorn, daring;* — bieten, BID *defiance*.
trotz, prep. with dat. or gen., *in spite of*.
trotzdem, adv., *in spite of that; nevertheless*.
trotzen, with dat., *defy, dare*.
trotzig, adj., *insolent, daring, defiant*.
trübe, adj., *troubled, muddy; cloudy;* fig., *sad, melancholy*.
Truchseß, m. w., *lord high steward*. Origin doubtful. See note to p. 69, l. 19.
Trudchen, nickname for Gertrude, 'GERTRUDE.' Lit., 'spear-maiden.' Long u.
trug, see tragen.
trügen, trog, getrogen, tr., *deceive, delude*.
trügerisch, adj., *deceptive*. From Trüger, *deceiver*.
Trümmer, pl., *fragments, ends, ruins*. Pl. of Trumm, 'THRUM.'
Trumpf, m., -es, ⁻e, TRUMP. From Fr. Cog. with Triumph.
Trunk, m., -s, DRINKING, *draught*, DRINK. From the stem of trinken.
Trunkenheit, f., *intoxication* (lit. and fig.). From trunken, arch. past. part. of trinken without ge-. B. 528.
Truppe, f. w., TROOP, *band;* pl., *forces*. From Italian. [bird.
Tschah, TSHAH, imitating the note of a
Tuch, n., -es, ⁻er, *cloth, kerchief, shawl*. [DUCK.]

Tüchlein, n., -ś, —, *little cloth ; kerchief.* Dim. of Tuch.
tüchtig, adj., *qualified, fit, capable, excellent;* colloq. *respectable,* as on p. 28. l. 17. From the stem of taugen, Tugend.
tückisch, adj., *malicious, insidious, malignant, spiteful, knavish.* From die Tücke, 'trick, malice.'
Tugend, f. w., *virtue.* From the stem of taugen.

-tum, noun-suff., -DOM. From the stem of thun, 'DO;' cog. with 'DOOM, DEEM.'
Tumult', m., -eś, -e, TUMULT, *uproar.* From L.
Türke, m. w., TURK.
türkisch, adj., TURKISH.
Turm, m., -ś, ⁿe, TOWER, *spire.* From L.
Turnier, n., -ś, -e, TOURNEY, *tilt.* From Fr.
Tyrol, n. or f., TYROL. Also Tirol.

U.

u. = und, AND.
u. s. w. = und so weiter, AND SO *forth.*
Übel, n., -ś, —, EVIL, *ill, wrong.* From the adj. übel.
übel, adj., EVIL, *bad, wicked;* — nehmen, *take ill, be offended.*
Übelthäter, m., -ś, —, EVIL-DOER, *criminal.* -thäter from That, thun.
üben, tr., *exercise, practice, train, drill.*
über, prep. with dat. or acc., OVER, ABOVE, *more than; about, concerning, on account of; across, beyond.* Adv. and sep. accented and insep. unaccented pref. with meanings like the prep. It makes an intr. verb into a tr. one. As adv. it stands like durch and lang often after an acc. of time.
überall', adv., *everywhere.* Not 'over all.'
überaus', adv., *exceedingly, extremely.*
Ü'berbleibsel, n., -ś, —, *rest, remnant, residue.* -bleibsel from bleiben, 'remain.'
überden'ken, -dachte, -dacht, tr., THINK ON, *meditate.*
ü'berfahren, fuhr —, -gefahren, with f., *cross, pass* OVER.
Ü'berfahrt, f. w., *crossing, passage.*
Ü'berfall, m., -ś ⁿe, *sudden attack, surprise.*
überfal'len, -fiel, -fallen, tr., FALL upon (suddenly), *surprise.*
ü'berführen, tr. sep., *lead* OVER, *across;* überführ'en, insep. with acc. and gen., *convict of.*
Ü'bergabe, f. w., *surrender, delivery.*
ü'bergeben, -gab, -geben, tr., *surrender,* GIVE UP OR OVER.
überge'hen, -ging, -gangen, tr., *pass*

OVER, *omit;* ü'bergehen with f., GO OVER, *turn* (to); OVERflow (of the eyes. etc.).
übergie'ßen, -goß, -gossen, tr., *pour* UPON, *suffuse* (with), *cover, steep* (in).
ü'bergroß, adj., OVER-*large, huge.*
überhäu'fen, tr. insep., HEAP UPON, OVERcharge, OVERwhelm.
überho'len, tr. insep., *outrun,* OVERtake; lit., 'OVERHAUL.'
überlas'sen, -ließ, -lassen, tr., *leave to, turn* OVER, *abandon.*
überlau'fen, -lief, -laufen, tr., *come or run over one;* fig., *importune;* ü'berlaufen, sep. with f., *run* OVER, OVERflow.
überle'ben, tr. insep., *survive;* OUTLIVE.
überle'gen, tr. insep., *cover ;* fig., *turn* OVER *in mind, weigh.*
überlief', see überlau'fen.
Ü'bermacht, f., *superior force, power; ascendency.*
ü'bermenschlich, adj., *superhuman.*
ü'bermorgen, adv., *day after* to-MORROW.
Ü'bermut, m., -eś, *haughtiness, arrogance; wantonness.*
ü'bermütig, adj., *haughty, supercilious; wanton.*
übernä'hen, tr. insep., *sew something* OVER *something.*
übernahm', see überne'hmen.
überne'hmen, -nahm, -nommen, tr., *take* UPON *one's self, accept; undertake, be seized violently with,* OVERCOME.
überra'gen, tr. insep., *tower* ABOVE, OVERlook.
überra'schen, tr. insep., *come suddenly* UP'ON, *surprise.* From rasch, 'quick.'

überra'schung, f. w., *surprise.* From the preceding.
ü'b.rrest, m., -es, -e, REST, *remainder; remains.*
überschal'len, tr. insep., *sound* ABOVE, *drown* (a noise).
übersen'den, -sandte, -sandt, tr., *remit, transmit.*
ü'bersetzen, tr. or intr., *take* OVER, *cross* OVER; überse'tzen, tr. insep., *translate.*
ü'bersiedeln, with s. sep., *move to another place or country, emigrate;* sich —, SETTLE (in). From the stem of 'sitzen.'
überste'hen, -stand, -standen, tr., *endure,* STAND (tr.); OVERCOME. Lit. 'to STAND after having passed through or OVER.'
übertra'gen, -trug, -tragen, tr., *transport, transfer, turn* OVER.
übertref'fen, -traf, -troffen, tr., *surpass, beat.*
übertrei'ben, -trieb, -trieben, tr., *exaggerate.*
übertrie'ben, part. adj., *excessive, immoderate.* From übertrei'ben.
überwäl'tigen, tr., OVERPOWER, OVERCOME. See Gewalt.
überwin'den, -wand, -wunden, tr., *vanquish, surmount.* Cp. sich winden, *writhe,* 'struggle.' Lit., 'vanquish in a struggle.'
überzeu'gen, tr. insep., *convince, persuade.* From zeugen, intr., 'testify.'
überzeu'gung, f. w., *conviction, persuasion.* From überzeugen.
übrig, adj., *left* OVER, *left.* From über.
übrigens, adv., *as for the rest, moreover.*
Übung, f. w., *practice, exercise.* From üben.
Übungsplatz, m., -es, "e, *drill-grounds* (for soldiers).
Ufer, n., -s, —, *bank, shore, coast.*
Uhr, f. w., *time-piece, clock, watch;* HOUR; uninflected in the sense of *time,* o'clock. From Low G., this from Fr.
Ula'n(e), m. w., ULAN. From Polish.
um, prep. with acc., *about, around, near; for, concerning, with regard to; in exchange for; over, down; by* (degree of difference); um — willen, see willen. um zu, with inf., *in order* TO.

um, adv., *at an end, over;* as sep. accented or insep. unaccented pref. it has the same force as the prep., but notice the force of 'change,' 'loss,' 'privation,' as in umbringen. It makes an intr. verb into a tr. one.
umar'men, tr. insep., *throw the* ARMS *about, embrace.*
um'bringen, brachte —, -gebracht, tr., *deprive of life, kill.* The full expression is ums Leben bringen. Cp. um'kommen.
umdrän'gen, tr. insep., *crowd around.*
um'drehen, tr. sep., *turn around.*
umfan'gen, -fing, -fangen, tr., *encircle, embrace.*
umfas'sen, tr. insep., *grasp around, span; encompass; comprise.*
umflo'ren, tr. insep., *veil.* From der Flor, 'gauze.'
Umgang, m., -s, "e, *intercourse, company.* See umgehen.
umge'ben, -gab, -geben, tr., *surround, environ, beset.*
Umge'bung, f. w., *surroundings, bystanders, those near, about* a person.
um'gehen, ging —, -gegangen, with s., GO *around, circulate;* fig. with h., *associate, be occupied, conversant;* umge'hen, tr. insep., GO or *walk around, avoid, elude.*
um'gürten, tr. sep., GIRD *about;* insep., *surround.*
umher', adv. and sep. pref., always accented, *about, around, round about.*
umherfahren, fuhr —, -gefahren, with s. or h., *drive* or *ride about, dart about.*
umherführen, tr. sep., *lead about.*
umhergehen, ging —, -gegangen, with s., *walk about.*
umherirren, with s. sep., *wander about.*
umherreisen, with s. or h., sep., *travel about.*
umhersehen, sah —, -gesehen, intr., *look about.*
umherstreuen, tr. sep., *scatter about.*
umhertappen, intr. sep., *grope about.*
umhül'len, tr. insep., *envelop.* From Hülle.
umja'gen, tr. insep., *race, hurry around* (something).

VOCABULARY. 395

um'kehren, tr. sep., *turn about or upside down;* with f., *turn about or back; return.*

umklam'mern, tr. insep., *clasp, cling to.* From die Klammer, 'CLAMP.'

um'kommen, kam —, -gekommen, with f., *lose one's life, perish.* The full expression is ums Leben kommen. Cp. um'= bringen.

Um'kreis, m., -es, -e, *circuit, circle; compass, extent.*

umkrei'sen, tr. sep., *circle about, encircle.*

umla'gern, tr. sep., *surround closely, besiege.* See Lager.

um'pflügen, tr. sep., PLOUGH *up.*

um'rennen, rannte —, -gerannt, tr., *knock down and* RUN *over, run down.*

um'schlagen, schlug —, -geschlagen, tr., *put around, wrap up; turn over* (the leaves of a book); with f., *turn, tip over.*

umschlie'ßen, -schloß, -schlossen, tr., *encompass, enclose.*

umschwär'men, tr. insep., SWARM *around.*

um'sehen, sah —, -gesehen, refl., *look back, about;* — nach with dat., *look out for.*

um'sichtig, adj., *circumspect.* From Umsicht,'circumspection,' from sehen, 'SEE.'

umsonst', adv., *gratis; in vain; to no purpose.* The idea seems to be 'for anything but the right thing or purpose.'

umspan'nen, tr. insep., *encircle.*

umstand', see umstehen.

Um'stand, m., -es, ²e, *circumSTANCE, condition;* pl., *particulars.*

um'ständlich, adj., *circumSTANTIAL, minute.*

umste'hen, -stand, -standen, tr., STAND *about, surround.*

um'stehend, part. adj., STANDING *about;* die Um'stehenden or Umste'henden, *bystanders.*

um'wandeln, tr. sep., *change, turn into.* From der Wandel, in the sense of 'change,' from wenden,'turn,' 'change'; umwan'deln, tr. insep., *walk or wander around.*

um'winden, wand —, -gewunden, tr.,

WIND, *twine about;* umwin'ben, tr. insep., WIND *about with.*

umwo'gen, tr. insep., *wave, flow about.*

umzie'hen, -zog, -zogen, tr., *move around, draw around;* um'ziehen, with f. sep., *move, change* (houses).

Un-, insep. pref., accent uncertain, UN-, IN-, B. 422, 6; 516, 10. UN- has not been marked as cog., except when the whole word was cog.

Un'abhängigkeit, f., *independence.* From abhängig, 'dependent,' abhangen, 'depend upon.'

un'abläffig, adj., *unremitting.* From abs lassen, 'leave OFF.' Accent also on ä.

un'angenehm, adj., *disagreeable.* See angenehm.

unaufhalt'sam, adj., *unrestrainable;* lit., 'not to be HELD UP.' See aufhalten.

un'aufmerksam, adj., *inattentive.* See Aufmerksamkeit.

unausssprech'lich, adj., UNSPEAKABLE. From aussprechen, 'express.' Accent also on un-.

un'balfamiert, adj., UNEMBALMED. See Balsam.

un'barmherzig, adj., *unmerciful, uncharitable.* From barmherzig, 'merciful,' in which Barm is not clear, but herzig, from Herz, 'HEART.'

un'befleckt, part. adj., *spotless; unblemished.* From beflecken, 'stain;' Fleck, 'stain.'

un'befriedigt, part. adj., *unsatisfied.* From befriedigen, 'satisfy'; Friede, 'peace.'

un'begrenzt, part. adj., *unlimited.* From begrenzen, 'to limit'; Grenze, 'limit.'

un'bekannt, part. adj., UNKNOWN, UNACQUAINTED. See bekannt.

un'bekümmert, part. adj., *unconcerned, indifferent.* See kümmern.

un'bemerkt, part. adj., *unnoticed.* See merken.

un'berührt, part. adj., *untouched.* See rühren.

un'beschädigt, part. adj., *unhurt, safe.* See schaden.

un'beweglich, adj., *motionless; immovable.* See bewegen.

un'bezwungen, part. adj., *unsubdued, unconquered.* From zwingen, 'to force.'
Un'bilde, f. w., *injustice, wrong.* Cog. with billig, 'just,' 'cheap.'
und, conj., AND.
un'dankbar, adj., *ungrateful.* From banken, 'THANK.'
un'durchdringlich, adj., *impenetrable, impervious.* From durchbringen, 'penetrate.'
unend'lich, adj., END*less, infinite.* From das Ende, 'END.'
un'entschieden, part. adj., *undecided, pending.* From entscheiden.
unergründ'lich, adj., *unfathomable.* From ergründen, 'fathom'; Grund, 'bottom.'
un'erhört, part. adj., UNHEARD *of; extreme; not granted.* From erhören, 'HEAR,' 'listen to.'
unermeß'lich ,adj., *unmeasurable.* From ermessen, 'measure.'
unermü'det, part. adj., *untired; unremitting.* From ermüden, 'tire.'
unermüd'lich, adj., *indefatigable.* See the preceding.
un'erschrocken, part. adj., *unterrified, intrepid.* From erschrecken, 'frighten.'
Unfall, m., -s, ⁿe, *disaster,* (unfortunate) *accident.*
un'fern, adj., *not* FAR *off, near;* prep. with gen., with the same meaning.
-ung, noun-suff., -ING. Indicates fem. gend. B. 506, 2.
un'geachtet, prep. with gen., or preceding dat., *in spite of, notwithstanding.* Really a past part. From achten, 'esteem.'
Un'geduld, f., *impatience.*
un'geduldig, adj., *impatient.*
un'gefähr, adv., *about, contingently, a matter of.* The idea seems to be 'it may be stated without FEAR or risks.'
un'gefährlich, adj., *without danger, safe.*
ungeheu'er, adj., *huge, monstrous.* Geheuer means 'pleasant,' 'familiar,' 'wonted.' Origin and accent doubtful.
Un'geheuer, n., -s, —, *monster.*
Un'gehorsam, m., -s, *disobedience.* From gehorsam, 'obedient'; hören, 'HEAR.'

un'gekünstelt, part. adj., *artless, unaffected.* From künsteln, Kunst, 'art.'
un'gepflegt, part. adj., *uncared for, untended.* From pflegen, 'cherish.'
un'gerecht, adj., *unjust, wrongful.*
un'gern, adv., *unwillingly, reluctantly.*
un'gerügt, part. adj., *uncensured.* From rügen, 'accuse,' 'blame.'
un'geschickt, part. adj., *inapt, awkward.* See geschickt.
un'geschlacht, adj., *uncouth; huge.* Cog. of Geschlecht, Schlag, which see.
un'gesehen, part. adj., UNSEEN.
un'gestört, part. adj., *undisturbed, unmolested.* From stören, 'disturb.'
un'gestüm, adj., *vehement, boisterous.* From a stem meaning 'to STEM, restrain'; lit., 'unrestrained.'
Un'gestüm, n., -s, *vehemence, impetuosity.*
un'gesund, adj., *unwholesome; unhealthy,* UNSOUND.
un'getrübt, part. adj., *cloudless, untroubled.* From trüben, 'dim, trouble.' See trübe.
un'gewiegt, part. adj., *without being rocked.* From wiegen, 'rock.'
un'geziemend, part. adj., *unseemly, improper.* From ziemen, 'be proper.'
un'gezogen, part. adj., *ill-bred; unmannerly; naughty.* From ziehen = erziehen, 'bring up.'
un'gläubig, adj., *incredulous; infidel.* From Glaube, 'BELIEF.' Used as a noun, UNBELIEVER, *infidel.*
Un'glück, n., -es, -e, *misfortune.*
un'glücklich, adj., *unfortunate, unhappy,* UNLUCKY.
Un'gnade, f. w., *disgrace, disfavor.*
unheil'bar, adj., *incurable.* From heilen, 'HEAL.' Accent also on un-.
un'heilschwanger, adj., *pregnant with misfortune; fatal.*
Uniform', f. w., UNIFORM. From L.
Universität', f. w., UNIVERSITY. From L.
un'mittelbar, adj., IMMEDIATE, *direct.*
unmög'lich, adj., *impossible.*
un'natürlich, adj., UNNATURAL.
un'nütz, adj., *useless, unavailing.* From the stem of nutzen.

un'parteiifch, adj., *impartial, unbiased.* From Partei, 'PARTY.'
un'paß, adj., *unwell, indisposed.*
un'recht, adj., *wrong, unfair, unjust.*
Un'recht, n., -8, *wrong, injustice.*
Un'ruh(e), f. w., *uneasiness, trouble; disturbance, commotion.*
un'rühmlich, adj., *inglorious.* From Ruhm, 'renown.'
uns, acc. and dat. of wir.
unfäg'lich, adj., *unutterable.* From fagen, 'say.'
unfchät'bar, adj., *invaluable, priceless.* From fchäten, 'value.' Accent also un-.
unfchein'bar, adj., *not bright or striking, plain-looking.* Accent also on un-.
Un'fchicflichfeit, f. w., *unfitness, impropriety.* See Schicflichteit.
un'fchuldig, adj., *innocent.*
un'felig, adj., *unblessed; fatal; unfortunate, miserable.*
unfer, pers. pron., gen. of wir, *of us;* poss. pron., OUR.
unfereins, ONE *like* US, *of* US; unfer is the gen. of wir.
un'fichtbar, adj., *invisible.*
Un'finn, m., -8, *nonsense.*
unfterb'lich, adj., *immortal.*
unten, adv., *below, beneath;* nach —, *downward.*
unter, prep. with dat. or acc., UNDER, *beneath, inferior to; among, amid; during, in* (time); adv. and sep. accented or insep. unaccented pref. with the same force as the prep.
unterbre'chen, -brach, -brochen, tr., *interrupt, break up, cut off.*
unterbes, -beffen, adv., *in the meantime, meanwhile;* lit., 'during THAT.' The gen. has not stood after unter, except in this compd.
unterbrü'cfen, tr. insep., *suppress, keep down; oppress.*
Unterbrü'cfung, f. w., *suppression; oppression.* From unterbrü'cfen.
Un'tergang, m., -8, ᵘe, GOING *down, setting; ruin, fall.*
un'tergehen, ging —, -gegangen, with f., GO *down, set;* GO UNDER, *fall, perish, become extinct.*

Un'terhalt, m., -es, *maintenance; competence.* The noun corresponds to the verb unterhal'ten, 'support.' As to their accent, see B. 421.
unterhan'beln, intr. insep., *negotiate.* See Handel.
un'terirbifch, adj., *subterranean.* See irbifch.
un'terfommen, fam —, -gefommen, with f., *get* UNDER *shelter, find lodging or employment; appear,* lit., 'come under the eyes,' on p. 98, l. 26.
unterlie'gen, -lag, -legen, with f. or h. and dat., *succumb, yield.*
Un'terlippe, f. w., *lower* LIP.
unterm, for unter bem.
unterminie'ren, tr. insep., UNDERMINE. From bie Mine, 'MINE.'
untern, for unter ben, either acc. sing. m. or dat. pl.
unterne'hmen, -nahm, -nommen, tr., UNDERtake, *attempt.*
Unterre'bung, f. w., *conversation, conference.* From fich unterre'ben, 'converse,' 'confer.'
Un'terricht, m., -8, *instruction, information.* As to accent, see Un'terhalt.
unterrich'ten, tr. insep., *instruct, inform.*
unterfchei'ben, -fchieb, -fchieben, tr., *distinguish, discriminate.*
Un'terfchieb, m., -es, -e, *difference, distinction.* B. 458, 3. As to accent, see Un'terhalt.
unterfett', part. adj., *thick-*SET, *stout.*
un'terftellen, tr. sep., *place, put* UNDER; the insep. has the same force, p. 229, l. 10.
Unterftü'tung, f. w., *prop;* fig., *aid, support.* From unterftü'ten, 'prop up.'
unterfu'chen, tr. insep., *inquire, look into, examine.*
Unterfu'chung, f. w., *inquiry, search, scrutiny, examination.* From unter= fu'chen. [*merge.*
un'tertauchen, intr. or tr., *dive; sub-*
un'terthan, part. adj., *subject to.* From unter and thun, 'put UNDER.'
Un'terthan, m. w. or mixed decl., *subject* (of a ruler).

Un'terthänigkeit, f., *subjection, submissiveness*. From unterthänig, 'submissive,' from unterthan.

unterwegs', adv., UNDER *way, on the way*. The s is adv.-suff., so that wegs is not a gen. governed by unter, as in unterbes.

unterwei'sen, –wies, –wiesen, tr., *give directions, instruct*.

unterwer'fen, –warf, –worfen, tr., *subdue, subject;* sich —, *submit, yield*.

Unterwer'fung, f. w., *subduing, subjection*. From unterwer'sen.

Unterwür'figkeit, f., *submissiveness, humbleness*. From unterwürfig, 'submissive,' from the arch. Unterwurf, 'throwing UNDER, subject.'

un'thätig, adj., *inactive, indolent*.

Un'treue, f., *faithlessness; disloyalty*.

unübertreff'lich, adj., *not to be surpassed, incomparable*. See übertreffen, 'surpass,' trefflich, 'excellent.'

un'unterbrochen, part. adj., *uninterrupted, running*. Past part. of unterbrechen, 'interrupt.'

un'verblendet, part. adj., *UNBLINDed, not dazzled*. From verblenden, from blind, 'BLIND.'

un'verderbt, part. adj., *uncorrupted*. From verderben, 'corrupt.'

un'verdrossen, part. adj., *unwearied, unremitting*. From verdrießen, 'to vex.'

un'vergänglich, adj., *imperishable*. From Vergang, 'passing away,' from vergehen, 'pass away.'

unvergeß'lich, adj., *not to be FORGOTTEN, ever memorable*. From vergessen, 'FORGET.'

un'vermerkt, part. adj., *unnoticed, imperceptible*. From vermerken, 'perceive,' intensive of merken, 'notice.'

unversöhn'lich, adj., *irreconcilable*. From versöhnen, 'reconcile.'

unverwund'bar, adj., *invulnerable*. From verwunden, 'to WOUND.'

un'verzagt, adj., *undismayed, dauntless*. From verzagen, 'to despair.'

unwei'gerlich, adj., *unrefusing, without opposition, absolute*. From weigern, 'refuse.'

Un'wille, m., –ns, *indignation*.

unwillkür'lich, adj., *invoLuntary*. From Willkür, 'WILL,' 'CHOICE.'

un'würdig, adj. with gen., *UNWORTHY; beneath one's dignity*.

un'zählig, adj., *innumerable*. From zählen, 'to count.'

Un'ziemlichkeit, f. w., *impropriety, indecency*. From ziemlich, 'tolerable,' ziemen, 'be proper.'

Un'zucht, f., "*e, lack of discipline; unchastity*. From Zucht.

üppig, adj., *luxurious, luxuriant; voluptuous*. Cog. with übel, 'EVIL.' Its older meaning was 'superfluous, wanton.'

Ur-, accented pref. of nouns and adjs., denoting 'out, origin, primitive, great age.' Cp. er-, the unaccented verb-pref. B. 516, 9.

Urahn, m. w., *great-grandfather*.

Urahne, f. w., *great-grandmother*.

uralt, adj., *very OLD, primeval*.

Urlaub, m., –s, FURLOUGH, LEAVE (of absence). Corresponds to erlauben, 'to permit.'

Urlicht, n., –es, *primitive LIGHT*.

Ursache, f. w., *cause, reason*.

ursprünglich, adj., *original, primitive*. From der Ursprung, 'origin.' Cp. springen, entspringen, 'SPRING from.'

Urteil, n., –s, –e, *sentence, judgment, opinion*. — fällen, *pronounce judgment*. [ORDEAL]. Corresponds to erteilen, 'DEAL out.'

Urwelt, f. w., *primitive WORLD*.

V.

v. = von, *of*.

Vater, m., –s, ", FATHER. As to t—th, B. 411, *Examples*.

vatergleich, adj., FATHERLY, PATERNAL.

Vaterland, n., –es, "er, FATHERLAND.

vaterländisch, adj., *native, of one's country*.

Vene'dig, VENICE. V = w.

Ver-, FOR-, insep. unaccented pref. of verbs. Force: 'loss, depriving, re-

moval, destruction, wrong, opposite';
often it is intensive, meaning 'too much,
to the end.' In verbs from nouns it
means 'passing, transition into.' Corresponds
to the accented vor, für.
B. 545. It makes intr. verbs tr., see
fluchen, verfluchen.

verab'reden, tr. insep., *agree upon;* sich
—, *make an appointment to meet.*
From die Abrede, 'agreement.'

verab'scheuen, tr. insep., *abhor, detest.*
From die Abscheu, 'abhorrence.'

verab'schieden, tr. insep., *dismiss, discharge.*
From Abschied, 'departure.'

verachten, tr., *despise.*

verändern, tr., *change, vary.* Intensive
of ändern.

Veränderung, f. w., *change.*

Veran'lassung, f. w., *inducement, motive,
occasion.* From veran'lassen, w.
insep., 'induce;' from Anlaß.

veran'stalten, tr. insep., *prepare, bring
about, contrive.* From die Anstalt,
'preparation;' anstellen, 'arrange.'

Verant'wortung, f., *accounting for,
responsibility; defense.* From verantworten,
'account for,' from Antwort.

verarmen, with f., *grow poor; be impoverished.*
From arm, 'poor.'

verbannen, tr., BANISH.

verbergen, verbarg, verborgen, tr., *hide.*
Intensive of bergen.

verbessern, tr., *amend, reform.* From
besser, 'BETTER.'

verbieten, verbot, verboten, tr., FORBID,
prohibit.

verbinden, verband, verbunden, tr., BIND
up, BANDAGE; *connect, join; put under
obligation.*

verbindlich, adj., *obliging; beholden,
obliged.*

verbleiben, verblieb, verblieben, with f.,
remain, continue. Intensive of bleiben.

verborgen, part. adj., *hidden; secret.*
From verbergen.

verbrannt, see verbrennen.

verbrauchen, tr., *consume, spend, waste.*

Verbrecher, m., -s, —, *transgressor,
criminal; law-*BREAKER. From verbrechen,
'commit a crime.'

verbreiten, tr., *spread* ABROAD, *divulge.*
From breit, 'BROAD.'

verbrennen, verbrannte, verbrannt, tr.
or intr., BURN, BURN *up, destroy by fire.*
Intensive of brennen.

verbunden, part. adj., *connected, attended;
obliged.* From verbinden.

verbündet, part. adj., *allied, confederate;*
as a noun inflected like an adj.,
ally. From Bund, 'treaty.'

verdammen, tr., CONDEMN, DAMN. From
L. Ver- is intensive.

verdanken, tr., *owe to, have to* THANK
for.

verdauen, tr., *to digest.*

Verdauung, f., *digestion.*

verderben, verdarb, verdorben, intr. with
f., *spoil, perish, be ruined;* tr. w., *corrupt,
taint, ruin.* But the tr. verb is
also found strong.

Verderben, n., -s, *corruption; destruction;
ruin.*

verderblich, adj., *corruptible; destructive,
pernicious.*

verdienen, tr., *earn; deserve.*

Verdienst, n., -es, -e, *merit, desert;*
m., *earnings, gain.*

verdientermaßen, adv., *deservedly.* A
gen. Accent on ie or a. Cp. folgendermaßen.

verdoppeln, tr., DOUBLE, DUPLICATE.
From doppelt, 'DOUBLE.'

verdorren, with f., *dry up; wither.* Cog.
with dürre, 'dry;' Durst, 'THIRST.'

verdrießen, verdroß, verdrossen, tr., *vex,
fret, grieve, tire.* [THREATEN.]

verdrießlich, adj., *fretful, vexed, cross;
vexatious, irksome.*

Verdrießlichkeit, f. w., *fretfulness; ill-humor;
vexation.*

verdutzt, adj., *abashed, put out, puzzled.*

verehren, tr., *honor, revere.* From Ehre,
'honor.' Intensive of ehren.

Verehrung, f. w., *veneration, reverence.*

vereinigen, tr., UNITE, *associate.* From
einig, 'ONE.'

vereiteln, tr., *frustrate, baffle, thwart.*
From eitel, 'IDLE.'

verfahren, verfuhr, verfahren, with f. or
h., *treat, deal with, proceed.*

verfärben, refl., *change, lose color.* From Farbe, 'color.'

Verfassung, f. w., *constitution; situation; state of mind.* From verfassen, 'compose.'

Verfassungsstreitigkeit, f. w., *quarrels about the constitution.* Streitigkeit, 'quarrel,' streiten, 'to quarrel.'

verfinstern, tr., *darken, eclipse.* From finster, 'dark.'

verfließen, verfloß, verflossen, with f., *expire, pass* (of time).

verflossen, part. adj., *expired, past, gone.*

verfluchen, tr., *curse.* Intensive of fluchen.

verfolgen, tr., *pursue, persecute.*

Verfolgung, f. w., *pursuit, persecution, prosecution.*

verführen, tr., *lead astray; seduce, corrupt.*

Verführung, f. w., *misleading; seduction.*

vergangen, part. adj., *past, gone.* From vergehen, 'pass away.'

vergeben, vergab, vergeben, with dat. of pers., FORGIVE, GIVE *away.*

vergebens, adv., *in vain.* The part. adj. with adv. s, lit. 'as a GIFT,' 'without returns.' [vain.

vergeblich, adj., *pardonable; fruitless,*

Vergebung, f. w., FORGIVING, *pardon; conferring.*

vergehen, verging, vergangen, with f., *pass away* or *by; disappear; languish, decay;* refl., *commit an offence.*

Vergehung, f. w., *fault, offence.* From sich vergehen, 'transgress,' 'GO wrong.'

vergelten, vergalt, vergolten, tr., *repay, retaliate, recompense.*

Vergeltung, f., *requital, retribution.*

vergessen, vergaß, vergessen, tr., FORGET.

vergießen, vergoß, vergossen, tr., *pour out* or *away; spill.*

vergiften, tr., *poison.* From das Gift, 'poison.'

verging, see vergehen.

vergiß, imp. sing. of vergessen.

vergnüglich, adj., *easily content; gratifying.* From arch. vergnügen, 'satisfy,' genug, 'ENOUGH.'

vergnügt, part. adj., *satisfied, contented, pleased, delighted.* See vergnüglich.

verhallen, with f., *die away* (of sound).

Verhältnis, n., -sses, -sse, *relation, situation, circumstance.* From sich verhalten, 'be situated, stand related.'

verhängen, tr., HANG *before* or *over; give the reins,* e. g., die Zäume verhängt, *at full speed;* fig., *decree, ordain.*

verhängnisvoll, adj., *fateful, fatal.* From das Verhängnis, 'decree, fate.'

verharren, intr., *continue, persevere, persist.*

verhauchen, tr., *exhale; expire.*

verhehlen, tr., *conceal, dissemble.*

Verheim'lichung, f. w., *keeping secret, concealment.* From verheimlichen, 'keep secret,' heimlich, 'secret.'

verhei'raten, tr., *give in marriage;* sich —, *marry.* From Heirat, 'marriage.'

verheißen, verhieß, verheißen, tr., *promise, prophecy.*

verhindern, tr., HINDER, *stop.* Intensive of hindern.

verhöhnen, tr., *deride, mock.* From Hohn, 'scorn.'

verhungern, with f., *die of* HUNGER, *starve.* Intensive of hungern.

verirren, refl., *lose the way, go astray;* ERR.

verjagen, tr., *chase away.*

verjährt, part. adj., *superannuated; prescribed;* prov. for verjahrt, *very old.* From Jahr, 'YEAR.'

Verkauf, m., -s, ᵘe, *sale.*

verkaufen, tr., *sell, vend.*

verkehren, tr., *turn* (the wrong side outward or upside down), *pervert;* intr., *associate, have intercourse.*

verkehrt, part. adj., *inverted, reversed; perverse; preposterous.* [sue.

verklagen, tr., *accuse; go to law with,*

verknüpfen, tr., *tie together; combine, connect.* From knüpfen, 'to tie,' related to Knopf, 'button.'

verkommen, s., with f., *degenerate, run down;* part. adj., *shabby, going to ruin.*

verkünden, verkündigen, tr., *make* KNOWN, *announce, proclaim.* From Kunde, 'KNOWLEDGE.' Ver- is intensive.

VOCABULARY. 401

verlangen, tr., *ask for, demand*; intr., LONG *for, crave, hanker*; impers. with acc. with the same meaning as the intr. Cog. with lang, 'LONG.' (?)

Verlangen, n., -8, *demand*; LONGING *for, appetite*.

Verlarvung, f. w., *masking, disguising.* From Larve, 'mask, LARVA.' v = f.

Verlaß, m., -sses, -sse, *reliance, trust*.

verlassen, verließ, verlassen, tr., *leave, forsake*; sich — auf, with acc., *rely, depend* UPON.

verlassen, part. adj., *forsaken, destitute*.

verlegen, tr., MISLAY, *remove, transfer; locate; barricade; publish* (a book). This verb shows well the various forces of ver-.

verlegen, part. adj., *embarrassed, disconcerted, perplexed*. From an obsolete verliegen, 'be injured by disuse, by LYING idle.'

Verlegenheit, f. w., *embarrassment, perplexity*. From the preceding adj.

verleihen, verlieh, verliehen, tr., LEND *out; bestow, confer, invest with*.

Verleihung, f. w., LENDING; *bestowal, investment*.

verlernen, tr., *unlearn, disaccustom, forget* (how).

verlieren, verlor, verloren, tr., LOSE; sich —, LOSE *one's self, disappear*. Cp. los, lösen, 'LOOSE.' As to r—s, see B. 416, 1.

verließ, see verlassen.

Verlobung, f. w., *engagement* (to marry), *betrothal*. From verloben, 'to plight troth.' Cp. geloben, Lob, lieb, etc.

verlocken, tr., *entice away, mislead, inveigle*.

verloren, part. adj., LOST, *ruined*; — gehen, a loose compd., *be lost.* B. 296, 1. From verlieren.

verlumpt, part. adj., *in rags*. From der Lumpen, 'rag.'

Verlust, m., -es, -e, LOSS, *damage*. From the stem of verlieren.

verlustig, adj. with gen., *deprived*; — sein, gehen, werden, *be deprived, lose*; — machen, *deprive*.

vermag, see vermögen.

vermählen, tr., *give in marriage*; sich —, *marry.* From Gemahl, 'spouse.'

Vermählung, f. w., *marriage, espousals*.

Vermählungsfeierlichkeit, f. w., *nuptial ceremonies*. From feierlich, 'solemn,' Feier, 'celebration.'

Vermählungsjahr, n., -es, -e, YEAR of (one's) *marriage*.

vermeiden, vermied, vermieden, tr., *avoid, shun; shirk*. Intensive of meiden.

vermeinen, tr., *think,* ME. N. Intensive of meinen.

vermitteln, tr., MEDIATE, *adjust, bring about*. From mittel, 'MEANS.'

vermögen, vermochte, vermocht, tr., *have the power, influence; be able, induce*. From mögen, 'be able.'

Vermögen, n., -s, *ability, power; property, fortune*.

vernehmen, vernahm, vernommen, tr. fig., *take in; hear; perceive*.

verneigen, refl., *bow, courtesy*. Intensive of neigen.

vernichten, tr., *annihilate, make void;* lit., 'bring to NAUGHT.'

veröden, tr. or intr., *make desolate; become desolate*. From öde, 'desolate.'

veröffentlichen, tr., *publish, proclaim*. See Öffentlichkeit.

verpflichten, tr., *bind over to; oblige*. From Pflicht, 'duty.'

verpflichtet, part. adj., *bound, obliged, beholden*.

verraten, verriet, verraten, tr., *betray; let out, disclose*; lit., 'advise ill.'

Verräter, m., -s, —, *betrayer, traitor; revealer*.

verrichten, tr., *do, perform, accomplish*.

verrinnen, verrann, verronnen, with f., *pass away, elapse*.

verröcheln, intr., *breathe one's last, expire*; lit., 'give the death-rattle.' From röcheln, 'breathe with a rattling in the throat.' Perhaps an imitative word.

verrostet, part. adj., RUSTY, *corroded*. See rostig.

verrucht, part. adj., *nefarious; infamous*. Old meaning is 'RECKLESS,' but associated with Gerücht, 'rumor,' which has Low G. ch for f, and is a cog. of Ruf,

'fame.' Hence = verrufen, 'of ill repute, infamous.'
Vers, m., -es, -e, VERSE, stanza. From L. v = f.
versagen, tr., deny, SAY nay; intr., fail.
versah, see versehen.
Versailler, of VERSAILLES. Pronounced as in Fr.
versalzen, tr., over-SALT; —, as past part., SALTED too much. See gesalzen.
versammeln, tr. and refl., ASSEMBLE, convene; collect.
Versammlung, f. w., ASSEMBLY, convocation.
versäumen, tr., neglect, miss. Transitive of säumen, 'delay.'
verschachern, tr., sell. From Hebrew.
verschaffen, tr., procure, furnish, obtain. See schaffen, w.
verscheuchen, tr., drive off, scare away. Intensive of scheuchen, from scheu, 'SHY.'
verschieden, adj., different, various, several. From Low G. As the past part. of verscheiben, = departed, deceased.
verschlafen, verschlief, verschlafen, tr., lose or neglect by SLEEPING, OVERSLEEP.
verschlang, see verschlingen.
verschliessen, verschloss, verschlossen, tr., lock in or up; shut up.
Verschlimmerung, f. w., growing worse, deterioration. From schlimm, 'bad.'
1. verschlingen, verschlang, verschlungen, tr., entwine, entangle. Intensive of schlingen 1.
2. verschlingen, verschlang, verschlungen, tr., swallow down; devour. Intensive of schlingen 2.
verschlossen, part. adj., locked, locked up; fig., reserved, close.
verschlucken, tr., swallow down; sich —, choke (intr.). Intensive of schlucken, 'swallow.'
verschweigen, verschwieg, verschwiegen, tr., say nothing of, keep secret. Transitive of schweigen, 'be silent.'
verschwinden, verschwand, verschwunden, with f., disappear, dwindle, melt away. Intensive of schwinden.
verschwören, verschwor, (verschwur), verschworen, tr., FORSWEAR; sich —, conspire. In the latter sense intensive of schwören.
Verschworen-, noun inflected as adj., conspirator.
versehen, versah, versehen, tr., overlook, mistake; provide, furnish; sich —, make a mistake; with further object, FORESEE, look out for, expect. See note to p. 20, l. 13.
Versehen, n., -s, —, OVERSIGHT, error.
versengen, tr., SINGE. Intensive of sengen, which is a causative of singen; lit. 'to make SING, sizzle, hiss.'
versetzen, tr., misplace; transpose, transfer. From setzen, 'SET.'
versichern, tr., ASSURE, INSURE; with gen. of the thing, ASSURE of, SECURE, make SURE of.
versiegeln, tr., SEAL up; confirm by a SEAL. Intensive of siegeln, 'SEAL.'
versiegen, with f., run dry, dry up.
versinken, versank, versunken, with f., SINK out of sight, become immersed. Intensive of sinken.
versöhnen, tr., reconcile; appease, expiate. See Sühne.
verspotten, tr., deride, scoff. From spotten, which see.
versprechen, versprach, versprochen, tr., promise, engage.
Verstand, m., -es, intellect; judgment; understANDING. From verstehen.
verständig, adj., intelligent, judicious, sensible.
verstaubt, part. adj., dusty, dust-covered. From Staub, 'dust.'
Versteck, m. or n., -s, -e, hiding-place; ambush. From Verstecken.
verstecken, tr., conceal, hide; lit., 'STICK out of sight.'
Verstecken, n., -s, hiding, hide and seek.
verstehen, verstand, verstanden, tr., underSTAND, comprehend; sich von selbst —, be a matter of course. [STONY.
versteint, part. adj., covered with STONES.
verstellen, tr., misplace; disfigure; sich —, dissimulate, dissemble.
Verstellung, f. w., dissimulation; disfiguration.

VOCABULARY. 403

Verſtorben-, noun inflected as an adj., *deceased, late*. From arch. verſterben, 'die.'

verſtoßen, verſtieß, verſtoßen, tr., *thrust off, expel, repudiate*. Intensive of ſtoßen.

verſtreichen, verſtrich, verſtrichen, with ſ., *pass away, expire*. From ſtreichen, intr. s., 'move quickly.'

verſtreuen, tr., STREW *about, disperse*. Intensive of ſtreuen.

Verſtümmelung, f. w., *mutilation*. From verſtümmeln, 'mutilate,' from Stummel, 'STUMP,' which see.

Verſuch, m., -es, -e, *attempt; experiment*. From verſuchen.

verſuchen, tr., *try; attempt; tempt, allure*. In the last sense ver- = 'wrong, evil.'

vertauſchen, tr., *exchange; confound*. Intensive of tauſchen.

verteidigen, tr., *defend, advocate*. From arch. verteibingen, 'discuss in court, in public,' this from Teibing (Tagebing), 'procedure in court,' which is comp. of Tag, 'session,' Ding, 'legal procedure.'

Vertrag, m., -es, ²e, *agreement; covenant; treaty*. From (ſich) vertragen, 'agree with.'

vertragen, vertrug, vertragen, tr., *brook, stand* (tr.), *tolerate, stomach;* ſich —, *agree, comport, make a contract*. From tragen, 'bear.'

vertrauen, tr., *confide*, ENTRUST; with dat. of pers., TRUST, *confide in;* — auf, with acc., TRUST *in*. From trauen, 'TROW,' cog. with traut, treu, which see.

Vertrauen, n., -s, TRUST, *confidence*.

vertraulich, adj., *familiar, confidential; companionable*. From vertrauen.

Vertraulichkeit, f. w., *familiarity, intimacy*.

verträumen, tr., DREAM; *waste in* DREAMING. Tr. of träumen.

vertreiben, vertrieb, vertrieben, tr., DRIVE *away, dislodge, expel*.

vertreten, vertrat, vertreten, tr., TREAD *down; step in for, represent*.

Vertreter, m., -s, —, *intercessor, representative*.

vertröſten, tr., *give fair hopes, put off* (*with promises*). From Troſt, 'consolation.'

verun'glücken, with ſ., *meet with misfortune, failure, accident; perish; come to naught*. From Unglück, 'misfortune.'

verun'reinen, tr., *make unclean*. From rein, 'clean.'

verurteilen, tr., *condemn, sentence*. From Urteil, 'sentence.'

verwahren, tr., *preserve*, GUARD, *secure;* ſich — vor with dat., or gegen with acc., *keep from doing, deprecate*.

verwaiſet, part. adj., *orphaned*. From Waiſe, 'orphan.'

Verwalter, m., -s, —, *manager, steward*. From verwalten, walten, 'manage.'

Verwaltung, f. w., *management, administration*. Cog. with Verwalter.

verwandeln, tr., *change, convert, transmute*. Intensive from wandeln, Wandel, 'change,' this from wenden, 'turn.'

Verwandt-, noun declined as adj., *relative, kinsman*. Really a past part. of verwenden, 'apply, connect, put in relation.'

Verwandtenmord, m., -es, -e, MURDER *of kindred*.

verwegen, adj., *audacious, rash, bold, venturesome*. Older G. = 'quickly resolved.' Orig. a past part. of ſich —, 'risk something,' cog. with bewegen.

Verwegenheit, f. w., *audacity, temerity*.

verweigern, tr., *refuse, deny*. See ſich weigern, 'refuse.'

verweilen, intr., *stay, delay;* ſich —, *tarry*. Intensive of weilen, 'stay.'

verweiſen, tr., *refer to, defer to;* with gen. of place, *banish, exile from;* with dat. of pers., *rebuke, reprove for*.

verwenden, verwandte, verwandt tr., *use*.

verwinden, verwand, verwunden, tr., *overcome, get over*. Cp. überwinden.

verwirken, tr., *forfeit*. The opposite of wirken, 'effect.'

verwirrt, part. adj., *entangled; perplexed*. From verwirren, 'confuse.' Cp. wirr, 'confused.'

Verwirrung, f. w., *complication, confusion, perplexity*. Cog. with verwirrt.

verwittern, with f., *be* WEATHER*beaten, disintegrate.* From Wetter, 'WEATHER,' from which 'WITHER.'

verworfen, part. adj., *abandoned, outcast.* Past part. of verwerfen, 'reject.'

verwundbar, adj., *vulnerable.* From verwunden.

verwunden, tr., WOUND. From Wunde, 'WOUND.'

verwundern, tr., *astonish;* refl. and impers., WONDER *at.*

Verwundet-, noun inflected as an adj., WOUNDED (person).

verzagen, intr., *despair, despond.* Intensive of zagen, 'be afraid.'

verzaubern, tr., *enchant, bewitch.* From Zauber, 'magic.'

Verzeichnis, -ſſes, -ſſe, *list, catalogue.* From verzeichnen, 'record,' zeichnen, 'mark,' Zeichen, 'TOKEN.'

verzeihen, verzieh, verziehen, tr., *pardon, excuse, condone.* The opposite of zeihen, 'accuse.'

Verzeihung, f., *pardon, forgiveness.*

verzichten, intr. or auf with acc., *forego, renounce, relinquish.* From Verzicht, 'renunciation,' this from verzeihen in the sense of 'disclaim.'

verzieren, tr., *decorate, trim up.* Intensive of zieren, 'adorn.'

verzweifeln, intr., *despair.* Intensive of zweifeln, 'to DOUBT.' [chievous.

verzweifelt, part. adj., *desperate; mis-*

Verzweiflung, f., *despair, despondency.*

verzweiflungsvoll, adj., FULL *of despair.*

Vesperbrot, n., -es, (a kind of) *supper;* lit., 'VESPER-*meal.*' From L., but v=f.

Besuv, m., -s, VESUVIUS. See note to p. 6, l. 26. More common than Vesuvius.

viel, adj., *much, a great deal.* Cog. with voll, 'FULL.'

viel'fältig, adj., *mani*FOLD.

vielleicht', adv., *perhaps, maybe;* lit., 'very easily.' Short i in viel.

vielmal, vielmals, adv., *many times; very much.*

viel'mehr, adv., *much* MORE; conj., vielmehr, *rather.*

vier, FOUR ; noun, f., (figure) FOUR; pl. Viere, *all* FOURS.

viereckig, adj., FOUR-*cornered,* SQUARE. -eckig from Ecke, 'corner.'

viert-, FOURTH.

Viertel, n., -s, —, QUARTER, FOURTH *part.* Short i. -tel from Teil, 'DEAL.' B. 532, 2.

Vierteljahr', n., -s, -e, QUARTER *of a* YEAR.

Viertelstun'de, f. w., QUARTER *of an hour.*

vierzehn, FOURTEEN. Short i.

vierzig, FORTY. Short i in vier.

Vindebona, L. for Wien, VIENNA.

Vlies or Vließ, n., -es, -e, FLEECE.

Vogel, m., -s, ⁻, *bird,* [FOWL.]

Vogelsang, m., -es, SINGING of *birds.*

Vögelein, n., -s, —, *little bird.* Dim. of Vogel. One l is dropped.

Vogler, m., -s, —, FOWLER. From Vogel.

Vogt, m., -s, ⁻e, *governor.* From L. but v=f. [ADVOCATE.]

Volk, n., -es, ⁻er, *people, nation,* [FOLK].

Völkerkunde, f., *ethnology;* lit., 'KNOWLEDGE of the nations.'

Völkerschlacht, f. w., *battle of the nations;* particularly the battle of Leipzig.

Völkerstamm, m., -es, ⁻e, *tribe, people.*

Völkertod, m., -es, *death of nations.* (Poet.)

Völkerwanderung, f. w., *migration of the nations.*

Völkerschaft, f. w., *population; tribe.*

Volksbildung, f., *education of the people; national culture.*

Volksfigur, f. w., *national character, type.*

Volksglaube, m., -ns, *popular* BELIEF.

Volksmenge, f. w., *population; mob.*

Volkssage, f. w., *popular legend.*

Volkssitte, f. w., *national custom.*

Volksvertretung, f. w., *representation of the people.* See vertreten.

voll, adj., FULL; *whole,* COMPLETE. As a pref. sep. or insep. ; as a suff. = FUL, the opposite of -los. See füllen, viel.

vollauf', adv., PLENTIFULLY, PLENTY.

Vollmond, m., -es, -e, FULL MOON.

vollbrin'gen, -brachte, -bracht, tr., *complete, perform, accomplish.*

VOCABULARY. 405

vollen'den, tr. insep., FULFIL, termi-
nate; perfect. Lit, 'END FULLY.'

vol'lends, adv., wholly, quite, FULLY;
besides, moreover. b is excrescent.

völlig, adj., COMPLETE, total, absolute,
downright.

vollkom'men, adj., perfect, consummate,
absolute; lit., 'reached completion.'
B. 421, 1.

voll'ständig, adj., COMPLETE, nothing
lacking. -ständig from Stand, 'STAND,
condition.'

vom, for von dem.

von, prep. with dat., of, from; by (denoting the agent); about, commencing;
denotes nobility in surnames. Perhaps
cog. with OF, OFF, ab.

vor, prep. with dat. or acc., BEFORE (future time, rank, place); against (warning, fear, obstruction); ago (past time);
from, FOR (cause). Frequent as sep.
accented pref. with the same meaning.
Cog. of für, ' FOR, BEFORE, PRO-, PRE-.'

voran', adv. and sep. accented pref., BE-
FORE, ahead, in the front.

voran'gehen, ging —, -gegangen, with f.
and dat., walk BEFORE, lead the way.

voran'reiten, ritt —, -geritten, with f.,
RIDE in the front.

vorauf', adv., BEFORE = voran.

vorauf'reiten, with f., = voran'reiten.

voraus', adv., BEFORE, in advance, FORE
most; BEFOREhand.

vorbei', adv. and sep. accented pref.,
(along) BY, passing, past; over, gone BY.

vorbei'fahren, fuhr —, -gefahren, with
f., drive BY or past.

vorbei'reiten, ritt —, -geritten, with f.,
RIDE BY or past.

vorbei'rennen, rannte —, -gerannt, with
f., rush BY or past.

vorbei'traben, with f., sep., TROT by
or past.

vor'bereiten, tr. sep., PREpare (in advance). (The past part. has no ge-.)

Vor'bereitung, f. w., PREparation.

Vorbild, n.,-es,-er, pattern, model, type.

vor'bildlich, adj., typical, model.

Vorbote, m. w., FORErunner, harbinger;
fig., FOREBODING. From bieten, 'offer.'

Vor'dersitz, m., -es, -e, front SEAT.
Vorder- is an old compar. of vor.
Short o.

Vor'derwand, f., "e, front wall. See
Wand.

vordringen, brang —, -gebrungen, with
f., press FORWARD.

Vorfahr, m. w., PREdecessor, ancestor.

vorfallen, fiel —, -gefallen, with f., happen, come to pass.

vorführen, tr. sep., bring FORWARD, PRO-
duce.

vorhan'den, adv., at HAND, PRESENT,
extant, imminent. An old dat. pl. of
Hand. B. 429, 1.

vor'her, adv., BEFOREhand, PREviously
(time); vorher', along BEFORE (place).
The distinction in accent is not always
observed.

vorhin', adv., a little while ago.

vorig-, adj., FORMER, PREceding.

vor'kommen, kam —, -gekommen, with f.,
COME BEFORE (an other), COME FORward;
happen, occur; offer, PRESENT (itself),
appear, seem.

vorlesen, las —, -gelesen, tr., read aloud.

Vorlesung, f. w., reading aloud; lecture.

vorliegend, part. adj., in question; advanced; lit.,]' LYING BEFORE (one).'

vormittags, adv., in the FORE noon, a. m,

vorn, adv., in front; von —, from the
front, from the beginning.

vornehm, adj., eminent, aristocratic,
exclusive, fine. From the stem of nehmen, lit., 'taken or set BEFORE others.

vorn'hin, adv., toward or in the front.

Vorrang, m., -es, PRECedence, PREemi-
nence, front RANK. Der Rang, 'RANK,'
from Fr.

Vorrat, m., -s, "e, store, PROvision. See
Rat.

vorreiten, ritt —, -geritten, with f. and
dat., RIDE ahead.

vorrücken, with f. sep., advance, move
FORward.

Vorschein, m., appearance; zum —
kommen, come to light; zum — bringen,
BRING to light.

Vorschlag, m., -es, "e, PROposal, offer.
From vorschlagen, 'PROPOSE.'

vorschreiten, schritt —, -geschritten, with f., step FORWARD or *in front.*
vorschützen, tr. sep., PREtend, allege; lit., 'put FORWARD as a defense.' See schützen.
vorsetzen, tr. sep., SET, put BEFORE; sich (dat.) —, resolve upon, PROpose to do.
Vorsichtsmaßregel, f.w., PREcautionary measure. Vorsicht = FORESIGHT. See Maßregel.
Vorsitz, m., -es, office of PRESIDING officer, chair. From sitzen.
Vorspann, m., -es, relay, additional horses. Cp. das Gespann, 'SPAN of horses.' See spannen.
vorspringen, sprang —, -gesprungen, with f., leap BEFORE, *jut out.* Cp. der Vorsprung, 'start, PROjection.'
vorstellen, tr. sep., put BEFORE or FORward; fig., plead, PROtest; PREsent, introduce; rePREsent, personate; sich (dat.) —, put BEFORE the mind, imagine.
vorströmen, tr. sep. with f., swell, flow FORTH.
Vorteil, m., -s, -e, advantage; PROfit; lift. Lit., 'share BEFORE, ahead of others.' Short o.
vor'teilhaft, adj., advantageous, lucrative, beneficial.
vortragen, trug —, -getragen, tr., put, place BEFORE; PREsent, PROpound, report.
vortreff'lich, adj., most excellent; capital. Intensive of trefflich, which see.
vortreten, trat —, -getreten, with f., step BEFORE, FORTH, *to the front.* From treten, 'TREAD.'
Vortritt, m., -es, -e, PREcedence, upper hand. See Tritt, treten.
vorü'ber, adv. and sep. pref., *by* (in front), past; OVER, *gone, done with.*
vorüberlassen, ließ —, -gelassen, tr., LET go by (in front).
vorüberziehen, zog —, -gezogen, with f., move, go by (in front).
Vorurteil, n., -s, -e, PREjudice, PREpossession. See Urteil, 'judgment.'
Vorwand, m., -es, ⁿe, PREtext; (false) plea. From vorwenden, 'PREtend.'
vor'wärts, adv., FORWARD, *on; ahead.*
vorwerfen, warf —, -geworfen, tr. with dat. of pers., reproach, upbraid.
Vorwurf, m., -s, ⁿe, reproach, reproof. From vorwerfen.
vorzeigen, tr. sep., show FORTH, PROduce.
vorziehen, zog —, -gezogen, tr., PREfer, give the PREference.
Vorzimmer, n., -s, —, ante-room.

W.

wachen, intr., be AWAKE; WATCH. See wecken.
Wachs, n., -es, WAX.
wachsen, wuchs, gewachsen, with f., WAX, grow, increase. See gewachsen.
Wacht, f. w., WATCH, guard. From wachen.
Wachtfeuer, n., -s, —, WATCH-FIRE, camp-FIRE.
wacker, adj., valiant, gallant. Orig. 'wide-AWAKE,' from wachen, wecken.
Waffe, f. w., WEAPON, arms.
Waffenbruder, m., -s, ⁿ, companion in arms, comrade.
Waffenbrüderschaft, f., BROTHERhood of arms, comradeSHIP.
waffenlos, adj., WEAPONLESS, unarmed.
Waffenplatz, m., -es, ⁿe, PLACE of arms, meeting-PLACE *for soldiers.*
Waffenrock, m., -es, ⁿe, soldier's coat; herald's coat.
Waffenruhe, f. w., armistice.
Waffenschmied, m., -s, -e, armorer.
Waffenschmiede, f. w., armory; lit., 'SMITHY for arms.'
Waffenstillstand, m., -es, ⁿe, truce; lit., 'STANDING STILL of WEAPONS.'
waffnen, tr., *to arm.*
Wage, f. w., balance, scales. From the stem of wiegen or wägen, 'WEIGH.'
Wagen, m., -s, —, WAGON, carriage, VEHIcle. From the stem of wegen in bewegen.
wagen, tr., risk, venture, stake. Orig.

VOCABULARY. 407

'put in the balance, expose.' From
Wage.

Wagenraum, m., -es, ⁿe, WAGON-*space*.

Wahl, f. w., *choice, option; election.*
Cp. with wählen.

wählen, tr., *choose, elect.* Scotch 'WALE.'
Cp. Wahl.

wähnen, tr., *fancy, think, suppose* (without good reason). From der Wahn, 'illusion, fancy.'

Wahnsinn, m., -es, *frenzy, insanity.*
Apparently from Wahn and Sinn, but really from Wahn, for older WAN, 'empty, lacking,' and Sinn, 'mind.'

wahr, adj., *true, genuine.* Unrelated to the next words.

wahren, tr., *perceive, be* or *become*
AWARE *of; watch over,* GUARD, *keep.*

währen, intr., *last, continue.* From the old inf. WESEN, one stem of sein. See Wesen.

während, prep. with gen. (rarely with dat.), *during;* conj., *while.* Really a pres. part. of the preceding.

wahrhaft, adj., *truthful, true.*

wahrhaf'tig, adj., *positive, certain, real;* adv., *positively, forsooth.* Accent irregular.

Wahrheit, f. w., *truth.*

wahrlich, adv., *surely, certainly.*

wahrscheinlich, adj., *probable, likely;* lit., 'seemingly true.' From scheinen, 'seem.' Accent doubtful, B. 422, 2.

Waiblinger, m., -s, —, GHIBELLINE, the Italian form of the G. proper name.

Waise, m. or f. w., *orphan* (boy or girl).

Wald, m., -es, ⁿer, *wood, forest;* arch. WOLD.

Waldameise, f. w., *wood* or *red* ANT.

Wäldergrün, n., -s, GREEN of *the forests.*

Wälderkrone, f. w., *forest*-CROWNED *hill.*

waldgrün, adj., *forest*-GREEN.

Waldrücken, m., -s, —, *wooded* RIDGE.

1. wallen, intr., *undulate, wave; boil;* fig., *be agitated.* Cog. with Welle, 'wave,' and Eng. WELL.

2. wallen, with s., *move* (sedately), WALK; *make a pilgrimage.*

walten, intr., *manage, rule;* [WIELD].

Walzer, m., -s, —, WALTZ. From walzen, 'roll, whirl' (in a round dance).

Wand, f., ⁿe, *wall, partition.* Orig.?

Wand(e)rer, m., -s, —, WANDERER.

wandern, with s., WANDER. From winden, wenden, 'turn.'

Wanderstab, m., -s, ⁿe, WANDERER'S STAFF.

Wanderung, f. w., WANDERING.

wandte, see wenden.

Wange, f. w., *cheek.*

wanken, with s. or h., *stagger, totter, waver.* From winken, 'beckon, nod.'

wankend, part. adj., *wavering, doubtful.*

wann, adv., WHEN (interrogative); arch. for wenn, als.

Wanne, f. w., FAN, WINNOWING *pan* or *bowl; tub.*

wannen, adv., preceded by von, (from) WHENCE.

Wappenschild, m., -es, -e, *escutcheon.*
Wappen is the Low G. doublet of Waffe, 'WEAPON.'

wappnen, tr., *to arm.* From das Wappen, see the above.

war, see sein. Cp. währen.

ward, see werden.

Wardein', m., -s, -e, (mint-) WARDEN, *assayer.* A G. word with Fr. ending. Cp. the cog. GUARDIAN. From G. warten, 'WARD.'

Ware, f. w., WARES, *commodity, merchandise.*

warf, see werfen.

warm, adj., WARM.

wärmen, tr., *to* WARM. From warm.

warnen, tr., WARN; *admonish.* Der. from wahren.

Warnung, f. w., WARNING.

Warschau, n., -s, WARSAW.

warten, tr., *attend, wait on;* with gen. or auf with acc., *wait for, watch for;* intr., *wait, stay.* [WARD, GUARD.] See Wardein. Der. of wahren.

-wärts, adv. suff., -WARD. s is adv. B. 553, 2.

warum', adv., *why* (interrogative and relative), *on what account;* lit., 'WHERE about or for.' B. 551, 2.

was, interrogative and relative pron., WHAT, *that which;* with the force of warum = *why,* see note to p. 35, l. 9; indef. pron. = etwas, *something.*

waschen, wusch, gewaschen, tr., w., WASH.

Wasser, n., -s, —, WATER. Cog. of 'WET.'

Wasserfall, m., -es, "e, WATERFALL.

wasserlos, adj., WATERLESS.

Wasserratte, f. w., WATER-RAT.

Wasserschwall, m., -es, "e, *billow.* Der Schwall, 'SWELL.'

Wassersnot, f., *distress caused by inundation* or (rarely) *by scarcity of* WATER, as on p. 151, l. 3.

Wasseruhr, f. w., WATER-*clock, clepsydra.*

Webearbeit, f. w., *textile fabrics.* From weben, 'WEAVE.'

wechseln, tr., *change, exchange, alternate.* From der Wechsel, 'change.'

wecken, tr., AWAKEN, *rouse.* Causative of wachen. See wader.

wedeln, intr., *wag* (the tail). From der Wedel, 'fan, brush, bushy tail,' from the stem of wehen, 'waft.'

weder ... noch, conj., NEITHER ... *nor.* See jeb-. The negative particle has disappeared.

Weg, m., -es, -e, WAY, *road; means.* See Wagen, bewegen for cog. Long e.

weg, adv. and sep. accented pref., AWAY, *off, gone.* It stands for enwec, in Weg and is orig. an acc. Short e.

wegbringen, brachte —, -gebracht, tr., *carry, take off.*

wegen, prep. with gen., *on account of, for the sake of, in regard to, with a view to.* For von and wegen, a dat. pl., which is now colloq.

wegfliegen, flog —, -geflogen, with f., FLY AWAY.

weggehen, ging —, -gegangen, with f., GO AWAY.

wegjagen, tr. sep., *drive* or *chase* AWAY.

weglaufen, lief —, -gelaufen, with f., *run* AWAY.

wegnehmen, nahm —, -genommen, tr., *take* AWAY, *capture.*

wegreißen, riß —, -gerissen, tr., *snatch* AWAY.

wegrennen, rannte —, -gerannt, with f., *rush, hasten* AWAY.

wegschleppen, tr. sep., *drag* AWAY, *carry* AWAY *by force.*

wegspringen, sprang —, -gesprungen, with f., *jump* AWAY *or aside.*

wegtragen, trug —, -getragen, tr., *carry* AWAY.

wegwerfen, warf —, -geworfen, tr., *throw* AWAY.

weh(e), interjection, WOE, *alas.* An imitative word.

Weh, n., -es, -en, WOE, *ache, grief, misery.* From the preceding.

weh(e), adj. and sep. pref., *sore;* — thun, with dat., *to pain.*

wehen, intr. or tr., *blow, waft.*

Wehgekreisch, n., -es, *cry of pain.* Gekreisch, 'cry, scream,' from kreischen.

Wehmut, f., WOE*fulness; melancholy.* Compd. of Weh and Mut, MOOD. Mut is masculine, but there was a feminine doublet. B. 164, *Exceptions.*

wehmütig, adj., WOE*ful, melancholy.* From Wehmut.

Wehr, f. w., *defense, bulwark; arms* (of defense); n., -s, -e, WEIR, *dam in a river.* Both from the stem of wehren.

wehren, tr., *protect, defend;* sich —, *defend one's self;* with dat., *restrain, check.*

wehrhaft, adj., *capable of bearing arms.*

Weib, n., -es, -er, WOMAN, WIFE. 'Woman' stands for 'WIFMAN.'

Weiberherz, n., -ens, -en, WOMAN'S HEART.

weiblich, adj., *feminine,* WOMANLY.

weich, adj., *soft, tender,* [WEAK]. From the stem of weichen.

weichen, wich, gewichen, with f., *yield, give way, retire;* tr. w., *soften, soak;* [WEAKEN]. The tr. from the adj. weich.

weichherzig, adj., *tender*-HEARTED.

Weichsel, f., VISTULA, a river in Eastern Germany.

1. Weide, f. w., *willow,* WITHY.

2. Weide, f. w., *pasture, pasturage.*

Weidengeflecht, n., -es, -e, *wicker-work.* Geflecht from flechten, 'braid'; lit., 'braided of willow.'

VOCABULARY. 409

Weidenkorb, m., -es, ᵘe, *willow basket; wagon-box of braided willows.*

weidlich, adv., *greatly, in a high degree.* Not directly from Weide 2, but for older WEIDENLICH, 'hunter-like, stately, finely.'

weigern, tr., *deny;* refl., *refuse, decline.*

Weigerung, f. w., *denial, refusal.*

weihen, tr., *consecrate, dedicate.*

Weihnachtstag, m., -es, -e, *Christmas* DAY. Weihnachten, pl., means 'Christmas'; lit., 'the sacred NIGHT,' weih comes from the stem of weihen. B. 429, 1.

Weihrauch, m., -s, -e, *Incense;* lit., 'consecrated smoke.' See the preceding.

weil, conj., *because;* arch., WHILE. Acc. of Weile.

Weilchen, n., -s, —, *a little* WHILE. Dim. of Weile.

Weile, f. w., WHILE, *space of time.*

weilen, intr., *stay, delay.* From Weile.

Wein, m., -s, -e, WINE. From L. VINUM.

weinen, intr., *weep.* Perhaps from the stem of Weh.

Weinsauce, f. w., WINE-SAUCE. Sauce from Fr. c = s und s., au = o.

weise, adj., WISE, *knowing;* as a noun but inflected as adj., *sage.* From the stem of wissen.

Weise, f. w., *mode, manner,* WISE; *tune, song.* Perhaps cog. with the adj.

-weise, suff., -WISE, preceded by an adj. that agrees with it.

weisen, wies, gewiesen, tr., *indicate, direct, send* (to or from a place); *teach.* A rare case of a weak verb becoming strong. Der. from die Weise. B. 122, 2.

Weisheit, f., WISdom, *knowledge.*

weislich, adv., WISELY, *prudently.*

weiß, see wissen.

weiß, adj., WHITE.

Weißbrot, n., -es, -e, or ᵘe, *wheat* BREAD. Opposite of Schwarzbrot.

Weisung, f. w., *direction, remonstrance.* From weisen, 'direct.'

weit, adj., WIDE, *large, ample; far, distant, remote.*

Weite, f. w., WIDTH, *breadth, largeness; distance.*

weiter, adv., *farther on, forward;* as an exhortation, *proceed.* Compar. of weit.

weiterhin', adv., *farther off or on; below* (in books and papers).

weitgepriesen, part. adj., *praised far and* WIDE. From weit and preisen.

weitläufig, adj., *diffuse, discursive, extensive.* -läufig from laufen.

welch, WHICH, *what,* interrogative and relative pron.; indef. pron., *some, any.*

Welf(e), m. w., GUELPH. The name is the same as Welf, 'WHELP.'

Welle, f. w., *wave, billow.* See wallen.

wellenatmend, part.adj., *wave-breathing.* (Poet.).

Welsch-, inflected as adj., *Romance,* especially *French* or *Italian;* hence *foreign,* but orig. it designated the Kelts, who were called WALH, from the tribe of the VOLCAE.

Welschland, n., -s, *Italy.* See Welsch.

Welt, f. w., WORLD. G. r has disappeared.

Weltausstellung, f. w., WORLD or *universal exposition.* Ausstellung from ausstellen, 'exhibit.'

weltlich, adj., WORLDLY; *temporal; secular, lay.*

wem, dat. of wer.

wen, acc. of wer.

Wendeltreppe, f. w., WINDING *stairs.* Wendel- from wenden.

wenden, wandte or wendete, gewandt or gewendet, tr., *turn, apply;* sich —, *turn, face about; apply.* Causative of winden, 'WIND.' [WEND, WENT.]

wenig, adj., *little, few;* ein —, *a little.* Cog. with weh, weinen. (?)

wenigstens, adv., *at least, at any rate, at the worst.* Sup. of wenig, with the adv.-suff. -ens.

wenn, conj., WHEN, *if;* — auch, gleich, schon, *even if;* — anders, nur, *if only, provided that.*

wer, WHO, interrogative and indef. relative pron.

werben, warb, geworben, tr., *enlist, levy;* — um, with acc., *court, apply for, woo.* Orig. 'to circle around, WHIRL;' fig., be busy about, eager for.' See Wirbel.

Werba, n., who goes there, *qui vive.*

werben, warb or wurbe, geworben, with f., *become, grow; come into existence;* with the dat., *be given, be done;* as auxiliary in the fut., the condit., and in the pass.; im — begriffen, *nascent, coming into existence.*

werfen, warf, geworfen, tr., *throw, fling, cast;* (in war) *put to flight.* [WARP.]

Werk, n., -es, -e, WORK, *action, deed;* WORK*manship, performance;* (literary) WORK, *product.* See wirken.

Werkzeug, n., -es, -e, *tool, instrument.* See Zeug.

wert, adj., WORTH, WORTHY, *deserving; valued, dear.*

Wert, m., -es, -e, WORTH, *value.* From the adj. wert.

wertlos, adj., WORTHLESS, *value*LESS.

Wesen, n., -s, —, *being, existence; creature; nature, manner of being, character, manner; affairs, concerns.* It is the old inf. become a noun. See note to p. 14, l. 6. B. 466.

weshalb, interrogative and relative adv., *wherefore, on what or which account.* Wes is gen. of wer; halb is the prep. halben, which see.

West, m., -es, or Westen, m., -s, WEST.

Weste, f. w., VEST, *waistcoat.* From Fr., but orig. a cog. of Eng. WEAR, L. VESTIS.

Westphalenland, n., -es, WESTPHALIA. Poet. for Westphalen.

Wette, f. w., *bet, wager; emulation;* um die —, zur Wette, *in rivalry,* with a verb of motion, *a race.* [WED.]

Wetter, n., -s, —, WEATHER; *tempest, storm.*

Wetterglocke, f. w., *storm-bell.* See note to p. 103, l. 28.

Wetterwolke, f. w., *thunder* or *storm-cloud.*

Wettkampf, m., -es, ⸚e, *contest.*

Wettlauf, m., -es, ⸚e, *race.*

Wettstreit, m., -es, -e, *contention, contest.*

wetzen, tr., WHET, *sharpen.*

Wetzstein, m., -es, -e, WHETSTONE.

wichtig, adj., WEIGHTY, *important.* For gewichtig from Gewicht, 'WEIGHT.'

Widder, m., -s, —, WETHER.

wider, prep. with acc., *against, contrary to.* As insep. accented or unaccented pref., it has the same force often given by L. RE-, or by WITH in 'WITH*stand.*' Wieder is a doublet.

widerfa'hren, -fuhr, -fahren, with f. and dat., *happen, befall.*

Wi'derrede, f. w., *contradiction.*

widerru'fen, -rief, -rufen, tr., *recant, retract.*

widerse'tzen, refl. insep., *resist.*

wi'derspenstig, adj., *refractory, perverse.* -spenstig is from an old SPAN, 'quarrel.'

Wi'derspenstigkeit, f., *refractoriness, perverseness.*

Wi'derstand, m., -es, *resis*TANCE.

widerste'hen, -stand, -standen, with dat., WITHSTAND, *oppose, hold out against.*

widerstre'ben, insep. with dat., STRIVE, *struggle against.*

widmen, tr., *dedicate, appropriate to;* sich —, *devote one's self.* From Wittum, orig. 'bridal gift.'

wie, interrogative and relative adv., *how;* conj., *as, like as, such as; when;* followed by auch, immer, nur, *howsoever, however;* colloq. for als after a compar. From the interrogative stem of wer, was.

wieder, adv. and sep. or insep., accented or unaccented pref., *again, anew, in return, back.* Doublet of wider.

wiedererstanden, part. adj., *resurrected, revived.*

wie'dergeben, gab —, -gegeben, tr., GIVE *back.*

wie'derhallen, intr. sep., *re-echo;* tr., *echo.*

wiederho'len, tr. insep., *repeat.*

wiederholt', adv., *repeatedly.* Past part. of wiederholen.

Wie'derkehr, f., *return.*

wie'derkehren, with f., sep., *return.*

wie'derkommen, kam —, -gekommen, with f., COME *back,* COME *again.*

wie'derum, adv., (emphatic) *again, over again.*

Wiege, f. w., *cradle.* From the stem of wiegen, 'WEIGH,' and bewegen.

VOCABULARY. 411

1. wiegen, tr., *to rock, swing.* From bie Wiege.
2. wiegen, wog, gewogen, tr., WEIGH. These verbs come from the same stem with Weg, Wage, Wagen, etc.
wiehern, intr., *neigh, whinny.*
Wien, n., -s, VIENNA. See VINDEBONA.
Wiese, f. w., *meadow.* [WOOSY, WEASEL?]
wild, adj., WILD, *barbarous; dissolute; intractable, fierce.*
Wild, n., -es, *game,* especially *deer, venison.* Cog. with wild.
Wildheit, f., WILDness; *fierceness.*
will, see wollen.
Wille (Willen), m., -ns, -n, WILL, *mind, purpose, design;* um ... willen, prep. with interposed gen., *for the sake of.*
willens, adv., WILLING, *ready.* Really a gen. in the pred. after sein, 'be of the WILL, purpose, have the WILL.'
willig, adj., WILLING, VOLUNTARY.
Willigkeit, f., WILLINGNESS, *readiness.*
willkom'men, part. adj., WELCOME; lit., 'COME (past part.) according to WILL and wish.' Eng. wel- for 'will' through Scandinavian influence.
Willkür, f., *free* CHOICE; *arbitrariness.* As to -kür, see Kurfürst.
wimmern, intr., WHIMPER, *moan.* Both imitative words.
Wind, m.,-es, -e, WIND. From the stem of wehen, 'blow.'
winden, wand, gewunden, tr., WIND, *twist;* sich —, *writhe, twist one's self.*
Wink, m., -es, -e. *nod, beck, hint,* WINK. From the stem of winken.
Winkel, m., -s, —, *angle, nook.* From winken (?).
winken, intr., *make a sign* (with the head, eyes, hand); *nod, beckon, wave,* WINK.
Winter, m., -s, —, WINTER.
Winteraufenthalt, m., -s, -e, WINTER *abode.* Der Aufenthalt, 'stop, abode,' from aufenthalten, aufhalten, 'stop.'
Winterlager, n., -s, —, WINTER-*quarters.*
Winterwetter, n., -s, WINTER WEATHER.
Wipfel, m., -s, —, *top, summit* (of a tree and similar objects). From an old verb meaning 'to swing, VIBRATE.'

wir, pers. pron., WE.
Wirbel, m., -s, —, *twirl,* WHIRL, *flourish* (on the drum); *eddy.* From the stem of werben, which see.
wirbeln, intr., WHIRL, *swirl;* WARBLE, *trill; beat a flourish* (on the drum).
wirken, tr. or intr., WORK, *labor; produce, take effect;* in a specified sense, *embroider.* Cog. with Werk.
wirklich, adj., *actual, real, effectual.* From Werk.
Wirkung, f. w., *operation, effect.*
wirkungslos, adj., *Ineffectual.*
wirr, adj., *confused, dishevelled.* See verwirren.
Wirt, m., -es, -e, *tavern-keeper, host, landlord; manager.*
Wirtin, f., -innen, *hostess, landlady, mistress.*
Wirtschaft, f. w., *housekeeping, husbandry; Inn;* colloq., *doings.*
wirtschaften, intr. insep., *keep house, to husband, manage;* colloq., *manage badly, proceed carelessly.* From the preceding.
Wirtshaus, n., -es, ⁼er, *public* HOUSE, *tavern.*
wischen, tr., *wipe,* WHISK.
wissen, pres. sing. weiß, wußte, gewußt, *know;* wissen zu, with inf., *know how to, manage to;* zu sagen —, *be able* or *have to say.* [WIT, WOT.]
Wissenschaft, f. w., *knowledge, Information; science.*
wissenschaftlich, adj., *scientific.*
Wittwe, f. w., WIDOW.
witzeln, intr., *affect* WIT, *quibble.* From ber Witz, 'WIT,' this from the stem of wissen.
wo, interrogative or relat. adv., WHERE, referring to time, *when;* arch. conj., *if;* — möglich, *if possible.* The longer form wor is preserved in compds. with prepositions that begin with a vowel. From the interrogative stem of wer, was. wie.
wobei', adv., WHEREBY, WHEREat.
Woche, f. w., WEEK.
woburch', adv., WHEREby, THROUGH which or what.

wofern', conj., *provided, so far as, if.*

wofür', adv., wherefor; for *what,* for *which.*

wog, see wiegen.

Woge, f. w., *wave, billow.* From the stem of (be)wegen, 'move.'

wogen, intr., *undulate, heave, rock.* From Woge.

Wogenprall, m., -s, *breakers, surge;* lit., 'rebound of the waves.' Der Prall from prallen, 'rebound.'

woher', adv., *whence.*

wohin', adv., *whither.*

wohl, adv., well. As modal adv. it is difficult to translate and has often been treated of in the notes. Common meanings are *indeed, to be sure, probably.* From the stem of wollen.

Wohl, n., -s, weal, wel*fare.*

wohlan', an exhortation, well, *come on then, proceed.*

Wohlbehagen, n., -s, *comfortable feeling, comfort.* See behagen.

wohlgebaut, part. adj., well-*built.* From bauen.

Wohlgefallen, n., -s, *good-will, gratification, contentment.* See gefallen.

wohlgemeint, part. adj., well-meant. From meinen.

wohlgemut, adj., *cheerful.* From der Mut, 'mood.'

wohlgesondert, well sundered, *clearly distinguished.* From sondern, 'sunder,' cog. with sondern, conj.

wohlig, adj., *happy.* (Prov.)

Wohlstand, m., -es, wel*fare, prosperity; decency, good-breeding.* See Stand, stehen.

Wohlthat, f. w., *good* deed, *benefaction, service, benefit.* See That, thun.

wohlthätig, adj., *beneficent, charitable; advantageous, salutary.* From Wohlthat.

wohlthun, that —, -gethan, with dat., do well (by), *benefit.*

wohnen, intr., *live, dwell, reside.* See gewöhnen, gewohnt.

Wohnsitz, m., -es, -e, *domicile, residence.* Wohn- from the stem of wohnen. See Sitz. — aufschlagen, *makes one's home.* Cp. 'pitch one's tent.'

Wohnung, f. w., *dwelling; abode.*

Wolfsfell, n., -s, -e, wolf *skin.*

Wolfspelz, m., -es, -e, wolf's pelt; *fur coat,* = Pelz.

Wolke, f. w., *cloud.* [Welkin.]

Wolkensteg, m., -es, -e, *cloudy path,* i. e., 'cloud-covered or as high as the clouds.' Der Steg from the stem of steigen, 'ascend.'

Wollarbeit, f. w., *work in* wool or worsted. See Wolle and Arbeit.

Wolle, f., wool.

wollen, pres. sing. will, wollte, gewollt, will, *intend, want; be about to, on the point of;* will *have it, assert.*

Wollen, n., -s, will, *volition.*

womit', adv., where*with, with what or which.*

wonach', adv., *after what, after which;* whereupon.

Wonne, f. w., *delight, bliss.*

woran', adv., whereon, where*at; by what, by which.*

worauf', adv., whereupon; *on what, which.*

worden, past part. without ge of werden, used in pass. voice.

worin', adv., wherein; in *what, in which.*

Wort, n., -es, -e or "er, word; *expression, speech.* B. 58.

wortbrüchig, adj., breaking *one's* word, *faithless.* -brüchig from Bruch, brechen, 'break.'

Wörtchen, n., -s, —, *a little* word; *a single* word. Dim. of Wort.

Wörtlein, n., -s, —, = Wörtchen.

Wortwechsel, m., -s, —, *altercation, discussion.* Der Wechsel, 'exchange.'

worü'ber, adv., over *what,* over *which;* whereupon, where*at,* etc.

wovon', adv., where*of,* where*from; of what, of which.*

wozu', adv., whereto, where*fore;* to *what end.*

Wuchs, m., -es, "e, *growth; shape, size, figure.* From the stem of wachsen.

wühlen, tr., *root, dig up.*

VOCABULARY. 413

wund, adj., WOUNDED, *sore, galled.* Cog. with Wunde.

Wundarzt, m., -es, "e, *surgeon.* See Arzt, 'physician.'

Wunde, f., WOUND, *injury.* Cog. with wund.

Wunder, n., -s, —, WONDER, *miracle, marvel.*

wunderbar, adj., WONDERful, *marvellous.*

Wundergabe, f. w., *miraculous* GIFT. See Gabe.

wunderlich, adj., *strange, singular; wayward, whimsical.*

wundermild, adj., WONDROUS *kind.*

wundern, impers. and refl., WONDER, *be amazed.* From Wunder.

wundersam, adj., *marvellous, most singular.* (Poet.)

wunderschön, WONDERfully *fine, extremely fair.*

wundersüß, adj., WONDROUS SWEET.

wundervoll, adj., WONDERFUL, *admirable.*

Wunsch, m., -es, "e, WISH, *desire.*

wünschen, tr., WISH, *long for, desire.* From Wunsch.

wurden, see werden.

Würde, f. w., *dignity, honor;* WORTH, *character.* From the stem of wert, which see.

würdevoll, adj., *dignified, solemn.*

würdig, adj., WORTHY, *estimable, dignified.*

Wurf, m., -s, "e, *fling, throw, cast.* From the stem of werfen.

Wurfspieß, m., -es, -e, *javelin.* See Spieß.

würgen, tr., *choke, throttle, murder cruelly.* [WORRY.]

Wurst, f., "e, *sausage.* From a stem meaning 'to twist.'

Wurzel, f. w., *root.* Der. from die Wurz, 'WORT.'

wusch, see waschen.

wußte, see wissen.

wüst, adj., *desert,* WASTE, *wild;* fig., *dissolute, riotous.* [VAST.] Long ū.

Wüste, f. w., WASTE, *desert.* Cog. with wüst.

Wüstenbrand, m., -es, BURNING *heat of the desert.* See Brand.

Wut, f., *rage, fury, madness.* Cp. WOOD, adj., 'mad.'

wüten, intr., *rage, rave, storm.* From Wut.

X.

Xaver', -s, XAVIER. From Romance languages, from Arabic. (Also Xa'ver.)

Z.

-z-, a der. verb-suff. Cp. ächzen, buzen. B. 539, 3.

zagen, intr., *be disheartened, timid, afraid, lose courage.*

Zahl, f. w., *number, figure,* TALE.

zahlen, tr., *pay, pay for, remunerate.* From Zahl.

zählen, tr., *count, enumerate, reckon,* TELL. From Zahl.

zahllos, adj., *number*LESS.

zahlreich, adj., *numerous.*

Zahn, m., -s, "e, TOOTH.

Zange, f. w., TONGS. See note to p. 9, l. 8.

zanken, intr., *quarrel, dispute, brawl;* sich —, *wrangle.*

Zapfenstreich, m., -es, -e, TATTOO, announcing time for soldiers to be in barracks or tents. Lit., 'stroke on the TAP or spigot,' implying 'no more to drink.' Cp. the Eng. cog. which is Low G. 'TAP to'; lit., 'the TAP is shut.'

zart, adj., *tender, delicate, frail.*

zärtlich, adj., *delicate, fond, amorous.* From zart.

Zauber, m., -s, *magic, spell, charm.*

Zauberkraft, f., "e, *magic power.*

Zauberland, n., -es, "er, *magic* LAND, *fairy* LAND.

Zaubersaft, m., -es, "e, *magic juice, magic potion.* [*spell.*]

Zauberspruch, m., -es, "e, *incantation,*

Zauberwort, n., -es, -e, *magic* WORD.

zaubern, intr., *linger, be dilatory, loiter.* Cog. with zögern, ziehen, which see.

Zaum, m., -es, ⁼e, *bridle, rein*. With TEAM from the stem of ziehen, 'pull.'

Zaun, m., -es, ⁼e, *fence, hedge*. [TOWN, from being enclosed, fortified.]

Zeche, f. w., *score, reckoning; drink* or whatever one has ordered.

Zehenspitze, f. w., *end or tip of the* TOES, *tiptoe*. From die Zehe, 'TOE,' and Spitze, 'point.'

zehn, TEN.

zeonjährig, adj., *of* TEN YEARS, *lasting* TEN YEARS. See jährig.

zehnt-, TENTH.

Zeichen, n., -s, —, TOKEN, *sign, mark; symbol, symptom*.

zeichnen, tr., *to mark, sign; draw, design*. From Zeichen.

zeigen, tr., *point out,* INDICATE; *show, bring out or forth, exhibit*. From zeihen, 'accuse,' 'INDICT.'

Zeiger, m., -s, —, *hand* (of a time-piece). From zeigen.

Zeile, f. w., *row; line*. Cog. with Ziel, 'limit.'

Zeit, f. w., TIME, *season;* TIME *of day*. [TIDE has the same suff.]

Zeitgenoß, m. w., *contemporary*. See Genoß.

zeitig, adj., TIMELY, *ripe*. [TIDY.]

zeitlang, adv., *for a* TIME.

Zeitungsjunge, m. w., *newspaper boy*. Compd. of Zeitung, 'journal,' 'TIDINGS,' and Junge, 'boy.'

Zeitungspapier, n., -s, (old) *newspaper*.

Zelt, n., -es, -e, *tent, pavilion*.

Zentner, allowable spelling for Centner, which see.

zer-, insep. unaccented pref., whose force is *asunder, destruction;* sometimes only intensive. Perhaps L. and Eng. dis- is its cog.

zerbrechen, zerbrach, zerbrochen, tr., BREAK *in pieces, shatter*.

zerfetzen, tr., *tatter, slash, tear in small pieces*. From der Fetzen, 'rag.'

zerfließen, zerfloß, zerflossen, with f., *melt, dissolve*.

zerfressen, zerfraß, zerfressen, tr., EAT or *gnaw in pieces*.

zerhauen, zerhieb, zerhauen, tr., HEW or *chop in pieces*.

zerklaffen, tr., *split*. Tr. of klaffen, 'gape, be split.'

zerknittern, tr., *crumple, ruffle*.

zerlumpt, part. adj., *ragged, tattered*. From Lumpen, 'rag.'

zermalmen, tr., *crush, grind fine*.

zerreißen, zerriß, zerrissen, tr., *rend asunder, pluck, pull, tear in pieces*.

zerrinnen, zerrann, zerronnen, with f., *melt, ebb away, dissolve, disappear*.

zerschellen, tr., *dash in pieces, crash*. From schellen, Schall, 'sound,' from a strong intr. verb, 'to go in pieces with a noise.'

zerschlagen, zerschlug, zerschlagen, tr., *beat, strike in pieces; disperse; wear out*.

zerschmettern, tr., *shatter in pieces*.

zerspleißen, zerspliß, zersplissen, tr., SPLIT *in two*.

zerspringen, zersprang, zersprungen, with f., *crack, fly or burst in pieces*.

zerstieben, zerstob, zerstoben, with f., *scatter like dust*.

zerstören, tr., *destroy, raze*. Intensive of stören, 'STIR up.'

Zerstörung, f. w., *destruction, demolition*.

zerstreut, part adj., *scattered;* fig., *absent-minded, wandering*. From zerstreuen, intensive of streuen, 'STREW.'

zertreten, zertrat, zertreten, tr., TREAD or *trample down, crush*.

zerzausen, tr., *tug, worry, dishevel*.

Zeug, n., -es, -e, *stuff, cloth, material; clothes; armament; tools, furniture* (see Spielzeug); '*trash, rubbish, things*.' From the stem of ziehen.

zeugen, tr., *engender,* PRODUCE, *beget;* intr., *witness, depose*. Cog. with Zeug. The meanings lie remote, but can be reconciled. [TEEM.]

Zeugnis, n., -sses, -sse, *testimony, deposition; testimonial*:

Zeus, m., ZEUS, *Jupiter*. See note to p. 14, l. 18.

Ziege, f. w., *goat*.

Ziegel, m., -s, —, TILE. From L. TEGULA.

VOCABULARY. 415

ziehen, zog, gezogen, tr., *draw, pull,*
TUG, TOW; *breed, rear, bring up,* EDU-
CATE; intr. with f., *move, proceed*
(slowly); *go* (in a body); *go on a march
or expedition.*
Ziel, n., -es, -e, *term, limit; aim, goal;
scope, object.* See Zeile.
ziemen, impers. with dat. and refl., *befit,
become, be suitable, seemly.* Cog. with
zahm, zähmen, 'TAME.'
ziemlich, adj., *seemly, befitting; tolerable, passable;* adv., *tolerably, pretty,
near.*
Zier, f., *ornament; honor.*
Zierde, f. w., *embellishment, decoration;
grace, honor.* From Zier.
zieren, tr., *adorn, embellish, trim up.*
Zigeunerbube, m. w., *gypsy boy.* Zigeu-
ner is ultimately from Persian.
Zimmer, n., -s, —, *room, apartment,
chamber.* [TIMBER.]
Zinn, n., -s, TIN, *pewter.*
Zinne, f. w., *battlement, pinnacle.*
Zinnherz, n., -ens, -en, TIN HEART.
Zinnlöffel, m., -s, —, TIN *spoon.*
Zinnsoldat, m. w., TIN SOLDIER.
Zins, m., -es, -en or -e, *interest, rent;
tax, tribute.* From L. CENSUS.
zinspflichtig, adj., *tributary.* -pflichtig
from Pflicht, 'duty.'
Zipfel, m., -s, —, TIP, *point, end.* Cog.
with Zapfen, 'TAP.'
zischen, intr., *hiss.* An imitative word.
zittern, intr., *tremble, quake, shiver.*
See beben.
zog, see ziehen.
zögern, intr., *tarry, linger; hesitate.* A
frequentative of ziehen.
Zoll, m., TOLL, *duty, custom.* Cog. with
Zahl, zählen, 'tell.'
zollen, tr., *pay* TOLL, *custom;* fig., *give,
pay* (honor, respect, etc.).
Zopf, m., -es, ⁼e, *cue, pigtail; plait,
tress.* [TOP.]
Zorn, m., -s, *wrath, ire, anger.*
zornig, adj., *angry, wrathful.* From
Zorn. See zürnen.
zu, prep. with dat., TO, UNTO; after the
case, TOWARD; *at, by; in addition, besides, with; as* (denoting identity, func-

tion), e. g. zu Gaste (*as a* GUEST). It
occurs in many set phrases which cannot
be enumerated here, e. g. zu Boden, zu
Tisch, zu Haus. Adv. and sep. accented
pref., TO; *on, forward, faster, nearer;
together, shut;* TOO, before an adj.
Zucht, f., ⁼e, *breed, breeding; bringing
up, training, discipline, punishment;
modesty, propriety of conduct.* From
ziehen.
Zuchthäusler, m., -s, —, one who is or has
been in the penitentiary; "*jail-bird.*"
Das Zuchthaus, lit. 'HOUSE *of correc-
tion.*' From Zucht in the sense of 'discipline,' 'punishment.'
züchtig, adj., *modest, chaste.* From Zucht.
züchtigen, tr., *correct, chastise, punish.*
From züchtig.
Züchtigung, f. w., *chastisement, correc-
tion.* From züchtigen.
Zuchtmeister, m., -s, —, *governor* (of
children); lit., 'training-master.'
zucken or zücken, tr., *draw quickly, with a
jerk;* die Achseln —, *shrug one's shoul-
ders;* intr., *quiver, dart, flash.* Iterative
or intensive of ziehen. As to đ—h, g,
see 535, 1 Rem. 2.
Zucker, m., -s, SUGAR. From late L.
Zuckerfaß, n., -ffes, ⁼sser, SUGAR *cask.*
See Faß.
zudecken, tr. sep., *cover up; conceal.*
zudem', adv., *moreover, in addition.*
zudrücken, tr. sep., *close* (by pressure);
press together.
zuerst', adv., *at first, first.*
zu'erteilen, tr. sep., *allot, apportion, confer.*
Zufall, m., -s, ⁼e, *accident, chance.*
From zufallen, 'FALL to one.'
zufallen, fiel—, -gefallen, with f. and dat.,
FALL TO, *shut of itself;* FALL TO *one's
share, devolve upon.*
zufällig, adj., *accidental, casual, chance;
contingent.*
zuflüstern, sep., with dat. of pers., *whisper* TO.
zufrieden, adj., *pacified, satisfied, content, pleased.* Orig. 'at peace.' It
retains the accent of a prep. and its case.
Sich — geben, *content one's self.*

VOCABULARY.

zufügen, sep., with dat. of pers., *inflict, do* (an injury, etc.), *add.* From fügen, 'join.'

zuführen, tr. sep., *convey, lead; supply.*

Zug, m., -es, ⁓e, (the act of) *pulling, pull,* TUG; *draught* (of air, of a liquid); *whiff, pull* (at a pipe); *procession, train* (of cars); *column, troop* (on the march), *expedition, march; passage, flight* (of birds); something drawn: *line, stroke* (of a pen), *lineament, feature.* From the stem of ziehen.

zugeben, gab —, -gegeben, tr., GIVE *in addition,* GIVE TO *boot; concede, permit, acknowledge.*

zugehen, ging —, -gegangen, with f., *walk on or faster; shut* (of itself); GO *on, nappen, come about; —* auf with acc., GO UP TO, *approach.*

Zügel, m., -s, —, *rein, bridle.* Der. from ziehen, Zug, 'pull.'

zugleich', adv., *at the same time,* TO*gether.* For accent cp. zufrieden.

Zugluft, f., — winb, m., -es, *draught of air.* See Zug and Luft.

zuhören, sep., with dat., *give ear to,* HEARKEN.

Zuhörer, m., -s, —, HEARER, *listener.*

Zuhörerkreis, m., -es, -e, *circle of* HEARERS, *audience.*

zuklappen, tr. sep., *shut with a slap, clap down or* TO.

zukommen, kam —, -gekommen, with f., COME *up, arrive;* with dat., *belong, behoove, befit; —* auf, with acc., COME UP TO, *straight towards.*

zuletzt', adv., *at* LAST, LAST; *eventually.* See letzt.

zum, for zu bem.

zumal', adv., *especially;* lit., 'for the occasion.'

Zu'mutung, f. w., *imputation, demand, tax.* From (einem etwas) zumuten, 'impute to, exact from.'

zunächst', adv., *first of all, as the* NEXT *thing, shortly.* See nächst, sup. of nahe.

zünden, tr. or intr., *kindle, take fire, set on fire;* obsolete 'TIND.'

Zündschwamm, m., -s, *punk.* Compd. of Zünd- from zünden, and Schwamm, 'sponge, fungus.'

Zunge, f. w., TONGUE; fig., *speech.*

zur, for zu ber, dat. sing. of bie.

zurecht', adv., TO RIGHTS, ARIGHT, *into proper condition, in order; at the right time, in time.*

zürnen, with dat. or auf with acc., *be angry, offended.* From ber Zorn.

zurück', adv. and sep. accented pref., *backward, back; in the rear, behind.* From Rücke(n), 'back.'

zurückbleiben, blieb —, -geblieben, with f., *remain, fall behind.*

zurückbringen, brachte —, -gebracht, tr., BRING *back.*

zurückdrängen, tr. sep., *crowd back, in the background.*

zu'rücken, sep., with f. or h., *draw nearer, move up.*

zurückfahren, fuhr —, -gefahren with f., *drive back; start back* (in alarm).

zurückgeben, gab —, -gegeben, tr., GIVE *back.*

zurückgehen, ging —, -gegangen with f., GO or *walk back.*

zurückhalten, hielt —, -gehalten, tr., HOLD *back, restrain; reserve.*

Zurückhaltung, f., *reserve.* From the preceding.

zurückkehren, with f., sep., *return.*

zurückkommen, kam —, -gekommen, with f., COME *back.*

zurücknehmen, nahm —, -genommen, tr., *take back.*

zurückreiten, ritt —, -geritten, with f., RIDE *back.*

zurückrufen, rief —, -gerufen, tr., *call back.*

zurückschlagen, schlug —, -geschlagen, tr., *beat back, repulse; turn, throw back* (a garment); sich —, *be thrown or rolled back.*

zurückschleudern, tr. sep., *hurl, fling back.*

zurücksehen, sah —, -gesehen, intr., *look back.*

zurücktreten, trat —, -getreter, with f., *step back, recede; withdraw.*

zurückweichen, wich —, -gewichen, with f., *recede, recoil; yield.*

zurückwerfen, warf —, -geworfen, tr., *throw back; repulse; reflect.*

VOCABULARY. 417

zurück&ziehen, zog —, -gezogen, tr., *withdraw, pull back;* sich —, *retreat, withdraw;* with f., *move back* or *backward.*

Zuruf, m., -es, -e, *acclamation.* From zurufen.

zurufen, rief —, -gerufen, tr., with dat. of the pers., *call* TO.

zusagen, tr. sep., *promise;* with dat. of pers., *agree with, be congenial to.*

zusam'men, adv. and sep. accented pref., TOGETHER, *jointly.* Cog. with sammeln.

zusammenberufen, berief —, -berufen, tr., *convoke.* From berufen, ' summon,' rufen, ' call.'

zusammenbrechen, brach —, -gebrochen with f., BREAK *down, collapse.*

zusammenbringen, brachte —, -gebracht, tr., BRING, *get* TOGETHER.

zusammenfahren, fuhr —, -gefahren, tr., *carry* TOGETHER (by wagon); with f., *drive, come* TOGETHER; *shrink* (from fear).

zusammenfaffen, tr. sep., *get close* TOGETHER; fig., *comprise.*

zusammengeben, gab —, -gegeben, tr., *join in matrimony, marry.*

zusammenhalten, hielt —, -gehalten, intr., HOLD TOGETHER, *stand by one another;* tr., fig., *compare, confront.*

Zusammenhang, m., —s, *coherence, connection;* lit., ' HANGING TOGETHER.

Zusammenkunft, f., "e, *coming together, conference, interview.* -kunft from the stem of kommen. See fünftig.

Zusammenlauf, m., -s, "e, *concourse; riot;* lit., ' *running* TOGETHER.'

zusammennehmen, nahm —, -genommen, tr., *bring, get together, collect, gather up;* sich —, *collect one's self, take great pains; restrain one's self.*

zusammenpacken, tr. sep., PACK *up* or TOGETHER.

zusammenrufen, rief —, -gerufen, tr., *call* TOGETHER.

zusammenschauern, intr., *shrink, shudder* (with horror).

zusammenschlagen, schlug —, -geschlagen, intr. or tr., *strike* TOGETHER; tr. only, *knock in pieces* or *down.*

zusammenschmelzen, schmolz —, -geschmolzen, with f., MELT TOGETHER, *down.*

zusammenschnüren, tr. sep., *tie* TOGETHER, *lace tightly.* See die Schnur, 'string.'

zusammensetzen, tr. sep., SET, *put* TOGETHER; *compound.*

zusammensprengen, tr. sep., *ride down at full speed, trample down.*

zusammenstecken, tr. sep., STICK, *pin* TOGETHER; *put* TOGETHER.

zusammensuchen, tr. sep., (*pick out and*) *collect.*

zusammenthun, that —, -gethan, tr., *put* TOGETHER, *combine, mix;* sich —, *close, combine, consort.*

zusammentreffen, traf —, -getroffen, with f., *fall in with, strike, coincide.*

zusammentreten, trat —, -getreten, with f., *join, meet; agree.*

zusammenziehen, zog —, -gezogen, tr., *contract, assemble;* sich —, *shrink; gather* (of clouds).

zuschauen, intr. sep., *look on;* with dat., *look at, watch.*

Zuschauer, m., -s, —, *looker-on, spectator.* From zuschauen.

zusehen, sah —, -gesehen, intr., *look on, look to it, see, try* (whether); with dat., *look on at, watch, witness.*

zusetzen, tr. sep., tr., *join on, append;* with dat., *press hard, closely; contribute of one's own, stake.*

zuspringen, sprang —, -gesprungen, with f., SPRING *forward* or TOWARD.

Zustand, m., -es, "e, *condition, situation, state, plight.* From stehen.

Zustimmung, f. w., *assent.* From zustimmen, ' *agree* TO.' See stimmen.

zustürzen, auf with acc., with f., sep., *rush towards.*

zuteilen, tr. sep., *allot, parcel out.* From teilen, ' *divide.*'

zu'thunlich, adj., *kind, obliging; insinuating, officious.* From sich zuthun, ' *insinuate one's self.*' Cp. zugethan, past part., ' *attached, devoted.*'

zutragen, trug —, -getragen, refl., *happen, chance.*

zutreiben, trieb —, -getrieben, intr., DRIVE *on.*

zu'verlässig, adj., *reliable, authentic,*

sure, positive. From (fich) verlaffen auf, 'rely UPON.'

Zuversicht, f., *confidence, assurance*. Cp.(sich) versehen, 'look out for, provide.' As to -sicht, see sichtbar.

zuvor', adv., BEFORE, *previously*.

zuweilen, adv., *at times*. See bisweilen.

zuwerfen, warf —, -geworfen, tr., *close up; cast* (glances), *throw* TO (one).

zuziehen, zog —, -gezogen, tr., *draw* TO, *pull* TOGETHER; sich (dat.) etwas —, *draw, bring upon one's self, incur*.

zwängen, refl., *force one's self into*. From zwingen, Zwang, 'force.'

zwanzig, TWENTY.

zwanzigtausend, TWENTY THOUSAND.

Zwangsjacke, f. w., *strait*-JACKET. Der Zwang, 'force,' from the stem of zwingen.

zwar, adv., *it is true, but, to be sure*. Compd. of zu and wahr, lit., 'TOO true.'

Zweck, m., -es, -e, *aim, scope, end, purpose*. Orig. it meant the peg or plug in the centre of the target.

zween, TWO, TWAIN. Masc. gender. Poet. and arch. for the usual zwei, which is the neut. gender.

zwei, TWO. See zween.

zweifelhaft, adj., DUBIOUS, *questionable*. From der Zweifel, 'DOUBT,' both of which come from the stem of zwei, TWO. L. DUO.

Zweig, m., -es, -e, TWIG, *branch*. From zwei (?).

zweihundert, TWO HUNDRED.

Zweikampf, m., -es, ⁼e, *single combat;* DUEL.

zweimal, adv., TWICE.

zweit-, *second*.

Zwerg, m., -es, -e, DWARF.

zwiefach, adj., TWOfold. Zwie- is cog. with zwei. Cp. Zwielicht, 'TWILIGHT.'

Zwietracht, f., *discord, dissension*. Compd. of zwie-, 'two' and -tracht, as in Eintracht, 'harmony.' In these ch for f, hence from treffen, eintreffen, lit., 'coincide.' B. 493, 4.

zwingen, zwang, gezwungen, tr., *force, constrain, coerce*.

Zwinger, m., -s, *narrow and confined space, prison*. From zwingen.

zwinken, intr., *wink* [TWINKLE].

zwischen, prep. with dat. or acc., bETWEEN, *among*. Dat. of an old adj. ZWISK, from the stem of zwei, zwie-. Between is also a dat., lit., 'BY TWO.'

zwölf, TWELVE.

zwölft-, TWELFTH.

www.ingramcontent.com/pod-product-compliance
Lightning Source LLC
Chambersburg PA
CBHW030550300426
44111CB00009B/931